CB132375

Aos que se fazem presentes, compartilhando comigo o aprendizado interior, e àqueles que, incondicionalmente, se tonaram meus amigos.

Em especial, ao amigo espiritual, **Pai João da Paz**.

E a vocês, amigas, que prosperaram, acreditando em si: Silvia Regina Locoselli Gavioli, Carolina Fernandez Cordoba (Cari), Maria Josefa Fernandez Cordoba (Fina) e Cláudia Novaes.

Obrigada pela disponibilidade de colaborarem comigo de alguma forma.

Lucimara Gallicia

Lucimara Gallicia

O primeiro contato que tive com os espíritos foi durante a fase infantil, aproximadamente entre seis e sete anos de idade, por meio da clarividência e clariaudiência. A princípio, houve, de minha parte, uma reação natural de criança assustada, com olhos arregalados e pulsação acelerada, eu os observava sem que pudesse desviar a atenção. Eles apenas sorriram. Curioso que, apesar do "espanto" eu os reconhecia como "espíritos", a sensação ao vê-los foi familiar e, aos poucos, fui desacelerando e retribuí o sorriso recebido deles.

O tempo foi passando e o convívio com eles ficou mais frequente, tornou-se comum vê-los e ouvi-los, porém, sem nenhum discernimento da experiência extrassensorial, no período de minha infância. Após a adolescência, fui estudar o assunto "mediunidade" para compreender melhor o que se passava comigo, pois percebi que, além da vidência, eu também apresentava sensibilidade muito aflorada.

Paralelamente a isso, notei que minha vocação estava voltada para a compreensão do ser humano como um todo, então procurei aperfeiçoar-me, após concluir o ensino superior, em vários cursos, dentre eles: Programação Neurolinguística (PNL), Psicossomática, Cromoterapia, Bioenergética e Metafísica. Desde então, atuo na área de Terapia Holística, ministrando cursos e atendimento individual.

Reconheço que o aprendizado é contínuo. Treinar a persistência, para conduzir o que se aprende, é adquirir, cada vez mais, sabedoria e autodomínio.

Desejo aos leitores, que a luz da consciência se expanda, e que a leitura deste livro promova, ainda mais, seu conhecimento. E também, que a sabedoria adquirida os torne hábeis e lúcidos, para que conquistem a verdadeira felicidade e paz interior.

Um forte e carinhoso abraço,
Lucimara Gallicia

Apresentação

Um dedo de prosa sobre a parceria entre Moacyr e a autora

Este é o segundo livro ditado pelo mentor Moacyr, um grande amigo espiritual, que se apresentou por meio do exercício de psicografia, no período em que eu fazia a Escola Mediúnica, no ano de 1979. Naquela época, ele apenas ditava pequenas e belas mensagens. Com o passar do tempo, o mentor relatou que havia sido um médico brasileiro, nascido no século XIX, e que havia desencarnado, aproximadamente, no início do século XX.

Desde então, ele me ajuda, nos diversos trabalhos de autoajuda que executo, sempre contribuindo com orientações para o meu crescimento interior, em primeiro lugar.

A proposta para elaborar um livro psicografado, ocorreu espontaneamente, quando preparava uma aula sobre metafísica. Senti forte envolvimento, quando percebi a presença dele ao meu lado. Sem que eu pudesse conter, comecei a escrever rapidamente um texto. No final, notei que ele havia ditado o prólogo de um livro. Seguidamente, recebi o convite para iniciar esse trabalho junto com ele. Fiquei surpresa e muito feliz, aceitei!

Pude perceber que os romances espiritualistas, ditados pelos espíritos, nos despertam para a consciência de que somos seres eternos, pois a morte do corpo físico é apenas uma passagem e retorno à nossa verdadeira Casa Espiritual.

A vida contínua, emoções e sentimentos não desaparecem e, a qualquer momento, somos convidados a modificar nossas crenças e atitudes, se quisermos encontrar a paz. Somos responsáveis por tudo o que nos acontece e somente nós receberemos e sentiremos os resultados de nossas escolhas. Um dos meios para que possamos adquirir mais conhecimento é a partir da leitura, pois, envolvidos na trama de uma história, conseguiremos analisar, de forma compararativa, nossa vivências e encontraremos a saída para a grande renovação interior.

Esse é o propósito do mentor, que está disposto a contribuir para nosso crescimento espiritual. Eu, em particular, como primeira leitora, por psicografar junto com ele, sou convidada a trabalhar o aspecto reformulação que, inevitavelmente, toca meu coração, expandindo meu espírito para a consciência de novos valores que me acompanharão por toda a eternidade.

O doutor Moacyr considera importante reforçar minha confiança no "invisível", por isso, lançou a seguinte experiência:

Quando terminei a psicografia do primeiro livro "Sem Medo do Amanhã", me senti extasiada pelo desenrolar da bela história apresentada, mas tive o cuidado de "não interferir" no desenvolvimento do enredo, pois costumo seguir à risca suas orientações, já que sou "treinada", por ele, a não transpirar, em palavras, minhas emoções e ideias. Permaneço na neutralidade.

Já era tarde quando me deitei, fiz uma prece de agradecimento e eis que vi se aproximar um espírito de mulher, que perguntou com certa delicadeza:

— Você pode escrever a minha história?

Ressabiada, por estranhar a questão, respondi que não era a mim que deveria se reportar, e sim, aos meus amigos espirituais. Depois perguntei quem era ela, não obtive resposta, ela desapareceu. No entanto, a minha sensação dizia que aquele espírito era do bem. Mesmo assim, no dia seguinte, perguntei ao mentor a respeito do ocorrido, ele apenas ressaltou que observasse, pelas minhas sensações, se a vibração daquele espírito de mulher era de alguém esclarecido ou não. Respondi-lhe que sim. Passados alguns dias, comecei a me preparar para psicografar uma nova história, e percebi que a protagonista seria uma mulher. Perguntei novamente ao mentor se havia sido ela quem me contatara, ele respondeu que sim, sem mais esclarecimentos. Para minha surpresa e, possivelmente de vocês, no final deste livro, ele revela o propósito de tal experiência que, sem dúvida alguma, foi para mim uma boa oportunidade para aprender a confiar mais naquilo que sinto e a aguardar algumas respostas a seu tempo.

Se quiserem aprender a controlar a ansiedade, não leiam as últimas páginas, sem antes terem lido o livro na íntegra. Confiem que a surpresa será bem melhor!

© 2010 por Lucimara Gallicia

Direção de Arte: Luiz Antonio Gasparetto
Projeto Gráfico: Priscila Noberto
Diagramação: Andreza Bernardes
Revisão: Ivânia Paula Leite Barros Almeida

1ª edição
Julho 2010
10.000 exemplares

Dados Internacionais de Catalogação na Publicação (CIP)
(Câmara Brasileira do Livro, SP, Brasil)

Moacyr (Espírito).
O que faço de mim? / Moacyr ; [obra psicografada por] Lucimara Gallicia. --
São Paulo: Centro de Estudos Vida & Consciência Editora.

ISBN 978-85-7722-104-2

1. Espiritismo 2. Psicografia 3. Romance brasileiro I. Gallicia, Lucimara. II. Título.

10-06743 CDD-133.93

Índices para catálogo sistemático:
1. Romances espíritas: Espiritismo 133.93

Publicação, distribuição, impressão e acabamento
CENTRO DE ESTUDOS VIDA & CONSCIÊNCIA EDITORA LTDA.

Rua Agostinho Gomes, 2.312
Ipiranga — CEP 04206-001
São Paulo — SP — Brasil
Fone / Fax: (11) 3577-3200 / 3577-3201
E-mail: grafica@vidaeconsciencia.com.br
Site: www.vidaeconsciencia.com.br

Proibida a reprodução total ou parcial desta obra, de qualquer forma ou por qualquer meio eletrônico, mecânico, inclusive através de processos xerográficos, sem permissão expressa do editor (Lei nº 5.988, de 14/12/73).

O que faço de mim?

Lucimara Gallicia

pelo espírito Moacyr

Prólogo

Muitos de nós desconhecemos o verdadeiro sentido da alma; envolvido na trama do superficial, caminha o ser em busca de si mesmo, quase que inteiramente dominado pelo anseio de falsas realizações.

Ninguém jamais ousou questionar o ponto de partida de sua própria evolução. O tempo figurativo aciona mecanismos diante dos desafios cotidianos, todavia, inerentes à percepção de valores distorcidos que vão se acumulando, dificultando a clareza facilitadora, no que diz respeito ao aprimoramento satisfatório de cada trajetória evolutiva.

Quanto mais nos isolarmos do contato interior, maior serão os efeitos contraditórios daquilo que se espera como bom resultado diante de uma ação desejada.

Questiona-se o rumo certo para a felicidade completa, porém todos os aspectos da personalidade requerem ajuste e integração. Nota-se que somente uma pequena parte dentro de nós consegue se sobressair e atingir o alvo desejado — possivelmente o que priorizamos e acreditamos ser o mais necessário.

À procura de uma resposta convincente, tornou-se mito a crença de que não se pode ser feliz em tudo, postergou-se o intento para outro estado de vida fora da matéria, em que o paraíso eterno proporcionar-nos-ia tal prestígio.

Situado na memória retroativa que reúne o teor das experiências vividas, este lugar mágico nunca fora citado, debalde seria indagar qual a rota precisa e o que fazer para alcançá-lo.

Mediante este desconforto ilusório, o espírito cansado de se debater recebe o bálsamo consolador, notando então que esteve longe do destino proposto e, ao começar a se perceber, encontra, em si mesmo, a razão do desconforto e do vazio que o consumia por um longo período de busca sem fim.

Conscientiza-se de que a felicidade é um estado a ser conquistado por ele mesmo e, embora primário na questão, desenvolve, pouco a pouco, a capacidade de atender a si mesmo, vinculada às sensações homogêneas, isto é, àquilo que realmente vem da alma. Seguidamente aponta a necessidade de se tornar hábil para concentrar, ordenar e disciplinar o propósito recebido, sem que haja dispersão desta canalização.

Identificados os bons resultados, nasce o estímulo próprio que vai mudando, gradativamente, todo condicionamento antigo, e, quanto mais se exercitar este potencial, maior será o contentamento interior. Sensação esta, verdadeiramente prazerosa, que podemos conservá-la como preciosidade adquirida pela conquista de nosso desenvolvimento pessoal.

Na intenção de ajuda-los nesta trajetória, apresento mais um obra que visa impulsioná-los a esta direção, lembrando sempre que a Educação Interior é o verdadeiro caminho para a realização pessoal e ascensão do espírito na estrada da vida por toda eternidade.

Um abraço do amigo espiritual Moacyr.

1

O entardecer típico da estação de inverno apontava baixa temperatura na cidade paulistana, o vento frio isolava os moradores no recôndito do lar, tornando as ruas desertas naquele fim de tarde de domingo.

Em uma viela da periferia, uma senhora de meia idade muito angustiada percorria os quarteirões à procura do filho desaparecido há mais de oito horas. O garoto de aproximadamente dezesseis anos de idade saíra de casa, pela manhã, em companhia de mais dois amigos. Era costumeiro o jogo de futebol antes do almoço.

Ermínia sempre dava as mesmas recomendações ao filho, fazia questão de que todos estivessem juntos para almoçar, já que durante a semana isso se tornava impossível de acontecer. Mãe de quatro filhos, viúva há mais de dois anos, se desdobrava para sustentar a família. Recebia uma pequena aposentadoria do marido falecido e o resto da renda era complementada pelos serviços que prestava, como diarista, no centro da cidade, e por alguns quitutes que dona Judite, sua mãe, fazia para vender pelas redondezas. Era ela quem cuidava dos filhos menores enquanto Ermínia saía para trabalhar.

No conceito de seus familiares, Adalberto sempre fora um menino ajuizado, desde pequeno ajudava o pai na oficina mecânica em que trabalhava, adorava carros e pensava até mesmo em seguir a mesma profissão. Não fosse o impacto de vê-lo desfalecido no dia em que sofrera um infarto fulminante, arriscaria continuar prestando serviço para o dono do comércio. Desde então, algo se modificou dentro dele, passou a questionar o porquê da perda paterna, se tornou um garoto triste e solitário. Os amigos faziam de tudo para anima-lo, e a única coisa que lhe trazia prazer era acompanha-los, aos domingos, numa partida de futebol.

Até mesmo com as irmãs ele havia mudado de comportamento, não lhes dava mais atenção, nem ao menos brincava com a menor que, por sua vez, era extremamente apegada a ele. Julieta choramingava pelos cantos da casa, quando percebia que o irmão se aprontava para ir à escola. Adalberto a pegava no colo e a beijava, dizendo que logo mais estaria de volta. Apesar disso, nada era suficiente para apagar a dor que guardava dentro de si, não se conformava ter perdido o pai tão cedo.

Ermínia, desorientada, clama ao marido que a ajude encontrar o filho, temia ter-lhe acontecido o pior. Com as mãos na cabeça, chora implorando socorro:

— Ah! Miguel! Se você estivesse aqui, nada disso estaria acontecendo. Ajude-me a encontrar o nosso filho, livre-o de todo perigo, meu coração não suportaria ver o meu menino machucado, me ajude! Por favor, me ajude!

Ermínia procura socorro pela vizinhança e fica sabendo que os dois amigos de Adalberto também não haviam retornado para casa. Os pais de um deles já haviam se deslocado rumo ao campo de futebol, a distância representava meia hora de caminhada até o local.

Complacentes com o desespero da mãe aflita, os vizinhos procuravam conforta-la, aconselhando-lhe manter a calma, haja vista que garotos nessa idade apresentam os primeiros sinais de independência e, por consequência, não se interessam muito em participar aos pais suas aventuras.

Ermínia retrucava, justificando que o filho ainda mantinha respeito a ela, pois orientava-o, constantemente, preparando-o para a vida; era a primeira vez que isso acontecia e, por essa razão, acreditava ter-lhe ocorrido algo de ruim.

Juca e Teobaldo também cumpriam os mesmos preceitos familiares, nunca sequer houvera qualquer atrito por parte deles com os pais, em relação a algum desrespeito premente.

Hortência, que morava ao lado, abriu a janela a fim de saber o que havia ocorrido. Assustada com a situação, quis também ajudar, prontificando-se ir ao Distrito Policial mais próximo, caso fosse preciso. Depois saiu à rua, levando uma manta para cobrir Ermínia, que tremia de frio e nervoso ao mesmo tempo.

Na casa de Teobaldo não havia ninguém, seus pais haviam saído para uma churrascada com amigos e ainda não haviam retornado.

Alguém sugeriu que os meninos poderiam ter ido para lá, após a partida de futebol, porém, logo descartaram a possibilidade, visto que os pais de Juca já haviam saído à procura do filho.

O frio aumentava com a garoa fina que caía, já passava das vinte horas e nenhuma notícia dos garotos e nem dos pais de Juca.

De repente sentem-se surpreendidos, ao avistarem uma viatura policial vindo ao encontro deles; Ermínia colocou as mãos no rosto e começou a chorar. "Por certo aqueles policiais estavam à procura dos pais dos meninos, notícia boa não deveria de ser" — assim pensou, aturdida com seus pressentimentos.

O carro pára em frente ao bar do "Tião", poucos minutos foi o suficiente para que o aglomerado de pessoas invadisse o lugar. Ermínia só se moveu quando notou que os pais de Juca estavam com os policiais.

O suspense tomou conta de todos, os pais do menino Juca esclareceram, de imediato, que por não encontrarem os garotos no campo de futebol, decidiram pedir auxílio à policia. A mãe de Juca enfatizava, aflita, que ninguém soube dar algum sinal deles, por isso não hesitaram ir à delegacia mais próxima e dar parte do desaparecimento do filho e amigos.

Em seguida novo tumulto se forma, a família de Teobaldo chega naquele momento e se junta ao desespero dos demais.

Após responderem algumas perguntas aos policiais, foram aconselhados a voltarem para casa, e a aguardarem o parecer policial, pois, a partir dali, avançariam em busca detalhada, fazendo ronda pela cidade.

Com o coração despedaçado, Ermínia retornou a sua casa, implorando mentalmente socorro ao marido desencarnado:

"Você há de me ajudar, Miguel! Socorra nosso filho! Se existe alma no outro mundo, você há de me provar, traga nosso filho de volta!"

Ermínia não conseguiu relaxar naquela noite, acompanhada

por sua mãe, que rezava o terço em prol da volta do neto, olhava cada minuto, no relógio, à espera do filho. Impaciente, levantou-se várias vezes e espiou pela fresta da janela, atenta ao som do arranhar dos portões de ferro, comparava-o ao marido, pois os dois tinham o mesmo modo de abri-lo.

Inconformada, teve o ímpeto de sair em busca dele, porém sua mãe a impediu, alegando que de nada adiantaria correr mais um risco pelas ruas, na madrugada, pois a polícia já estava fazendo ronda e a qualquer notícia, avisariam de imediato, como prometera o policial. Ademais, era importante que todos mantivessem a calma numa situação como aquela.

Judite, embora preocupada, procura não deixar que o desespero tome conta delas. Tenta desviar qualquer pensamento de tragédia. Insiste somente em acreditar que os garotos aprontaram alguma travessura e, por isso, arrumariam uma bela desculpa quando retornassem. Mesmo assim, continuou com a reza, pedindo ajuda para eles. Depois considerou a possibilidade deles estarem em apuros, quem sabe envolvidos em alguma artimanha, em casa de mulheres levianas?

Ermínia rejeitou todas as probabilidades expostas, aturdida, pediu gentilmente para sua mãe ficar em silêncio, pois ela precisava saber o que fazer, caso o menino não voltasse.

A quem pediria ajuda? Eram pobres e a policia não faria nada além de despender alguns dias de procura e, depois, encerraria o caso, concluindo o desaparecimento e nada mais. Ficariam esquecidos, sabe Deus até quando! — pensara.

Depois lhe vinha a ideia de estarem mortos e jogados em algum buraco — sentia náuseas e forte pressão no peito.

— Isso não! — falou em voz alta. — Deus não iria me castigar a esse ponto. Não, não! Meu filho não morreu, sinto isso dentro de mim, meu menino está vivo!

Judite compartilhava do mesmo desespero da filha, mas mantinha-se calada, reforçava a reza para que o menino aparecesse são e salvo. Contudo Ermínia desabafava incrédula com a situação:

— Mãe, caso tenha acontecido o pior com Adalberto, o que faremos? Tinha a esperança de que meu filho fosse nos tirar desta pobreza, que estudasse e, após formado, conseguisse um bom emprego, assim mudaríamos de vida... Sempre sonhei em ter um filho advogado! Adalberto leva jeito para isso, é um menino honesto e gosta de estudar. Onde é que se meteram estes garotos?! Eles nunca andaram com más companhias, o que lhes teria acontecido? Meu Deus, ajude-me! — lamentava continuamente.

— Calma Ermínia, procure não exagerar minha filha! Vamos aguardar até o amanhecer, tenho fé que Adalberto entrará por aquela porta, desculpando-se de suas travessuras. Vamos confiar que ele esteja bem, de nada adianta só pensarmos no mal, não quero que você sofra por antecipação, compreendo que não é uma situação comum, porém, prefiro não me precipitar pensando em desgraça — quis amenizar Dona Judite.

— Ah! Mãe! Se a senhora me conhece, eu também a conheço muito bem, se estivesse tão segura de que Adalberto foi atraído por alguma travessura, não estaria com este terço em suas mãos, rogando a Deus para que ele apareça. No fundo, sabe que ele não faria isso, não desta forma!

— Estou preocupada, mas não quero me desesperar em vão, como disse, prefiro aguardar. Adalberto não é mais um menino, está na fase de procurar garotas e, com isso, todos perdem um pouco o senso da razão, mesmo porque ele não teria como nos avisar, não temos telefone. Você acha que ele dispensaria uma garota, apenas porque não avisou a mãe que chegaria tarde? É melhor ir se preparando para esta nova fase dele, caso contrário irá perder muitas horas de sono, enquanto ele se diverte.

— Não sei por que a senhora insiste que ele está se divertindo, não acredito nisso! Aconteceu alguma coisa com eles, posso sentir isso em meu coração.

— Vamos aguardar mais um pouco, tenho fé que quando amanhecer eles chegarão...

— Gostaria de sentir que a senhora está certa, mas não posso... — disse Ermínia, aos prantos.

— Tenha calma filha! É a primeira vez que se confronta com esta situação, talvez nem eu e nem você tenhamos percebido o quanto Adalberto já cresceu! Quando ele chegar, vou dar uma coça nele, só para que perceba que nos causou aflição. Depois passo a mão na cabeça dele e fica tudo bem, vamos ensiná-lo a nos avisar de alguma forma. Esses meninos virando homem só dão trabalho!

— Se a senhora passar a mão na cabeça dele, eu, por minha vez, vou ensiná-lo do meu jeito! Se está virando homem, tem que ter atitude responsável e não de um qualquer, que não tem família. Isto é, se eles chegarem...

— Pare de pensar em desgraça. Vamos, relaxe um pouco, vou fazer mais um chá para que possamos aguentar este frio e ficarmos mais calmas.

— Isso mãe, vá fazer um chá, deixe-me quieta por alguns minutos, isso se eu conseguir parar de pensar...

Dona Judite levantou-se e se dirigiu até a cozinha, no íntimo concordava com a filha, pois Adalberto não teria esse tipo de atitude, porém, intencionava protelar ao máximo a mesma opinião, sabia o quanto ela poderia se desequilibrar e, naquele momento, a única maneira que encontrou para amenizar as coisas foi demonstrando pouca preocupação. Entretanto, rezava mentalmente, pedindo ajuda para que nada de ruim tivesse acontecido aos garotos.

Ermínia pegou as fotos do marido falecido, chorava pedindo que ele a ajudasse naquele momento. Estava desesperada e não sabia a quem recorrer, levantou-se e espiou as meninas que dormiam tranquilamente em seu quarto. Suspirou, depois considerou refletindo que os filhos quando pequenos dão trabalho, mas estão constantemente sob o controle dos pais, e que ela estaria sozinha, dali por diante, para acompanhar o crescimento deles. Não seria fácil, mas haveria de se preparar para enfrentar a nova fase do filho. Depois rejeitou esta observação e voltou a se desesperar, pois não acreditava que ele estivesse se divertindo.

Dona Judite trouxe o chá, as duas beberam em silêncio, depois se ajeitaram no pequeno sofá, cobrindo os corpos com uma manta.

Ermínia deitou a cabeça no colo da mãe, por alguns minutos deixou-se acariciar por ela, depois começou a chorar novamente.

A madrugada já avançava, quando as duas, vencidas pelo cansaço, conseguiram cochilar naquele pequeno sofá que abrigou seus corpos exaustos.

2

A garoa continuava encobrindo o céu naquela manhã cinzenta, a temperatura esfriava ainda mais. Ermínia remexeu-se, sentiu muito frio, puxou o cobertor, cobriu os pés, estava gelada. Encolheu o corpo, não tinha força para levantar, o cansaço era mais forte, dominada pelo sono estonteador, voltou a dormir. Por alguns instantes não atinou pela falta do filho. Subitamente dá um pulo sobressaltada, ao ouvir alguém batendo insistentemente na porta de sua casa. Atordoada, corre para ver quem é, esperava que fosse o filho:

— Adalberto? É você meu querido?

— Sou eu, a Hortência, abra logo esta porta!

— O que foi? Perguntou aflita.

— Venha rápido, a polícia está na casa do Juquinha, acho que encontraram os meninos.

— Oh! Meu Deus! Estão vivos? Você os viu? Estão machucados?

— Não sei ao certo, apenas ouvi a Marilene gritando pelo nome do Juquinha.

— Vamos até lá, seja o que for, preciso saber se encontraram o meu Adalberto.

Antes de sair, dirigiu olhar para Dona Judite, dizendo:

— Mãe, cuida das meninas, volto logo!

Judite se ajoelhou e fez o sinal da cruz, pediu a Deus que amparasse sua filha, caso recebesse alguma notícia ruim.

Ermínia entrou apressada na casa de Juca. Marilene, a mãe, cobria o filho de beijos, o menino assustado chorava compulsivamente. Ela percebe que apenas ele fora encontrado, olha desapontada para os policiais que tentam confortá-la, antes mesmo de dizer-lhe o que havia acontecido.

Descontrolada se atira aos pés de Juquinha, implorando uma resposta quanto ao paradeiro de seu filho.

— Calma, dona Ermínia! Vamos coloca-la a par de toda a situação. Aguardemos o Juca se recompor, ele nos prestará importante testemunho neste caso. Disse um dos policiais.

— O que aconteceu com o meu filho? Mataram Adalberto? Digam-me, o que houve? — gritava em desespero.

Antes de obter uma resposta, ela e os demais, foram surpreendidos por outro grito vindo da rua, era Zuleica, a mãe de Teobaldo:

— Cadê o meu filho? — pergunta aos prantos.

— Calma senhoras, vamos encontra-los. É uma questão de horas. As estradas estão sob vigia, o mau-caráter que prendeu os meninos será pego, tenham calma, está tudo sob controle. Não irão longe, tenham certeza disso. —Tornou o policial, dirigindo olhar para as duas.

A vizinhança começou a correr para a casa de Marilene, todos ansiavam por saber o que havia acontecido com aqueles garotos. Dois policiais impediram-lhes a entrada, acionaram rapidamente o pedido de mais um carro policial para dar reforço no local.

Aos poucos, Juca foi se recompondo e pôde relatar com mais detalhes o que havia acontecido, todos ouviam com extrema atenção o depoimento daquele jovem inexperiente:

— Já havia terminado o jogo, havíamos ganho a partida, depois dos festejos, nos sentamos no meio do campo, todos já haviam se retirado, apenas eu, Adalberto, Teobaldo e o Tatu, ficamos mais um pouco lá. Quando a fome apertou, Adalberto verificou o horário, estávamos atrasados para o almoço, levantamos apressados e nos despedimos do Tatu.

Ermínia interrompeu:

— Eu não disse que o meu menino cumpria os horários? Meu amado filho, o que lhe aconteceu?!

Todos pediram calma até que Juca terminasse o relato.

— Um caminhão pequeno se aproximou lentamente. O motorista parou ao nosso lado, um homem forte, alto, moreno pardo, que estava na lateral, desceu pedindo-nos ajuda. Disse que precisavam fazer uma entrega próximo dali e que um dos ajudantes não apareceu por motivo de doença em família, perguntou se poderíamos ajuda-los a descarregar a mercadoria, assim poderiam chegar a tempo para o almoço em família e aproveitar o resto do domingo. Disse que ofereceria uma boa gorjeta, caso aceitássemos, além de nos dar carona de volta para casa. Prometeu que seria muito rápido, pois estaríamos em cinco homens —isso facilitaria o trabalho. Mesmo atrasados concordamos, pois eles estavam muito aflitos e pensamos nos benefícios que iríamos ganhar. Um deles tirou várias notas de dinheiro e, de imediato, foi-nos pagando. Graças a isso, pude pegar um ônibus, quando consegui escapar deles e voltar para casa.

Juca fez uma pausa, enxugou os olhos molhados em lágrimas e continuou:

— Entramos no bagageiro e realmente pudemos constatar que havia muitas caixas ali, nos debruçamos sobre elas e partimos. Até então, tudo era festa, estávamos felizes por ganharmos aquela quantia alta, julgávamos ser o nosso dia de sorte. Teobaldo até pensou em comprar um tênis novo e o resto guardar para dar um presente de aniversário para a dona Zuleica.

A mãe de Teobaldo caiu em prantos, dizendo que o filho havia morrido...

— Por favor, se acalmem, deixe o jovem continuar! — mais uma vez o policial tentou contemporizar a situação.

— Depois de aproximadamente meia hora, o caminhão parou. Descemos e começamos a descarregar as caixas dentro de um depósito abandonado. Achamos estranho, mas não perguntamos nada, apenas queríamos terminar logo, para voltarmos para casa. As caixas eram pesadas. Faltando umas dez para acabar, uma perua apareceu com três homens mal-encarados. Entraram no depósito e pediram que nós ficássemos do lado de fora, de preferência dentro do bagageiro. Eles estavam demorando, resolvi sair para ver o que estava acontecendo. Adalberto e o Teobaldo ficaram tomando conta do resto das caixas, dentro do caminhão. Nas pontas dos pés, me escondi atrás da janela do lado de fora e pude ouvir que eles brigavam pela divisão do dinheiro. Um ameaçava o outro, depois me surpreendi com um tiro de revólver, ouvi gritos e mais dois tiros. O dono do caminhão e o homem moreno saíram correndo do depósito, fecharam o bagageiro com a trava de segurança e partiram em disparada. Não perceberam que eu fiquei de fora. Atordoado, espiei pela janela e vi que os três homens estavam mortos, ou feridos, não sei. Percebi que os meus amigos estavam em perigo. Vi que o caminhão pegou a pista rumo à via Anhanguera e então fiquei desesperado e andei até a estrada, pedi carona, demorou para alguém parar, pensei que pudesse alcança-los e ver onde eles iriam. Por fim, um caminhoneiro parou e me deu carona, perguntou aonde eu estava indo, percebeu que eu estava aflito, então despistei, dizendo que pedir carona sempre me assustava. Ele sorriu enquanto tirava um facão debaixo do banco e me mostrou. Disse que só parou por perceber que eu estava em lugar perigoso e assim que avistasse um policial, me deixaria aos cuidados dele.

"Paramos num posto de gasolina, ele estava com fome, enquanto ele foi ao banheiro, eu fugi, me escondendo próximo dali até o anoitecer, depois resolvi sair. Atordoado, não sabia mais onde estava, fiquei com medo, pensei que o caminhoneiro havia avisado a polícia. Senti muito frio, as ruas daquele lugar perto da estrada estavam vazias, andei por alguns minutos e, por sorte, avistei uma borracharia. Entrei pelos fundos e fiquei escondido até o dia clarear e poder voltar para casa. Um homem que saía para o trabalho me orientou sobre qual ônibus pegar para retornar. Fui com ele até a parada de ônibus mais próxima e, quando cheguei perto daqui, desci e corri em direção ao posto policial para pedir ajuda. Eles me trouxeram para casa, e agora não sei mais nada sobre os meninos."

— Minha nossa! Traficantes! — exclamou Ermínia. Nossos filhos estão correndo risco de vida, se é que já não... — interrompeu a fala aos prantos.

— O que faremos para encontra-los? — reivindicou Zuleica.

— Juca prestará novo depoimento na delegacia, tentaremos encontrar alguma pista no depósito abandonado. Com um pouco de paciência e muita sorte, haveremos de localiza-los. Isto é, caso eles não fujam como fez o Juquinha sem qualquer intenção.

— Não sei não, o que pode ter acontecido quando eles notaram a falta dele entre os meninos? O que faremos? Por favor, nos ajude! — implorou Ermínia.

— Faremos o impossível para encontra-los. As estradas já estão sendo vigiadas, como já disse. Faremos a representação do retrato falado. Haveremos de encontra-los. Este é um trabalho para a polícia. Vamos torcer para que os jovens estejam bem.

O policial solicitou à mãe de Juca que o acompanhasse até o distrito para formalizar o depoimento. Antes de obter resposta, todos pararam para ver a gritaria da vizinhança que anunciava a chegada dos pais de Juca e Teobaldo.

Marilene sorri quando percebe que o marido havia chegado da rua, pois saíra pela madrugada à procura do filho, em companhia de Teodoro, pai de Teobaldo, juntamente com um amigo policial aposentado, perito em casos de desaparecimento.

Os três foram logo informados pelos vizinhos que Juca havia sido encontrado. Apressadamente entraram na casa; aos prantos Zuleica corre para abraçar o marido, dizendo:

— Teodoro! Nosso filho está em perigo! — exclama desorientada.

O homem percebe que somente Juca fora encontrado, desesperado pergunta sobre o paradeiro do filho, o policial pede mais uma vez que todos procurem manter o controle e, solidário, bate nas costas do pai aflito, solicitando paciência, até que os outros garotos fossem encontrados. Desanimado, bate com as mãos no batente da porta e diz:

— Vou encontra-lo! Nem que para isso eu não tenha mais um dia de paz! — ressoou o paiem desespero.

O policial puxou Teodoro pelo braço até a cozinha da casa, quis deixar o pai de Juca a sós com o filho e, pacientemente, foi relatando a ele o depoimento do garoto encontrado.

Evandro, emocionado por encontrar o filho, abraça-o com ternura e chora, permitindo que as lágrimas aliviassem toda preocupação e o desespero sofrido. Marilene os abraça também emocionada, agradecendo a Deus por ter trazido seu filho de volta.

Apenas Ermínia sente-se totalmente desamparada, recorda o falecido marido e novamente experimenta a sensação de solidão insuportável desde sua partida. A vida para ela não fora nada fácil, fazia de tudo para que os filhos não passassem necessidades, entretanto considerava que sua vida fora, até então, uma grande luta para sobrevivência e nada mais. Casara-se cedo com Miguel, homem honesto e de boa família, ter um lar para ela significava muito, teriam filhos, trabalhariam muito para obterem recursos até chegarem à tão almejada e promissora situação financeira. Com o passar do tempo, pôde constatar que parte de seus sonhos fora realizado: tiveram quatro filhos — todos saudáveis, o marido continuara sendo um excelente companheiro, a única coisa que ainda precisavam era melhorar financeiramente. Por mais que Miguel se esforçasse, não conseguira avançar neste aspecto.

Ermínia trabalhou fora para ajudar nas despesas da casa até o início de sua primeira gravidez, após, começou a fazer doces para vender pelas redondezas, enquanto tomava conta do filho recém-nascido. Permaneceu com essa atividade até o falecimento de Miguel, delegando, em seguida, a função a sua mãe, que enviuvara anos antes, vindo a morar com ela, a fim de ajuda-la na nova etapa de vida.

Mesmo com muita dificuldade financeira, conseguia manter a família. Para ela, a única esperança estava nas mãos de seu filho Adalberto, desejava que ele entrasse numa faculdade e, após formado, obtivesse um bom emprego. Torcia para que ele pudesse ser um bom advogado, estaria disposta a fazer tudo quanto fosse possível para que seu intento se tornasse realidade. Espelhava-se na vida confortável que suas antigas patroas levavam, duas delas eram esposas de advogados e viviam em pleno conforto com muita fartura em suas casas.

Ao contrário do marido, ela repudiava a ideia do menino seguir a mesma profissão do pai, julgava-o sonhador demais, quando determinou o futuro do filho, como sendo o dono de uma grande oficina mecânica. Para ela, Adalberto seria alguém na vida e livrar-se-ia de padecer toda e qualquer limitação financeira, estava cansada de tanto aperto e sufoco que passavam a cada fim de mês. Muitas vezes, percebera o desapontamento do marido e o esforço que ele fizera, trabalhando excessivamente para ganhar um pouco a mais, por fim, a morte o visitara cedo demais, e para ela isso fora mais que um recado de que por aquele caminho não haveriam mais de trilhar. Notara a tristeza de Adalberto, no dia em que ele decidira largar o trabalho de ajudante-mecânico, em razão do choque de ter presenciado a morte do pai. Por outro lado, alegrou-se por ele ter aceitado sua sugestão. Temendo que o filho mudasse de ideia, propôs a ele que apenas estudasse, deixando as despesas para ela e a avó, custeariam tudo até que ele se formasse.

Adalberto não pensava assim, almejava arrumar um bom emprego e talvez estudar à noite até se formar. Para ele, sua mãe estava fora da realidade, não sabia quanto custar-lhe-ia mantê-lo numa faculdade, sem que ele precisasse ajudar nas despesas. Além do mais, ele sequer dispunha dos dotes para ser um bom advogado, não gostava muito de estudar, e se assim tivesse que aceitar, não seria esta a profissão que escolheria. Gostava de ser livre como o pai, fazer algo por conta, omitia sua verdadeira intenção, não queria desaponta-la. No momento certo, assim que estivesse maduro para assumir sua vida, confrontaria sua decisão com a dela.

Ermínia observava a união entre os casais de amigos, sozinha e amargurada, retirou-se sem ao menos esperar outra determinação dos policiais. No portão, do lado de fora da casa de Marilene, a vizinhança queria a todo custo alguma informação do paradeiro dos meninos. Desapontada não respondeu pergunta alguma, saiu em disparada, tentando ordenar as ideias, precisava de ajuda, alguém de influência para que pudesse agilizar a busca do filho. Desacreditava que a polícia fizesse um bom trabalho, além do que, se aqueles homens que levaram seu filho fossem realmente traficantes, obviamente eram muitos espertos e, por certo, não deixariam pista alguma.

Desnorteada, decidiu seguir em direção ao campo de futebol, pensou em encontrar alguém que pudesse lhe dizer algo mais detalhado, inclusive sobre o outro rapaz de nome Tatu, pois Juca o havia citado.

Estava disposta a fazer tudo para localizar seu filho, até mesmo em propagar o retrato dele por todo o país, lançando mão de todos os meios possíveis de comunicação, mas ao mesmo tempo, hesitava, questionando-se:

— Quem poderia me ajudar? Alguém se interessaria por uma família pobre? E quanto ao custo financeiro, como conseguir tanto dinheiro para isso?

Aturdida e chorando muito, continuou a caminhar à procura do local onde o filho esteve pela última vez.

O movimento de carros se tornava intenso, Ermínia perdeu a noção de onde estava, não sabia dos atalhos pelos quais os garotos percorreram e se viu diante de avenidas congestionadas da metrópole.

Ao perambular entre carros parados no farol, sentiu forte torpor na cabeça, chegou até mesmo a se apoiar em um deles, depois prosseguiu cambaleando, pôde ouvir o som estridente das buzinas dos veículos, alertando-a do perigo iminente. De repente, solta um grito ao tentar atravessar um cruzamento perigoso, um carro em disparada tenta aproveitar a mudança do farol, o barulho da brecada e o impacto do veículo a deixa estendida, como indigente, numa das principais avenidas da cidade, nas primeiras horas da manhã.

O carro dirigido por Medeiros se desgovernou e após o atropelamento, bateu num poste à direita, a poucos metros do local onde Ermínia permanecia desacordada.

O senhor aparentando meia-idade salta do veículo e alguns minutos depois é ajudado por pedestres que transitavam naquele momento. Assustado com as consequências de sua imprudência, corre em direção ao corpo estendido da mulher acidentada. Desesperado, grita por socorro imediato, enquanto enxuga o sangue que lhe escorrida da testa com uma das abas do paletó.

Seu rosto estava talhado por diversos cortes, porém, por sorte, representavam apenas ferimentos leves, apesar do quadro entristecedor no qual Ermínia se encontrava. Rumores de curiosos denotavam espanto ao notarem que o motorista saíra ileso de tão brutal colisão, outros chegavam e procuravam o corpo do motorista, entre as ferragens do veículo, depois corriam em direção ao corpo da mulher atropelada.

O congestionamento de veículos piorou naquela manhã, com a chegada do corpo de bombeiros que se apressava em socorrer Ermínia. Ao mesmo tempo, Medeiros recebeu os primeiros socorros, enquanto aguardava a chegada da ambulância. Angustiado, se prontificou a acompanhar a mulher até a emergência do pronto-socorro local. Em meio de toda a aglomeração, surge uma senhora indignada, apontando o dedo para Medeiros, aos berros:

— Assassino! Eu vi tudo, seu inconsequente desmiolado, dirigia como um louco, colocando em risco a vida de pessoas inocentes!

Medeiros, ainda atordoado, tenta se defender:

— Estava apressado, porém ela não olhou para atravessar a avenida. Inesperadamente a vi de frente ao meu carro, tentei desviar, mas não deu tempo. Não sou um assassino, vou prestar socorro, se ainda houver chance dela sobreviver, farei o que eu puder para ajuda-la.

— Não faz mais do que obrigação, seu inconsequente! Se estivesse dirigindo devagar teria evitado este desastre.

Grande tumulto se formou, até que a policia conseguiu controlar a situação. A atenção fora desviada para o local onde a mulher permanecia atropelada, estava sem bolsa, sem documentos e sozinha...

Os bombeiros colocaram-na sobre a maca depois dos cuidados especiais, e levaram-na imediatamente ao hospital mais próximo, estava viva, porém, inconsciente e com graves ferimentos.

Medeiros fora encaminhado ao mesmo hospital, por outra ambulância, inconformado com o ocorrido, desabafou aos prantos:

— Tudo por causa desta correria maluca em que vivemos, eu não aguento mais este martírio, sou um homem bem-sucedido, mas escravo dos negócios. Defendo causas e me atolo em minha própria prisão, estou cansado disso tudo, se Deus permitir que esta mulher sobreviva, eu juro que mudarei a minha vida, para mim chega! Desabou a chorar em seguida, estava inconformado de não ter podido evitar o acidente. Sentia-se extremamente culpado, embora tivesse se defendido das ofensas recebidas pela senhora que o acusara minutos atrás. Depois mais calmo, pensou em seus filhos, não haviam sido informados do acidente. Ele mesmo o faria, assim que desse entrada no hospital, acreditava ser o melhor jeito de não provocar intranquilidade e preocupação. O rosto desfigurado da mulher que atropelara, não saía de sua mente, mesmo alterado, pôde notar que ela ainda era jovem. Ouviu que ela não portava documentos, isso o preocupou. "Aonde estaria indo tão apressada e distraída?" — pensou.

Estava disposto a encontrar seu endereço familiar. Pelo aspecto de suas roupas, percebera que ela não tinha boas condições financeiras. Por certo morava na periferia próxima ao local — concluiu.

O trânsito estava praticamente parado, o carro de bombeiros ia pedindo espaço, seguido pela ambulância que socorrera Medeiros. Ele não conseguia relaxar, sentia frio e calor ao mesmo tempo, estava ansioso por chegar e ter boas notícias sobre a acidentada. Sabia que isso seria um "prato cheio" para seus inimigos profissionais, recebia ameaças constantemente, era um advogado bem-sucedido, fora indicado para promotoria pouco mais de quatro anos, e aí sua vida se transformou num verdadeiro massacre emocional, pois arbitrava com veemência, em louvor à justiça, em prol dos direitos exercidos em cada competência judicial. Era temido e respeitado, por outro lado, a oposição o perseguia indiretamente. Infelizmente, ao tentar se esquivar de uma suposta perseguição de um carro que o seguia discretamente, acelerou o veículo, tentando despistar o suspeito. Não esperava um pedestre distraído naquele momento, considerou notória sua imprudência, mesmo que tivesse motivo para sua real defesa.

3

Ermínia, desacordada, deslocou-se a alguns metros, acima de seu corpo físico, no momento da colisão. Envolta por uma luz intensa, alçou maior altitude, flutuava com leveza e certa agilidade nos movimentos. Sentia-se rodopiando, sem que pudesse se conter. Depois de alguns minutos, abriu os olhos, experimentando sensação relaxante, mas sem domínio consciente, não teve noção do fato ocorrido. Olhou para baixo ao ouvir vozes e viu um corpo estendido no asfalto molhado. Pessoas aflitas gesticulavam em desespero; estonteada e sem compreender o que estava acontecendo, voltou a rodopiar intensamente. Em seguida, foi surpreendida por um clarão que se formou dentro de um cone, representando um túnel infinito. Fixou olhar na claridade luminosa e notou, no fim deste túnel, alguém lhe estendendo as mãos, a dizer:

— Ermínia, estamos aqui para ajuda-la!— ressoou uma voz feminina.— Não se desespere! Tudo sairá bem. Confie.

Inesperadamente, sentiu ser puxada para baixo, parecia-lhe estar presa por um cordão de extenso comprimento. Rodopiou, ao notar que o corpo no asfalto estava sendo movido, por uma maca, para o interior de uma ambulância. Não conseguiu mais se mover, fechou os olhos, pairando sobre o local.

— Isso mesmo Ermínia, venha! — insistia a voz desconhecida.

O clarão se tornou mais forte, ela levantou a cabeça e conseguiu se mover. Estonteada, procurou avistar quem a chamava, o túnel ficou mais intenso, a luz continuou forte, permitindo-lhe identificar a figura de uma mulher estendendo-lhe os braços. Sem controle de si mesma, ousou perguntar com certa dificuldade:

— Onde estou? Quem é você?

— Psiu! — alertou a mulher iluminada ao seu lado. — Vamos ajuda-la, não tenha medo. Segure-se em minhas mãos, viemos socorrê-la, não se desespere, sabemos o que se passa com você.

Ermínia notou que havia mais pessoas ao lado dela, esticou o braço e segurou nas mãos da mulher, seu corpo voltou a flutuar enquanto penetravam cada vez mais no interior do túnel.

Naquele momento ela perdeu a noção do tempo e espaço, apenas pôde sentir um vento forte que a impulsionava, como se estivesse caindo e subindo, ao mesmo tempo, dentro do túnel luminoso. Após alguns minutos aquela vibração intensa diminuiu e ela pôde retomar parte da consciência, ao avistar a mulher ao seu lado. Sentia-se mais livre e com maior comando nos movimentos. Ousou perguntar:

— Para onde estamos indo? Vocês me conhecem?

— Sim, precisamos conversar, chegou a hora de sua mudança, por isso estamos aqui.Você precisa aprender a se renovar, tudo será mais fácil em sua vida quando se libertar do passado. Olhe para a frente, solte-se dos velhos padrões e sua vida se modificará. Você insiste em abominar o seu momento de crescimento interior, ficou parada no tempo, presa às frustrações e ressentimentos vividos. Aproveite a chance de se libertar de todas as dependências afetivas, está na hora de crescer verdadeiramente.

Ermínia sentiu vontade de chorar; mesmo sem saber ao certo o que estava acontecendo, reconheceu que aquelas palavras lhe tocaram profundamente n'alma, no entanto, ainda estonteada, não podia responder de imediato.

— Preste atenção, amiga! Chegou a hora de se libertar!

De repente sua mente recebe algumas informações por imagens e ela se vê correndo numa estrada, à procura do filho. Depois se vê sentada ao lado do marido pedindo-lhe ajuda, por fim, começa a dizer palavras que relatam seu sofrimento interior:

— Sofro muito, não aguento mais! Se não fosse pelos meus filhos, não aguentaria viver neste martírio, tenho muitas necessidades financeiras e não estou conseguindo controlar a situação de minha vida, o meu filho vai me ajudar, sei que ele poderá fazer isso,meu filho, meu filho... Onde você está?

— Justamente por isso é que você intentou acabar com sua vida, mesmo que sua atitude não lhe pareça muito consciente, tentou fazê-lo para se livrar rapidamente do que você mesma criou e que apenas você poderá modificar. Não pense que com isso, estará livre da responsabilidade de aprender a modificar suas atitudes. Ficará estagnada novamente, além do que, não vive num martírio, e sua alma reconhece que você poderá usufruir de melhores condições para viver em paz. Existem certos desafios a serem superados, por isso, venho alertá-la da necessidade de você começar a aprender outra forma de ver a vida, e assim desenvolver certos potenciais latentes em seu espírito. Está na hora de mudar, seu sofrimento lhe avisa que do jeito que está fazendo não é o melhor para você. Tudo o que almeja está sempre colocando para alguém lhe proporcionar, e é exatamente por isso que você se sente aprisionada, sem ânimo e carregando um peso enorme que ofusca a alegria de viver. Largue a condição de impotência e troque pela humildade de saber o seu limite, permitindo com isso que seu valor interior assuma o comando de sua vida.

Ermínia rodopiou em silêncio, sua mente disparava nas lembranças remotas, após alguns minutos gritou:

— Estou perdida e sentindo-me abandonada por Deus! Não sei como fazer o que está me pedindo, não tenho condição financeira para realizar o que pretendo; me conformei com a situação e por isso espero que, pelo menos, um de meus filhos se saia bem na vida, só isso que quero, nada mais.

— Você está completamente errada, distorceu o conceito de valor, vive se comparando aos consumistas desenfreados, que se preocupam apenas em conquistar o supérfluo que lhes fará sentir um curto prazer para satisfação do orgulho. Gostar de coisas boas é muito saudável, porém, sem realização tudo se perderá em fração de segundos, e o vazio será o mesmo, denotando a miséria da alma. A riqueza se torna desvio para muitos, pois se tornam ambiciosos por terem mais e mais, sem mesmo saberem o porquê de tanta ganância. Alguns nem aproveitam mais do que conquistaram, acabam sozinhos dentro de seus luxuosos aposentos, sem vida e sem alegria. Experimentam a insatisfação constante, em razão do abandono da alma, tudo é direcionando pelo desejo de posse e poder crescente. Outros chegaram até mesmo a desvalidar o que conquistaram, dizendo que de nada adiantou tanto dinheiro, se não houve felicidade. Aprisionaram-se, diante dos efeitos externos, em vez de aprenderem a desenvolver o verdadeiro poder, ancorado na direção da alma.

"O poder de sermos nós mesmos corresponde à atenção que damos a nossas sensações e sentimentos verdadeiros. Nesta sintonia, desenvolvemos automaticamente os potenciais latentes, que se apresentam naqueles momentos em que fazemos as coisas com gosto, prazer intenso e, principalmente, do nosso jeito. A vaidade empurra o indivíduo para a conquista, mas o aprisiona sempre na cobrança de ser o melhor aos olhos dos outros, e não aos seus, tendo fim triste e desastroso, quando perde na competição. Pessoas assim são capazes das mais absurdas manipulações e desvios para atingirem novamente o posto do falso poder, por isso, tornam-se infelizes porque ninguém pode fugir de si mesmo. Fingem estar bem, mas por dentro estão em pleno caos, sempre tramando uma nova conquista em detrimento de outros; a queda desses geralmente os faz sentirem-se únicos e poderosos. Quanta ilusão! Porque quem realmente desenvolveu o dom do poder soube aprender a vencer os obstáculos interiores, sem prejudicar os outros e sem nunca perder o posto. É preciso acreditar em si mesmo, caminhar até atingir o alvo desejado, no entanto, sem perder a dignidade e o brio do caráter que, sem dúvida alguma, é um grande suporte que nos impulsiona para a verdadeira prosperidade. Podemos ter tudo em abundância, se criarmos, dentro de nós, a expansão do prazer e do aprendizado, para que possamos desenvolver a inteligência. Com isso, deixamos de sofrer e saímos do exercício viciado do ego desgovernado, passando a viver a riqueza verdadeira que se manifesta na vida física e espiritual.

O crescimento é contínuo e, cada vez mais, vamos nos desenvolvendo e usufruindo das facilidades que aprendemos a conquistar. É uma sensação de preenchimento e alegria constante porque estamos fazendo exatamente o certo para nós, na nossa medida e capacidade."

Ermínia ouvia atentamente, porém, não conseguiu assimilar o significado de todas as orientações, somente pôde identificar um aspecto — o mais familiar para ela — e, desolada, comentou:

— Não é assim que vejo as minhas patroas viverem. São felizes e podem realizar seus sonhos...

— Concordo que existam muitas pessoas que compreendem o valor da realização interior, muitos milionários enfrentam outros problemas e desafios, mas você está se comparando ao superficial e imaginário. Com isso, se perdeu na ilusão de apenas ter para ser, exatamente como aqueles que citei, que conquistam tudo e perdem a originalidade da alma. São escravos do consumismo e do orgulho de se sentirem superiores apenas em um único aspecto. Por isso, se preocupam apenas com o status, só existe isso para eles, compreendeu? O que estou tentando lhe dizer é que tudo se tornará verdadeiro em sua vida, se souber canalizar o seu potencial, mas não será conseguindo primeiramente a riqueza material , isso acontecerá como consequência de seu empenho e determinação. Aprenderá a parar de pensar em limitações e, aos poucos, ativará o fluxo do movimento, diversificando suas atividades que, por si mesmas, despertarão mais clareza para que você possa conduzir seus ideais e obter melhores resultados.

— Por que está me dizendo tudo isso? Onde foi que eu errei? Por acaso julga ser boa a vida miserável em que eu vivo?

— Primeiramente entenda que não há erros, somente novas oportunidades para acertos. Não há necessidade de se culpar, e sim, reconhecer o quanto poderá fazer para corrigir alguma postura que tenha lhe causado mau resultado, dispensando torturas e cobranças desnecessárias. Também não concordo com a miséria, por isso mesmo é que estou alertando, pois você conserva a miséria na alma. Quando começar a se valorizar, encontrará os meios facilitadores que tanto almeja. Todavia, com uma única diferença, entenderá o verdadeiro sentido da representação do dinheiro na vida, que nada mais é do que consequência do retorno daquilo que você desenvolveu, com o mecanismo de sua inteligência, ao articular seus potenciais. Compreendeu? Quer aprender como se faz isso?

— Gostaria muito de poder viver em melhores condições, no entanto, confesso que já perdi a esperança...

— Vim ao seu encontro para isso, você recomeçará tudo de maneira diferente, e saiba que você poderá contar com minha ajuda.

— Quem é você? Por que se interessa por mim?

— Sou uma amiga que há muito tempo tenta um contato. Meu interesse é apenas poder ensinar-lhe os passos para trilhar um novo caminho com melhores condições e resultados para seu crescimento interior.

— Não posso lhe pagar, mesmo assim quer me ajudar?

— Existem muitas formas de recompensa. Coisa que você ainda nem sequer ousou validar. Sua mente está fixada e não consegue enxergar outras formas de reconhecimento.

Ermínia silenciou por alguns minutos, respondendo em seguida:

— Sendo assim, aceito. Se me garantir que posso melhorar de vida, prometo lhe pagar o que for necessário futuramente.

— Você mudará por você e não por mim. Quanto ao pagamento, como já lhe disse, há muitas formas de reconhecimento que você ainda não sabe, poderá começar encontrando a paz dentro de você, validá-la será um bom treino, pois sem este estado de alma, nada se consegue. Independente do que nos aconteça, se soubermos manter a paz, a transformação ocorrerá mais rapidamente. Retornarei para lhe mostrar algumas coisas que serão necessárias para que você desperte com mais força e determinação. Agora você precisa voltar, será tratada e medicada, nesse período manteremos contato.

Ermínia sentiu-se estonteada, tentou continuar a conversa, desejava saber o porquê de ser tratada, mas não conseguiu, apenas registrou que a imagem do túnel começou a sumir lentamente, rodopiou várias vezes, fechou os olhos e se deixou flutuar. Estava banhada por uma luz azul intensa, sentiu leveza, continuou no embalado flutuante. Pôde notar que seu corpo estava sendo atraído para baixo, como se um imã a puxasse. A velocidade do vento aumentou, permitindo-lhe uma queda mais rápida, porém, continuava sentindo-se muito leve e solta, apesar de sonolenta. Não registrou mais os movimentos, tampouco pôde ver a luminosidade que a envolvia, flutuava totalmente inerte, rumo aos futuros acontecimentos.

Instantaneamente foi atraída para a sala de cirurgia do hospital que a recebeu após o atropelamento.

Seu corpo astral se instalou a poucos metros, acima de seu corpo físico, recebeu imediatamente o tratamento e a energia necessária de uma equipe de médicos desencarnados que a aguardava, a fim de auxiliar os médicos da Terra, no momento cirúrgico. O estado dela era considerado grave, os médicos desencarnados colocaram um tubo fluídico em seu perispírito, para ajudar a estancar a hemorragia; outros traziam medicamentos também fluídicos que se misturavam à medicação de recurso.

Algumas horas se passaram, ela ainda estava inconsciente, porém já apresentando melhora. Pouco antes da equipe de médicos desencarnados deixar o local, um dos cirurgiões atuantes percebeu a presença deles. Para o doutor Cristiano aquele era um bom sinal, sua paciente reagiria de acordo com seu programa espiritual estipulado, mostrando completa segurança na reversão do problema.

Com um breve aceno, os médicos desencarnados apontavam que ele estava certo. Em seguida, saíram envoltos em uma luz esverdeada que imantava todo o ambiente, com fluídos de regeneração física e espiritual. Doutor Cristiano correspondeu ao contato com ligeiro agradecimento, pelo auxílio que lhes prestaram durante a cirurgia da paciente.

Encaminhada para a Unidade de Terapia Intensiva, ficaria até apresentar algum sinal de retomada de sua consciência. Apenas Cristiano a acompanhou por mais alguns minutos; mentalmente fez contato com o espírito dela, incentivando-a, já que de sua parte tudo havia sido feito. No entanto, tudo correria de acordo com a vontade dela, sendo fundamental que quisesse viver. Somente ela poderia decidir isso, já que o aval dado pelos médicos desencarnados demonstrava essa possibilidade.

Ermínia pôde ouvir a recomendação do médico e, apesar de aparentemente isenta do domínio consciente, percebeu tanto a esfera física quanto a astral, mas sem conseguir distingui-las. Em seguida, se viu flutuando novamente, agora dentro da sala de Terapia Intensiva. Olhou para alguns leitos, ouviu as enfermeiras conversarem, sem noção de que seu corpo físico ali também estava. Deslocou-se, volitando por todo o hospital, sentiu-se atraída por uma força magnética, vinda de um clarão semelhante à luz intensa do túnel que vira. Seguiu totalmente impulsionada, percorrendo várias alas dos corredores, até chegar à portaria de emergência. A luz ficou mais forte, ela pairou erto de um menino que adentrava ao lado de sua mãe. O garoto estava ensanguentado, a mãe em desespero gritava por socorro imediato. Ermínia recebeu um golpe no peito e sentiu-se puxada para trás violentamente.

Seu corpo astral rapidamente voltava para a sala de Terapia Intensiva. O movimento retroativo dispersara a imagem do menino acidentado. Sua memória acionou uma cena vivida com seu filho Adalberto na infância. O menino se machucara, ao pular do alto de uma balança, no parque infantil.

Os pais estavam distraídos e, quando ouviram os gritos do garoto, correram para socorrê-lo. Adalberto quebrara o nariz com a queda, ela sempre se culpou por não ter sido atenta o suficiente para evitar o acidente.

No leito, o corpo físico dela se agitou, o médico plantonista imediatamente se postou ao lado, porém, em fração de segundos, ela voltou a permanecer em estado letárgico. Minutos depois, se deslocava novamente, com estranha sensação de adormecimento. Pairou alguns metros acima do leito, e lá ficou por muitas horas sem se mover. Com os olhos cerrados, apenas registrava parte da conversa cotidiana entre os assistentes do local.

Depois de alguns dias, em inesperado momento, abriu os olhos e viu um cordão luminoso que saía de seu umbigo, acompanhou a extensão do mesmo, com isso teve a sensação de estar sendo atraída para baixo. Tentou tocar o cordão, surpreendeu-se, não havia liga em suas mãos, sentiu que o cordão se mexia e refletia os impulsos do que ela sentia. Flutuou para baixo, próximo ao leito, percebeu que o cordão interligava a figura de uma mulher acamada, expiou para ver quem era, arregalou os olhos ao perceber que aquele era o seu próprio corpo. Pôde notar que seu rosto estava muito machucado e seu corpo recebia vários fios que saíam de aparelhos ligados ao lado. Sem controle do que se passava, rodopiou olhar para si mesma, em seguida comparou-se novamente com o corpo da mulher acamada, exclamando:

— Sou eu!

Aturdida, sentiu seu coração acelerar, juntamente com a sensação de intenso calor. Pôde perceber que o cordão que saía de seu umbigo agora se estreitava cada vez mais, acoplando-se ao corpo estendido no leito. Estonteada, perdeu o controle dos movimentos, esboçando profundo gemido, quando seu corpo astral fundiu-se definitivamente no corpo físico. Alguns segundos após, ela retomou a consciência e tossiu, tentou movimentar as mãos, sentiu dificuldade. O médico assistente ao lado percebeu certa manifestação e perguntou:

— Você está bem?

Ermínia acenou positivamente com certa dificuldade. Estava com a cabeça enfaixada e com a clavícula quebrada, bem como, com vários hematomas pelo corpo inteiro. Tentou mover-se, não conseguiu...

— Calma! — alertou o médico. — Você está reagindo bem. Logo, logo estará em plena forma.

Ermínia esboçou leve sorriso, quis perguntar o que lhe havia acontecido, a voz não saía, apenas alguns sons desconexos.

— Não se exalte! Como lhe disse, em algumas semanas tudo estará bem.

Ermínia piscou os olhos, enquanto o doutor a tranquilizava. Depois de nova medicação introduzida, relaxou e dormiu serenamente.

Ao se deslocar do corpo físico, se viu caminhando num parque muito bonito, onde transitavam pessoas vestidas com túnicas brancas e com lindas faixas azuis na cintura. O aroma das flores era contagiante, ela inspirou para absorver o perfume que exalavam ao seu redor. Sentia-se livre e descontraída, o lugar lhe parecia familiar, havia muitos lagos cercados por enormes montanhas. O parque era imenso, porém, ela seguia como quem soubesse exatamente onde estava, quanto mais avançava ia sentindo-se totalmente refeita. Há um dado momento, parou e deitou-se na grama. Olhou para o céu, o dia estava lindo e ensolarado, imediatamente se deixou envolver pela sensação prazerosa que a acometia. Abriu os braços e as pernas, como quem quisesse se oferecer, por inteiro, àquele maravilhoso céu de um azul inigualável, suspirou aliviada.

Ficou imóvel por algumas horas, depois se espreguiçou e se levantou, quis banhar-se, procurou o lago, estava próximo, sabia disso. Instintivamente dobrou a esquerda e seguiu. Mergulhou na água límpida e cristalina, fazia movimentos circulares com o corpo, depois com as mãos, em posição curvada, pegou um pouco de água e bebeu com prazer.

Num canto reservado próximo ao local, alguém a observava discretamente, aguardando o momento oportuno para se mostrar.

Ermínia saiu do lago quase ao anoitecer, sentou-se à beira, quis aguardar a chegada das primeiras estrelas, ouviu passos e virou-se de imediato.

— Como vai Ermínia?

— Estou bem — respondeu, tentando identificar de onde conhecia tal pessoa.

— Provavelmente você ainda não se lembra de mim, no entanto, faço questão de me apresentar novamente. Seja bem-vinda, meu nome é Pedro.

Ela o observou por alguns instantes, depois respondeu:

— Não me lembro mesmo, de onde me conhece?

— Sou um amigo de tempo remotos...

— Ah! Estou desfrutando um pouco desta maravilha de lugar. — Disse isso apontando para o lago.

— Posso me sentar? Preciso conversar com você, sugeriu Pedro.

— Oh! Sim! — concordou de pronto.

Ermínia não tinha lucidez de que estava desdobrada parcialmente de seu corpo físico, vivendo realmente uma experiência fora da matéria. Havia retomado a consciência no hospital, após a cirurgia a que se submeteu. O impacto brusco da colisão que sofrera fez com ela se deslocasse rapidamente do corpo físico, apresentando notável lucidez, porém sem controle da situação. Flutuou sem noção de que havia deixado o corpo físico no asfalto, porém, mesmo atordoada, pôde registrar parcialmente, com clareza, o que ocorria a sua volta. Agora, num outro tipo de experiência, porém mais comum, semelhante ao estado onírico cotidiano, em que, ao despertar, podemos ou não lembrar do conteúdo vivido. Entretanto, apresentou certa alienação correspondente aos fatos de sua vida terrena atual.

Pedro compreendia a limitação apresentada, em razão do estado emocional abalado pelo qual havia passado.Tentaria conduzir a conversa exatamente até onde ela pudesse absorver. Assim prosseguiu com descontração:

— Percebo que você está se sentindo muito bem. Acertei?

— Acertou. Respondeu a moça com satisfação.

— Realmente este lugar é preparado para nos refazer de imediato. Sempre venho até aqui, quando preciso me recompor.

Ermínia tentava lembrar de onde o conhecia, fixava os olhos nele enquanto o ouvia. Pedro fingia não perceber a discreta inquietação dela.

— Você disse que queria falar comigo? Sobre o quê? — lançou a pergunta inesperadamente para o moço.

— Bem, dissimulou o rapaz, já estamos conversando, não é?

Ela esboçou riso desconfiado. Em seguida, quis mais explicações:

— De onde mesmo você me conhece?

— De tempos remotos, mas sou paciente, logo mais você irá se lembrar. O que eu realmente gostaria é principiar este contato. Poderemos estabelecer um novo elo de comunicação daqui por diante.

— Não entendi. Um novo elo de quê?

— Comunicação, você irá precisar. No momento, estou me apresentando para que você se lembre deste contato.

— Para quê? O que irei fazer?

— Você fará uma revolução em sua vida. Acredito que, de agora em diante, irá assumir seu compromisso pessoal de renovação.

Ermínia silenciou. Fechou os olhos ao sentir um leve torpor a envolvê-la.

— Não tenha medo, apenas quero que me ouça, é como se eu estivesse jogando uma semente de conhecimento para você aprender a cultivar e depois colher os frutos. Sei que você tem tudo para conseguir, apenas precisa acreditar mais em si mesma. Dar a volta por cima, deixar que sua própria força acione sua ascensão. Você clama por ajuda, mas não sabe se ajudar e, com isso, nada acontece.

— Desculpe-me, não estou entendendo onde você quer chegar!

Pedro pausou observando-a atentamente, depois continuou:

— Você precisa assumir-se verdadeiramente. Compreendo suas dificuldades quanto a isso, porém, o que você tanto pediu, está na hora de receber de si mesma. Procure sentir o que estou lhe dizendo e não tente, neste momento, usar a razão, pois justamente por isso é que a consciência ausentou-se. É o seu primeiro treino, parar de pensar e deixar fluir suas sensações originais. Deixe que sua alma absorva esta flexibilidade e volte a conduzi-la. Assim como você fez neste parque, deixando que as sensações imperassem, e assim, podendo atentar-se ao que realmente você tinha vontade de fazer. Aqui você está livre, se sentindo inteira, sem obrigações, e até mesmo sem saber quem é e em que lugar está. Apenas está permitindo a si mesma viver cada momento, obedecendo a vontade despertada em seu íntimo.

Ela ouvia tudo em silêncio. Aquelas palavras a tocavam, realmente ela não sabia onde estava e nem quem era. Somente se reconhecia como Ermínia. Por mais que tentasse se lembrar de algo que pudesse relacionar com sua vida, não conseguia. Para ela, naquele momento, só existia o parque, a natureza e a companhia daquele homem, contudo, não se absteve de interrompê-lo, questionando:

— Por favor, você poderia explicar qual a razão de me dizer essas coisas? Percebo que a fala realmente tem muito sentido, porém não estou conseguindo relacionar o assunto comigo.

— Entendo, mas brevemente fará isso, estou tentando fazer com que sua mente armazene essas informações para que, no momento adequado, tudo floresça naturalmente dentro de si mesma.

Ela permaneceu indiferente, sem entender a explicação,

tornou a fixar olhar no infinito. Pedro prosseguiu por mais alguns minutos, ressaltando a importância de se viver o momento presente, e o quanto isso a ajudaria modificar sua vida. Depois ele a convidou para acompanha-lo ao parque, ela aceitou e os dois percorreram lugares incríveis, nos quais pôde receber todo o fluido concentrado que a natureza concedia.

A noite chegou, as estrelas cobriam o céu, o parque estava iluminado, raios coloridos se misturavam entre as árvores, formando um belíssimo cenário. Doce melodia era entoada no ambiente, muitas pessoas transitavam ao redor. Ela parou para agradar um cãozinho que vinha ao seu encontro abanando o rabo, demonstrando alegria ao vê-la.

— Este também é um grande amigo seu — ressaltou Pedro.

Ermínia sentiu forte emoção ao pegá-lo, o cãozinho a lambia insistentemente, fazendo até um pouco de xixi em seus braços. Ela sorriu, ao mesmo tempo que enxugava as lágrimas que molhavam seu rosto. Sentiu forte afinidade pelo animal, parecia que já o conhecia.

— Qual o nome dele?

Pedro respondeu:

— Como gostaria que ele se chamasse?

Ela parou por alguns instantes e depois respondeu:

— Pintadinho... Ele é lindo demais, todo rajado de preto e branco.

— Então este será o nome dele: Pintadinho — acentuou Pedro.

O cãozinho respondeu ao chamado, pulando e latindo sem parar, ao redor deles. Ermínia se emocionava com a travessuras de Pintadinho que, por sua vez, não parava de correr e pular a sua volta.

— Venha meu querido, abrace a mamãe! — disse ajoelhando-se perto dele.

Pintadinho atendeu de imediato, lambendo "disparadamente" o rosto dela.

Pedro observava tudo em silêncio, vez ou outra, atiçava o cão, atirando uma pedrinha ao longe para ele correr e pegá-la.

Ermínia notou que havia muitos animais domésticos naquele parque, muitos deles passeavam com seus respectivos donos, outros procuravam a companhia de recém-chegados para fazerem amizade. Uma menina corria tentando alcançar seu cão, gritava alegremente, chamando-o de filhinho... Parou para contemplar a cena, mas Pintadinho imediatamente deu um salto, chamando-a à atenção. Pedro ficou satisfeito com o momento de prazer que ela desfrutava, reconhecia o quanto aquilo lhe fazia bem. Olhava-a discretamente, registrando cada movimento seu.

A poucos metros de onde estavam, uma mulher se aproximava ao encontro deles.

— Olá amigos, estão se divertindo?

Ermínia se virou para ver quem era, simultaneamente Pedro respondeu:

— Estamos desfrutando deste lugar maravilhoso.

— Muito bem! E você, Ermínia, está gostando deste parque?

— Sim. Como disse Pedro, este lugar possui uma beleza contagiante.

— Sem dúvida alguma este lugar é um paraíso eterno...

Ermínia quis perguntar-lhe se ela também a conhecia, haja vista que sabia o seu nome, mas a mulher antecipadamente se apresentou:

— Sou a coordenadora-administrativa daqui, para mim os dias são todos maravilhosos, porque posso desfrutar disso tudo a qualquer hora do dia ou da noite. Tenho muito prazer em recebê-la, meu nome é Letícia, se precisar de alguma coisa, basta dirigir-se àquele galpão e me chamar — disse isso, sinalizando com a mão para a direita.

Curiosa, ela se virou acompanhando a direção apontada por Letícia, avistou a uma pequena distância, uma praça iluminada e um pequeno galpão rodeado de muitas árvores floridas.

— Obrigada — respondeu em seguida.

— Está se sentindo bem por aqui? Gostaria de conhecer outros pontos deste parque? — convidou Letícia.

— Gostaria muito, o que há de novo por aqui?

Pedro e Letícia se entreolhavam risonhos, compartilhando o mesmo pensamento.

— Falei alguma coisa errada? — ressaltou ela, percebendo a atitude deles.

— O que chama de novo? — dissimulou Pedro.

— Algo que eu desconheça, talvez uma área de lazer que possua alguma coisa diferente. Se bem que eu não sei explicar a sensação que tenho agora, pois me parece que sei exatamente onde estou e o que há por aqui, este lugar me parece familiar. Entretanto, não consigo recordar-me com exatidão, estou confusa...

— Você não está errada, realmente temos muitas coisas novas por aqui, e com certeza você irá adorar conhecê-las. Não se preocupe com mais nada além disso, não importa se você tem a impressão de já conhecer este lugar, explore—o como quiser, o mais importante é você aproveitar a beleza da natureza, não é?

A moça balançou a cabeça assentindo, entretanto, intrigada perguntou:

— Letícia, de onde você me conhece?

— Registramos a entrada de todos que ingressam neste parque.

— Não me lembro de ter dado o meu nome para alguém daqui, apenas entrei e fui direto para o lago.

— Sua entrada por aqui já era esperada por nós, a conhecemos e não é de hoje, como lhe disse Pedro, a distância não impede os reencontros...

Desconfiada, se manteve pensativa e não ousou nada mais desvendar.

— Então, o que me diz de conhecer algumas coisas que se inovaram na sua ausência?

— Minha ausência? — indagou surpresa.

— É, sua ausência, às vezes precisamos nos deslocar para novas experiências e foi o que você fez — esclareceu Letícia.

— Não entendi, está querendo me dizer que já estive por aqui?

— Já, está nos fazendo uma visita, somente agora seu espírito conseguiu ultrapassar os limites que a prendiam na matéria mental condensada.

— O que está me dizendo?

Antes de obter respostas, Pintadinho interrompeu a explicação, pulando ao redor deles, depois disparou numa corrida a alguns metros e parou, insinuando que eles o seguisse. Letícia sugeriu:

— Vamos acompanhá-lo?

Os três acompanharam a corrida do cão que latia e alegre por ser atendido. Ermínia observava a trilha que ele fez entrando por um caminho que continha muitos canteiros floridos e muitas árvores belíssimas. Despertados pelo som da queda de água, os três, sincronicamente, esboçaram intenso prazer ao se depararem com um recanto, onde cachoeiras imensas esbanjavam beleza, ornamentando a riqueza da paisagem aquática.

— Que maravilha! — disse Ermínia admirada com a beleza ali presente.

Letícia e Pedro sinalizaram para que ela os acompanhasse, apontaram um banco e sentaram-se em frente do belo cenário de inigualável comparação.

— Meu Deus! Que coisa linda! — exclamou, entorpecida pela energia do lugar.

— É maravilhoso mesmo! Esta é uma das nossas novidades por aqui. Sabíamos que iria gostar — afirmou Pedro.

Ermínia sorria como uma criança que acaba de receber o presente preferido. Pintadinho sentado ao lado dela esboçou latido ao vê-la tão feliz.

Permaneceram ali por longo tempo, aos poucos ela foi cedendo à excitação e se integrando ao relaxamento convidativo que o lugar oferecia.

Ao redor, várias pessoas ocupavam os diversos bancos instalados para o mesmo propósito: receber a energia das águas e se entregar a um profundo relaxamento, a fim de refazer o campo psíquico emocional.

Ermínia abriu os olhos, sentia-se totalmente refeita, percebeu que os amigos ainda se mantinham em profunda meditação, até mesmo o cãozinho havia dormido... Preferiu aguardar o despertar deles, quis atrever-se a banhar-se debaixo da queda d'água de uma das cachoeiras. Hesitou, olhou ao redor e pensou: "Ninguém está fazendo isso". No entanto, não conseguiu conter o impulso, levantou-se e se dirigiu até um ponto em que ela pudesse se sentar e deixar a água cair sobre seu corpo. Espantou-se, quando deu por conta que a água tinha temperatura morna. Estimulada, atirou-se de corpo inteiro, recebendo os jatos fortes da água em suas costas, peito, cabeça e pernas. Sentia-se totalmente massageada.

Permaneceu lá por mais algumas horas, não fosse o aceno de Pedro, chamando-a. Por ela, escolheria ficar ali para sempre.

Em atendimento ao pedido dele, levantou-se e foi ao seu encontro. Pintadinho já havia despertado e disparou vários latidos ao vê-la voltando.

Ermínia sentia-se completamente feliz, estava decidida a pedir para Letícia a permissão para que pudesse ficar ali por mais algumas horas. Sem ter tempo para formular a questão, ouviu quando a moça, gentilmente, convidou-a para sair, alegando que não poderiam ficar além do horário permitido.

Aos poucos, todos se retiraram do local, ela então relatou todas as sensações vividas, e os dois estimularam-na ainda mais, quando disseram que havia muitas coisas para ela ver e, com elas, se beneficiar. Isso porque o lugar continha magia pura e o poder de transformar, rapidamente, qualquer sensação negativa que estivesse impedindo de manter o equilíbrio. Principalmente nas situações em que é preciso manter-se firme e lúcido.

Pedro salientou que a mente precisa, constantemente, desconectar-se de todo pensamento conturbado, pois toda clareza e direção que procuramos depende muito da paz mental, para que possamos tomar as atitudes compatíveis, em face do que realmente precisamos. Prosseguiu, complementando:

— Geralmente, nos deixamos invadir pela preocupação em resolver logo uma questão que nos atormenta, somamos tantos medos, que as decisões mais simples de serem enxergadas tornam-se verdadeiro martírio emocional.

— Concordo com você Pedro, como nos tornamos frágeis quando precisamos optar pelo nosso melhor e largar o que nos incomoda, tolhendo nossa liberdade de ação. É costumeiro pensarmos mais nos outros do que em nós mesmos, vamos perdendo o estímulo do entusiasmo e guardando muita amargura e tristeza. Todas as vezes que deixamos essa confusão mental nos atormentar, perdemos a nossa força, ficamos agitados, insatisfeitos e muito irritados, as horas do dia parecem intermináveis e as noites de intensa insônia — ressaltou Letícia.

— Não raro, as consequências disso afetam nosso sistema

emocional, gerando muitas doenças, bem como, a condensação energética negativa se espalha por tudo ao nosso redor, causando muito dissabor e dificuldades em várias situações, em que tudo dá errado e, por mais que tentemos nos desviar das confusões, mais conflito aparece. Muitas pessoas até dizem que "o mundo se voltou contra elas", ficam tão desesperadas e perdidas que optam pelo desvario inconsequente, tornando a situação ainda mais desesperadora — concluiu Pedro.

Ermínia prestava atenção na conversa dos dois, porém um tanto quanto alienada, não conseguia assimilar o conteúdo da orientação. Não apresentava qualquer sinal que pudesse despertar comparação com a vida que levava antes do acidente. Mantinha-se apenas totalmente envolvida pela beleza do parque que continha forte energia refazedora.

O casal continuava falando, mesmo reconhecendo a dificuldade dela em se inteirar do assunto, pretendiam fixar-lhe o teor magnético do aprendizado, na intenção de programar sua mente com determinado conhecimento. Estavam cientes de que não há dispersão, quando se direciona o intuito para o espírito compreender. Mais tarde, ela absorveria esse contato e o processo desencadear-se-ia normalmente, originando abertura na consciência, para promoção da precisa lucidez e, posteriormente, o treino da questão abordada.

— Pedro, explique-me o que fazer para obtermos esta paz mental, sem que precisemos passar por tanto sofrimento, para depois reconhecermos a importância de optarmos por escolhas que nos fazem felizes e libertos dos pesos adquiridos. Como podemos adiantar este estado promissor? — lançou a pergunta, a fim de estimular os sentidos de Ermínia.

— Ora, Letícia! Quem de nós, conscientemente, deseja sofrer? Você acha que alguém gosta de dificuldades e privações? Todos nós queremos o melhor, porém, não sabemos como fazer para que este melhor aconteça em nossas vidas. O que acontece é que somos imaturos para despertar a inteligência, de imediato, porque quando isso ocorre, acaba o sofrimento, não acha? Veja bem, tudo é uma questão de aprendizado, porque muitas vezes não sabemos como conduzir um sentimento, uma ideia, um propósito, um potencial, resolver uma questão etc., é comum ficarmos atordoados, inquietos e confusos. Primeiramente, precisamos aceitar que não sabemos, depois procurar entender o que está acontecendo conosco. Por exemplo, se temos dificuldade de expressar nossos sentimentos, é porque conservamos muitas críticas dentro de nós ou fomos muito reprimidos pelos conceitos morais. Se figurarmos uma cena, em que nos colocamos de frente para nós mesmos, poderemos começar a entender o que se passa conosco. Poderemos nos exercitar, perguntando qual a dificuldade que temos em expor o que sentimos, depois vamos nos esforçando para quebrar o preconceito disso, tendo em mente que o resultado positivo que esperamos dos outros não é tão importante quanto falarmos o que estamos sentindo. Quando agimos assim, percebemos haver uma sensação confortável por nos colocarmos, como também, nos ensinamos a respeitar a opinião e o sentimento de outros. Você pode sentir algo e permitir-se falar sobre, porém, deve aceitar que a outra pessoa também possui suas preferências e liberdade de corresponder ou não — isto se chama respeito mútuo. Caso a resposta seja negativa, se validarmos isso, não sofreremos, poderemos até não gostar do que estamos ouvindo, mas o respeito nos ensina a compreender e a mudar de rumo. Como o orgulho ferido não nos deixa largar o que não nos serve mais, o sofrimento se instala e a dificuldade aparece em todos os níveis, perturbando nossa paz.

"Outro fator importantíssimo é a questão que envolve todos nós, no que diz respeito à prosperidade material. Para obtermos melhores resultados sobre este assunto, precisamos aprender a colocar nossos propósitos e ideias na prática, acionando todo o movimento de ação para que tudo flua a nosso favor.

O primeiro passo é acreditar em si mesmo, validar nossas ideias e opiniões sobre um assunto, constantemente muitos se calam e aí não saem do lugar. Depois de expomos nossas ideias, o segundo passo é aprender como canalizar este propósito. Poderemos, então, nos perguntar: o que preciso aprender nesta questão?

Seguidamente, começo a pesquisar e a pedir ajuda a quem eu reconheça já ter dominado a questão. Se não tivermos orgulho, isso se processa gradativamente até que alcancemos o ideal desejado. Outro ponto importante é pararmos a mente e invocarmos a presença da Sabedoria Infinita em nós, para que nos direcione às pessoas certas que nos possam ajudar. Depois, é só mantermos o mesmo ritmo, sem que a impaciência nos domine, firmar o propósito e nos ajudar a conservarmos a paz e a confiança.

Parece simples, não é? Diante do conflito, isso nos parece sublime demais, como agir assim, com a mente perturbada e em situações preocupantes, sem saída momentânea? É o mesmo exercício: parar a mente e não se fixar na derrota ou na crença de que tudo está perdido, porque quando assim agimos, nossas energias negativas envolvem pessoas e lugares, dificultando vislumbrarmos a solução positiva. Em situação de desequilíbrio, o importante é soltar a preocupação, elevar o pensamento e solicitar ajuda, para que as "Forças Espirituais" nos ajudem a manter a paz em primeiro lugar, para que possamos iniciar o processo de reversão, com maior clareza e domínio interior. Mesmo porque, de nada adianta o desespero, pois só agrava as coisas. Se com ele viesse solução, ideal seria ficarmos neste estado. Então, é preciso muita humildade para se conseguir abrir as portas da renovação, digo isso, porque neste caminho, vamos reconhecendo que somos os criadores de infortúnios e somente cada um de nós poderá dar-se a permissão de mudar. Isto é, eu não posso fazer por você o que lhe cabe, posso orientá-la como chegar lá, mas não poderei assumir o que lhe compete. Sem dúvida, este é um exercício que requer maturidade, mas que nos leva a reconhecer que o melhor mesmo é, primeiramente, ficarmos sempre do nosso lado e rejeitarmos tudo e todas as coisas que tiram nossa paz. Assim poderemos fazer escolhas que nos trarão benefícios e não sacrifícios, amor e não desafeto, riqueza e não limitações. Tudo é uma questão de experimentar aceitar, pois se não fizermos a nossa parte, nada acontecerá e, depois, não adiantará reclamar."

— Concordo com você Pedro, porém, ainda não ficou muito

claro, como devo despertar minha inteligência para que esta mudança ocorra, se somos imaturos, devemos forçar este despertar nas pessoas ou aguardar o momento em que elas mesmas pedem ajuda?

— A inteligência é um mecanismo facilitador que reúne vários aprendizados, a partir do discernimento, ou se aprende com a dor ou com a sabedoria. Podemos estimular o despertar nas pessoas e em nós mesmos, desde que haja interesse nisso, caso contrário, as experiências dolorosas farão o serviço. Por isso que adianto a necessidade do aprendizado, pois ele promove, no indivíduo, um desenvolvimento mais rápido, que o fará colher frutos de sua conquista e dedicação.

— Quando percebemos que não há tal receptividade, devemos largar a pessoa à própria sorte, é isso? — ressaltou Letícia.

— Escolhas devem ser respeitadas! O conceito de "largar" pode estar distorcido, pois você é que assumiu o outro por demais; a natureza é sábia, ninguém permanece estagnado no Universo, o espírito reage à medida que a consciência provoca a necessidade do aprendizado. Por isso, confiar a cada um a responsabilidade de escolher o que lhe faz bem, é ainda a mais sublime expressão do respeito pelo momento do outro, no entanto, se a pessoa não quer se ajudar, você também não pode parar no caminho, só porque o outro não quer seguir. Cada um faz a sua parte!

— Ah! Estes conceitos aparentam ser simples demais, como você mesmo salientou. Começo a compreender a necessidade de exercitarmos isso diariamente, pois, com tantos preconceitos envolvidos, poderemos sucumbir se não estivermos firmes em nossos propósitos.

— Sabe o que acontece? Não confiamos que podemos apenas emitir bons pensamentos para as pessoas, quando escolhem um caminho diferente do nosso. Lá no fundo, queremos controlar do nosso jeito, principalmente quando se trata de pessoas mais chegadas, se torna muito difícil largá-las com suas próprias escolhas, não é? Soltar pode ser o mais eficiente para que cada um assuma a responsabilidade de suas atitudes e possíveis consequências. É o caminho individual do aprendizado, que nos cabe compreender, mesmo nas diversas situações conflitantes.

Ermínia suspirou fundo, sentiu tontura e um aperto no peito, mas visivelmente se mostrava ainda alienada a tudo. Pedro percebeu o desconforto da moça e sugeriu:

— Quer se sentar um pouco? Está se sentido bem?

— Oh! Não! Acho que tive uma indisposição passageira — disse segurando-se nos braços de Pedro.

O rapaz imediatamente a segurou e, tentando auxiliá-la, apontou para um banco ao lado, fazendo com que ela se sentasse até que recuperasse o equilíbrio.

Letícia colocou as mãos no topo da cabeça dela, emitiu, por meio de pensamento, ondas vibratórias que saíam em formas luminosas nos tons azul-claro e dourado. Aos poucos, ela foi se recompondo, absorvendo, pela respiração, o fluido da natureza, que facilitou sua recomposição imediata.

— O que aconteceu comigo? Quase perdi os sentidos, não entendo, pois estava me sentindo tão refeita após a saída do recanto das cachoeiras. O que será que houve?

— Não se preocupe, de certo você sofreu uma descompensação energética. Você estava ouvindo a nossa conversa? — perguntou Pedro, tentando sondar-lhe a compreensão, pois sabia que o assunto estava atingindo a barreira das resistências que ela possuía, e pelo efeito energético do teor vibratório da conversa, aquele tipo de sensação demonstrava que a mente dela estava por demais congestionada.

— Para falar a verdade, não consegui assimilar o que estavam dizendo, apenas senti um aperto no peito e muita tontura.

— Não se preocupe, está melhor, não está?

— Agora estou!

— Vamos ficar sentados mais alguns minutos, tenho absoluta certeza de que você se sentirá bem melhor.

Algumas pessoas transitavam em direção à saída do parque, conversavam alegremente, enquanto eram abordadas pelo latido de Pintadinho, que pulava de um lado para outro, correspondendo ao carinho recebido de outros visitantes. Ermínia sorriu ao vê-lo feliz e, com isso, pôde se descontrair e esquecer o mal-estar que a envolveu. Levantou-se e começou a brincar com o cãozinho, jogando alguns galhos secos a certa distância para que ele fosse buscar. Pintadinho correspondia e corria velozmente, pegava o galho, retornando em seguida.

Pedro sugeriu que continuassem a caminhada, ela aceitou e, quando chegaram próximo ao galpão, Letícia se despediu dizendo que aguardaria o retorno dela e torcia para que fosse em breve.

Ermínia assentiu, sem saber quando retornaria, tampouco para onde estava indo. Correspondeu ao abraço da amiga, quis pedir para que ela não fosse embora, hesitou. Seguidamente acompanhou os passos de Letícia até que a perdesse de vista.

Pedro aproveitou o momento para alertá-la de que havia poucas pessoas ao redor, o parque estava quase vazio e estava na hora de irem embora. Ela lamentou, ele sorriu e apontou dizendo que estavam quase chegando ao portão de saída. A poucos metros donde estavam, um sinaleiro luminoso exibia os dizeres: "Obrigado pela visita, volte quando precisar. Você está no portão de saída".

O cão, inesperadamente, pulou nos braços de Pedro. Ermínia já havia ultrapassado o lado de fora, os dois permaneceram parados no interior do parque. Pintadinho ergueu as orelhas ao ouvi-la questionar por que não estavam acompanhando-a. Não houve tempo hábil para que ela retornasse, as grades se fecharam, enquanto que Pedro acenava amorosamente para ela, dizendo que a aguardaria numa próxima visita. O cãozinho latia também, entoando uma breve despedida.

Ermínia tentou abrir os portões gradeados, não conseguiu, sentiu desespero, apoiou-se nas grades, chacoalhando-as com as mãos, intentando entrar novamente. De repente, tudo começou a escurecer, sem que ela pudesse ao menos saber o que estava acontecendo, nem o porquê deles não a terem acompanhado. Forte torpor a acometeu, estonteada, sentiu que estava se deslocando do chão, se viu flutuando, não teve controle dos movimentos, fechou os olhos. O vento parecia soprar mais forte, tudo começou a rodopiar rapidamente, perdeu a noção do que poderia estar acontecendo, entregou-se completamente ao movimento da onda vibratória e luminosa que a acometia. Registrou apenas o som de uma voz feminina familiar, que lhe dizia:

— Não tenha medo. Volte em paz, estamos com você!

Despertou, em seguida, aos prantos, dentro da ala de Terapia Intensiva do hospital. Dois enfermeiros logo se prontificaram a acalmá-la. Ermínia aos poucos retomava a consciência, mesmo impossibilitada de falar, percebeu que estava acamada e, aos soluços, recebeu a medicação indicada. Paulatinamente pôde conter as lágrimas e, na quietude, recordou algumas passagens do "sonho" instigador.

Remexeu-se e notou que não conseguia movimentar-se com facilidade, preocupou-se, mas não se desesperou, ainda podia ouvir a voz feminina, alertando-a para que não tivesse medo. Sossegou. Fechou os olhos, quis dormir novamente, não conseguiu. Em poucos minutos, o tranquilizante começou a agir, promovendo intensa sensação de serenidade.

As imagens do parque, dos amigos e de Pintadinho vinham-lhe à mente, quis voltar e de lá nunca mais sair... Cerrou os olhos para tentar absorver o mais que podia de tudo o que havia compartilhado com eles, depois de muitos anos de agonia, pôde sentir prazer, leveza e descontração. Não quis perder aquela sensação confortável, tentou reviver cada segundo vivenciado naquele lugar mágico, fazia tempo que não tinha um sonho bonito; ao despertar, pôde lembrar-se disso. Prosseguiu, refletindo sobre estar numa cama de hospital, mas sua mente foi várias vezes junto a eles, pela primeira vez fez breve oração de agradecimento, pedindo a Deus forças para continuar a viver e poder transformar sua vida em algo semelhante ao que viveu no parque. Não sabia o que havia acontecido e nem ao menos se sairia daquele leito, no entanto, não havia outra saída, senão aguardar os dias e o resultado das coisas. Suspirou e cerrou os olhos, evitando pensar no amanhã.

4

No saguão do hospital, Judite, a mãe de Ermínia, acompanhada pela vizinha Hortência, chorou de emoção quando o doutor Cristiano confirmou a presença dela naquele hospital.

Aproximadamente há três dias, após o desaparecimento da amiga, Hortência dera parte à polícia. A princípio, a vizinhança temia que ela tivesse sido sequestrada pelos traficantes. Depois Hortência a procurou por todos os lugares onde sabia que ela poderia estar. Foi à casa de algumas patroas, onde sabia que a amiga prestava serviço, depois percorreu alguns hospitais e, por fim, acionou o trabalho da policia, que a localizou rapidamente.

Medeiros se aproximou, também estava tentando localizar os familiares da mulher que atropelara. No dia do acidente, após ter recebido os primeiros socorros, soube do estado crítico que Ermínia se encontrava, desde então, passava todos os dias pelo hospital, para ver se alguém havia procurado por ela.

Naquela manhã, pôde se apresentar à mãe dela, mas infelizmente como sendo o causador daquele infortúnio. Após relatar o que havia ocorrido, prontificou-se a ajudá-las no que fosse preciso, e também foi informado de tudo o que estava ocorrendo na vida de Ermínia.

Hortência, espontaneamente, pegou as mãos de Medeiros e beijou. Comovida, pediu para que ele ajudasse a encontrar o filho da amiga.

Daquele dia em diante, Medeiros passou a frequentar a casa de Ermínia, lotou a despensa de mantimentos, contratou uma empregada para auxiliar dona Judite a tomar conta das meninas, comprou roupas e utensílios domésticos, além de providenciar assistência médica à família toda. Sentia-se feliz em poder ajudar aquelas pessoas necessitadas e empenhava-se para localizar os rapazes desaparecidos. Em pouco tempo, Medeiros foi considerado o "salva-vidas" de Ermínia, conhecido por toda vizinhança, todos passaram a respeitá-lo e agradecê-lo por tudo o que estava proporcionando à família dela. A caçula das meninas, Julieta, se afeiçoou rapidamente aos carinhos dele, compensando a falta que sentia do irmão. Chorava quando Medeiros se despedia. O promotor se sensibilizava, chegou até mesmo a levar os filhos para conhecerem a família de Ermínia.

Vinte dias se passaram, quando Ermínia foi encaminhada ao quarto particular do hospital. Hortência se prontificou a ser sua acompanhante. Com exercícios de fisioterapia e fonoaudiologia, foi se recuperando pouco a pouco.

Medeiros, embora ressabiado, estava ansioso por conhecê-la. Temia ser rejeitado ao dizer-lhe que foi ele quem a atropelara. Delicadamente bateu na porta do quarto da paciente.

Hortência levantou-se para atender:

— Boa tarde Medeiros, entre por favor — recepcionou a moça.

Medeiros se deparou com Ermínia sentada na cama. Timidamente, se apresentou:

— Boa tarde, Ermínia!

Ermínia o cumprimentou com um breve aceno da cabeça.

— Fique tranquilo Medeiros, já a informei de tudo o que ocorreu. Ermínia está ansiosa por conhecê-lo, tenho certeza de que se ela pudesse falar, lhe diria o quanto está agradecida por você ter amparado a família dela — ressaltou Hortência.

Medeiros, condoído ao vê-la impossibilitada de se expressar, sentou-se ao lado, na cama, segurou as mãos dela e disse:

— Desculpe-me Ermínia, não a vi atravessar, estava atordoado tentando fugir de supostos perseguidores, você apareceu inesperadamente e não tive tempo de desviar. Quero que saiba, que estou fazendo de tudo para que sua família fique bem, durante a sua ausência, também estou me empenhando para encontrar os rapazes desaparecidos. Conte comigo no que precisar, é só pedir e farei tudo o que puder para atendê-la.

Em seguida, tirou um lenço do bolso e enxugou as lágrimas que escorriam pela face de Ermínia.

Ela tentou falar, mas apenas conseguiu esboçar algumas sílabas desconexas. Estendeu as mãos, procurando apertar as dele, depois as levou até os lábios e beijou-as.

Medeiros, sensibilizado, abraçou-a, desejando-lhe melhora em seu estado. A partir daquele dia, tornaram-se frequentes as visitas dele para ela. Impreterivelmente, todos os dias ele levava algum presente para animá-la. Conversava muito, ela correspondia como podia: sorrindo, acenando com a cabeça, gesticulando e, às vezes, forçando a fala, mas sem obter resultado. Hortência participava de tudo e os três foram formando laços de sólida amizade.

Numa tarde, Medeiros causou-lhe surpresa, quando levou suas filhas para visitá-la, Ermínia não conteve a emoção ao vê-las saudáveis e bem vestidas.

Comparou-as com as filhas das patroas, nas casas em que prestava serviço.

Chorou ao receber o abraço das filhas, comovida, lembrou-se do filho desaparecido, somente

ele não estava lá para abraçá-la. Aos prantos e com notável dificuldade para articular as palavras, ousou perguntar:

— Ode tá me filu? (Onde está o meu filho?).

Medeiros baixou a cabeça, não tinha esperança de vê-los com vida. Mesmo assim, empenhava-se para localizá-los, no entanto, procurou despistar a verdade para não causar-lhe desespero. Aguardaria o momento em que ela estivesse em total condições físicas e psicológicas, para colocar seu parecer. Em seguida, respirou fundo e respondeu de modo a que ela não se exaltasse tanto:

— Estamos fazendo de tudo para localizá-los, não devemos perder a esperança, a polícia está muito empenhada no caso e eu sou muito influente, acredito que teremos notícias em breve.

Ermínia franziu a testa, continuou a chorar, balbuciou palavras desconexas e misturadas, mas todos compreendiam o que ela queria dizer.

Julieta a trouxe de volta à realidade, quando começou a contar o que Medeiros havia comprado para elas. Ermínia passou delicadamente as mãos na cabeça da filha, apontando seguidamente para Medeiros e fazendo sinal positivo com o polegar. A menina continuou:

— Eu trouxe uma boneca novinha para mostrar para a mamãe. Depois ergueu outro boneco, dizendo:

— Este é o Pedro, meu novo amigo!

Ermínia sobressaltou-se ao ouvir o nome "Pedro", lembrou-se do sonho que teve alguns dias atrás. Como não dominava a fala, preferiu nada tentar comentar.

Doutor Cristiano entrou naquele momento, fez breve cumprimento aos presentes e, em seguida, dirigiu palavra à Ermínia:

— Pelo que estou vendo, hoje é um dia especial para você. Sente-se melhor?

Ermínia gesticulou com a cabeça, afirmando que sim. Julieta saltou na direção dele, ergueu o boneco e disse:

— Olha doutor, este é o meu amigo Pedro. Ele disse-me que o senhor salvou a minha mãe. Eu fiquei muito feliz com a notícia, porque ele jurou que eu não iria ficar sozinha, pois minha mãe voltaria para casa.

Todos se emocionaram...

— Este seu amigo estava certo — respondeu o médico, acariciando os cabelos da menina.

Julieta pulava, enquanto beijava o boneco com muita alegria. Após o diagnóstico do médico, Medeiros pediu licença para se retirar por instantes, precisava dar alguns telefonemas urgentes, saiu do quarto e se dirigiu até o saguão do hospital. Dona Judite comentava com a filha, todos os benefícios que ele havia feito a elas. Apesar da triste condição em que as encontrou, ressaltava que ele havia sido um enviado de Deus para ajudá-las.

Ermínia não conseguia se lembrar como o acidente acontecera, porém, as imagens dela flutuando sobre o local, e toda experiência vivida após isso, reativaram sua mente. Não havia tido condições físicas para falar, ansiava poder contar tudo ao médico, só ele poder-lhe-ia explicar o ocorrido, assim pensava. Temia que tudo tivesse sido fruto de alguma sequela, em razão da batida na cabeça. Por outro lado, tinha certeza de ter visto e ouvido, nitidamente, todos na sala de cirurgia. Bem como, o contato com a mulher iluminada, depois, a mesma sensação de flutuar quando teve o sonho no parque.

Após retomar a consciência por completo, reconheceu a fisionomia do médico e a sua voz, com isso as cenas foram aparecendo e ela reviveu tudo, passo a passo, na íntegra. Não sabia explicar o que fora aquilo, só lhe restava aguardar o momento oportuno para ser esclarecida.

Durante aquelas semanas, dormia tranquila e acordava sem lembrança de ter sonhado. Estava se recuperando com rapidez e isso é que importava para ela. Queria voltar para casa, estar com a família e esperar pela volta do filho desaparecido. Agradecia por ter sido amparada por Medeiros, contava com a ajuda dele para isso, embora lá no íntimo lamentasse a maneira como eles se encontraram. Porém, redimia-se ao pensar que Deus sabia o que estava fazendo, de certo ela também precisaria passar por tudo aquilo, sentia que uma grande renovação estava por vir, não sabia como, todavia, só o tempo iria dizer-lhe. Quando a incerteza a dominava, procurava lembrar da cena do túnel iluminado e se conscientizava de que se fosse para ter morrido, isso já teria acontecido. Por isso, no parque, gravou a orientação da "mulher iluminada" e de Pedro, quando lhe disseram que ela precisaria se renovar. Sabia que a conversa tinha sido longa, mas ainda não era capaz de se lembrar de tudo o que ouvira. Aguardaria sua recuperação, depois disso, estava convicta de que começaria uma nova etapa de vida. Sentia seu peito abrir quando assim pensava, uma sensação de alegria a acometia e isso contribuía para que ela fosse se fortificando a cada dia. Reagia bem ao tratamento indicado e os médicos encorajavam-na muito, sempre evidenciando que ela era muito forte e jovem, e que o mundo precisava de pessoas vencedoras, iguais a ela. Ermínia se esforçava o quanto podia, e assim foi se recuperando em menor tempo, já havia feito muitas amizades com os médicos e enfermeiros, pensava em um dia poder recompensá-los ou, quem sabe, ajudar de alguma forma, principalmente dando apoio e encorajando aqueles que ficam internados, por um longo tempo, até se recuperarem. Pôde parar e analisar a qualidade de vida que estava tendo, concluiu que realmente sua vida se restringia ao trabalho, casa e muita preocupação com o futuro.

Havia deixado de viver, de sentir prazer e de se expandir. O choque com a possibilidade de ter morrido fê-la valorizar mais a vida. Tinha muita esperança de reaver o filho, porém, nem isso a impediria de fazer o que pretendia. Guardaria a dor da separação, mas seguiria avante, estava aprendendo a confiar que na vida podemos apenas viver o que nos compete e que cada um responderá apenas por isso.

Dias se passaram, até que numa manhã de sábado, ela arrumou suas coisas e registrou saída do hospital, com a recomendação de manter a medicação e os tratamentos de recuperação motora, além de outros. Assim recuperaria, por completo, o domínio da fala e os reflexos condicionados.

Medeiros, em companhia de Hortência, levou-a para casa. Uma festa surpresa de recepção, organizada pela vizinhança, a aguardava; desejavam dar-lhe as boas-vindas.

O trajeto de volta foi muito tranquilo, Medeiros dirigia emocionado. Evitou o cruzamento onde tudo aconteceu. Não quis causar nenhum dissabor. Procurou descontraí-la, dizendo-lhe que fariam muitos passeios pela cidade. Hortência estimulava a amiga, pediu para Medeiros ensiná-las a dirigir, ele sorriu respondendo que ainda não era capaz de se arriscar tanto.

Quando o carro apontou no bairro e entrou na rua do bar do Tião, a vizinhança saltou dos portões com muitas faixas erguidas, nas quais se podia ler claramente: "A nossa Ermínia voltou, graças a Deus!", " Você fez muita falta, a adoramos!", "Até que enfim se lembrou de nós...", "Nunca mais desapareça!". Ermínia, emocionada e com os olhos lacrimejantes, desceu do carro e foi abraçada pela multidão que se revezava, desejando-lhe bom retorno.

O cheiro da brasa da churrasqueira improvisada dava início à comemoração combinada. Até seu Martins, dono do mercadinho, contratou uma banda para animar o festejo. Todos quiseram contribuir de alguma forma, uns com salgadinhos, outros com doces de todo o tipo, e assim a festa se estendeu com muita alegria e descontração até altas horas da noite.

Ermínia aproveitou o quanto pôde da carinhosa confraternização, porém, preferiu seguir a orientação médica, que recomendava pouco abuso e muito descanso, até que se fortalecesse para readaptar-se à rotina diária. Despediu-se brevemente dos amigos e se retirou, naquele momento considerou que tudo era muito importante para ela: as lembranças do lar, o aconchego das crianças, a vontade de se sentir livre para usufruir dos próprios comandos — tudo isso constituía sua nova realidade interior. Reconheceu que há muito tempo não parava para agradecer, estava validando ainda mais a vida, simplesmente por existir, isso a confortava e promovia forte sensação prazerosa. Comovida, pensou: "Retornei ao lar".

Ao chegar próximo de sua casa, surpreendeu-se com a transformação, estava toda pintada, com novos portões e muitas flores no pequeno jardim. Abriu a porta, os pequenos cômodos estavam preenchidos com uma simples e bonita decoração. Medeiros sentia-se satisfeito em proporcionar-lhe melhor condição de vida. Ela o agradeceu imensamente e ressaltou pensativa, que a vida lhe presenteara com uma nova oportunidade e isso ela jamais esqueceria.

Despediram-se horas depois de tomarem um bom cafezinho feito por dona Judite. As luzes se apagaram, e ela pôde desfrutar de um sono tranquilo ao lado de seus entes queridos.

Na madrugada, um homem a observa emocionado. Pela primeira vez, após seu desencarne, Miguel teve a permissão de voltar ao lar, informado dos acontecimentos pelos mensageiros de sua nova morada espiritual, imantou fluidos de paz e recuperação para a mulher que um dia desposou. Depois se dirigiu para o leito onde estavam as filhas. Quis abraçá-las, não conseguiu, estava muito emocionado, notou que elas estavam mais crescidas e lindas! Voltou ao local onde Ermínia dormia e sussurrou aos ouvidos dela, dizendo:

— Fique tranquila, tudo está certo! Nosso filho precisará de muita ajuda, só com o tempo ele irá compreender isso, por hora, siga o seu caminho e seja feliz! Estarei torcendo por sua renovação, estou bem e hoje entendo a causa que me fez deixá-los tão cedo... Torço por você! Não desanime! Você vencerá!

Miguel se afastou ainda emocionado, amparado pelos seus amigos espirituais e retirou-se, após fazer uma prece de agradecimento ao Criador, pela permissão que tivera para rever os seus.

Ermínia remexeu-se, tentou abrir os olhos, embora sonolenta, pôde registrar a lembrança da voz do marido, sentiu conforto e saudade, teve a impressão de que ele havia estado ali. Percebeu que algo estranho estava acontecendo com ela, não sabia explicar, no entanto, a sensação fora tão real, que isso bastava. Fez um pensamento de agradecimento ao marido, pedindo em seguida para ele ajudá-la a encontrar o filho desaparecido; mesmo que tivesse acontecido o pior, ela merecia saber, era o seu direito de mãe. Assim pensou, até cerrar os olhos e voltar a dormir.

Poucos minutos após adormecer, em sono profundo, ela se desdobrou de seu corpo físico e se viu volitando pelos arredores do bairro onde morava. As ruas estavam desertas e a sensação de liberdade a acometia novamente. Subia cada vez mais alto, até que se sentiu atraída para baixo, tudo acontecia sem que ela pudesse comandar conscientemente. Foi descendo devagarzinho até tocar o solo, olhou ao redor, parecia-lhe estar no interior de um sítio. Avistou uma casa com luzes acesas, a poucos metros de onde estava, pôde sentir o vento úmido tocar sua pele aveludada. Cruzou os braços, a noite estava fria, resolveu ir até lá. "Onde estou?" — questionou.

Ao chegar bem próximo ao local, surpreendeu-se com uma voz conhecida, gritando pelo nome "Teobaldo". Correu em direção, espantou-se ao reconhecer seu filho Adalberto visivelmente transformado. Arregalou os olhos, quis chamá-lo, a voz embargou, ficou totalmente paralisada, faltava-lhe o ar sentiu-se rodopiar, procurou reagir prestes a perder os sentidos. Em seguida, respirou fundo para se acalmar. Com o coração menos acelerado, procurou apenas observá-lo.

O moço segurava uma garrafa de bebida, enquanto acenava, aos berros, pelo nome do amigo:

— Teobaldo, venha depressa, o patrão está nos chamando. Temos um serviço rápido para ser feito nesta madrugada. Saia logo deste quarto, não podemos perder mais tempo.

O moço respondeu contrariado:

— Calma! Estou refazendo-me, dá para esperar? Não posso dispensar esta dama como se fosse uma rameira.

Adalberto solta uma gargalhada e retruca:

— Teremos tempo de sobra para nos divertirmos muito mais! Peça para a formosa dama esperá-lo no leito. Já lhe disse que é serviço rápido.

— Estou indo. Volta lá e diga que estou quase pronto.

— De jeito nenhum, vou esperá-lo aqui mesmo, iremos nós dois juntos! O patrão não gosta de esperar, vamos logo! Seguidamente, virou a garrafa de bebida na boca e engoliu considerável dose.

Depois enxugou a boca com a mão e acendeu um cigarro.

Ermínia, estática, não conseguiu mover-se, tamanho foi seu espanto, ao ver o filho pródigo em condições tão deploráveis. O garoto parecia estar mais amadurecido, despenteado e com aspecto de mau-caráter.

— Vamos lá! Disse Teobaldo ao sair do quarto.

Os dois seguiram para o interior da casa abraçados e sorridentes. Adalberto batia no peito do amigo, lisonjeando-o com palavras obscenas, retratando o ato sexual a que ele havia se submetido.

Ermínia não se deu conta de que estava deslocada de seu corpo físico, parecia-lhe tão real a vivência, que nem sequer desconfiou. Seguiu os rapazes, a uma certa distância, pôde ouvir as últimas recomendações do suposto chefe, que lhes aconselhou a serem ágeis, quando incendiassem o galpão. Os moços ouviram-no atentos e depois cruzaram as mãos entre si, confirmando o intento desejado pelo patrão.

O motor de uma caminhonete foi acionado por um moço alto, pardo e com feição maliciosa. Tocou a buzina levemente e os rapazes saíram apressados, entrando no veículo.

As últimas imagens que ela pôde registrar, foi quando seu filho tirou uma meia do bolso e enfiou na cabeça, cobrindo o rosto — o que confirmou suas suspeitas. O carro saiu em disparada, o patrão desejou boa sorte, com breve aceno, da sacada da casa.

Estupefata, ela não sabia o que fazer, caiu em prantos, inconformada com a cena que vira. Ajoelhou-se, colocando as mãos na cabeça. Atordoada, começou a soluçar por tamanha decepção. O choro tornou-se mais intenso; amargurada, perdeu a noção do tempo e do lugar onde estava, sentiu-se enfraquecida a ponto de não conseguir locomover-se, foi desfalacendo... De súbito, voltou ao seu corpo físico, no leito de sua casa, situada num dos bairros da periferia paulistana.

Com o coração palpitante e ao mesmo tempo despedaçado, a jovem senhora deu um pulo na cama, totalmente sem controle da consciência. Com respiração ofegante e olhos arregalados, aos poucos foi retomando a razão. Chorou copiosamente, enquanto procurava, com as mãos, tocar a mãe que dormia ao lado.

Dona Judite acordou assustada e exclamou:

— Ermínia! O que houve? Está se sentindo mal?

Ela não conseguiu se expressar claramente, porém, procurou controlar-se, tentando relatar a visão que tivera para a mãe. Com o sistema nervoso alterado, apenas conseguiu esboçar algumas sílabas, agitando-se ainda mais.

— Calma Ermínia! O doutor recomendou que você não se exaltasse, pois isso seria muito prejudicial a sua melhora e cura. Respire fundo, continuou orientando dona Judite. Vou buscar seu remédio, o médico disse para tomar um comprimido, acaso algo a fizesse se alterar por demais.

Enquanto tentava se controlar, sentou na cama e começou a fazer exercícios de respiração, alguns minutos se passaram até que ela se acalmou por completo.

Aturdida e confusa, pensou em chamar a polícia e escrever o que havia visto, ao mesmo tempo, sabia que não dominava a escrita perfeitamente, além do que, contaria apenas um sonho tenebroso que tivera com o paradeiro do filho sumido. Por outro lado, nada poderia provar, mas naquele momento, acreditou ter visto o que realmente acontecera com seu filho. Ansiava voltar a falar, para poder se comunicar devidamente, estava disposta a pedir ajuda ao médico para que ela reagisse mais rápido do que o esperado.

Dona Judite abraçou a filha com carinho, tentou acalentá-la, na tentativa de arrefecer a dor da separação inesperada do irmão. Relacionou o infortúnio à volta ao lar, possivelmente as lembranças ficaram mais fortes, era aceitável aquele tipo de reação. Rogou a Deus, em prece, que amparasse sua filha e a ajudasse recuperar-se.

Ermínia, impressionada com os detalhes do "sonho", questionou-se sobre qual teria sido a razão para que Adalberto fizesse uma coisa daquelas. Jurou que se isso se confirmasse, e que algum dia eles se encontrassem, ela o ensinaria a ser um homem de verdade! Sem importar-se com o quanto isso poderia demorar, ele haveria de aprender a duras penas, a honrar a boa educação que recebera. Titubeou, quando ouviu sua mãe lhe dizer que as fortes lembranças ocasionaram aquela agitação. Era aceitável aquela justificativa, pois primeiro teve a impressão de rever o marido falecido, depois aquela visão, por certo ela realmente havia se deixado levar pelas lembranças do filho, e isso fez com que tivesse aquele pesadelo. Assim concluiu. Voltou a dormir.

5

No dia seguinte, Ermínia despertou calma e serena, o cheiro do cafezinho estimulava-a para a primeira refeição matinal. Espreguiçou-se e, cuidadosamente, levantou-se, dirigindo-se ao pequeno lavabo, sentia-se feliz por estar em sua casa na companhia dos seus. Animada, caprichou no visual, prendeu os cabelos com uma bonita fivela dourada e escolheu uma roupa bonita para compartilhar, com a família, o seu primeiro café da manhã, depois de longo tempo afastada.

Dona Judite havia preparado um desjejum especial para agradar a filha, visto que, não havia mais limitação de alimentos para elas, desde que Medeiros passou a ajudá-las. A cozinha estava toda reformada e equipada, a mesa posta, com quitutes variados: frutas, sucos e frios, acompanhando chá, chocolate quente, café com leite e, em especial, os deliciosos bolinhos de chuva que ela não dispensava.

Ermínia fez gesto de agradecimento a Deus antes de sentar, as meninas chegaram em seguida, abraçaram a mãe, desejando-lhe um bom-dia, com largo sorriso. A família estava reunida, Ermínia intimamente desejava que Adalberto estivesse entre elas, porém, não quis demonstrar tristeza, reagiu rapidamente, tentando aproveitar o máximo da companhia dos seus. De repente, a campainha toca, dona Judite corre perguntando quem era, abre a porta e recebe Medeiros, que também quis compartilhar o primeiro dia dela com seus familiares.

Um bom papo se formou entre eles, as meninas já estavam acostumadas com a presença assídua dele, pois nesse período procurou compensar a ausência da mãe. Julieta espontaneamente sentou-se no colo do promotor, enquanto saboreava um delicioso biscoito de amêndoas. Lançou uma observação inesperada, confirmando as sensações de Ermínia na noite anterior:

— Meu pai esteve aqui ontem! Ele veio ver se minha mãe estava bem, entrou no nosso quarto, mas não chegou muito perto porque começou a chorar... Ele não sabe que eu estava vendo tudo! Pensou que eu dormia como minhas irmãs. Ele fez carinho nas flores e depois saiu com dois homens vestidos de branco.

Ermínia arregalou os olhos atônita, sentiu o coração palpitar, não teve tempo de poder expressar alguma coisa a respeito, pois Medeiros rapidamente tomou a iniciativa da resposta:

— Puxa! Que sonho maravilhoso!

— Não foi sonho, eu estava acordada quando ele entrou.

Dona Judite interveio:

— Ora Julieta, com certeza você sonhou com seu pai, você gostaria muito que ele estivesse aqui com vocês, não é? Você era bebezinho quando ele se foi... Tenho certeza de que ele está amparado por Deus e pelos anjos do céu.

— Eu já disse que não estava dormindo, eu vi o papai entrar aqui ontem!— afirmou com veemência.

— Está bem, acreditamos em você — respondeu dona Judite, tentando contemporizar a situação.

Ermínia empalideceu, no entanto preferiu ficar em silêncio, conversaria com Medeiros longe das crianças, poderia ter sido apenas coincidência, averiguaria melhor antes de confirmar as visões de Julieta e dela mesma. Fez sinal para dona Judite e falou algumas palavras, dirigindo atenção para as outras meninas que, espantadas, retraíram-se permanecendo em silêncio.

Janice e Jacira eram gêmeas com nove anos de idade, de temperamento introspectivo e pouco falavam, entretanto não puderam conter as lágrimas ao ouvirem o relato de Julieta. As meninas eram muito apegadas ao pai, que envaidecido por ter tido filhas gêmeas, não se cansava de enaltecê-las, em razão da beleza que possuíam. Dizia até mesmo que elas haviam tido a sorte de se parecerem com a mãe e não com ele.

Medeiros gentilmente, na intenção de descontraí-las, sugeriu às meninas que mostrassem à mãe os presentes que ele havia lhes dado, Jacira sorriu discretamente e levantou-se em disparada, na direção ao quarto, a fim de atender-lhe o pedido. Janice saltou em seguida e, minutos depois, voltaram as duas carregando uma enorme sacola. Judite colocou as mãos na cabeça e disse:

— Minha nossa! Estas meninas ficam o tempo todo maravilhadas com tantos presentes que ganharam... Mostrem tudo para sua mãe, porém, não se esqueçam de colocá-los em ordem e no lugar certo!

Julieta demonstrava muita esperteza para tão pouco idade, tanto que dirigiu olhar para Medeiros e lançou a pergunta:

— Você acredita em mim?

— Claro que sim — respondeu-lhe com precisão.

— Vai me levar passear hoje?

— Onde você gostaria de ir? Instigou Medeiros.

— Quero ir a sua casa.

— O que é isso Julieta! Medeiros tem a família dele, possivelmente seus filhos o estão aguardando, procure não dar trabalho para ele, entendeu querida? — ressaltou dona Judite.

Julieta fez bico com os lábios, balançando a cabeça contrariada.

— Ora, ora, se Julieta quer ir a minha casa, será um prazer levá-los, poderemos ir a um bom restaurante, almoçaremos e depois iremos até lá, meus filhos ficarão felizes com a companhia de vocês.

Ermínia mostrou-se pouco receptiva, esboçou leve sorriso e respondeu-lhe com certa dificuldade:

— Prefiro ficar em casa, porém, aceito o convite para um outro dia.

— Compreendo — disse Medeiros um tanto quanto desapontado. Em seguida programou o passeio para o próximo fim de semana.

Ermínia demonstrava certa inquietação, seus olhos procuravam apoio em Medeiros que, rapidamente percebeu que a moça estava ligeiramente preocupada.

— Você está se sentindo bem Ermínia? Percebo que algo a preocupa, estou enganado?

Ermínia hesitou alguns minutos antes de responder-lhe:

— Não está enganado, estou precisando conversar com você, contudo, peço-lhe paciência ao me ouvir, pois não consigo me expressar como antes... — falou pausadamente.

— Sinta-se à vontade, fale devagar e procure não se exaltar, não estou com pressa de ir embora, mesmo porque compreendo sua dificuldade e estou sempre disposto a compartilhar suas ansiedades.

— Obrigada! — disse ela tocando as mãos no braço dele.

— Gostaria de dar uma volta pelos arredores? O ar puro lhe fará bem, está uma manhã agradável, poderíamos nos sentar em alguma praça arborizada, assim você relaxa e solta esta preocupação.

Ermínia concordou de imediato, porém, fez sinal apontando que não gostaria que as filhas participassem do diálogo, ele compreendeu e procurou brincar com as meninas, até aguardar que Julieta se distraísse com as irmãs, para que pudessem sair sorrateiramente e despercebidos. Alguns minutos após, os dois saíam enquanto as meninas brincavam, ele sugeriu um passeio a pé, a fim de não provocar tumulto, caso Julieta percebesse o som de partida do motor do carro dele, inclinou o braço para que Ermínia se apoiasse, aceleraram os passos e dobraram a esquina.

Andaram por algumas quadras em silêncio, à procura de um lugar onde pudessem sentar e conversar, porém, sem opções, ele resolveu parar um táxi e levá-la a um parque que conhecia. Ermínia admirava a iniciativa dele em favorecê-la em todos os aspectos. Por alguns minutos, relembrou quando seu marido assim procedia na época de infância de Adalberto. Sorriu. Em seguida, franziu a testa, ao lembrar-se do pesadelo que tivera com o filho, não concebia a ideia de vê-lo envolvido com marginais. Suspirou, tentou controlar-se, afinal fora apenas um sonho. Pensou.

Sentiu o peito apertar quando relacionou o que havia visto, quando sofrera o acidente, e depois o que acontecera no hospital. Questionava se as duas experiências teriam sido "sonhos reveladores". Confusa, respondia aos próprios pensamentos:

— O que pode ter sido aquilo? Tenho certeza de ter visto a fisionomia do médico, antes de voltar à consciência, e não posso negar quando me vi volitando, presenciando o corpo acidentado caído no asfalto. E, depois, aquele cordão esbranquiçado que me ligava ao meu próprio corpo no leito hospitalar.

Transtornada, passou as mãos no rosto, tentando esquivar-se de constatar a possibilidade do filho foragido estar metido com marginais.

Medeiros percebeu a agitação dela, mas preferiu ficar em

silêncio, permitindo-lhe a iniciativa de abrir-se com ele quando assim desejasse.

Ela olhou para ele e baixou a cabeça, questionando-se interiormente se ele acreditaria quando relatasse os fatos vividos, temia ser qualificada como demente, em consequência do acidente. Não fosse tamanha evidência da veracidade das experiências, ela mesma julgar-se-ia dementada.

Tornou a olhá-lo e desviou o olhar rapidamente, pensou em omitir o que a incomodava, porém, confiava naquele homem que havia feito de tudo para que ela se recuperasse, amparando sua família. Por certo, ele a compreenderia e a ajudaria, se preciso fosse, a procurar auxilio caso chegassem à conclusão de que ela estava realmente com sequelas, devido ao acidente, e que aquelas visões não passavam de reflexos perturbadores, resultado de seu estado emocional alterado. Suspirou e procurou aquietar-se até os dois iniciarem a conversa.

O táxi parou em frente a um belíssimo parque, os dois desceram e rapidamente se dirigiram à entrada principal. Caminharam por alguns minutos, apesar do frio, sentiam-se leves ao absorverem o cheiro da relva e da terra úmida. O vento derrubava as folhas das árvores, os patinhos procuram aquecer-se, recebendo pequenos raios de sol que também tocava o imenso lago.

Medeiros apontou um banco em frente ao lago, perguntou se ela queira sentar-se um pouco, ou continuar caminhando. Ermínia preferiu sentar-se e observar a beleza do lugar.

Ele arriscou breve comentário:

— Ufa! O parque está começando a lotar, à tarde o movimento ficará mais intenso. Apesar do frio, as pessoas querem aproveitar o fim de semana, e nada como este parque para descontrair e renovar as energias.

Ermínia balançou a cabeça positivamente, concordando com ele. Depois complementou:

— Este local é encantador, sinto-me revigorada em contato com a natureza. E pensar que eu havia me esquecido disso, vivia apenas em casa, sem parar para me divertir um pouco. Fiz de minha vida um sacrifício, obcecada por trabalhar para manter a casa. Não percebia o quanto estava me afundando por assumir o papel de mãe e pai ao mesmo tempo. Eu não soube separar as duas funções, atolei-me por me sentir só e abandonada, perdendo a vontade de viver. Os dias eram iguais e as noites idênticas... Começo a perceber que recebi um chacoalhão da vida, quando estive prestes a perdê-la...

— Foi justamente por isso que a trouxe aqui — ressaltou ele.

— Veja, podemos caminhar e sentir prazer ao ver pessoas, plantas, animais... Sem que precisemos pagar por isso, aliás, em tudo eu colocava dificuldade por ter limitação financeira e as coisas só pioravam, eu é que estava limitada e não percebia.

— Concordo com você, eu também estaria tentando resolver alguma coisa de trabalho e não pensaria em estar aqui, passeando num parque. Com uma diferença: eu não tenho limitações financeiras, mas nem por isso me permitia parar para perceber o que realmente eu gostaria de fazer numa manhã de domingo. Viu? A lição é para todos nós... Vamos assumindo papéis e perdendo a espontaneidade, por isso, chegamos ao ponto de implorar que alguma coisa mude, porque não estamos mais aguentando levar o peso criado por nós mesmos.

Aquela colocação do promotor mexeu ainda mais com ela, pois, a cada minuto, conscientizava-se que ela fizera de sua vida uma prisão, por isso, não sabia mais como se fazer feliz e vivia amargurada, esperando que o filho mais velho se formasse, conseguisse um bom emprego e a tirasse daquela vida de pobreza e limitações. Somente assim seria um pouco mais feliz. Entretanto o inesperado aconteceu, quase perdera a chance de continuar vivendo e o filho desaparecera...

Ao lembrar de Adalberto, tomou coragem para relatar o que estava acontecendo com ela desde que sofrera o acidente. Respirou fundo e, pausadamente, iniciou a questão:

— Não sei como começar a lhe contar o que eu vi, desde que sofri o acidente, isto é, o que aconteceu comigo enquanto estive internada. Depois que retornei, isso aconteceu de novo, só que envolvendo o paradeiro de meu filho. E agora Julieta também me assusta, porque o que eu pensei ter sonhado, ela disse ter visto. Entendeu? Será que estou abalada e com sequelas da batida na cabeça?

Medeiros suspirou, depois coçou o queixo e respondeu:

— Antes de diagnosticá-la, preciso saber com detalhes o que está acontecendo com você, ou melhor, o que aconteceu que te assusta tanto? Pode ser mais clara? Fale devagar e procure relatar com mais clareza o que quer me dizer.

— Oh! Desculpe-me, peço que me ajude a esclarecer o que foi aquilo, porque eu mesma estou confusa, não sei explicar, pensei em falar com o doutor Cristiano, por certo ele deve ter uma resposta para o que me aconteceu, mas diante das coincidências dos fatos, resolvi me abrir primeiro contigo. Vou tentar relatar toda minha experiência desde o dia em que sofri o acidente. Peço que tenha paciência ao me ouvir, não consigo ainda formular rapidamente as palavras.

Medeiros fez sinal para que ela começasse a falar, complementando que ela teria o tempo necessário para se expressar, pois ele estaria ali, esperando pacientemente.

Ermínia foi relatando tudo o que havia se passado com ela após o choque sofrido, desde o momento em que se viu flutuar até as últimas revelações da noite anterior. Pausadamente, ia controlando a fala sem se exaltar. Medeiros ouvia tudo, registrando cada detalhe exposto por ela, vez ou outra, colocava a mão na boca, contraindo o maxilar. Por fim, ela relacionou sua última experiência com o relato de Julieta, as duas tiveram a mesma sensação de formas diferente a respeito da visita de Miguel. Olhou diretamente nos olhos dele e finalizou, questionando:

— Entendeu? Pode me explicar se estou dementada? Acreditou no que eu lhe disse? Por isso passei a desconfiar que Adalberto, realmente, está envolvido com más companhias, porém, temo estar com alucinações, não fosse a visão da menina, julgaria estar ficando louca ou emocionalmente abalada.

Medeiros fixou olhar no lago, pigarreou e comentou:

— Curioso Ermínia, para dizer a verdade, já ouvi falar de pessoas que passaram por semelhante situação, ao sofrem um acidente brusco, alguns denominam como "corredor da morte", onde se pode optar por voltar ou prosseguir, mas não sei explicar o que é isso, talvez alguém com mais informação sobre casos assim saiba. Acho que poderemos pedir ajuda ao doutor Cristiano em primeiro lugar, creio que ele terá um parecer clínico mais ajustado para essas situações, que para ele poderão ser corriqueiras. Procuremos não fantasiar antes de conhecermos o assunto, quanto à visão de Julieta, sugiro observarmos se isso acontecerá novamente, mas acho possível algumas pessoas terem um sexto sentido aguçado, também não sei nada sobre esses assuntos, mas acredito ser possível ter visto o espírito do pai. Esta é a minha opinião, não descarto nada porque aprendi que na vida existem muitas coisas que não sabemos explicar, porém, acho prudente aguardarmos mais detalhes para concluirmos a questão. Quanto à cena que você relatou com o Adalberto, acho que está impressionada com o relato do amigo dele, seria prudente não deixar que sua mente dispare, sem antes observar mais atentamente suas emoções, pois há de concordar que você está desesperada por encontrá-lo, não é mesmo? Procure não misturar as coisas, vamos conversar com o médico, acredito que esta será a melhor opção para você, pelo menos no momento.

Ermínia concordou, embora demonstrando certo desapontamento, para ela a cena em que vira o filho transformado fora muito real. Sentia-se realmente afetada emocionalmente. "Melhor não precipitar-se" — pensou.

Depois, subitamente, questionou:

—Medeiros! Caso aconteça novamente, o que devo fazer?

— Aconteça o quê? Sonhar com o paradeiro de Adalberto?

— É... — respondeu acabrunhada.

— Sonhar é descarregar as emoções durante o sono.

— Quero dizer se as flutuações ocorrerem novamente, é diferente de um sonho normal, é muito real, parece que estou realmente vivendo a cena.

— Quer saber minha opinião sobre o que fazer caso o menino esteja envolvido com coisas ilícitas?

— Acho que foi isso que eu quis lhe perguntar e não tive coragem... Não aceito! Isso seria demais para mim! Preferiria que ele estivesse morto! Não concebo a ideia dele ter se tornado um marginal em tão pouco tempo. Realmente eu devo estar alucinada, não há lógica, até então ele sempre demonstrou ser um bom filho, só saía de casa aos domingos para jogar, não sei o que pensar...

— Procure se acalmar, não sofra por antecipação. Não temos dados concretos do paradeiro dele, apesar de respeitar seu desabafo, não podemos classificá-lo como marginal, sem ao menos sabermos o que lhe aconteceu. Por outro lado, também não sabemos se havia algum tipo de envolvimento por parte dele, às escondidas... Tudo pode ser ou não! Vamos aguardar, primeiramente conversaremos com o médico, depois irei falar com o delegado e averiguar tudo o que o garoto Juquinha revelou. Precisamos checar se há algo que foi abafado por ele, ou se falou a verdade. Isso leva tempo Ermínia, procure não se descontrolar, porque precisa de forças para se restabelecer por completo. Tenha paciência, pois estamos trabalhando no caso, posso lhe garantir que não ficará esquecido, estou acostumado com este tipo de coisa, não esqueça que sou um promotor muito bem-conceituado e com muita experiência para ajudá-la no que for preciso. Quero que confie em mim, farei o impossível para encontrar Adalberto.

Ermínia se deixou envolver pela emoção do momento, lágrimas escorriam-lhe pelas faces e, sem pensar em mais nada, recostou a cabeça no peito do amigo, que a abraçou com muito carinho, mostrando-se condoído pela dor que ela estava vivendo. O promotor pensou se fosse ele, naquela situação, também tinha filhos e sabia o quanto os seus lhes eram importantes. Compreendia a dor que ela estava sofrendo, entretanto, ele considerava o caso de Adalberto um enigma com poucas chances de ser desvendado, pois não havia pistas que denotassem qualquer possibilidade de encontrá-lo. A única coisa que o instigou foi o relato das visões dela, porém apontavam remota direção. Ela estava passando por uma forte crise psicológica, em consequência do desaparecimento do filho, por certo, esse seria o diagnóstico que o médico faria, assim pensou.

Medeiros permaneceu em silêncio, enquanto ela desabafava em choro contínuo, sensibilizado, acariciou-lhe os cabelos com toques leves e confortadores. Aos poucos a angústia que a atormentava foi cedendo, passou as mãos no rosto, a fim de enxugar as lágrimas, ergueu a cabeça e disse:

— Desculpe-me!

— Fique à vontade, estou aqui para confortá-la.

— Não gostaria de sufocá-lo, muito menos abusar de sua cordialidade. Não quero que você se sinta por demais responsável pelos meus problemas, só por ter tido a infelicidade de me atropelar. Eu fui a culpada, estava desnorteada e não prestei atenção ao atravessar impulsivamente a avenida. Você já me ajudou muito, apenas quero que compreenda que você é a única pessoa a quem pude confiar tal revelação.

— Nem pense nisso! Você não está me sufocando, muito pelo contrário, estou lhe entendendo perfeitamente, e quando lhe disse que me coloco à sua disposição, é para que saiba que há alguém em quem pode confiar e que estará sempre a seu lado no que precisar. Isso independe do ocorrido, pois eu já havia me comprometido comigo mesmo em prestar-lhe todo e qualquer auxílio, caso você se salvasse.

— Obrigada Medeiros! Eu não sei o que seria de mim sem você!

O promotor a abraçou, beijando-lhe carinhosamente a testa, depois lhe apertou as mãos, dizendo que entre eles havia se formado um laço de sólida amizade.

De repente, de onde estavam sentados, foram surpreendidos pelo som de um grito ensurdecedor vindo de considerável distância. Imediatamente Medeiros se levantou erguendo a cabeça em direção ao local, ela, por sua vez, subiu no banco para conseguir enxergar melhor.

Uma senhora estava caída, ao lado duas meninas de aproximadamente cinco e seis anos de idade, que gritavam desesperadas. Dois rapazes se distanciaram correndo, carregando a bolsa da mulher. Uma caminhonete com motor ligado os aguardava do outro lado da rua, os garotos pularam depressa para dentro do veículo que disparou em seguida.

Ermínia, gélida e sem fôlego, teve sensação de desmaio ao reconhecer o veículo que acolheu os rapazes salteadores. Era o mesmo carro que lhe apareceu, na suposta visão do sonho revelador, com seu filho Adalberto. Para ela, os dois rapazes poderiam ser o filho e o amigo Teobaldo.

Medeiros instintivamente a puxou, sem notar-lhe a aflição, os dois correram para perto da senhora caída, algumas pessoas procuravam ajudá-la a se reerguer, outras acalmavam as meninas assustadas.

— Aqueles malandros roubaram a minha bolsa, empurraram-me violentamente, assaltando-me em seguida — falou a mulher em desespero e levemente machucada.

— Calma senhora! Vamos ajudá-la! — pronunciou um homem que dizia ter visto tudo, porém, justificava a impossibilidade de reagir, em razão da agilidade dos garotos ao abordá-la de súbito.

Enquanto outras pessoas a ajudavam, o homem ia relatando o retrato dos meninos salteadores:

— Eles tinham aproximadamente dezesseis anos e cobriam o rosto com meias, estavam encostados naquela árvore, e quando esta senhora passou com as meninas, atacaram-na, roubando a bolsa. Bandidos! — exclamou furioso.

Ermínia, estupefata, não conseguia falar para Medeiros o que lhe veio à mente. Ele ouvia o relato do homem, que enfurecido procurava avistar algum guarda no local, no entanto, não havia nenhum no momento.

O mesmo homem prontificou-se a levá-la dar queixa na delegacia mais próxima, Medeiros ousou perguntar à mulher se ela havia ouvido algo que pudesse servir para a identificação dos garotos. Ela não soube responder, alegou apenas que eles a empurraram para tomar-lhe a bolsa.

Ermínia continuava gélida e pálida, a cena do carro não saía de sua mente, com o coração apertado, suplicava mentalmente que não houvesse nenhuma relação entre os ladrões, Adalberto e Teobaldo. Repetia para si mesma que fora apenas um sonho que tivera, e que nem ao menos sabia o teor verídico de suas possíveis premonições ou alucinações. Atordoada, sentiu a cabeça latejar, a respiração se tornou mais ofegante, até que ergueu a mão e apertou o braço de Medeiros. Ele se virou assustado, ao notar-lhe a feição desfalecida. Rapidamente a segurou, impedindo-lhe a queda prevista. Fez com que se sentasse num banco próximo, pessoas se prontificam a ajudá-la, oferecendo-lhe água. Desnorteado, começou a bater levemente no rosto dela, tentando impedir que desmaiasse. Sem responder-lhe o chamado, ela tombou desfalecida nos braços dele. Desesperado, continuou estimulando-a a retomar os sentidos:

— Ermínia, reaja! — simultaneamente friccionou as mãos dela, mas não obteve resultado, continuava desfalecida.

Uma mulher aproximou-se deles, abriu uma garrafa de água e jogou um pouco na testa dela, em seguida colocou as mãos a uns cinco centímetros acima da cabeça de Ermínia e começou a orar em voz alta.

Uma luz intensa se formou ao redor deles, aos ouvidos de Ermínia, chegava a expressão sonora de uma voz masculina e familiar que lhe dizia:

— Volte! Não fuja! Aprenda a enxergar os fatos da vida sem muita dramaticidade! Você pode conseguir isso! Não exagere! Seja o que for que você tenha que enfrentar, mantenha-se impessoal, domine suas emoções! Tudo se resolve quando há aceitação da realidade que se apresenta, de nada adianta contestarmos, sem o discernimento necessário que nos capacita para encontrarmos a solução.

Ermínia remexeu-se, levantou a cabeça procurando avistar a pessoa que lhe chamava aos sentidos. Sem o domínio da razão e ainda um pouco atordoada, perguntou:

— Pedro? Onde você está?

— Calma Senhora! Confie em Deus! Este mal que a atormenta logo passará! — respondeu-lhe a mulher rezadora.

Ermínia, exaltada, arregalou os olhos indagando:

— Você me conhece? Sabe alguma coisa do meu filho Adalberto? Por favor, me diga, não me esconda nada, quero saber onde está o meu filho!

A mulher observou-a por alguns segundos e em seguida lhe respondeu:

— Não a conheço, apenas percebi que precisava de ajuda e

assim procedi, invocando as Forças Superiores para auxiliá-la. Permita-me apresentar-me: — Meu nome é Gracinda.

Ermínia abriu e fechou os olhos, depois se ergueu vagarosamente e suspirou demonstrando maior consciência, quis redimir-se ao perceber que havia se exaltado por demais, passou as mãos nos cabelos e falou:

— Oh! Desculpe-me, obrigada pela ajuda. Realmente estou precisando fortalecer minha fé e isso só poderei alcançar com a ajuda de Deus, porque eu não sei mais o que fazer...

— Está se sentindo melhor? — continuou Gracinda.

— Mais ou menos, estou sentindo forte tremor percorrer o meu corpo por inteiro.

Medeiros imediatamente abriu a bolsa dela, procurando o remédio tranquilizante.

— Tome este remédio Ermínia, se sentirá melhor.

— Ai meu Deus! Ajude-me! — exclamou aflita.

Gracinda sentou-se ao lado dela, segurando-lhe as mãos frias e úmidas. Desta vez não orou em voz alta, apenas dirigiu o pensamento, pedindo socorro para a mulher em desespero.

No parque, o tumulto se dispersou com a saída da senhora e das meninas que sofreram o assalto, seguiram em companhia do segurança do local, que imediatamente acionou uma viatura policial, com a finalidade de encaminhá-las ao distrito, para que pudessem registrar queixa do delito.

Rumores de pessoas que assistiram a tudo denotavam grande indignação em relação ao ocorrido.

Medeiros percebendo que Gracinda fazia companhia à Ermínia, até que ela se restabelecesse do susto, pediu licença por alguns minutos e se dirigiu ao carro policial, a fim de solicitar que outra viatura fizesse uma ronda, no local e arredores, para captura dos infratores.

Ermínia sentia-se mais calma, no entanto, não havia conseguido abstrair da mente a possibilidade de ter sido seu filho o suposto mau elemento procurado. Mesmo que estivesse errada, não descartava a hipótese de que Adalberto estivesse em semelhante situação. Com isso, os sentimentos amargos aumentavam dentro dela e, por mais que tentasse desviar a atenção, a ideia fixa de saber a verdade crescia a cada segundo, levando-a à considerável perturbação emocional.

Em determinado momento, soltou-se das mãos de Gracinda, que se assustou com o pulo que ela deu, ao levantar-se subitamente, dizendo:

— Eu não aguento mais esta angústia! Eu não quero enlouquecer! Ajude-me Gracinda, por favor, peça a Deus por mim, temo acabar meus dias internada num hospital para loucos! Eu não aguento mais! — gritou exasperada.

A senhora dessa vez manteve-se calada, levantou-se e a abraçou com carinho, quis que ela sentisse que não estava desamparada. Novamente obteve resultado, aos poucos ela foi se acalmando e pôde devolver a gentileza, abraçando-a com ternura.

Medeiros aproximou-se vagarosamente, pigarreou discretamente, sugerindo em seguida:

— Ermínia, se você quiser poderemos ir embora, deve estar exausta, não está?

Ela lhe respondeu, acenando positivamente. Debilitada, levantou-se vagarosamente, apoiando-se na amiga, em seguida se despediu, agradecendo-lhe o amparo e as palavras de conforto.

Gracinda abriu a bolsa e retirou um cartão que continha seu endereço e telefone, colocando-se à disposição para ajudá-la a qualquer momento. Aconselhou, em seguida, que se mantivesse conectada com as forças espirituais, pois, só assim encontraria forças necessárias para superar qualquer conflito.

Da saída do parque até a volta para casa, Ermínia se manteve calada e pensativa. A única observação feita por ela foi a simpatia deixada, em seu coração, por Gracinda, quando lhe disse as últimas palavras. Pegou o cartão dela e pediu a Medeiros que lesse o endereço, depois quis que ele fizesse contato para não perdê-la de vista, intencionava retribuir-lhe a gentileza de alguma forma. Futuramente, quando se sentisse mais fortalecida, a convidaria para um chá em sua casa.

Medeiros concordou imediatamente, ressaltando que novas amizades lhe fariam muito bem, depois lhe perguntou se estava sentindo-se melhor, ela assentiu que sim, gesticulando a cabeça. Percebendo que não havia possibilidade de diálogo, silenciou.

Durante o trajeto, ele refletia em tudo o que ela havia lhe dito antes do incidente ocorrer. "Haveria de observá-la mais atentamente" — pensou. Preocupava-se com o bem-estar emocional e mental dela. Ainda não estava totalmente convencido de que ela estaria tendo premonições, mesmo diante da suposta coincidência do relato de Julieta. Já ouvira falar no assunto, porém, devido ao choque emocional que a acometeu, talvez estivesse sob efeito de algum distúrbio de ansiedade por desejar encontrar o filho. Resolveu que não perderia tempo de levá-la ao médico, temia que o estado dela se agravasse, quando se conscientizasse de que talvez não encontraria o filho tão cedo. Por outro lado, ficou interessado em saber se havia a possibilidade dela ter vivido aquelas experiências que a fizeram flutuar, ver e ouvir os médicos enquanto estava inconsciente.

A poucos metros antes do táxi estacionar em frente à casa dela, ele gentilmente apertou-lhe as mãos alertando:

— Seria prudente não relatar para ninguém o que ocorreu no parque, tampouco o que você me disse a respeito de seu filho. Relembrar a cena não lhe fará bem, poderá desequilibrar-se novamente. Você terá retorno ao médico, daqui a quinze dias, neste período procure observar se aqueles sintomas aparecerão novamente, se houver necessidade de adiantar a consulta, telefonarei para o doutor, explicando a situação.

— Não direi nada, não estou em condições de reviver tudo aquilo sem que me deixe envolver. Sobre o retorno ao médico, prefiro aguardar, pois ele mesmo já havia me alertado quanto às possíveis emoções que eu teria ao retornar ao lar, por isso, receitou aqueles tranquilizantes. Caso eu precise de alguma coisa, aceitarei sua ajuda para adiantarmos a consulta. Obrigada por tudo o que você está fazendo por mim — agradeceu, tocando-lhe levemente no rosto. Ele rapidamente retribuiu, beijando-lhe as mãos.

Com abatimento notável, ela entrou em casa, pouco retribuiu o carinho das meninas que correram ao seu encontro, sentou-se no sofá e ficou observando a conversa das filhas com o promotor. Depois da pequena refeição junto aos seus, despediu-se dele e, dirigindo-se exausta ao seu quarto, quis relaxar para esquecer o infortúnio e a preocupação com o paradeiro do filho. Não demorou a dormir.

Julieta, sorrateiramente, procurou o aconchego da mãe, deitando-se ao lado dela enquanto dormia. A menina balbuciava pequeno diálogo com a sua boneca. O fim de tarde foi dando espaço às primeiras estrelas que apontavam a chegada do anoitecer. Julieta avistou a lua pela pequena fresta da janela do quarto. Deitada com a boneca sobre seu ventre, se surpreendeu quando um clarão prateado, assemelhando-se ao tamanho da lua, começou a penetrar no quarto. A menina apontou com o indicador, dizendo em voz alta:

— Que lua grande! Vai entrar aqui... — riu em seguida, colocando as mãos na boca.

Do clarão prateado foi se formando uma silhueta feminina, a imagem de uma mulher se tornava cada vez mais clara aos olhos de Julieta. Admirada por ver tanta luz, arregalou os olhos com expressão sorridente.

Instintivamente, a menina saudou a visitante:

— Oi Amália! Você veio me visitar? Minha mãe está dormindo e eu estou brincando com a minha boneca, olha como ela é bonita! É parecida com você! — disse isso expressando ingenuidade pura.

— É mesmo, concordou a mulher. Ela é muito bonita, porém não se parece tanto assim comigo... — sorriu, acariciando-lhe os cabelos.

A menina contestou de imediato:

— O cabelo dela é parecido com o seu e você é mais bonita!

— Julieta, vim visitá-la, como havia lhe prometido.

A menina esboçou alegre sorriso, estendendo as mãos, convidando-a a um longo abraço.

Amália sorriu, dizendo:

— Você só está momentaneamente num corpo infantil, mas o seu espírito reconhece muito além de sua consciência. Abrace-me querida!

Julieta correspondeu com carinho e leveza. Depois perguntou:

— Amália, vou crescer logo?

— Humm, digamos que pela sua idade já está bem adiantada.

— Minha mãe está sofrendo muito, quero ajudá-la, mas ela não me escuta... — disse fazendo biquinho com os lábios.

— É assim mesmo! Quando crescer mais um pouco, ela com certeza irá ouvi-la.

— Você virá várias vezes me visitar, não virá?

— Claro, muito mais do que você agora pode imaginar. Vamos, ajude-me a tratar de sua mãe, ela está precisando se restabelecer.

Amália sentou-se ao lado de Ermínia, ergueu as mãos até a fronte dela, emitindo raios luminosos que a envolvia por completo. Uma verdadeira chuva de fluidos brilhantes tomava conta do quarto, penetrando no teto, paredes, móveis e chão. Tudo começou a se transformar num pequeno céu repleto de estrelas.

Julieta brincava tentando pegar os fluidos luminosos que escorriam delicadamente por todo o ambiente. Instintivamente, assoprava com as mãos em direção ao corpo debilitado da mãe, que se mantinha em sono profundo, porém, sem deslocar-se do quarto. Pairada a alguns centímetros acima de seu corpo físico, pôde absorver toda irradiação emitida.

Julieta apontava para o corpo astral da mãe, depois voltava atenção para o corpo físico dela deitado na cama e sorria, achando tudo muito engraçado.

Amália sorria também, enquanto espargia, com sopro forte, alguns miasmas escuros que se desgrudavam da cabeça de Ermínia.

Inesperadamente, Julieta ergueu o braço e puxou um porta-retratos do criado-mudo, fixou os olhos na foto com expressão triste e desolada. Naquele momento, a menina demonstrava estar inconformada, porém, com notável lucidez, se virou e mostrou a foto para Amália, dizendo:

— Ele não conseguiu. Sumiu e vai se perder de nós. Pode ajudar?

— Farei o que estiver ao meu alcance, Adalberto tem uma dura lição a ser aprendida, nem sempre poderemos interferir, será necessário que ele analise o resultado de sua escolha, somente assim despertará para as verdades de seu espírito. Por ora, vive numa ilusão transitória, porém, necessária, ele não pode compreender de outra forma. Tenhamos paciência, nem ele e nem ninguém escapa desta reformulação. Você verá, é uma questão de tempo. Não se preocupe, você fará a parte que lhe cabe, aproveitará para aperfeiçoar seus potenciais, sua atitude e postura daqui a algum tempo, servirá de exemplo para ele. Esta é uma das maneiras pela qual poderá compreender. Siga o seu caminho, não esqueça de suas conquistas, seu espírito é forte e você tem tudo para vencer.

Julieta ouvia as recomendações, apresentando clara compreensão apesar de tão pouca idade...

Poucos minutos antes de terminar a energização, Amália voltou-se para a menina, abraçando-a ternamente.

— Tenho que voltar minha querida! Mas retornarei aqui, quando precisarem. Até breve!

Julieta assentiu prontamente, tudo lhe parecia muito comum e natural, acenou para Amália que se afastava lentamente, envolta numa bola de luz prateada.

— Tchau Amália, volta logo — recomendou Julieta.

Amália concordou risonha e sumiu numa explosão prateada.

Ermínia remexeu-se, balbuciou algumas palavras até despertar de vez. Coçou os olhos e, ao se deparar com a filha, exclamou questionando:

— Julieta! Você dormiu com a mamãe?

A menina pulou nos braços dela, respondendo-lhe:

— Eu não dormi, fiquei conversando com a minha boneca até Amália chegar e ajudar a mamãe, ela veio dentro de uma bola de luz prateada, parecia que estava dentro da lua. Entrou aqui e jogou muitas estrelinhas por todo lado.

Ermínia sorriu ao notar a imaginação aguçada da filha. Tentando não dissipar a conversa, instigou-a ainda mais:

— O que mais Amália fez, além de jogar estrelinhas por todo lado?

— Ah! Ela me abraçou, dizendo que estava com saudade de mim e que sempre que precisarmos ela irá voltar para nos ajudar.

— Ela se apresentou como sua amiguinha? Ela tem a sua idade?

— Não, ela tem a sua idade. Respondeu de pronto. Eu também pedi para ela ajudar a encontrar o Adalberto.

Ermínia estremeceu, sem nada deixar transparecer, abraçou a filha dizendo-lhe que também sentia muitas saudade do filho, entretanto, compreendia que era natural a preocupação que estavam sentindo, pois ambas eram muito apegadas a ele.

Julieta como sempre discordou:

— Não, mãe! Amália me disse que o Adalberto vai sofrer muito e que só assim ele vai aprender.

Ermínia suspirou demonstrando não querer se infortunar com o assunto, cortou a conversa, convidando a menina a tomarem um bom banho e a se arrumarem para o jantar.

Ela concordou, puxou a boneca e seguiu a mãe. Ermínia procurou distrair a atenção da filha, enquanto refletia. Não queria que se exaltasse com a falta do irmão, aquela situação não era boa para nenhuma delas, no entanto, haveria de encontrar forças para superar até que tudo fosse esclarecido.

Lembrou-se dos conselhos de Gracinda, não haveria de sucumbir, invocaria a presença de Deus mais vezes em sua vida, estava retomando a fé perdida, não sabia exatamente qual rumo iria tomar dali para frente, entretanto, estava certa de que haveria uma saída.

Durante o jantar tudo transcorreu calmamente, nem ela e tampouco Julieta voltaram ao assunto da visita de Amália. A fim de distrair-se, sentou-se no sofá e ligou a televisão em companhia das filhas. Não demorou muito a que se sobressaltasse, com a chamada de Hortência, no portão da casa.

Dona Judite abriu a porta sorridente e ela entrou com uma bandeja nas mãos. Havia feito um bolo de laranja para elas.

Ermínia suspirou e sorriu em seguida, convidando-a para sentar-se junto a elas, na sala. As garotas, mais do que depressa, avançaram no quitute e saíram em disparada para brincar com as bonecas no quarto.

Hortência procurou distrair a amiga, contando todos os detalhes da festa surpresa da noite anterior, acontecidos após ela ter se retirado. Falou também, minuciosamente, sobre a investida que dera para conseguir chamar atenção de Tião, o dono do bar, que havia se desquitado há mais de dois anos.

Ermínia balançou a cabeça sorrindo muito, ao ver a expressão dos olhos dela, quando falava de Tião. Depois ousou perguntar:

— Conseguiu o que você queria?

— Claro! Muito mais do que podia imaginar. Faz pouco tempo que ele saiu de casa, nem abriu o bar nesta manhã, também, acho que ninguém sentiu a falta dele, todos foram dormir quando o dia já estava amanhecendo.

— A festa foi completa, humm... — disse Ermínia, provocando a amiga.

— Muito! Aquilo que é homem... — respondeu suspirando.

— Parabéns! Você também é uma grande mulher!

— Obrigada, Ermínia! Estou muito feliz, porque conheço muito bem o Tião, ele não é o tipo de homem que só quer se aproveitar, principalmente me conhecendo. Deu para perceber que ele estava interessado, mas não sabia se eu estava a fim dele, pois eu brinco muito e saio correndo. Mas quando dei uma ponta de certeza a ele, fui correspondida e sinto-me feliz por isso. Que homem gentil e carinhoso! Ah! Estou apaixonada por ele!

— Que coisa boa Hortência, fico feliz, pois você merece um companheiro assim como Tião.

— E você? Passou bem o dia? Saiu com aquele promotor maravilhoso? Percebo que você também está com sorte, um homem fino daquele aos seus pés, não é para qualquer uma não!

— O que é isso Hortência! Medeiros está me ajudando em virtude do que aconteceu... Nem penso numa coisa dessa, no estado em que me encontro, só posso aceitar ajuda e agradecê-lo, nada mais. Você não tem jeito mesmo!

— Isso é o que eu quero ver! Eu não o deixaria escapar! Desquitado, bom caráter, lindo e rico! Se não fisgá-lo, irá se arrepender.

Ermínia sorriu, mas não respondeu. Hortência continuou a falar de Tião, depois se prontificou a acompanhá-la, no dia seguinte, aos tratamentos Wmarcados no hospital. Deixaram acertado o horário e, antes dela se retirar, abraçou a amiga, dizendo que faria de tudo para vê-la feliz novamente.

6

Na casa de Lopes, o “chefe magnata do crime”, Adalberto e Teobaldo, festejavam, com os outros companheiros, os inúmeros assaltos que haviam executado durante aquela semana. Todos se divertiam ao ouvir os relatos dos garotos, que, por sua vez, caçoavam da expressão de pavor de algumas vítimas da delinquência, sem a menor consideração.

Lopes demonstrava estar satisfeito com o desempenho dos meninos. Com o cigarro no canto da boca e cabelos despenteados, aplaudia os garotos enaltecendo-os pelo trabalho benfeito. Naquela noite, ele havia preparado uma festa para eles, a fim de estimulá-los e compensá-los pela obediência que prestaram, afinal, haviam feito tudo certinho, por isso, oferecer-lhes-ia como gratificação especial, muita bebida acompanhada de diversos tipos de entorpecentes e outras surpresas reservadas para aquela noite de comemoração.

Saltou do divã, ajeitou as calças na altura da cintura, pediu silêncio e falou com entusiasmo:

— Esses jovens terão uma carreira brilhante ao meu lado, isto é apenas um treino para que vocês possam, brevemente, se tornarem os maiores traficantes da América do Sul. Brindemos a juventude ousada e corajosa destes garotos iniciantes e, como prêmio maior, terão uma perfeita noite de sonhos e desejos, com lindas mulheres que contratei para homenageá-los. Dizendo isso, fez sinal para o segurança abrir a porta e permitir a entrada das convidadas especiais.

As mulheres, com poucas roupas, entraram na sala sorrindo e dançando e, sem perderem tempo, começaram a envolver os garotos com carícias e trejeitos insinuantes. Lopes assoviava, jogando algumas notas de dinheiro aos pés das "Damas da Noite", depois de alguns minutos, levantou-se, bateu palmas e pediu novamente atenção:

— Sejam bem-vindas a minha casa! Para avaliar o potencial destes jovens, ninguém sairá desta sala até que eu ordene! Todos nós iremos nos saciar destas beldades! — falou apontando para as moças, depois continuou:

— Os garotos, como prêmio, ficarão a noite toda com elas. Por ora, eu ordeno que todos nós, para recepcioná-las como merecem, tirem as roupas e se deixem embebedar de tanto prazer!

Em seguida, Lopes abriu um pacote com diversos entorpecentes e distribuiu a todos, festejando a iniciação de Adalberto e Teobaldo no mundo do crime.

— Viva! Gritaram todos. A festa começou! Salve o nosso "Pai Lopes"!

Aos poucos, o ambiente tornou-se extremamente propício para "outros comparsas", que haviam sido convidados sem que eles soubessem...

— Nossa! Que festança! Fazia tempo que isso não acontecia por aqui. Vamos ajudá-los a terem uma noite inesquecível, com isso, tomarão maior gosto pela profissão e nós ficaremos, por um bom tempo, recebendo tudo o que temos direito — disse Jordão, o capitão da equipe de desencarnados que acompanhava Lopes e os seus há mais de anos.

— Soltem as nossas mulheres para os seduzirem, junto com aquelas mundanas! Ficarão totalmente apaixonados e vidrados por elas — ordenou o comandante, soltando estrondosa gargalhada.

— É pra já! Venham garotas, entrem e façam desta festa uma noite inesquecível! — respondeu Ivana, a mulher do capitão.

A turma de desencarnados se espalhou, procurando absorver, no primeiro momento, o forte teor dos entorpecentes dos quais os usuários de Lopes se serviam. Daquele momento em diante, seria impossível conter os impulsos e não ingerir drogas e bebida. Os amigos de Jordão sabiam muito bem como manipula-los para conseguirem o intento. Emitiam ondas nefastas, através do pensamento, estimulando sensações e desejos para repetissem a dose seguidamente.

Ali havia a combinação da vontade insaciável de beber e se drogar com o estímulo do fascínio sexual — elemento poderoso e facilitador para absorção de fluidos, de que as entidades vampiristas se serviam no local.

Aos poucos, a névoa ectoplásmica se condensou na região pélvica dos participantes encarnados, de onde foi extraída com facilidade pelas mulheres desencarnadas. Elas usavam do método de sucção, assemelhando-se a lobos famintos diante da caça apreendida.

Quanto mais absorviam, maior se tornavam os órgãos sexuais, representando extrema distorção da natureza humana, dentro dos princípios básicos da evolução.

A cena assemelhava-se aos decepadores da carne humana: os desencarnados saciavam-se de prazer, sentiam-se vitalizados e renovados, porém, transformando-se em verdadeiros monstros, que se transfiguravam, condensando excesso de ectoplasma apenas nos órgãos sexuais. Por conta disso, tomavam uma forma grotesca e purulenta, extremamente repulsiva ao que se refere à expressão sensual dos comandos eróticos estimulantes.

Ivana, a mulher do capitão desencarnado, espirrava do ventre as camadas purulentas da absorção indevida da energia a que se expusera. Com olhos arregalados, se atirava ao leito dos garotos eleitos, por cima das mulheres contratadas, gritando com voz de gozo superficial, a dor do abandono de sua dignidade feminina em tempos remotos. Ria e chorava ao mesmo tempo, depois se embriagava da energia altamente sedutora que as companheiras emitiam, somando-se ao desespero insaciável e violento que exigiam de seus companheiros para atingirem o prazer desejado.

Ivana, em delírio, chamou pelo capitão, no entanto, ele nada mais conseguia responder, mal podia se locomover, por motivo da expansão de seu órgão genital. Atirado a um canto, Jordão gemia de prazer, ficaria assim por alguns dias, envolto no fétido odor no qual estava envolvido.

O dia estava clareando e os meninos ainda estavam em êxtase temporário, uivavam como animais feridos e permaneciam paralisados. As "Damas da Noite" haviam saído cambaleando, pouco antes do nascer do sol, para elas algo estranho naquela noite havia acontecido, porém, algumas relacionaram ao exagero das drogas e bebidas ingeridas. Mal podiam se locomover, sentiam-se destruídas e muito doloridas, sensações raras pelo tipo de profissão que exerciam. Nunca, nenhuma delas passara pelo desprazer de receber um homem que as maltratasse sexualmente. Trabalhavam para a exigente Eulália, numa casa noturna.

Eulália era respeitada na cidade e jamais permitira que algum homem, com gesto brutal, pudesse tocar em suas "donzelas prometidas". Nunca tiveram qualquer indício de desrespeito por parte dos frequentadores.

Diferentemente do normal, as moças voltaram em situação deplorável, Eulália chamou alguns amigos médicos para socorrê-las, algumas tiveram que ser internadas, tamanha a agressão e violência sexual. Elas mesmas não sabiam dizer o que havia acontecido, não perceberam se as haviam agredido, entretanto, a única coisa de que puderam se lembrar, foi a vontade incessante de beber e se drogar. Talvez essa tenha sido a razão de não sentirem as agressões — concluiu uma das moças que relatava o ocorrido aos médicos.

Eulália ficou enfurecida, não perderia mais um segundo para tirar a limpo essa história com Lopes. Tinha certeza de que ele puniria quem havia agredido as moças daquela forma. Ele poderia ser o mais sujo dos traficantes, mas jamais agrediria uma mulher, salientou indignada.

— Procurem se lembrar, vocês têm que me ajudar! — gritou enfurecida.

As moças gemiam e apenas balançaram a cabeça negativamente. Os médicos pediram para deixar o assunto para depois, pretendiam socorrê-las imediatamente, pois algumas apresentavam quadro crítico, tamanha a violência sexual sofrida.

Eulália concordou, a contragosto, saiu do hospital batendo os pés e resmungando em voz alta:

— Eu acabo com eles! Se pensam que podem se drogar e abusar de mulheres, estão muito enganados! Porcos! Nojentos! Vocês me pagam! Além disso, irei ter prejuízo até que as moças se recuperem, deixe estar! Vagabundos! Vão ter que manter a "casa" por um bom tempo! Caso contrário, vou entregar todos eles para a polícia. Eles não sabem com quem se meteram! Não passam de um bando de velhos escrotos! Não conseguem nenhuma mulher para amar e precisam se portar como bichos violentos para gozar, não servem para nada!

Eulália atravessou a rua blasfemando e continuou a praguejar os contratantes, de repente o apito da sirene de uma viatura policial chamou a atenção dela.

O carro, em marcha lenta, encostou bem próximo, um policial abriu a janela e perguntou:

— Tudo bem com você Eulália? O que faz a uma hora desta na rua? Nunca sai de manhã pelas ruas...

Eulália sentiu vontade de chorar e contar tudo aos policiais, porém hesitou. Respirou fundo, ajeitou os cabelos e respondeu:

— Não foi nada, estou bem.

— Vimos você sair do hospital, o que aconteceu?

Eulália estremeceu, procurou disfarçar, não podia comprometer os médicos e nem contar a verdade, antes de saber o que havia realmente acontecido. Imediatamente soltou uma desculpa, tentando desviar o interesse dos policiais que, apesar de a conhecerem e de quebrarem alguns "galhos", se soubessem do ocorrido, não abafariam o caso.

— Realmente eu saí do hospital, fui fazer uma inalação, pois ontem tive um acesso de bronquite e não pude dormir. Agora estou bem, e vocês quando vão aparecer para nos visitar? Tenho novidades, moças novas no pedaço! — piscou com gesto sedutor.

— Quando estivermos de folga passaremos por lá, tem certeza que está tudo bem? — tornou a perguntar o policial.

— Claro, queridinho! Melhor agora! Eu bem que estava com

saudade deste seu sorriso encantador. Não se esqueça de mim!

Romualdo sorriu retribuindo o elogio, depois, com um breve aceno, despediu-se, recomendando-lhe cuidado ao voltar para a casa.

— Obrigada amor! Vou te esperar! Eulália tentou contemporizar mais um pouco, a fim de não deixar suspeitas, ergueu a cabeça e dirigiu a palavra ao outro policial que estava no volante:

— E você? Também me esqueceu? Depois que se casou pela segunda vez, nunca mais deu as caras por lá, não é? Está tão apaixonado assim pela sua mulher? Não quer diversificar um pouco?

O moço sorriu abanando a cabeça, respondendo em seguida:

— Claro que não! Estou apenas dando um tempo, a patroa é ciumenta demais... Se eu bobear, ela me arranca os cabelos!

Eulália gargalhou com gosto.

— Essa é danada mesmo! Ela é a filha do Jeremias, não é? E não é flor que se cheire... "Tá" desculpado, do jeito que é nervosa, não duvido nada que ela te siga e apronte o maior escândalo, se te pegar na mansão dos prazeres!

— Nem pensar numa coisa dessas! Ela é capaz de incendiar tudo por lá e ainda me infernizar pelo resto da vida.

— Mas, se puder, dê uma escapada, invente uma ronda noturna e vá me visitar! Não vou desistir, um dia você irá me procurar!

Romualdo passou as mãos delicadamente no rosto de Eulália, dizendo que ela havia realmente nascido para a profissão que exercia.

A moça piscou, ajeitando a blusa decotada, a fim de provocá-los, depois acenou para eles com vários beijos e virou a rua, enquanto a viatura seguia em frente.

"Ufa! Para uma coisa serviu esse encontro: estou mais calma" — pensou aliviada.

Espiou para ver se os policiais iriam voltar e entrar no hospital. Mesmo com todo esquema montado, temia que algo desse errado, pois não haviam registrado ocorrência do caso na recepção, em virtude de um dos médicos ser amigo pessoal do diretor de plantão. Eulália podia confiar nele, não haveria de se preocupar, a menos que aquela situação se tornasse frequente, mas não era o caso, nunca precisou de favores do tipo, porque as moças eram muito bem tratadas, tanto por ela quanto pelos clientes. Além do que, fazia questão delas estarem sempre em dia com exames de prevenção ginecológica. Era considerada uma verdadeira mãe para as moças e isso fazia com que sua fama aumentasse fora da região, muitas delas vinham de longe, porque sabiam que o lugar era de alto nível e que teriam uma vida melhor do que na casa familiar, ganhariam dinheiro e talvez encontrassem um bom partido que lhes desse vida de rainha, assim pensavam...

As novatas, quando familiarizadas com as antigas, reconheciam que aquela vida não era como haviam pensado, raramente acontecia um casamento com cliente, embora fossem assíduos por anos e as ajudassem no que podiam. Mesmo assim, algumas precisavam e optavam por permanecer ali, outras sentiam-se vazias e sem outra alternativa de vida, assim continuavam trabalhando e vivendo da melhor forma que sabiam.

A mente de Eulália não parava de arquitetar uma bela vingança para os convidados de Lopes. Haveria de descobrir o paradeiro de todos eles e aí, então, devolveria com a mesma moeda! Fixou a ideia de, naquele mesmo dia, tirar tudo a limpo.

Minutos depois, chegou à "Mansão dos Prazeres", abriu a porta e se jogou no belo sofá que havia na recepção. Algumas moças correram para saber se as amigas passavam bem. Eulália pediu um chá quente enquanto as tranquilizava, enfatizou que elas estavam e estariam sempre protegidas e que abuso como aquele nunca havia acontecido por lá, procurou garantir a confiança delas para apaziguar a situação, mas por dentro, o ódio aumentava. Só passaria depois que fizesse justiça, sofria por Lopes ter denegrido a imagem de seu estabelecimento e das meninas.

— Como estão as outras? — perguntou uma delas com certa preocupação.

— Estão dormindo, mas gemem muito, foram medicadas e os médicos irão passar por aqui mais tarde, para ver se melhoraram. Pediram para que não fossem incomodadas e as deixassem dormir.

— Só quero ver como será hoje à noite. Não poderão

trabalhar. Vocês ficarão no lugar delas, não será fácil se a casa estiver cheia, portanto, vão descansar para que estejam inteiras para o trabalho. Hoje deverão ser mais rápidas, entenderam? Eu mesma recomendarei isso aos clientes, pagarão um pouco menos até que tudo volte ao normal. Peço que não revelem a verdade, caso algum deles pergunte, vou falar que a grande maioria sentiu indisposição por algum alimento ingerido. Vou descansar um pouco e aguardar o parecer dos médicos. Vamos, durmam! Não se preocupem mais, está tudo sob controle.

As meninas obedeceram e saíram para descansar. Eulália recostou a cabeça na almofada macia e tentou cochilar, sentia-se exausta, contudo inconformada com a situação, não conseguiu dormir. Resolveu telefonar para Lopes, alguma coisa haveria de descobrir, conhecia-o muito bem e saberia perceber se estivesse mentindo. Adiantaria o assunto e depois, cara a cara, resolveria o resto.

Tirou o fone do gancho e discou, ao primeiro toque, desligou de imediato.

“Talvez esta não seja uma boa ideia. Ele poderá se esquivar. Aproveitarei e irei lá pessoalmente. Pegarei o dinheiro das semanas que as moças não poderão trabalhar. É isso! Irei até a casa dele agora!” — pensativa, decidiu com determinação.

Ao subir as escadas apressadamente para pegar sua bolsa, deparou-se com Mercedes que cambaleava, segurando-se no corrimão.

— Mercedes! Como está se sentindo? Melhorou?

— Ah! Madrinha! Não me sinto bem, estou tonta e com muito enjoo, dores pelo corpo todo, até parece que levei uma surra daquelas.

— O médico já a medicou, não se sentiu bem após isso?

— Oh! Sim. Cheguei bem pior. Cochilei um pouco e tive pesadelos horríveis, com vampiros me sugando o sangue, me vi toda ensanguentada, tal como cheguei. Depois ouvi risos e vozes blasfemando palavras obscenas.

— Ah! Madrinha! Eu não presto! Se minha mãe soubesse que estou nesta vida, ela se mataria de desgosto... Mando dinheiro para ela todo mês, ela reza para que Deus me abençoe e me mantenha no emprego. Pensa que eu trabalho numa loja e ganho comissão pelas vendas. Diz que reza sem parar para que nada de mal me aconteça. Torce para eu melhorar de vida e trazê-la para cá com os meus outros irmãos.

— Ora, deixe disso Mercedes! Não se culpe por estar aqui, afinal sua mãe também melhorou a situação financeira, isto é que importa. Ela jamais saberá se você não contar. Volte para a cama e procure descansar, foi uma noite exaustiva para vocês, exageraram nas bebidas e deixaram-se drogar.

"Fugiram das minhas recomendações e permitiram-se envolver com aqueles cafajestes. Lopes havia prometido que não usariam drogas, apenas bebidas. Vocês estão cansadas de saber que não permito drogas aqui e nem quando forem fazer serviços externos. Isso foi para que todas vocês aprendam a obedecer as minhas recomendações, porque para eles isso é comum, mas vocês se acabam antes do tempo, e se isso acontecer novamente, terei que substituí-las, entendeu? Eu quero manter a minha casa com boa imagem e poder contar com clientela que exija que vocês estejam sempre lindas, perfumadas e, principalmente, saudáveis. Por isso que nosso preço é caro, ofereço o melhor porque cuido bem de vocês, ficamos todos felizes e gratificados: eu, vocês e eles. Não tenho reclamações porque sigo as regras, assim posso exigir um preço compatível, entendeu? Que isso nunca mais se repita! Caso contrário, vocês serão inevitavelmente substituídas. Não se esqueça que trabalham para mim e eu faço de tudo para mantê-las como princesas, entendeu? Agora, volte ao seu quarto e só saia de lá quando o médico autorizar.

Se sentir fome, chame a Soraia para preparar um lanche reforçado antes de almoçar."

— Madrinha, estou com medo. Sinto-me ainda com alguns efeitos das drogas, tenho vontade de beber e continuar a fazer muito sexo. Nunca me senti assim, estou latejando por dentro de tanta vontade de me entregar para todos eles, me senti muito excitada como jamais havia acontecido. Ao mesmo tempo, sinto grande repulsa por lembrar da cara de alguns deles.

— O quê? Você se lembra da cara dos malditos? Poderia reconhecê-los caso fosse preciso?

— Acho que sim. Não sei se o que vejo é real, ou se estou alucinada por causa das drogas.

— Bem, deixa isso para lá. Agora procure descansar, com certeza ainda está sob efeito alucinógeno. Seria conveniente tomar um bom banho e depois relaxar. Vou sair e não me demoro a voltar.

— Aonde a Madrinha vai?

— Vou até a casa daquele infame do Lopes. Vou querer saber tudo o que aconteceu, e aí ele vai ver como deve tratar a mulher que lhe prestou favores para saciar os desejos daqueles imundos.

— Só de pensar no rosto do senhor Lopes, tenho desejos... O que está acontecendo comigo?

— Não sei ainda o que ingeriram, é justamente isso que quero saber. Tome um bom banho, vai ajudar a esfriar as emoções, vou pedir uma jarra com água e limão, ajudará a desintoxicar.

— Está certo, vou seguir as recomendações da Madrinha. Tome cuidado e volte logo.

Eulália beijou a fronte de Mercedes e a levou até o quarto, jurando vingança contra os agressores. Espiou as outras moças, dormiam aparentemente serenas, fechou a porta com cuidado e saiu pensativa.

— O que será que tomaram? Mercedes está transtornada, de certo colocaram algum comprimido para excitá-las e abusarem como fizeram... Vou perguntar ao doutor que tipo de estimulante faria este estrago.

Parou alguns minutos na janela do corredor que dava para o imenso jardim da casa. O dia continuava frio e nublado. Eulália lembrou-se da juventude, morava naquela casa quando menina, após a morte dos pais, num acidente, herdara a propriedade. Naquela época, pretendera estudar e se tornar uma excelente professora. Lecionar sempre fora o seu sonho e também de seus pais. Conhecera Lopes, num baile de debutantes, começaram a namorar, ela o amava mesmo sabendo de sua forte tendência à malandragem. Depois de algum tempo de namoro, ela insinuara que ficassem noivos, afinal a casa era enorme e precisava ser habitada por uma grande família. Eulália vibrara quando apresentara a ele seu desejo de tornar-se mãe, os dois sonhavam com uma grande ninhada, já haviam até escolhido os nomes para os meninos e meninas que chegariam.

Mas o destino recusara os seus desejos, Lopes conhecera um grande empresário que o convidara a trabalhar para ele numa cidade próxima. No começo, a distância não importara, depois foi espaçando os dias de vê-la e, quando aparecia, vinha totalmente embriagado. Foram meses de briga e descontentamento, até que resolveram se separar, após o pedido dele para darem "um tempo". Assim a noiva poderia esfriar a cabeça. Jurara promessas de amor eterno, depois justificara que gostaria de conseguir uma boa promoção na empresa, sendo preciso que ela tivesse paciência, pois daquele jeito acabariam se odiando. Assim não conseguiriam estreitar os vínculos para viverem juntos futuramente. O período de afastamento seria proveitoso, pois retornaria rico e, então, assumiria uma vida mais regrada com ela.

Eulália não aceitara, jurando vingança caso ele a deixasse. Lopes pensara ser apenas um blefe comum de mulher, não dera importância e fora embora.

Ela, por sua vez, ficou esperando alguns meses, mas percebendo que ele não voltaria, pegou um ônibus indo até a empresa, na cidade onde ele dizia estar trabalhando. Foi então que descobrira que ele havia se envolvido com o pior traficante de drogas. Inconformada, implorou para largar tudo e voltar a ter uma vida normal, poderiam casar e ter muitos filhos. Ele lhe negara o pedido, revelando que não poderia mais voltar atrás, pois sua escolha não poderia mais ser revogada. Gostava do que fazia e sabia que ela jamais aceitaria uma coisa daquela, além do que, estava por demais envolvido em vários crimes e assaltos. Por ele nunca se casaria, se alguém tivesse que ficar sob risco de morte, esse alguém deveria ele. Nunca colocaria a vida da amada e dos futuros filhos em jogo.

Eulália despedira-se aos prantos, amargurada voltara para casa, trancando-se para a vida. Ficara anos sozinha e deprimida, até que um dia resolveu virar o jogo e se vingar. Transformou o casarão solitário numa grande casa a serviço do prazer, assim se tornou conhecida, atendendo muitos homens influentes que a ajudaram a elevar o nível do estabelecimento. À época, a mais alta sociedade tornou-se frequentadora.

Os anos se passaram, Lopes voltou para a cidade, instalando-se num sítio próximo dali. Havia conseguido considerável fortuna, depois que assumira o próprio negócio, porém sempre vinculado ao tal empresário. Encontrou-se com Eulália várias vezes, mas apenas como cliente. Nas poucas horas que ficavam juntos, esqueciam o passado e se entregavam aos sonhos prometidos e desejos reprimidos. Com o passar do tempo, ele a convidou para unirem-se nos negócios, ela recusou, eles brigaram e se distanciaram novamente.

Eulália não suportava ouvir falar em droga, além de não ser receptiva à ideia, relacionava-a com o fato de terem se separado e com a escolha dele em se tornar um traficante.

Lopes disfarçava suas atividades verdadeiras se passando como criador de gado, mas era o grande precursor de formação de quadrilhas. Procurava garotos pobres para inicia-los no mundo do crime, a princípio oferecia-lhes grande soma de dinheiro até certificar-se de que os escolhidos seriam fiéis. Foi exatamente assim que conquistou a simpatia de Adalberto e Teobaldo. O número de jovens estava aumentando na família profissional dele, agia com os meninos como se fosse o seu verdadeiro pai — aliás, procedimento bem parecido com o de Eulália para com suas “princesas”.

As lembranças tocavam os sentimentos verdadeiros de Eulália que nunca se abrira com ninguém a respeito. Os amigos mais antigos, ao descobrirem que ela se tornara uma cafetina, cortaram relações de amizade e desapareceram de seu convívio. Outros desconfiavam das atividades de Lopes, porém ele mesmo cortou amizade com amigos antigos.

Naquela época, apenas Eulália sabia a verdade, ainda a considerava seu único amor, embora ela se recusasse a qualquer contato sexual. A jovem temia sucumbir e se deixar invadir pelo amor que ardia em seu coração machucado.

Quando se sentindo rejeitado pela amada, fazia questão de contratar as "princesas" para provocá-la, depois lançava um convite pessoal a ela, tentando se redimir.

Eulália determinou que jamais deixar-se-ia envolver por ele, por isso, não dava importância às provocações, procurava manter-se impessoal, porém, ao ouvir o relato de Mercedes quanto à atração excessiva por ele, sentiu-se um pouco enciumada. As meninas gostavam mesmo era do dinheiro de seus clientes, vez ou outra, uma se entusiasmava por algum deles, mas logo era despertada para a realidade por Eulália. Ela sempre as alertava quanto ao poder de sedução masculino, lembrava que até que se sentissem saciados elas serviriam, depois pagariam o preço combinado e retornariam ao convívio familiar. Seriam assíduos somente nos momentos de realizar suas fantasias, desfrutando o máximo delas.

Soraia rompeu suas lembranças, chamando-a:

— Dona Eulália, a senhora está precisando de alguma coisa? As meninas estão dormindo e eu preciso sair às compras.

Ela suspirou e respondeu:

— Pode ir Soraia, não demore. Quando voltar, prepare um bom lanche para elas, fique atenta à Mercedes, me pareceu estar ainda sob efeito das drogas.

— Nossa! O que fizeram com as garotas? A senhora tem que tomar providências, onde já se viu uma coisa dessa! Coitadinhas! Estão acabadas!

Leila abriu a porta do quarto, estava despenteada e com fortes olheiras nas pálpebras inferiores, as duas ficaram atônitas com a aparência da moça.

— Madrinha! Ajude-me, estou me sentindo muito mal, enfraquecida, com muito enjôo e tonta.

— Isso vai passar, procure tomar um bom banho, Soraia vai lhe trazer uma limonada, ajudará o estômago melhorar.

— Madrinha, sinto desejos sexuais por aqueles homens, tenho vontade de sair correndo e me entregar a eles novamente. Lembro do rosto do senhor Lopes e fico excitada... Não sei o que é isso, não estou conseguindo aguentar...

— Não tenho dúvidas! Aquele infame colocou alguma mistura que desconhecemos na bebida de vocês, só pode ser isso! Mercedes está com os mesmos sintomas, vou até o hospital e chamar o doutor para voltar aqui, ele precisa saber disso.

— Ah! Madrinha! Eu quero voltar a ficar com eles... Nunca senti tanto prazer numa noite. Eu quero voltar lá, me leva lá, eu quero o senhor Lopes! — gritou a moça em pleno descontrole.

— Nada disso! Procure se controlar, não percebeu que há algo errado? Por acaso você teve algum pesadelo?

— Não. Apenas despertei com esses desejos.

— Fique quieta, tome um banho, vai melhorar. Volte para o quarto e não saia de lá até eu voltar com o médico.

— Está bem, vou esperar.

Ao dizer isso, debruçou a cabeça inesperadamente para o chão e vomitou.

— Ah! Meu Deus! — socorreu Soraia. Vamos para o banheiro minha filha, eu te ajudo.

Eulália não tinha mais dúvidas, antes de ir ter com Lopes, passaria no hospital, a fim de relatar ao médico os sintomas das meninas.

— Será que eles estão assim também? — pensou.

— Cafajestes! Precisam usar artifícios para seduzirem, não passam de um bando de frouxos ultrapassados! — blasfemou irada.

Enquanto isso no toalete, Soraia se espantou com a quantidade de manchas roxas espalhadas pelo corpo de Leila, denotando grandes hematomas.

— Minha nossa! Está sentindo dor?

— Não! Eu quero voltar lá, leva-me Soraia, por favor, ajude-me! Não precisa contar para a Madrinha. Leva-me até o senhor Lopes, eu o quero, ele é um macho sedutor, estou apaixonada por ele, nunca vi nada igual. Ele tem que ser meu! Vou fazê-lo feliz, me entregarei continuamente para saciar os desejos dele e os meus, não posso mais esperar!

— Cale a boca! Se a dona Eulália ouvir uma coisa dessa, acaba com você em dois tapas.

A moça parecia dominada por tanta excitação, jogou-se ao chão do banheiro molhado, debaixo do chuveiro, e se contorcia gritando por Lopes.

Fora de si, Leila ajoelhou-se, implorando para Soraia chamá-lo imediatamente.

Berrava tanto, que Soraia não hesitou em esbofeteá-la, a moça chorava de desespero, acordando as demais que ouviam a gritaria vinda do banheiro.

O cenário a partir daí foi deprimente, as outras moças que participaram da noitada, junto com Leila, correram em direção aos gritos da amiga, pareciam estar sob efeito de um comando estranho. Estonteadas, mas afoitas por atendê-la, debruçaram-se sobre o corpo dela, entrelaçando-se, a fim de saciarem os fortes desejos sexuais que as acometiam. Quanto mais se entregavam, mais se excitavam, uivavam como animais no cio, totalmente fora de si, gritando por Lopes.

Soraia saiu assustada, fechou a porta com chave pelo lado de fora, e correu ao encontro de Eulália, que já havia saído em busca do médico.

Mercedes, que havia ido até a cozinha, ouviu a gritaria. Assustada, saiu correndo para ver o que se passava com as amigas. Subiu correndo as escadas, ao se deparar com Soraia aos prantos, ficou ciente de que as outras estavam em perfeito desequilíbrio sexual e que, por isso, foram trancadas no banheiro.

— Fique aqui Mercedes, não abra de jeito algum esta porta! Irei ao hospital apressar dona Eulália. Daqui a pouco estaremos de volta com os médicos, eles deverão dar um calmante para elas, só assim isso terminará.

— Vá logo, Soraia! Eu não entendo o que nos aconteceu. Temo compartilhar com elas dos mesmos desejos, estou me sentindo frágil e com desejos sexuais insaciáveis, embora não tão fortes como minutos atrás.

— Não se envolva com isso, você já está melhor, poderá controlar-se, não sucumba! Volto logo.

Em seguida, Soraia desceu as escadas apressadamente e com expressão de grande indignação, resmungou algumas blasfêmias, em pensamento, para o comandante Lopes.

Mercedes havia seguido as recomendações de Eulália, tomou um bom banho e, com isso, sentiu-se mais aliviada. Ainda enjoada, percebeu que os desejos sexuais descontrolados haviam diminuído, mas não desaparecido por completo. Ao ouvir as amigas gritando como loucas dementadas, sentiu vontade impetuosa de correr e juntar-se a elas, porém, com o alerta de Soraia, tentou conter-se.

Os gritos das amigas aumentavam, estimulando cada vez mais os desejos dela. Contorceu as mãos, o suor escorria-lhe nas faces, começou lentamente a massagear o abdômen e a pélvis, recostou o corpo na parede do corredor, sentiu que uma força desconhecida a envolvia, cenas de sexo começaram a aparecer em sua mente. Tentou controlar-se, estava sozinha na casa e as amigas em delírio, notou que as moças que não foram com elas não saíram de seus aposentos. De certo, estavam exaustas e dormiam, ou quem sabe, receberam ordem da Madrinha para não saírem dos quartos — pensou.

Mesmo assim, o desejo sexual tornava-se insuportável, ajeitou-se comprimindo o corpo no chão, respirou com dificuldade, começou lentamente a se rastejar em direção ao banheiro. Ao mesmo tempo, tentou recusar o forte impulso. Sabia que não poderia sucumbir, pensou no que aconteceria com todas elas se acaso a porta do banheiro fosse aberta, pois estavam descontroladas e sedentas por encontrar o senhor Lopes. Os pensamentos de Mercedes estavam em perfeita guerra, atormentada, começou a ouvir vozes que ordenavam para que se juntasse às outras, tentou resistir o quanto pôde, não queria desobedecer as ordens da Madrinha. Sentiu um peso nos ombros e sensação de considerável opressão no peito. Cravou as unhas no chão, em posição quadrúpede, enquanto outras cenas sexuais vinham-lhe à mente, sugerindo:

"É isso aí, se entregue, não resista! Estes impulsos demonstram que você é ativa sexualmente, não negue que você é 'superdotada'! Gostosa! Poderosa! Deixa qualquer homem alucinado de desejo, você é a mais sensual! Largue o preconceito, as outras mulheres são reprimidas e não sabem lidar bem com o sexo, você já superou esses preconceitos. Vá com elas! Libere sua sensualidade, não se reprima!"

Mercedes rastejava bem perto da porta do banheiro, estonteada, ergueu o braço alcançando a maçaneta da porta, depois com as mãos tocou a chave que estava do lado de fora, parou. No entanto, a voz sugestiva insistia:

"Abra esta porta! Vá com elas, você tem um corpo maravilhoso! Você é a mais linda! As outras morrem de inveja de você. Lembre que o Lopes te pegou mais de uma vez, foi só com você! Por isso as outras o querem, perceberam que ele se atraiu por sua sensualidade. Recorde quando ele lhe disse que todo e qualquer homem não resistiria a sua beleza."

Mercedes gemia ao lembrar as cenas de sexo com Lopes. Chegou a balbuciar o quanto de prazer tivera com ele.

"Então vá e diga isso às outras, elas estão espumando de desejo, junte-se a elas, não perca mais tempo, vocês irão gozar de prazer, muito prazer!" — estimulava a voz desconhecida.

A moça, quase cedendo, olhou ao redor para ver se alguém a acompanhava, pois teve a nítida impressão de que um homem estava ajoelhado ao seu lado, tocando seu corpo. Não viu ninguém, o desejo aumentava, porém, lembrou-se da Madrinha dizendo-lhe que todas estavam sob efeito alucinógeno das drogas ingeridas. Por alguns segundos, retomou a lucidez, sem se mover do lugar. Não sabia como resistir ao impulso atormentador. Desnorteada, fixava na mente que não poderia abrir a porta do banheiro, se isso acontecesse, estariam em perigo, pois não conseguiriam controlar os impulsos. Em seguida, a voz misteriosa sussurrou-lhe, no ouvido, incitando-a ainda mais:

— Para com esta ideia de perigo! Por acaso sexo é perigoso? Deixa de lado este medo, abra esta porta! Desfrute do apetite sexual. Essa sua Madrinha é uma mercenária, usa vocês para ficar rica! Bem que ela queria estar com ele, mas está ultrapassada, enquanto vocês são jovens e bonitas! Não siga as recomendações dessa mulher frustrada e envelhecida! Você é linda, a mais sensual! Ele só olha para você! Vá ao encontro dele, não perca tempo, ele vai escolhê-la dentre todas. Você terá uma vida de rainha, é só atender aos desejos do poderoso Lopes.

A moça pensou estar enlouquecendo, sufocada, gritou inesperadamente:

— Não posso abrir esta porta! Estamos delirando, eu nunca

tive esta sensação descontrolada, estou com medo! Meu Deus, ajudai-me!

A imagem da mãe rezando por ela lhe veio à mente, em fração de segundos, Mercedes se viu no lar materno, brincando no quintal com os outros irmãos. A mãe lavava as roupas no tanque, o sol ardia no rosto da mulher sofrida. Sentiu dó de sua mãe naquele momento, correu à cozinha, pegou um copo de água e levou para ela.

Margarida abraçou a filha, dizendo-lhe que faria de tudo para que ela e os irmãos tivessem uma vida melhor.

A cena desapareceu, com olhos lacrimejantes, gritou descontrolada:

— Mãe! Ajude-me com suas preces! Não sei onde me meti! Estou em perigo! Meu Deus, ouvi minha mãe, porque eu não saberia dizer se sou merecedora desse auxílio, mas minha mãe, com certeza, será ouvida por Vós. Tirai-me deste tormento, eu não sei o que está acontecendo comigo. Salvai-me! Não me deixeis morrer! Preciso ajudar minha mãe e meus outros irmãos. Eles são muito pobres, dependem de meu dinheiro para sobreviver com mais dignidade. Por favor, meu Deus, ajudai-me!

Mercedes soltou as mãos da maçaneta, baixou a cabeça e chorou compulsivamente, sentia seu corpo doer e aumentar a náusea.

De repente, ouviu um chamado, olhou ao redor, não havia ninguém ali, uma névoa acinzentada apareceu formando a figura de uma pessoa. A moça esfregou os olhos, a imagem tomou maior nitidez, notou ser um rosto de homem olhando para ela, gargalhando sem parar. Pôde ouvir algumas palavras vindas dele:

— Pare com isso gostosura! Deixa de ser medrosa! Assim você sai de minha sintonia. Desse jeito está me atrapalhando, vou ter que ir embora, entretanto, iremos nos encontrar brevemente. Adorei conhecê-las, suas amigas são maravilhosas, mas eu gostei mais de você! Venha me saciar, venha!

Mercedes vertia suor, pensou estar enlouquecendo, ao mesmo tempo, prometia para si mesma, que se conseguisse melhorar, nunca mais tomaria um gole de bebida, muito menos alguma droga.

— Meu Deus! Estou ficando louca! Ajudai-me! — tornou a clamar novamente. Olhe só as minhas amigas, parecem animais ferozes no cio. Meu Deus, fazei com que o doutor possa vir aqui, agora, precisamos de ajuda!

Ainda em desespero, pôde ouvir novamente outra gargalhada, porém, sem a visão da imagem do homem, apenas o som estridente da risada, sugerindo:

— Não precisam de médicos, tire a roupa e eu resolvo isso para você! A não ser que eles também aceitem entrar na nossa! — outra sonora gargalhada ecoou nos ouvidos dela.

Mercedes arregalou os olhos, procurando a figura do homem. Não viu ninguém ao seu redor. Respirou fundo, passou as mãos na testa ensopada de suor. Colocou a cabeça entre os joelhos e ali permaneceu, a fim de aguardar a chegada dos médicos. Com pensamentos absortos, tinha absoluta certeza de que seria internada após relatar as alucinações a eles. Não se importou, se isso acontecesse, seria para sua melhora, estava disposta a ser atendida rapidamente, ansiava sair dos tormentos alucinantes. Cruzou os dedos e começou a rezar continuamente, balançando o corpo simultaneamente, assemelhando-se a uma autista no auge de uma crise emocional.

As outras moças aos poucos foram se acalmando, podendo-se ouvir apenas leve e doloroso gemido. Mercedes continuou com postura alienada, depois de algumas horas, deixou-se embalar pela sonolência que apontava necessidade de repouso para o corpo, mente e espírito. Entretanto, teve que despertar com a chegada de Eulália, dois médicos e alguns enfermeiros.

Soraia deu um grito ao se deparar com a moça adormecida, apressadamente ajudou a levá-la aos seus aposentos. Eulália abriu a porta do banheiro e quase teve um colapso nervoso, as meninas se encontravam em estado alarmante, haviam se unhado e ainda gemiam, lembrando e falando de cenas obscenas.

Imediatamente foram socorridas pelos médicos, depois ajudadas pelos enfermeiros, tomaram banho e se recolheram sedadas, sem terem noção do que havia se passado.

Com olhar evasivo, a dona da “Mansão dos Prazeres” esperou

a saída deles, tomou um banho e, determinada a colocar a limpo aquela situação, foi à procura de Lopes. Haveria de fazer-lhe pagar bem caro todo infortúnio que teve, bem como, romper os laços de amizade que até então existia entre eles. Inconformada, saiu resmungando, jurando vingar-se.

7

Vadico entrou na casa de Lopes, ele não havia comparecido à festa de comemoração dos garotos, sua mãe adoecera inesperadamente, necessitando dos cuidados dele. Ao entrar, de súbito colocou as mãos na cabeça, ficando atônito diante da cena que vira:

— Minha nossa! O que aconteceu por aqui nesta madrugada? Estupefato e temeroso, estremeceu ao se deparar com marcas de sangue por todos os lados. Havia também muitas garrafas quebradas, os móveis estavam desordenados e virados, parecia ter ocorrido uma verdadeira guerra naquela noite, na casa de seu patrão, ou até mesmo um homicídio — concluiu abismado.

Imediatamente começou a procurar pelo patrão e garotos, temia que algo de ruim tivesse acontecido. Rapidamente correu para os quartos da casa, a cada porta que abria, sua respiração ficava mais ofegante, os cinco quartos que a casa possuía estavam completamente lavados de sangue.

O suor frio escorria-lhe, esfregou as mãos impacientemente, não gostava do que estava vendo, receava encontrar cadáveres empilhados. Descontrolado e com voz trêmula falou para si mesmo:

— Será que foram abordados pelos policiais?

Por fim, abriu lentamente a porta dos fundos, entrou por uma sala e desceu as escadas. Lá era o esconderijo do estoque de "encomendas". A cada passo, sentia mais arrepios, suspirou ao encontrar o patrão. Os garotos e outros comparsas atirados ao chão gemiam, balbuciando palavras desconexas — quadro típico de embriaguez somado às drogas consumidas.

Adalberto e Teobaldo estavam com marcas de sangue por

todo corpo, dois dos comparsas estavam em pior estado, havia sangue por todo lado.

— Mas o que aconteceu com vocês? Vamos, acordem!

Sem obter qualquer sinal de resposta, saiu rapidamente à procura de um balde com água, voltou e não hesitou em despejá-lo por cima de todos, de uma só vez. Continuou a gritar para que acordassem. Alguns se mexeram, outros continuavam gemendo em delírio.

Lopes deu um pulo inesperado, sacou uma arma do bolso e, com olhos arregalados, apontou para Vadico, sem poder reconhecê-lo.

— Pare senhor Lopes! Sou eu, Vadico! — gritou o vigia, assustado.

— Vadico?

— Sou eu, patrão! O senhor está bem? Diga-me o que ocorreu por aqui? A casa está lavada de sangue, foram surpreendidos por policiais? — perguntou com nítida aflição.

— Ahn? Casa com sangue? O que está me falando? Vamos, ajude-me, quero levantar, mas não consigo.

— O que tomaram? Alguma droga nova?

— Não sei ainda o que ocorreu. Vamos, ajude-me — suplicou Lopes.

Os meninos se remexeram, Adalberto ergueu o abdômen, estava ainda muito sonolento e sem forças para se levantar. Esfregou os olhos, se apoiou na parede e deu um impulso, conseguindo segurar-se nos braços de uma cadeira.

— Patrão, o que houve comigo? Estou me sentindo mal, não consigo me levantar, estou tonto e com muito enjôo, acho que exagerei nas drogas. Ajude-me, vou desmaiar...

Vadico correu para segurá-lo, mas em vão... Adalberto caiu violentamente, por cima do aparador encostado na parede, estourando o rosto no vaso, que se espatifou com o impacto.

Adalberto vertia sangue pelo rosto inteiro talhado por cacos de vidro.

— Minha nossa! Deixe-me ajudá-lo!

Vadico tirou um lenço do bolso e o colocou rapidamente

no rosto ensanguentado de Adalberto. O menino continuou desacordado.

— Acorda Adalberto! — chamou aos berros.

Em seguida, carregou o garoto para uma poltrona ao lado.

— Adalberto! Pode me ouvir? Diga alguma coisa.

Aos poucos o menino foi despertando, ainda tonto perguntou:

— Ahn? Quem está aí?

— Sou eu, Vadico!

— O que aconteceu comigo?

— Não sei ainda, fique quieto e não se mexa. Entendeu?

— Não consigo me mover. Onde estou?

— Não levante desta poltrona até que eu volte. Está me ouvindo?

— Estou... — respondeu o rapaz quase desfalecendo.

— Patrão, vou pedir ajuda. Não posso socorrê-los, sente-se aqui e me espere, volto logo com auxílio. Vou chamar o Zeca para ajudar-me, ele trará socorro rápido, não se levante ou poderá cair como o Adalberto. Vocês ingeriram algo desconhecido, só pode ter sido isso. Muitos devem ter se machucado ao tentarem se levantar. Foi isso, só pode ter sido, não foi? Não foi patrão? — lançou a pergunta em tom de desespero.

Vadico temia haver ocorrido algum homicídio, mas Lopes não tinha condição de responder-lhe, debruçou sobre a mesa tonto e sem forças para reagir. Percebendo ser impossível um diálogo esclarecedor, saiu apressado em busca de socorro, recomendando:

— Não se mexam! Vou à procura de ajuda. Saiu desnorteado e apressado, colocou as mãos na cabeça e concluiu indignado:

— Nunca vi uma coisa assim! Ainda bem que não participei disso. Quem iria socorrê-los? Já pensou se a minha mãe não estivesse adoentada? Em todos os anos que prestei serviço aqui, não me lembro de fato semelhante. Algo aconteceu de muito grave! Talvez tenham sido abordados por algum bando à procura das drogas e, por conta disso, brigaram e se machucaram dessa forma.

Lá dentro, Lopes remexeu-se, sentiu fortes dores na cabeça, tentou se reerguer, mas não conseguiu. Pigarreou. A garganta estava seca, sentiu gosto amargo na boca, enjoou. Minutos depois, soltou a urina descontroladamente, sem qualquer comando. Esboçou gemido doloroso, em seguida, murmurou algumas palavras sem concluir a frase.

Já passava das treze horas, quando o funcionário retornou com o farmacêutico Jonas e mais seis homens de sua confiança.

Ao entrarem na casa, Jonas e os outros se espantaram com a cena. Vadico salientou:

— Eu não disse? Estão vendo isso? Vamos, eles estão lá embaixo.

Desceram as escadas apressadamente, do corredor que dava para os quartos, podia-se ouvir os berros de uma mulher blasfemando.

Vadico e os companheiros aceleraram os passos, abriram a porta e deram de cara com Eulália que, aos berros, batia nas costas de Lopes, a fim de acordá-lo.

— Dona Eulália! Pare com isso! Não percebe que ele está fora de si?

— O que me importa? Este cafajeste há de me explicar o que fizeram com as moças.

Sem poder conter-se, socou as mãos nas costas dele sem parar.

— Acorde vigarista! Diga-me o que aconteceu aqui, esta casa está cheia de marcas de sangue por todos os lados. Acorde! Vamos! Diga-me.

Vadico não perdeu tempo em arrancá-la de lá, agarrou-se ao corpo dela, que esperneando ordenava para que ele a soltasse.

— De nada adianta isto agora, dona Eulália. Perceba! Algo terrível os acometeu. O senhor Lopes jamais agrediria uma mulher, a senhora sabe disso, tenha calma, vamos ajudá-los a se recuperarem, com isso saberemos o que ocorreu por aqui.

Sem poder conter o choro, pediu para que ele a soltasse:

— Eu não posso acreditar no que estou vendo. É muito triste e lamentável esta cena. A casa tem sangue por todos os lados. Olhe só o estado deles! Será que precisavam disso? Que exagero com as malditas drogas e bebidas! Se eles querem se matar, que o façam sozinhos! No entanto, isso não lhes dá o direito de envolver minhas meninas!

— Não sabemos o que houve. Por isso peço que a senhora

se controle e deixe este assunto para depois, agora precisamos ajudá-los a saírem deste transe.

— As moças chegaram machucadas, algumas estão internadas e outras parecem dementes, sob efeito alucinógeno. Não posso acreditar que este cafajeste e seus comparsas fizeram aquela barbaridade com minhas meninas.

Ao falar isso, passou as mãos no rosto e enxugou as lágrimas. Seguidamente apontou para Lopes e disse:

— Eles precisam ir para o hospital, estão em pior estado — recomendou Eulália, embora revoltada.

Os homens não perderam tempo em prestar auxílio juntamente com Jonas, que trouxera vários medicamentos de primeiros socorros. Porém, tendo percebido que o quadro era crítico, o farmacêutico mandou um deles à procura de uma ambulância para socorrê-los imediatamente.

Eulália se prontificou a acompanhá-los, sabiam que ela poderia facilitar a entrada deles no hospital, conseguindo acionar o mesmo médico que atendeu as garotas, bem como burlar a entrar deles, sem que a polícia fosse avisada.

Durante o percurso, sentada ao lado da maca onde Lopes estava deitado, ela recomendou sutilmente aos enfermeiros, que mantivessem sigilo absoluto da situação. Deixou claro que todos poderiam ficar envolvidos negativamente com eles, se acaso soubessem que haviam sido alvo de comentários na cidade.

Enquanto tentava abafar o caso, foi surpreendida com gesto inesperado de Lopes, que, mesmo gemendo, conseguiu erguer a mão e apertar o braço dela.

Eulália virou-se de pronto, o homem, com dificuldade de se expressar, pôde apenas balbuciar algumas sílabas que formavam a palavra "obrigado". Fixando os olhos no rosto dele, a mulher nada disse, mas sua feição declarou indignação ao vê-lo em estado tão deprimente. Em seguida, virou-se para a outra maca que abrigava os garotos. Adalberto, com a cabeça machucada e gemendo muito, chamava por sua mãe, enquanto Teobaldo, em semelhante situação, pedia ajuda de seu pai.

— Deus me livre disto! — suplicou.

— Vejam em que situação se meteram estes rapazes! São tão jovens e tão inconsequentes! — falou indignada. Depois sacudiu a cabeça e pediu sigilo novamente. Um dos enfermeiros avisou que estavam bem próximos do hospital.

Eulália espiou pela janela, pessoas transitavam de um lado a outro pelas ruas. Temerosa quanto à possibilidade de encontrar alguém conhecido, planejou sair primeiro da ambulância quando chegassem, certificar-se-ia primeiramente de que o caminho estaria livre, depois procuraria pelo doutor que a atendera e explicaria o caso.

Assim que deram entrada no pronto-socorro, Lopes e os garotos foram encaminhados à emergência, enquanto ela, disfarçadamente, se dispôs a encontrar o médico. Sorrateiramente, subiu até o primeiro andar do prédio, a fim de pedir ajuda a Mileide, uma enfermeira que trabalhava no local e que já havia sido uma de suas "meninas" na casa noturna.

Em poucos minutos, a moça conseguiu localizar o médico e participá-lo da situação. Eulália sentiu-se mais aliviada após isso. Mesmo exausta, resolveu esperar para saber do diagnóstico deles, e principalmente das meninas internadas.

Mileide era a enfermeira chefe, preocupada com a exaustão da ex-Madrinha, tentou confortá-la, colocando-se à disposição para qualquer tipo de ajuda que precisasse. Eulália agradeceu e, com necessidade de desabafar, relatou tudo para a moça, sem omitir nenhum detalhe:

— Ah, Mileide! Que cena horrível eu vi na casa do Lopes. Não consigo desvencilhar os pensamentos daquilo... Ainda mais, sem saber o que realmente aconteceu. Estou temerosa e aflita, não sei o que fazer — choramingou nos ombros da "ex-afilhada".

— Nossa Madrinha! Confesso que diante de tudo o que ouvi, chego à conclusão de que só pode ter sido alguma droga fortíssima que eles ingeriram. Agora as marcas de sangue pela casa, só saberemos depois que um deles retome a consciência e queira nos contar. Acho que o senhor Lopes não falará a verdade, tentará omitir detalhes para se safar principalmente da Madrinha, pois ele bem sabe o que o espera vindo da senhora...

Terá que descobrir de outro modo, quem sabe, com o vigia que ficou lá na casa, talvez possa dar com a língua nos dentes se for seduzido... Se quiser, posso envolvê-lo para saber a verdade, só que vai demorar um pouco, porque tenho que armar um plano, ver se ele cai e, depois com jeitinho, tirarei tudo dele e contarei para a Madrinha, o que acha?

— Não sei, vamos aguardar. Quero ver se o Lopes confessa, caso contrário estudarei sua proposta. Não esqueça que aquele bando é perigoso, terá que se submeter aos caprichos dele pelo tempo que quiser, não quero expor você a esse risco e nem acabar com sua vida e sua carreira. Agora, se tiver uma amiga que possa passar despercebida e envolvê-lo, pode até ser.

— Não se preocupe comigo, Madrinha! Sei me defender, ele é que tem que tomar cuidado comigo... — disse com riso irônico, prosseguindo:

— Caso perceba algum perigo, ele é que vai empacotar, o enveneno em um minuto e ainda entro em crise de choro no velório!

Eulália sacudiu a cabeça e não pôde conter o acesso de riso que, por sua vez, foi providencial para desopilá-la de suas preocupações. Em seguida salientou:

— Você é danada mesmo! Não é à toa que conseguiu este cargo tão rapidamente, o diretor do hospital que o diga, não é Mileide? Pensa que eu não sei que você é amante dele?

— Ai Madrinha! Homem é para isso mesmo! Eles gostam de se sentir "os poderosos" e nada como uma boa enfermeira para atender a seus caprichos e fantasias! Eu só tenho a ganhar com isso, faço o meu trabalho e ainda me divirto sem preocupação financeira... — soltou um riso maroto.

— É, você deu sorte! Entretanto, também se esforçou para isso, foi estudar e conseguiu uma "boquinha" aqui, depois seduziu o chefão e pronto!

— Isso mesmo! A senhora acertou em cheio! Também pensa que eu não sei que a Madrinha só me apoiou porque sabia que eu iria investir nisso?

— Acertou em cheio também! Embora eu tenha ficado um

pouco ressabiada, quando me dissera que arrumaria um amante e que o tiraria de sua esposa para se casar.

— A Madrinha novamente acertou! Com o tempo, fui percebendo que a senhora estava certa! Eles não querem assumir mais de um compromisso, é conveniente para eles manter a esposa que amam e a amante que os diverte... Há aqueles que já não amam as esposas e permanecem casados porque se sentem seguros, preservando a família.

Aprendi, com o tempo, que mesmo se algum ousasse se separar, não casaria com aquela que o diverte. Isso faria perder a graça e o desejo acabaria, porque não é amor de verdade, apenas gosto por fazer sexo. Por isso é que eu continuo cobrando os serviços, mesmo que de uma forma mais discreta e menos comprometedora. Escolho a dedo minhas "presas", principalmente os homens mais velhos, que se sentem lisonjeados quando são seduzidos, pensam que estão abafando e aí é fácil tirar dinheiro deles, têm que ter grana, caso contrário não me interesso.

— Escolada você, hein? Com quem aprendeu tudo isso? — ironizou Eulália.

— Muito com a Madrinha, bastante com a própria vida.

— Mas você ainda é jovem para ter percebido tudo isso, tem certeza de que consegue evitar que se apaixone por ele? Embora seja mais velho, é muito bonito e sexy.

— De que adiantaria? É um excelente amante, porém, terminou o ato, se arruma e vai embora, ainda olha no relógio para ver se está atrasado... Sai rapidamente, preocupado se há algum vestígio de batom e perfume meu em sua roupa. Dá um sorrisinho de conquistador nato, me beija de mansinho e diz que sou maravilhosa. Certa vez, caiu do bolso a carteira e escapou a foto da mulher dele, eu corri pegar e fiquei olhando para a foto dela. Ele se irritou, puxou a foto de minha mão e avisou-me que não me aproximasse dela, senão me arrependeria. Fiquei magoada e confusa, questionando-me a razão pela qual ele fora tão radical e grosseiro comigo. Chorei a noite toda, sentindo-me uma qualquer, um objeto sexual... Então pensei estar apaixonada por ele, caso contrário não me sentiria assim. Irada, tentei me distanciar, ele percebeu e veio falar comigo. Contei como eu havia me sentido com a atitude dele, mesmo se desculpando, se esquivou, tentou mudar de assunto, eu insisti dizendo que eu o faria feliz de verdade, já que ele se sentia muito atraído por mim e me elogiava muito por ser bonita e sensual. Ele concordou, mas acabou confessando que amava a esposa e que nós, mulheres, não sabíamos entender os homens, disse que me considerava, entretanto, que eu não tivesse esperança de algo mais com ele. Estava bem casado e preservava o bem-estar da mulher e dos filhos, que não passava por sua cabeça, imaginar que sua esposa pudesse descobrir a existência de uma amante.

Discuti, dizendo que ele não a amava de verdade, porque precisava de mim para satisfazê-lo, ele passou a mão pela minha cabeça e continuou dizendo que aquilo era coisa de homem, que nada tinha a ver com amor.

A partir de então, comecei a provocá-lo. Às escondidas dava bola para outros médicos, e quando ele estava perto, dava um jeito de virem falar comigo, só para que visse que eu estava sendo cobiçada por outros. Quis provocar ciúmes, deixá-lo louco! Mas ele não caiu. Eu, mais irritada ainda, marquei um encontro, dizendo que outros homens me queriam. Como resposta, sugeriu-me que escolhesse o melhor para mim, então, para não perder a parada, dei um sorrisinho e continuei saindo com ele, tentando seduzi-lo mais e mais. O tempo passou e eu me cansei. Daí por diante, amadureci e resolvi mudar de atitude com ele, me mostrei mais séria e preocupada com a profissão, pedi ajuda para que fosse promovida porque estava gostando muito do que fazia. Ele concordou e me atendeu. Hoje em dia, saio algumas vezes com ele, já não me sinto tão atraída, a não ser pelo dinheiro dele. Depois descobri que não era a única amante, o que me fez desacreditar em todos os homens.

Mileide fez uma pausa e baixou a cabeça, expressando desapontamento.

— Mas se ele tem outras mulheres, você não o seduziu como pensava, e nem ele é um velho presunçoso, apenas gosta de mudar de tempero. Não acha?

— Acho, por isso não ligo mais para esta história de que sou "a poderosa", digamos que sou mais uma que pode aproveitar de oportunidades. Agora, quando encontro algum homem mais fraco, "deito e rolo", porque esses podem ser manipulados facilmente. Foi por isso que disse que homem velho pensa que está abafando.

— Não entendi, o que quer me dizer? — perguntou Eulália.

— É que para me vingar ainda mais, um dia, numa reunião aqui no hospital, conheci o pai dele e aí o velho se engraçou comigo e também saí com ele.

— Minha nossa! Você é fogo na roupa! Coitado do velho! Deve estar mesmo se sentindo um herói.

— Muito mais do que isso, geme o tempo todo com minhas carícias, enquanto eu, solto a língua nos ouvidos dele, pedindo roupas novas.

— Será que você, um dia, trabalhou num prostíbulo? — perguntou Eulália, erguendo as sobrancelhas.

— Não disse que são todos uns tolos? — retrucou Mileide.

Eulália pensou um pouco antes de responder:

— Acho melhor você não julgar, porque eles só dão o que querem, não acha?

— Realmente é uma troca, mas que somos mais espertas para fingir e mentir, isso ninguém pode negar! São tolos, porque se quisermos envolvê-los manipulando, com certeza escorregam como sabão. A grande arte é conhecer a "presa" e trabalhar no ponto fraco de cada uma. Se acaso o cliente precisar se sentir "o gostosão", mais sedução nele. Se quiserem desabafar, fazemos uma boa massagem pelo corpo e demonstramos sermos boas ouvintes. Daí por diante, vamos conquistando a confiança deles e levamos vantagens. Foi o que aprendi com a Madrinha! Estou errada? — debochou Mileide.

— Não, não está! Porém, às vezes, acho que todas nós escolhemos esta vida por não acreditarmos que alguém possa nos amar de verdade, ou até mesmo, por não podermos viver uma vida digna e sermos prósperas em razão de nossas próprias conquistas.

— Ora Madrinha! Isso não existe! A senhora não vai agora vacilar, vai? Por acaso existe amor? Existe abertura para que nós, mulheres, alcancemos emancipação financeira com o nosso trabalho? Eles cederiam o palco para nós? A Madrinha só conseguiu tudo isso com ajuda de quem? Não foi dos políticos que a ajudaram a formar clientela e não cobraram impostos? Somos nós que estamos erradas? Todos se corrompem descaradamente e nós é que somos as pervertidas?

— Concordo, mas estamos caminhando para uma grande transformação mundial, com mais acesso e facilidades em comparação aos tempos antigos. Estamos na década de 1970 e logo mais haverá um grande avanço, percebe como as coisas estão mudando rapidamente? O tempo parece mais curto e passa tudo muito rápido, precisamos acompanhar a evolução que está por vir.

— Sério Madrinha? Por acaso isso vai mudar? Irá apenas ser feito de outras formas, mas ainda assim duvido de que o mais fácil não seja exatamente como é feito hoje. Os poderosos prosseguirão mandando e a corrupção continuará ainda mais forte. Então não podemos acreditar que com as mudanças teremos um mundo melhor. Eu não acredito! Tudo aqui funciona por "baixo dos panos". Será sempre assim. É a lei do mais forte, da selva, do mais esperto, daqueles que saem na frente. Eu não quero me submeter a qualquer tipo de espera, vou em frente e, salve-se quem puder — concluiu Mileide.

— É mesmo! Só que olhando o seu comportamento que não é diferente do meu, chego a pensar que estamos todos numa roda de vaidade interminável, somos impulsionados a tal comportamento, por estímulo do orgulho, e perdemos o gosto pelas coisas. Tudo vira competição: quem será o melhor, o mais rico e o mais, mais ...? Por isso, tenho visto se perderem as pessoas que amei de verdade, por causa do dinheiro, da cobiça — a troco de quê? De viverem na luxúria, na fama, e perderem o contato com coisas verdadeiras e tão necessárias? Quanto vazio existe dentro desses corpos que não param para se sentirem... Procuram se preencher com mais tarefas e essas os levam a mais compromissos, tornam-se robôs em prol do sucesso, ansiando apenas a ganância e o falso bem-estar.

Tudo isto é tão bom: os meios que nos levam à ascensão, o

dinheiro que nos possibilita várias coisas... Porém quanto desperdício, quanta disputa — para quê? Entendo que tudo isso faça parte do crescimento geral, mas quanta escravidão! Veja só esses meninos, tão novos e já perdidos no mundo do crime! Lopes nunca se permitiu mudar e o que restou da vida que leva? Isso que aconteceu hoje? Em um minuto poderá morrer de tanto se drogar e o dinheiro ficará aqui. Ele nunca se permitiu ser feliz por ser traficante, nunca quis se casar para não expor sua família a risco. Que escolha é essa? Não percebe o mal que fez a si mesmo e que vem fazendo a outros, adotando garotos e tornando-os marginais iguais a ele? Não estou julgando, mas percebi que você, que foi criada por mim, não teve destino tão diferente. No que se tornou? Onde está você? Onde estou? Onde estamos indo? — desabafou Eulália.

— Ah! Madrinha! A senhora deve estar estafada! Não irá mudar o mundo! Tem que aprender a viver no mundo, com as coisas boas e ruins, tudo é escolha, não acha? Por enquanto isso me faz feliz, quando me sentir vazia, farei algo para mudar. Está dramatizando porque se assustou com a cena que viu na casa do senhor Lopes. É escolha dele, a vida que leva! Ele mudará somente quando achar que deve, quando sentir que o que está fazendo não está dando mais resultado. Quanto aos garotos, possuem afinidades, caso contrário não aceitariam o tipo de trabalho que realizam. Eu me identifico com o seu tipo de trabalho, nunca mais passei fome desde quando a Madrinha me adotou. Tive tudo do bom e do melhor, toda assistência de melhor qualidade. Acaso acredita que não fez um bom trabalho comigo e com as outras? Tratou-nos como suas próprias filhas e ainda ganhamos dinheiro. O que poderíamos querer mais? Veja as minhas irmãs, estão casadas, cheias de filhos, mas todos passam fome... Eu não quero uma vida de dificuldade! Nunca mais quero sentir fome antes de dormir e muito menos ver meus pais chorarem por isso. Alguém foi lá no sertão nos ajudar? Levaram comidas, remédios e nos deram boas condições de vida? No máximo, restos de comida e roupas remendadas... Meu pai trabalhava na lavoura e nós não tínhamos o que comer e nem vestir, dormíamos muitas vezes cobertos por palhas ou caixas de papelão abertas, que pegávamos no único bar que havia no vilarejo. Hoje meu pai vive em melhores condições graças a minha ajuda, todas as gorjetas que recebi, quando morava com a Madrinha, fizeram com que meus pais pudessem melhorar de vida. Não arredo o pé! Quem tem dinheiro me dará! Eu trabalho e somo o ordenado aos “extras” que faço com esses homens cheios da grana e carentes de sexo. É uma troca! Não abro mão disso por nada deste mundo! E tem mais, prostituição não é só isso, afinal, quantos se vendem para manter as aparências? Há gente que oferece dinheiro para poder entrar no mercado competitivo, isso é certo? O mundo é assim e todos comentem seus erros, porém, ninguém assume isso, mas apontar os erros dos outros é fácil.

— Talvez ninguém queira assumir tal realidade, todos nós vivemos disfarçando os meios que escolhemos para sobrevivermos nesta selva — enfatizou Eulália.

— Esta moral é falsa! Tudo aqui é imoral! — acrescentou Mileide.

— Ah! Minha filha! É bom nem pensarmos mais nisso, tenho vontade de sumir e me esconder onde não há conhecidos e viver isolada para sempre até morrer...

— Madrinha, a senhora está exausta, não pense mais nisso! Relaxe um pouco, vou ver como andam as coisas lá no pronto-socorro, fique aqui na sala de enfermagem e me aguarde, vou falar com o médico e saber como eles estão.

— Está certo, será que as moças receberão alta hoje?

— Irei verificar isso também, o médico certamente virá aqui conversar com a Madrinha. Agora relaxe um pouco, vou pedir um lanche e mando entregar aqui para a senhora comer, deve estar com fome e precisa se alimentar.

— Obrigada Mileide, considero você ainda como uma de minhas filhas mais queridas! Desculpe-me se o meu desabafo criou algum desconforto, ouvir lamúrias não é nada agradável.

— Eu lhe disse que poderá contar comigo no que estiver precisando, desabafar faz bem, e eu estarei sempre pronta para ouvi-la. Espero que a Madrinha fique mais animada e não se deixe impressionar com o que viu hoje, saberemos a verdade custe o que custar! Vou dar um jeito de acelerar os atendimentos de hoje e pedir para sair mais cedo. Quero estar ao lado da Madrinha, assim poderemos continuar a conversa. Estou mesmo com saudade da "mansão", afinal lá sempre será minha verdadeira casa, meu lar, minha segunda família.

Mileide debruçou-se sobre Eulália, beijando-a com muito carinho, passou várias vezes as mãos nos cabelos dela, tentando ajeitá-los. Depois pediu para outra enfermeira ficar em seu lugar e saiu às pressas em direção ao pronto-socorro.

Eulália observou-a até se distanciar, ao mesmo tempo que a admirava, questionava se aquela postura tão realista que demonstrara não passava de defesa típica de frustrações acumuladas, a lhe tirar o gosto pelos sonhos naturais da juventude. Embora reconhecesse que o trabalho que fizera por muitos anos lhe propiciara certo amadurecimento precoce, diante das ilusões da vida, considerou que a moça não tinha mais esperança de ser feliz e isso a preocupou. Parecia muito endurecida, por isso, temia que Mileide tivesse o imenso vazio que ela mesma conservava, desde a triste decisão de Lopes de escolher o tráfico de drogas como caminho de enriquecimento, em detrimento do o amor tinham um pelo outro. Por anos, fingira estar bem, mas a verdade é que nunca se conformou com o tipo de escolha dele e, para ela, a vida perdera o sabor e o brilho. Assim foi vivendo, transferindo a afetividade reprimida para aquelas moças, considerando-as como filhas adotivas.

Por outro lado, notou que havia ainda uma esperança, quando sentiu o aperto da mão de Lopes em seu braço. Embora indignada e revoltada com a situação, gostaria que ele se redimisse a partir de então. Quem sabe o susto trar-lhe-ia uma nova forma de viver e o fizesse abandonar tudo e mudar de vida. Ele também se esquivara de amar outras mulheres, nunca sentira que alguém tivesse tocado seu coração. Constantemente fazia contato com ela, todas as semanas encontrava um jeito de conversarem, mesmo que fosse somente por telefone. Nunca conseguiu ficar longe dela, isso fez com que ela suportasse a distância e conseguisse seguir com seu trabalho na "mansão". Jamais esquecera de mandar flores no dia de seu aniversário. Eulália sentiu um aperto no peito, tentou conter as lágrimas, mas não conseguiu, deixou-se envolver pelas lembranças remotas, enquanto aguardava o retorno de Mileide.

Pouco mais de meia hora, quando já havia decidido não esperar mais, o médico entrou na sala a sua procura e fez sinal para acompanhá-lo. Eulália levantou-se apressadamente, ajeitou a blusa, passou as mãos pelos cabelos, sentiu o coração pulsar, quis perguntar-lhe sobre Lopes, porém, percebeu que ele tentava afastá-la do local apressadamente. Por fim, abriu a porta de uma sala, espiou para ver se havia alguém, puxou-a pelo braço e entrou.

— Eulália, você deve sair daqui imediatamente, vou levá-la a uma saída lateral, por onde somente os médicos transitam, com isso, poderá se esquivar se estivermos sendo vigiados. As meninas estão reagindo bem. Lopes e os meninos ficarão sob observação, talvez possam ser liberados daqui a alguns dias, se reagirem bem ao tratamento, caso contrário, ficarão até estarem em condições de saírem.

— Mas o que aconteceu, doutor? O que houve com as meninas? Foram violentadas?

— Houve certas aberrações sexuais, apenas uma delas conseguiu se lembrar e nos disse que os homens estavam tão bêbados e drogados, que não houve limites para o prazer, usaram de sadomasoquismo e fizeram uso de objetos, como garrafas e outros, a fim de aumentar a excitação entre os parceiros. Elas por sua vez, nada puderam fazer, pois estavam em semelhante estado alucinógeno, aliás, nada sentiram enquanto estavam sendo abusadas sexualmente.

— Desgraçados! Malditos! Lopes nunca permitira uma coisa dessas, como pôde permitir-se a isso? Nojentos, imundos! Eles me pagam! Como elas estão? Muito machucadas?

— Algumas sim. Poderão sair hoje, mas deverão ficar em repouso absoluto, por vários dias, seguindo corretamente as orientações médicas. Logo estarão em forma. Entretanto, estão muito abaladas, creio que precisarão muito de sua ajuda, já que ninguém poderá auxiliá-las a respeito.

— Nem pensar em recorrermos a uma ajuda psicológica, estaríamos todos fritos, a não ser que você conheça alguém que possa assisti-las, sem nada dizer...

— Não tenho esta possibilidade, mesmo porque já existem muitas pessoas envolvidas e eu não faria isso com um colega de trabalho, para mim já é muito difícil suportar tal situação. Sou vigiado noite e dia, por isso, não poderia colocar alguém neste suplício — revidou o médico, com certa revolta.

— Farei de tudo para que não abandonem a profissão e, principalmente, que possam esquecer episódio tão doloroso. As meninas confiam em mim e sabem que eu jamais as colocaria numa situação vergonhosa como esta, considero-as como filhas e muitas me aceitam como segunda mãe. O que me resta a não ser abraçá-las e jurar vingança contra aqueles imundos?

— Já é uma boa coisa, irão precisar de seu apoio.

— E aqueles cafajestes como estão? — perguntou.

— Estão machucados, de certo, alguma garrafa pontuda quebrou e o estrago foi grande.

Eulália silenciou por alguns minutos, lembrou-se de que na casa de Lopes não havia visto garrafas quebradas, apenas marcas de muito sangue. Depois sacudiu os ombros, dizendo em voz alta:

— Claro que não deixaram vestígios, por certos ficaram apavorados quando viram as meninas ensanguentadas, alguém escondeu as garrafas e outras coisas... Só pode ter sido isso!

— Bem, não importa o que fizeram para não serem acusados, o fato é que não se pode esconder do corpo delas as marcas de violência que sofreram — redarguiu o médico.

— Eles não perdem por esperar! Tomara que saiam muito bem daqui, porque sofrerão as mesmas coisas que as fizeram sofrer. Eu juro! — tornou Eulália.

— Você deve ir embora agora Eulália, volte para casa e aguarde a chegada das moças. Procurarei alguém para levá-las sem serem vistas, pode ficar sossegada, cuidarei de tudo, fique tranquila.

— Obrigada amigo, sei que sempre posso contar com você, não costumo esquecer os favores recebidos, sabe que se precisar de alguma coisa, pode me procurar, estarei sempre pronta para ajudá-lo no que for possível.

— O duro é escaparmos dessa gangue diabólica e poderosa! Estamos vinculados a eles pela eternidade... O jeito é eu fazer um pé-de-meia e mudar de país, mesmo assim, ainda corro o risco de ser apagado antes de viajar.

— Um dia você escapará deles, acho que deve mesmo se preparar para sumir daqui se quiser viver em paz. Você está certo, mas por ora, conhecendo-os como os conheço, você não tem muita chance de escapar, porque eles contam com você para auxiliá-los em qualquer eventualidade, como nesta, por exemplo. De certa forma eu que o indiquei, mas quero que saiba que não tive outra alternativa, você entende isso?

— Não se culpe, eu aceitei e agora não tenho como me arrepender, mesmo porque ganho dinheiro com isso e consegui me estabilizar financeiramente. Escolhas são escolhas... Não tenho como voltar atrás, agora é tarde.

— Eles ajudam todos que colaboram com eles, o dinheiro compra tudo: amizade, dignidade, caráter... — disse Eulália com certa tristeza.

— Esta é a lei para alguns neste mundo, porém não compra a paz de espírito e nem pode comprar a vida e nem a morte. Mas como escapar de tal realidade, se a cada dia descubro que isso move tudo no mundo? Todos condenam a corrupção, mas aceitam quando é vantajoso para si mesmos, dizendo que "todos fazem isso", ou que "o mundo é assim". Basta soltar uma grana para que a coisa fique facilitada, não estou certo Eulália?

Ela o fitou seriamente, por alguns segundos, e depois respondeu com firmeza:

— Está, você está completamente certo!

— Ninguém poderá mudar isso, ou seja, quem trabalha honestamente nunca ficará rico, já diziam meus avós!

— É verdade, todos aceitam as pequenas corrupções, depois quando isso traz um efeito exagerado para a sociedade, reclamam por perderem o controle da situação.

— Concordo, muitos aderem a esta postura, mas não podemos generalizar, porque eu também conheço pessoas que conseguem atingir seus objetivos, sem precisarem se corromper.

Apesar da caminhada ser mais lenta, chegam a usufruir de boa vida, principalmente livres de "ganchos", como estes em que estamos ligados!

— Quer saber? Isso para mim é um jogo e quem for melhor na partida, levará a vantagem de vencedor e nunca perderá o posto se for esperto. Também não deixará as víboras disfarçadas comandarem seu destino, isso há de acabar! Pessoas assim não são felizes, percebeu? Usam e abusam, mas não são livres e nem realizados, trocaram tudo por ganância, guerra de poder, vaidade... A troco de se sentirem "os falsos poderosos", mas estão vazios, pois anularam o respeito por si e pelos outros, perderam os sentimentos, viraram robôs que se prestam às aparências, sofrendo muito. Tenho certeza disso, é um querer tão desenfreado que nem eles sabem o porquê de querem tanto. O dinheiro virou uma obsessão e não uma condição para resultado do empenho empreendido, pessoas assim são doentes, vivem num mundo de ilusão momentânea, perderam o rumo de si mesmas, são fúteis, no entanto, pensam serem admiradas e invejadas. Coitadas! Sentem-se solitárias e aflitas com tanta banalidade em que estão envolvidas.

Eulália parou de falar repentinamente, quando ouviu gritos vindos do corredor, imediatamente o médico se despediu e correu para ver o que se passava. Ela esperou alguns minutos para sair, mas ainda pôde ver o martírio de um acidentado que perdeu as duas pernas e entrou em estado grave no hospital. Os gritos vinham de sua esposa que, inconformada, estava em estado de choque.

Condoída pela situação, considerou que se passasse um dia inteiro naquele ambiente, talvez não ousasse reclamar de mais nada da vida, e sim, agradeceria por estar em boas condições de saúde física, apesar da preocupação com as diferenças sociais que a afetava naquele momento. Conturbada, começou a refletir sobre tudo o que ainda não havia visto na vida, por certo haveria inúmeras situações desesperadoras vividas por muitas pessoas, das quais nunca tivera conhecimento. Depois se questionou:

"Por que uns com tanta sorte e outros com tantos problemas graves? Onde estará o ponto de equilíbrio na humanidade? Que vida mais esquisita, só nos preocupamos em ganhar dinheiro, viver ricamente, ter saúde, um grande amor e depois morrer e largar tudo, ficando lá embaixo na cova, apodrecendo... Quem consegue tudo isso não sofre? É verdadeiramente feliz? Aqueles que não conseguem e vivem na pobreza justificam que essa é a razão de tanto desencanto. Que vida limitada é esta? É só para isso que vivemos? Lopes envolvera-se com traficantes de drogas para subir na vida, abdicando de muitas outras coisas, mas para quê? Ter dinheiro, ser poderoso, ganhar, ganhar... Só isso que o faz feliz? Ter prazer sexual e dinheiro, só isso? Será que valeu a pena? Eu, por outro lado, fiz a mesma coisa para sobreviver com dignidade, mas sou feliz? Não, não sou. Sinto um vazio imenso, passo horas tentando entender por que minha vida foi assim, vivi esperando e ainda espero que ele volte e me faça feliz. Estou tão perdida em ilusões quanto ele, sou infeliz, esta é a verdade!" — concluiu o pensamento, desapontada.

— Madrinha! — gritou Mileide, ao vê-la saindo pela portaria especial.

— Mileide! O médico veio falar comigo, conversamos um pouco e estou indo embora, achei melhor agradecê-la em outra ocasião, para não atrapalhar seu trabalho.

— Estou sabendo que algumas garotas terão alta hoje no final da tarde, se a Madrinha precisar de mim, é só mandar me avisar.

— Obrigada minha filha, creio que já estou mais do que satisfeita por confirmar que aqueles imundos violentaram sadicamente as meninas.

— É eu fiquei sabendo... Nunca poderia imaginar tal atitude por parte do senhor Lopes, ele respeita tanto a Madrinha... Deve ter sido o efeito daquelas drogas que chegaram do exterior. Acho que nem eles sabiam do efeito delas e se deram mal, muito mal!

— Ele não perde por esperar! Aprenderá a respeitar as mulheres, principalmente as minhas meninas... Ele vai ver! — ressaltou Eulália, mordendo os lábios.

— Acho que sairão daqui a uns dois dias, estão tão esquisitos! Elas estão machucadas, mas eles parecem que perderam a razão de vez! Falam coisas desconexas, estão mal!

— Que Deus os mantenha vivos para sentirem na pele o

que fizeram, eu não tenho dó alguma, quase vacilei mas já me levantei. Ele não presta — esta é a verdade! Estou enojada e decepcionada, ele não é mais o homem bom que conheci, o dinheiro virou a cabeça dele. Somente eu não havia me dado conta disso, iludida por um amor perdido, achei que ele fora vítima de sua própria ganância e que jamais pudera mudar de vida, em virtude de pessoas que estão por detrás disso. No entanto, reconheço que eu não quis ver a verdade, talvez ele não tenha mudado, sempre foi assim do jeito que é. Fui eu que criei a imagem de um homem de caráter, para poder continuar tendo esperança de mudá-lo. Como me enganei! Ninguém muda ninguém e uma coisa é certa: ele pode ser o que quiser, porém não pode fazer o que lhe convém, pelo menos não com as minhas meninas, isso eu não vou permitir! Ele há de pagar pelo que fez!

Mileide percebeu que daquela vez ela estava muito magoada com a atitude de Lopes, quis confortá-la, prontificando-se a ajudá-la no que fosse preciso para que conseguisse se vingar dele. Eulália sorriu, bateu nos ombros dela e alertou:

— Fique de olho naqueles garotos, sei que são preciosos para Lopes, tente investigar a verdade, depois vá me visitar e me conte o que descobriu. Sabe fazer isso muito bem, é bonita e irresistível, mas não deixe o chefão perceber, entendeu?

— Perfeitamente, pode deixar comigo! Farei tudo para descobrir se essa é realmente a verdade dos fatos, isso eu garanto! Se a Madrinha quiser, apronto com o senhor Lopes também, do meu jeito, quem sabe judiando dele aqui mesmo no hospital... — disse com certo sadismo.

— Não, aqui não. Poderá se comprometer, deixe-o para mim. Fique de olhos nos rapazes e, bico calado, certo?

— Certo. Levarei notícias em breve. Quero que a Madrinha se cuide e fique bem.

— Obrigada querida, conto com você!

Eulália abraçou a moça ao se despedir. Na saída, procurou ser discreta e cuidadosa, observou se estava sendo seguida, atravessou a rua, parou num bar próximo do local, pediu café e um pedaço de bolo. Só decidiu ir embora quando se certificou de não haver nenhum suspeito que pudesse tê-la notado.

8

Na casa de Lopes, Vadico juntamente com os amigos começaram a vasculhar tudo, a fim de encontrar alguma pista que pudesse esclarecer os fatos. Imediatamente começaram a lavar as paredes dos quartos e corredores, as manchas de sangue, aos poucos, desapareciam misturadas com água e sabão. Sacos cheios de lixo foram retirados para fora. Dedicado e fiel, queria deixar tudo em ordem à espera de seu patrão e dos demais.

Na sala de visita, o quadro era tenebroso: as paredes tingidas de sangue apresentavam várias palavras obscenas, escritas em todos os lados, além de figuras simbolizando caretas assustadoras. Vadico e Romeu entreolharam-se espantados e confusos, não compreendendo a razão que levou o patrão e os garotos a tamanho desequilíbrio e de forma tão descontrolada. Desconfiaram que pessoas de fora haviam participado da noitada e que. por certo, aquela atitude havia partido de tais desconhecidos.

Romeu, intrigado, lançou a questão:

— Vadico, não entendo o que poderia ter acontecido por aqui, visto que o senhor Lopes e os demais não apresentaram cortes pelo corpo, a não ser Adalberto que se estatelou no aparador à nossa frente. Donde saiu esta quantidade de sangue espalhada por todos os lados? Será que machucaram as "mucambas"? Só pode ter sido isso.

— Não sei Romeu, isso me parece coisa de fora, talvez o patrão convidou alguns de seus amigos traficantes para participarem do bacanal e não ficamos sabendo. Não encontramos nada que pudesse esclarecer os fatos. Tudo indica que as moças foram machucadas violentamente, eis a razão de dona Eulália vir aqui tão enfurecida. Só pode ter sido isso! Não vejo outra alternativa, estavam bêbados e drogados e não sabiam o que estavam fazendo, viu como eles estavam? Todos grogues, fora de si, imagine como deve ter sido a noitada.

— Concordo com você! Exageraram muito, caso o patrão não tenha participado disso, a coisa vai ficar feia para o lado de quem agiu de forma tão animalesca.

— Duvido muito que o patrão tenha concordado com isso, possivelmente se embriagou e não viu nada, ele jamais ousaria ferir uma mulher, quanto a isso ponho minhas mãos no fogo. Conheço o patrão há muitos anos e sei que jamais admitiria uma barbaridade dessa — ressaltou Vadico.

De repente, Romeu, que ouvia atentamente as considerações do amigo, arregalou os olhos e apontou para um dos lados da parede, perto da porta de entrada, dizendo:

— Olha o que está escrito ali!

Na parede, havia a mensagem: "Estamos de volta ao nosso reinado". E logo abaixo: "Esta casa nos pertence".

— Viu isso Vadico? Acho que você acertou na mosca! A casa foi invadida por algum rival do patrão e eles deitaram e rolaram, fazendo tais aberrações.

— Coisa mais estranha! Quem pode ter sido? De certo foram surpreendidos e, como estavam drogados, não tiveram como defender as moças — concluiu Vadico, indignado.

— E agora, o que faremos? Limparemos isto ou deixaremos para que o patrão veja?

— Acho melhor não limparmos, caso ele não se lembre de nada, teremos estas pistas para apontar.

Em seguida os dois continuaram a retirar os lixos e a observar se havia outra coisa que somasse às mensagens gravadas na parede. Depois de algum tempo, concluíram que nada mais havia além da evidência exposta.

Vadico não se contentou, sugeriu a Romeu verificar a área externa da casa, poderiam encontrar outras pistas, quem sabe algo que comprovasse a presença de estranhos, naquela noite, dentro da casa.

Romeu vasculhou tudo, encontrou somente algumas peças

de roupas e acessórios femininos, provavelmente pertencentes às moças que haviam estado lá. Sem mais evidências de que se tratasse de algum bando de traficantes desconhecido por eles, cessaram as buscas.

Depois de tudo arrumado, Vadico ficou de sentinela andando de um lado a outro pela sacada da casa. Portava uma espingarda armada e, atento, reagia em posição de defesa, ao simples som dos galhos das árvores, que se batiam em virtude do vento frio que apontava baixa temperatura naquele final de tarde.

Romeu instalou-se no portão de entrada, acompanhado de mais dois vigias, pensavam que os intrusos pudessem voltar e se apossar da casa, já que a mensagem escrita deixava isso bem claro.

Já estava anoitecendo, quando Romeu avistou um carro desconhecido se aproximando do local, imediatamente avisou aos demais para que se preparassem para um possível confronto, caso percebessem algum perigo.

Bem próximo, puderam perceber que alguns investigadores da polícia estavam dentro do veículo. Romeu reconheceu de pronto um deles, tentou dissimular seu nervosismo, acenando e expressando lentamente com a cabeça, cordial cumprimento.

O carro parou e os dois homens desceram, estavam com os paletós abertos e uma das mãos quase encostando no cinturão que abrigava armas de fogo. Sem muita cordialidade, perguntaram:

— Está tudo bem por aqui? Cadê o Lopes?

— Está tudo sob controle — respondeu Romeu sisudamente.

O investigador repetiu:

— Cadê o Lopes?

Romeu tentou dissimular, respondendo sem demonstrar medo:

— Não sei não! Quando eu cheguei, já havia saído, deve estar voltando, não quer esperar?

— Há alguém dentro da casa que saiba onde ele está?

Romeu estremeceu, haveria de impedir que entrassem dentro da casa. "As marcas de sangue com as mensagens haviam ficado expostas, a polícia precisaria ficar fora daquilo" — pensou rapidamente, respondendo:

— Só o Vadico, mas foi ele mesmo quem me disse que o patrão não estava. Querem que eu vá chamá-lo?

— Não precisa, nós faremos isso, abra os portões, vamos entrar.

Romeu gelou, porém seguiu rapidamente a ordem, sabia que Vadico não os deixaria entrar na casa e tentaria tapeá-los de alguma forma. Deu sinal a outro sentinela para que abrisse os portões. Da entrada da chácara até a casa, havia um bom pedaço para eles andarem. Atento, percebeu que um de seus homens estava escondido entre as folhagens no meio do caminho, e que ele não havia dado sinal, o que simbolizava que já tinha corrido para avisar Vadico e os demais.

Os homens entraram acompanhados de mais seguranças armados, seguiram até a casa, olhando por todos os lados.

Vadico estava sentado na cadeira de balanço, na varanda, com o cigarro no canto da boca, fingia estar lendo um jornal quando eles chegaram.

— Cadê o Lopes? — perguntou um deles.

Vadico tirou o jornal da frente do rosto e respondeu:

— Não está, saiu pela manhã e ainda não voltou. Deve demorar, foi visitar um parente que está doente lá na capital.

— Tem alguém na casa? — continuou a inquirir o investigador, enquanto erguia o pescoço tentando vasculhar o local.

— Não há ninguém lá dentro. Tá tudo trancado, é costume do patrão quando sai daqui.

— Ah! Vamos dar uma olhada ao redor, tá certo?

— Fiquem à vontade — respondeu Vadico com certa indiferença.

Um dos investigadores acompanhado do segurança deu a volta pela casa, a fim de se certificar se havia alguém por lá.

A casa estava com as luzes apagadas e as portas fechadas, não havia barulho ou algo que contradissesse a informação recebida de Vadico. Voltaram e fizeram sinal para o outro que ficara na varanda.

— Está bem, diga ao Lopes que voltaremos aqui, precisamos conversar com ele — salientou o investigador, desconfiado.

— O recado será dado. Quais os nomes de vocês?

— Diga que o Botão esteve aqui procurando por ele.

— Sim senhor, assim que ele chegar receberá o aviso.

— Está tudo tão quieto por aqui... — observou o outro investigador.

Vadico manteve-se indiferente e nada respondeu.

— Vamos embora! — sugeriu Botão. Amanhã retornaremos.

Vadico suspirou, após certificar-se de que o carro havia saído da área. Tirou um lenço do bolso e passou pela testa. Sentia-se aliviado por ter conseguido enganá-los, em seguida concluiu em voz alta:

— Fomos rápidos e precisos! Ainda bem que treinei bem o meu pessoal. Ufa, escapamos por pouco.

No entanto, ele sabia que havia ganhado tempo até que o seu patrão retornasse, haveria de se preparar ainda mais, caso ele ficasse internado por alguns dias. Diria aos investigadores que um parente dele havia morrido e por isso ele ficou a semana toda na capital. Não ousariam entrar na casa sem a presença dele, manteria as luzes apagadas e as portas fechadas, bem como, todo um esquema com os vigias para avisá-lo se algum suspeito aparecesse.

Embora estivesse preparado para tudo o que pudesse ocorrer por lá, preocupou-se com a demora de Lopes e dos outros, já era tarde e nada deles retornarem, pensou em ir ao hospital saber notícias, depois achou melhor não sair dali, mesmo porque não queria levantar suspeitas. Provavelmente Eulália havia burlado a entrada deles por lá, seria imprudente arriscar-se na recepção. Esperaria por mais algumas horas, depois mandaria um de seus empregados ir à “Mansão dos Prazeres”, para saber algo sobre as moças e seu patrão, por intermédio de Eulália.

Mesmo que ela impedisse a entrada dele no local, não se negaria a dar a informação que precisava. Conhecia-a muito bem, sabia que tinha um bom coração e que gostava muito de seu patrão.

Vadico agiu rápido também em relação à sua mãe que estava acamada. Pedira para o filho de um de seus empregados ir até sua casa e avisar a irmã que ele não poderia se ausentar do trabalho, caso ela precisasse de algo mais urgente, chamasse uma ambulância para socorrê-la.

Assim ele pôde se tranquilizar e ficar atento ao retorno de Lopes e dos demais. Acendeu a luz da varanda, pegou um cobertor e se enrolou na cadeira de balanço. Minutos depois se deixou embalar por um cochilo reparador.

A noite foi chegando e a temperatura caía bruscamente, o frio aumentava. Os vigias do portão de entrada acenderam uma fogueira para aguentar a madrugada fria.

Vadico dormia sono profundo e não acordou a tempo de mandar um empregado à "Mansão", como havia pensado.

Tudo transcorria no mais perfeito silêncio noturno, Vadico conseguiu desprender-se do corpo físico parcialmente. Viu-se andando ao redor do sítio, ouviu barulho dentro da casa, correu para ver o que era, procurou as chaves para destravar as portas, colocou a mão na maçaneta, a porta abriu facilmente antes de enfiar a chave na fechadura. Entrou desconfiado, procurou por todos os lados, a casa estava vazia, tudo estava no seu devido lugar. Sentou-se no sofá e ali permaneceu por alguns minutos. Fixou os olhos nas paredes marcadas com sangue, de repente foi surpreendido pelo som de fortes gargalhadas que vinham de um dos quartos. Levantou-se ligeiramente e foi ver quem estava lá, abriu a porta rapidamente, não encontrou nada, tudo parecia estar perfeitamente em ordem. Cambaleando, voltou ao corpo físico estendido na cadeira de balanço, deu um pulo e despertou assustado, devido ao impacto brusco da retomada dos sentidos físicos.

— Que sonho! Devo ter me impressionado com a cena desta casa ensaguentada.

Olhou no relógio, já passava das 3h30 da madrugada. Coçou a cabeça inconformado, quando percebeu que havia dormido muito, por conta disso, não mandou o empregado à mansão para saber notícias de Lopes.

Acendeu um cigarro enquanto se dirigia ao banheiro da lavanderia. Passou pelo corredor e espiou pela janela dentro da casa. Tudo estava tranquilo e em ordem. Balançou a cabeça, confirmando para si mesmo que estava por demais impressionado.

Dentro do banheiro, foi surpreendido por um barulho de garrafas sendo atiradas ao chão, parecia que vinha da cozinha da casa. Assustou-se, pensou que alguém estivesse lá dentro, pois o barulho foi intenso — quanto a isso não houve dúvidas. Questionou a possibilidade do retorno de Lopes, precisava certificar-se. Saiu rapidamente e foi ver quem era. Tirou a arma do cinturão e, sorrateiramente, foi contornando a casa pelo lado de fora, a fim de saber quem estava lá dentro. Não havia luzes acesas, desconfiado, pensou ser um dos empregados à procura de bebida para conter o frio. Talvez o barulho tivesse vindo do lado de fora e não de dentro da casa, já que tudo parecia estar tranquilo. Concluiu.

Como não viu ninguém, dirigiu-se ao portão onde estavam os outros vigias. Romeu assustou-se e deu um pulo ao vê-lo, perguntou em seguida:

— O que foi Vadico? Que cara de assustado é esta? Viu alguém estranho escondido nas folhagens?

— Psiu! Venha, vamos entrar na casa, ouvi um barulho de garrafas sendo atiradas ao longe, quando estava no banheiro do lado de fora. Aparentemente está tudo quieto, porém, vamos entrar na casa, para ver se há alguém lá dentro.

— Barulho? Por aqui não passou ninguém, estamos sem sono e bem alerta. Você dormiu não foi? De certo estava meio tonto de sono e imaginou coisas... No entanto, vamos ver se há alguém escondido lá dentro.

Romeu chamou mais dois vigias para acompanhá-los, seguiram preparados para surpreender quem quer que fosse.

Vadico tirou o molho de chaves do bolso, colocou a mão na maçaneta e a porta se abriu sem que a destravasse com a chave. Entreolharam-se assustados, não havia mais dúvidas, alguém estava lá dentro. Pensaram.

Romeu ergueu o braço em direção ao interruptor instalado perto da porta e conseguiu acender as luzes. Agachados, levantaram a cabeça para espiar. Tudo parecia normal, entraram cuidadosamente, pouco a pouco foram chegando ao corredor que dava para os quartos, abriram uma a uma das portas, não havia ninguém, tudo estava tranquilo. Olharam por tudo: tanto debaixo das camas quanto dentro dos guarda-roupas, atrás das portas etc. Não havia ninguém lá dentro, tudo permanecia igual ao que deixaram, após a limpeza que fora feita.

Romeu olhou para Vadico, coçou o queixo e disse:

— Provavelmente você não travou a porta de entrada, estava tenso e preocupado. Não há nada aqui dentro, olhamos por tudo, ainda bem! Vamos voltar ao nosso posto, ainda não amanheceu e não podemos bobear. Talvez fosse melhor descansar mais um pouco, Mathias ficará aqui de vigia, caso você queira dormir. Seria bom que relaxasse, logo mais saberemos o que aconteceu.

Vadico concordou, verificou todas as portas e janelas da casa, tudo estava fechado, resolveu ficar na sala, enquanto que Mathias ficaria na varanda. Combinaram que, ao primeiro sinal de suspeita, ele mesmo apagaria as luzes e esconder-se-ia lá dentro, principalmente se os investigadores voltassem inesperadamente para surpreendê-los.

Minutos depois, recostou a cabeça no encosto do sofá, bem de frente à única parede marcada por sangue. Torceu o nariz e virou-se de lado. Para ele, aquele dia havia sido fatídico, sentiu enjôo ao relembrar da quantidade de sangue que se misturara com a água e sabão. Pensou por quanto tempo aquelas imagens permaneceriam em sua mente, ansiava esquecer tudo de imediato, embora sempre tivesse tido muita coragem para enfrentar diversas situações sem que se impressionasse. Aquela não fora assim, imaginava as moças machucadas e outras barbáries que atravessavam seus pensamentos.

Não havia se alimentado o dia inteiro devido às fortes imagens que vira, não estava com fome, porém, pensou em um bom café para que ficasse alerta e não dormisse, estava disposto a vencer o sono.

Levantou-se e foi até a cozinha, acendeu o fogo e colocou a água para ferver, enquanto esperava, relembrou do sonho que tivera depois do barulho na cozinha, sentiu arrepios. Por mais que concordasse com a conclusão de Romeu, podia jurar que não estava tonto de sono quando ouviu os barulhos. Quanto à trava da porta, até que aceitou a suposição, realmente estava tenso e preocupado, porém sempre fora muito atento. Talvez, em razão da impressão negativa, pudesse mesmo ter se impressionado a ponto de distrair-se.

Tomou um gole de café, sentiu prazer, levou uma caneca cheia para Mathias, depois voltou e sentou-se no sofá, colocou a garrafa termina, ao lado, em cima de uma mesa lateral. Ligou a televisão e procurou se distrair até que amanhecesse o dia.

Passados alguns minutos, não conseguiu vencer o cansaço, adormeceu.

Uma mulher seminua, bonita, porém com feição grotesca, abriu a porta de um dos quartos e seguiu na direção de onde Vadico estava.

Com as mãos batendo nos ombros dele, disse furiosa:

— Eu não vou embora! Quero ficar aqui, gostei da festa! Todos se foram, menos eu!

Ele, adormecido dos sentidos físicos, não havia ainda se desprendido do local, olhou assustado para a moça e perguntou:

— Quem é você? Como entrou aqui?

— Ora, como entrei aqui? Fiquei aqui desde ontem e não pretendo ir embora, consegui escapar de Ivana. Ela está impossibilitada de me vigiar e controlar! — disse soltando uma estridente gargalhada.

— Todos estão embevecidos de tanto prazer! Não conseguem se mover e ficarão gemendo por dias, depois voltarão aqui para promoverem outra festa. Eu aproveitei para escapar! Não gosto de ser vigiada e nem comandada por aquela mulher desmiolada e louca.

— Vou ficar e fazer do meu jeito! Aliás, preciso de força para isso, fiquei um pouco debilitada, mas já passou, preciso de outra dose para permanecer aqui, me ajude, faça sexo comigo!

— Quem é você? De onde veio? E quem é Ivana e os outros? Nunca ouvi falar de vocês, foram convidados pelo Lopes? — inquiriu Vadico meio atordoado.

— Na verdade, fui convidada por Ivana, não sigo aquele bando, porém, me enfiei em algumas enroscadas e precisei da ajuda dela para me safar. Daí por diante ela determina onde posso ir e eu não aguento mais isso! Ela me ajudou em troca de servi-la, tornei-me escrava de seus desejos e quero me livrar disso, você tem que me ajudar, faça sexo comigo! Somente assim ficarei mais forte e poderei fugir. Tem que ser rápido, antes de despertarem famintos e voltarem para se alimentar.

— O que está dizendo? Não estou compreendendo nada, ou diz quem são vocês ou a prenderei aqui até que revele tudo.

— Faça sexo comigo! — gritou a moça em desespero.

— Saia daqui, sua imunda! Deixe-me em paz, sua vadia! — disse levantando as mãos, tentando segurá-la. Continuou:

— Você vai me contar tudo, caso contrário vou amarrá-la e ficará presa até que confesse.

— Você não conseguirá me amarrar! Tente... Aliás, você bem que está precisando de carinho, venha, eu te dou o que necessita... — insinuou-se para ele com gestos obscenos.

Vadico sentiu nojo e repulsa, tentou correr para segurá-la, ela o empurrou violentamente, dizendo:

— Pare com isso! Você não conseguirá me atingir, olhe para o sofá veja seu corpo físico ali, você está fora dele e eu também. Risos estonteantes chegaram aos ouvidos de Vadico que, atordoado, olhou para o sofá e viu seu corpo deitado lá.

Assustado, rodopiou os olhos para si e depois para o corpo deitado no sofá, notou que a luminosidade deles era diferente. Sem compreender, passou as mãos pela cabeça, estava confuso diante do fato, fechou os olhos ao sentir forte tontura. Tentou segurar-se no braço do sofá, a cabeça girava de um lado para outro. Teve sensação de estar caindo num túnel sem fim, de súbito retomou a consciência, suando frio e com pulsação acelerada. Suspirou, passou as mãos na cabeça novamente, notou que vertia suor pelo corpo todo. Transtornado, deu um grito chamando por Mathias. O moço deu um pulo, sacou a arma do cinturão e saiu correndo para ver o que havia acontecido:

— Fale Vadico, o que houve?

Vadico, ofegante, não conseguia falar, apenas apontava a direção onde havia visto a moça seminua.

— O que foi? Não há nada ali. Quase me matou de susto com este grito!

— Ela estava ali, pelada e bêbada! Pude sentir o forte cheiro de bebida que exalava.

— Você teve um pesadelo. Está assustado. Não há ninguém ali, quer um pouco de água?

— Não precisa, já estou melhor.

— Não pensei que tivesse se impressionado tanto, deixe isso para lá, você se preocupa demais com o patrão, ele já é bem grandinho e sabe o que faz, beberam e se drogaram, depois abusaram das oferecidas e só! Vai que alguma estava menstruada? E aí fizeram a festa... Você exagerou imaginando um assassinato. Pare com isso! Eles estão se recuperando do fogo, enquanto você fantasia uma tragédia — disse colocando a arma de volta no cinturão.

— Você tem razão, não sei o que está acontecendo comigo, acho que estou exagerando, vai passar, pode voltar ao seu lugar.

— Se precisar de alguma coisa é só me chamar, o dia está nascendo, procure descansar, logo mais eles estarão de volta.

— Obrigado, Mathias! Você quer mais um pouco de café para aguentar o frio?

— Quero sim, está muito frio lá fora, um cafezinho vai bem! Depois do susto que me deu, só um bom café para reanimar.

Vadico levantou-se e serviu o moço, tomou um gole do café, acendeu um cigarro e decidiu não pensar mais em tragédias, pensou até em lavar a parede. "De certo aquilo fora alguma brincadeira dos rapazes e de nada valeria manter a parede daquele jeito, pois não comprovaria nada além do que eles mesmos haviam visto durante a festa" — analisou intimamente.

Decidiu limpar o mais rápido possível, apressadamente pegou um balde com água e sabão e começou a esfregar, poucos minutos depois tudo estava limpo novamente.

— Foi a última leva de sangue que limpo nesta casa! — desabafou para si, sentindo fortes náuseas. Em seguida, continuou irritado:

"Seja o que tiver sido, não vou mais pensar nisso. Não aceito este tipo de coisa, Lopes é o meu patrão, mas dependendo do que eu souber, vou cair matando em cima dele, isso não se faz! É um abuso! Não aceito isso e pronto! Nunca mais quero ver sangue em minha vida! Estou enojado! Vou tomar um bom banho e tentar comer alguma coisa que tire este gosto amargo de minha boca, chega de tanto pensar nisso."

Dirce, ao mesmo tempo que prestava atenção no que ele dizia, se contorcia de tanta necessidade de sexo, esfregava o corpo na parede da sala, enquanto blasfemava a recusa de Vadico. Jurou que se fosse pega pelo bando de Ivana, ele haveria de sofrer tanto quanto ela. Com olhos arregalados, bateu com a mão na parede, gritando que não iria desistir. Haveria de encontrar um jeito de seduzi-lo, armaria outra situação para envolvê-lo e acertaria o alvo. Enquanto tramava mentalmente, gemia por sentir-se enfraquecida e debilitada. Jogou-se, atrás do sofá da sala, e lá permaneceu até que pudesse se recuperar.

Com a mente atordoada e o corpo encolhido e trêmulo, imaginava a figura de Ivana na sua frente, rangia os dentes apavorada. Ao mesmo tempo, ria descontrolada, chamando-se de tola, salientando para si mesma que ela não poderia, de imediato, encontrá-la por estar sob efeito alucinógeno.

— Bandida! Você não há de me encontrar! — gritava, roendo as unhas compulsivamente. Blasfemava e amaldiçoava Vadico, dizendo em tom de deboche:

— Sujeito frouxo! Você vai me pagar! Por sua culpa sou obrigada a esperar para me fortalecer, se tivesse cedido, já estaria melhor! Ah! Isso não ficará assim! Você cairá na armadilha que irei preparar. De alguma forma irá saciar-me, você verá! — berrou irada, enquanto cuspia pedaços de unha roída.

Vadico sentia arrepios ao lembrar do suposto sonho que tivera. Tentou desviar o pensamento várias vezes, porém, a imagem da mulher tentando seduzi-lo, ainda estava bem forte em sua mente, bem como, a visão de seu corpo deitado no sofá, enquanto ele de pé permanecia ao lado dela.

"Se eu contar isso ao Mathias, vai rir de gosto! Irá fazer chacota por anos, principalmente ao lado do patrão, mas foi tão real! O meu corpo estava deitado lá no sofá, eu vi, que coisa estranha, nunca me aconteceu isso! Eles beberam e se drogaram e eu é que sofro as alucinações? Veja só, que coisa foi essa? Já pensou se eu estivesse aqui na noitada? Não iria prestar! De alguma forma eu não permitiria abusos com as moças e frearia o patrão, para que ele e os outros não bebessem tanto e muito menos se drogassem" — pensava, analisando o fato.

Tentando fugir das críticas, sacudiu a cabeça, dirigiu-se ao banheiro e começou a se barbear. Olhando seu rosto no espelho, parou, colocou as mãos na pia e fixou olhar profundo dentro de sua imagem refletida, deu um soco na parede e disse:

— Como posso ficar aqui, levando este tipo de vida? Agora é tarde para pular fora, o patrão mandaria me apagar. Não me intrometo nas coisas dele, no entanto, sinto-me limitado, sempre temendo que alguém descubra e, além do mais, fugindo da polícia como um criminoso. Agora é tarde, fui me enfiar nisso e não tenho como sair, não posso ter uma família decente e nem ser considerado um cidadão normal. Eles se perderam pelo poder do dinheiro e eu fui atrás, pensando em levar vantagem de ter uma vida melhor e dar mais conforto para minha mãe. Coitada! Se soubesse onde estou enfiado, já teria morrido de tanto desgosto...

"Porca miséria! A troco de pequenas vantagens, perdi a liberdade de viver socialmente, sou escravo dos desejos do patrão, faço tudo o que ele quer e o pior: gosto dele como se fosse meu pai!"

Depois do desabafo, continuou a se barbear, não quis mais pensar no assunto, abriu a torneira do chuveiro e banhou-se da cabeça aos pés. Sentiu alívio e ficou mais relaxado, enquanto se enxugava o estômago fazia barulho, o enjoo havia passado, sentiu fome, apressou-se e foi até a cozinha procurar algo para comer.

Espiou pela janela, o dia estava amanhecendo, suspirou mais aliviado pensando que o patrão chegaria a qualquer momento, depois arregalou os olhos, considerando a possibilidade de estar internado em estado grave. Franziu a testa e não quis preocupar-se antes do tempo, aquela noite tinha sido perturbadora demais para ele, sentia-se desgastado emocionalmente.

Abriu a geladeira e pegou alguns ovos, fritou, colocou azeite e comeu com um pedaço de pão amanhecido, precisava se alimentar para estar pronto, caso o patrão precisasse dele para alguma ajuda.

Por mais que disfarçasse a preocupação, não conseguia parar um segundo de pensar em tudo o que havia visto, mesmo saboreando o lanche e mais aliviado, apressava-se para mandar alguém à procura de Eulália para obter informação.

Mathias entrou na cozinha à procura de café e de algo para comer, perguntou a ele se estava melhor e se havia conseguido descansar o suficiente. Ele acenou com a cabeça positivamente, enquanto engolia o último pedaço de pão com ovo. Pediu para o amigo fazer mais ovos fritos, pois a fome não havia passado. Conversaram algumas coisas fora do assunto em evidência, tomaram café e acenderam uns cigarros.

Mathias quis saber o que fariam naquele dia. Ele respondeu que mantivessem a rotina da casa, como se nada tivesse acontecido, porém, mandariam alguém à procura de informações sobre o patrão e os garotos. Depois disso, levantou-se e disse que precisava se esquentar, indo deitar um pouco na cama. Reclamou de dor nas costas e foi saindo em direção ao quarto. Mathias sacudiu a cabeça e voltou ao posto na sacada da casa, enquanto aguardava o vigia da manhã chegar.

Romeu, o vigia externo, bocejava ao mesmo tempo que se encolhia de frio. Olhou no relógio, já passava das 6h30, faltava pouco para trocar o plantão entre os vigias. Esfregou as mãos, procurando esquentá-las, estava muito frio naquele começo de manhã.

A poucos metros dali, dona Gumercinda caminhava com a filha em direção à casa de Lopes. Enroladas em xales, da cabeça aos pés, aceleravam os passos, a fim de fugirem da cerração que caía.

Romeu avistou as duas, quando se aproximaram bem perto do portão de entrada, soltou um suspiro exclamando e questionando:

— Esta não! E agora, o que farei com as duas?

Não deu nem tempo de pensar no assunto, Dona Gumercinda abriu breve sorriso, dizendo:

— Bom dia Romeu! Que frio é este? Quase nos congelamos até chegarmos aqui. Você não está com frio?

— Bom dia! — respondeu meio contrariado, depois tentou brecar a entrada.

— Veio trabalhar? Não sei se poderá entrar hoje, espere um pouco, vou confirmar com o Vadico.

— Por quê? Hoje é dia de limpeza pesada, vim de longe e não vou voltar — respondeu irritada.

— Espere aqui, vou ver se poderá entrar, o senhor Lopes precisou se ausentar e não sabemos quando volta.

— Mas ele deu ordens para eu não faltar de jeito algum, mesmo sem a presença dele!

— Eu sei, Gumercinda. Mas hoje não sei, não! Espere aqui, que eu já volto.

Romeu acelerou os passos na intenção de cortar a conversa, pensou nas manchas de sangue na parede da sala. Gumercinda jamais poderia ver aquilo, tampouco a garota que trouxera para ajudá-la. Coçou a cabeça resmungando:

— Ai, ai, ai! O dia começou bem... Daqui a pouco Lopes e os outros podem chegar e aí eu quero ver esta bisbilhoteira ficar escutando atrás das portas. Não vai dar certo! Vadico! — gritou impaciente a poucos metros da entrada da porta da casa.

— Deve estar dormindo — respondeu Mathias.

— Vamos acordá-lo, a empregada chegou e eu não a deixei entrar, está com a filha e não podem ver as marcas de sangue na parede. Vai que dá a louca nelas e abrem o bico por aí afora.

— É melhor ninguém entrar aqui, até que o patrão chegue — concordou Mathias.

Vadico ouvindo o chamado, levantou-se apressadamente e abriu a porta de entrada apreensivo:

— O que foi Romeu?

— A tal da Gumercinda veio trabalhar... Acho melhor ela não entrar, vai se deparar com a parede manchada.

— Eu limpei tudo, não havia mesmo razão para manter aquilo. Terminei de limpar e tomei um bom banho para tirar o cheiro do meu nariz. Não aguento mais ver uma gota de sangue na vida! Vou deixá-la entrar, mulher limpa melhor. Além do que, ela poderá fazer uma boa comida para todos nós.

— Mas Vadico! E se o patrão chegar? Não é melhor que só nós estejamos aqui, para recebê-lo?

— O patrão saberá despistar. Caso chegue, se trancará no escritório e nos contará tudo, sem quem ela ouça uma palavra.

— Eu disse que ele precisou se ausentar e daí ele chega?

Vadico o interrompeu com certa autoridade:

— Agora é você que está se preocupando por demais, o patrão sabe o que faz. Você mesmo me disse isso. Mande-a entrar, estou com fome e vocês também precisam se alimentar.

— Com quem que ela veio?

— Com a filha. Se você autoriza, então fica por conta de sua palavra.

— Isso mesmo, vá e mande-a entrar, está tudo sob controle aqui, não há com o que nos preocuparmos, haja vista que já limpamos tudo. Agora é só "dar um cheiro" na casa, e Gumercinda sabe fazer isso muito bem, é a melhor que já tivemos. Quem sabe este odor de sangue sai das minhas narinas.

— Está feito! Vou dar a ordem.

Vadico ficou na varanda com Mathias, observando a entrada de Gumercinda, fitou o dia, exclamando e esfregando as mãos:

— Puxa que dia frio! Não dormimos nada, até me esqueci de lhe perguntar se está bem.

— Inteirinho! Viro a noite de novo se precisar, mas o vigia da manhã deve estar chegando e daí eu relaxo um pouco.

Gumercinda aproximou-se com a filha, fez um leve cumprimento e seguiu para a área de serviço da casa.

Pouco minutos após, um rapaz se aproximou da casa, era um mensageiro de Eulália, trazendo recado para eles. Romeu direcionou o bilhete imediatamente para Vadico.

— Veja Romeu, o recado diz que o patrão e os meninos ficarão internados por mais uns dias, passam bem, mas ainda requerem cuidados médicos. Eulália recomenda que não nos aproximemos do hospital, diz que o patrão assegurou estar bem e que conta com nossa discrição.

— Puxa! A coisa foi feia, mesmo! — respondeu Romeu, coçando o queixo.

— Por conta disso, ficaremos alerta. Daqui a pouco chegam os vigias do dia, e aí poderemos descansar para reativarmos as forças e enfrentarmos a madrugada que promete ser mais fria do que a de ontem.

— Está certo! Assim que chegarem, darei as recomendações e eles assumirão o posto. Depois vou dormir lá no fundo, qualquer coisa é só me chamar.

— Eu ficarei por aqui com o Mathias, vamos aguardar o que este dia nos reserva — salientou Vadico, enquanto esfregava as mãos frias.

— Dê licença, senhor Vadico. Posso retirar a manta do sofá? — interrompeu Gumercinda.

— Pode sim. Se puder, quero que nos faça a gentileza de preparar o almoço e o jantar, pois ficaremos o dia inteiro aqui, até o retorno do patrão. Preciso que os homens se alimentem e, neste frio, a fome aumenta — recomendou.

— Vou adiantar a faxina, depois enquanto a Doralice termina, irei buscar alguns alimentos para preparar um bom almoço para vocês.

— Faça isso, Gumercinda. Precisamos de sua ajuda!

— Pode contar comigo! O patrão está bem? — perguntou curiosa.

— Melhor que nós! — respondeu dissimulando.

— Hoje é o dia do meu pagamento, será que ele chegará a tempo?

— Fique tranquila, eu mesmo acertarei com você.

— Ah! Graças a Deus! Estou precisando muito do dinheiro, preciso repor a despensa em casa, sabe como é, conto com isto!

— Eu sei sim, pode ficar despreocupada, o seu está garantido!

— Será que eu posso perguntar mais uma coisa para o senhor?

— Fale, o que é?

— Tem tanto lixo lá fora, teve alguma festa por aqui?

— Não sei dizer, pode ser que sim. Por quê?

— Há também algumas toalhas muito sujas lá no tanque, vou lavar e deixá-las limpas e estendidas para secar.

— Toalhas sujas?

Vadico temeu estarem manchadas de sangue. Saiu rapidamente em direção à lavanderia, pegou as toalhas de dentro do tanque, abriu uma a uma, estavam apenas usadas. Nada de sangue.

— Ufa! — suspirou aliviado.

— O que foi, senhor Vadico? Que desespero foi este?

— Não é nada não! Pensei de onde saíram tantas toalhas, já que o patrão não estava em casa.

— Por isso mesmo que perguntei se havia tido alguma festa por aqui, além do que, veja estas calcinhas, são de moças. Acho que alguém andou fazendo arte, enquanto o patrão não estava... — disse com sorriso maroto.

— Calcinhas? Deixe-me ver.

Gumercinda apontou para um balde ao lado:

— Estão lá dentro.

— Nossa, não sei de onde apareceu isto! Talvez tenha sido na noite anterior, eu não estava por aqui, minha mãe ficou doente e eu faltei na vigia da noite. De certo Romeu e os outros trouxeram algumas namoradas para esquentar a noite fria. Vou chamar atenção deles e pedir explicações. Se você encontrar alguma outra coisa, por favor, avise-me de imediato.

— Está bem, mas isso não é o suficiente? — questionou Gumercinda, com olhar malicioso.

— Parece que sim, porém, quanto mais provas melhor — retrucou, tentando esquivar-se.

— Por que ficou tão nervoso? — indagou a senhora.

— Já disse que quando o patrão não está, devemos manter a ordem na casa.

— Esses homens! — maliciou novamente.

— Eu não! Sou muito discreto e separo o trabalho das diversões.

— Vai me dizer que nunca participou dessas “festinhas” com eles? — provocou mais ainda o rapaz.

Ele corou e respondeu com voz alterada:

— Não tenho tempo para isso! Minha vida é muito complicada, trabalho e ainda cuido de minha mãe que vive doente. Minha irmã precisa de meus cuidados.

— Você ainda é jovem, pode cuidar de sua mãe e irmã, mas não se esqueça de si mesmo! Quem sabe uma namorada pode aliviar as tensões que você carrega, por tanta obrigação familiar.

— Ah! Gumercinda! Quem vai gostar de mim? Além de pobre, não posso deixar minha mãe...

— Mas nem por diversão?

O moço corou novamente.

— Não tenho cabeça para isso! Saio daqui e corro para casa, se eu demoro, minha mãe entra em crise.

— Desculpe-me a intromissão, sou pobre também, meu marido morreu e tenho cinco filhas para criar. No entanto, dou minhas escapadinhas e vou me divertir no forró da vila. Sempre encontro alguém para me deixar embalar nos sonhos de amor... Depois volto para casa e a vida continua, até quem sabe eu encontrar um homem que queira viver comigo. Você precisa se desprender da família e viver um pouco mais sua vida — complementou.

— Diz isso porque não tem ninguém doente que precisa de você.

— Olha, desculpe-me novamente, mas eu acho que o Senhor está com medo de ser feliz.

— Não é isso, nunca encontrei uma mulher que atendesse meus princípios, elas me rejeitam quando ficam a par de minha condição financeira. Então para evitar decepção, nem quero arriscar.

— Deixe disso! Você é lindo! Tente se valorizar pelo que você é e não pelos bens que possui.

— E por acaso você encontrou alguém que a amou mesmo? Você só os diverte e nada mais.

— Eu também me divirto! De igual para igual, se me amam eu amo, se só querem prazer comigo, só dou prazer.

— E nunca se envolveu?

— Procuro olhar a realidade e dar apenas o que eles merecem receber. Assim vou levando a vida.

— Na verdade acho mesmo que ninguém está verdadeiramente satisfeito em sua procura, todos se iludem, somente isso! Tantos enganos e tantos sentimentos de vazio acumulados! Eu gostaria que fosse diferente comigo! Entretanto, reconheço que o que eu quero só existe em minha imaginação. Por conta disso, fico na minha e também vivo feliz como posso — contemporizou Vadico.

— Cada um sabe de si, não é mesmo! Já cansei de me iludir, agora só aproveito a vida como ela se apresenta para mim. Não digo que estou completamente satisfeita, digo que não tenho mais sonhos e aí tudo o que aparecer é lucro!

Vadico sorriu e depois questionou:

— Complicadas essas coisas de amor, não são?

— Concordo, mas se você se permitir, um dia acontece...

— Antes só do que complicado! — redarguiu cismado.

— Se sua mãe morrer e sua irmã se casar, o que vai fazer? Cuidar de seus sobrinhos?

— Quem sabe, se o destino assim quiser...

— Você tem medo de se apaixonar, não é?

— Pode ser.

— Arriscar faz parte da vida, não acha?

— Não quero me arriscar e sofrer.

— Você é um homem bom, tenho certeza de que irá encontrar alguém que combine com você.

— Acho difícil, mas se você está dizendo...

— Bem, a prosa está boa, mas preciso sair para comprar comida para vocês. Reflita no que eu lhe disse, quem sabe está para acontecer algo novo em sua vida.

— Está bem, mas por ora, não tenho cabeça para nada. Vá, continue com os seus afazeres que você ganha mais, eu sei cuidar de mim mesmo. Obrigado pela conversa.

— Poderemos continuar se você quiser, por que não vai qualquer dia desses lá no forró? Vou todos os sábados, aí poderemos nos divertir um pouco, o que acha?

Vadico balançou a cabeça sorrindo, depois deu alguns tapinhas nas costas dela, recomendando que retomasse suas tarefas.

Gumercinda afastou-se piscando, depois abanou as mãos no rosto, pensando que, até que enfim, havia tido a chance de jogar uma isca para ele. Havia tempo que cobiçava o rapaz sem que ele percebesse. Depois da investida, pegou a sacola e saiu às compras.

Vadico não deu muita importância à insinuação dela. Matutava, questionando-se como não vira aquelas toalhas. Havia vasculhado tudo, pegara balde e panos, na lavanderia, para tirar as manchas de sangue e não vira nada, inclusive as calcinhas dentro do balde escondido atrás do tanque...

Tentou associar os fatos, de certo alguma das moças colocara as toalhas e calcinhas ali, antes de se drogar e beber. Desculpou-se pela distração, quando associou o acontecido ao fato de ter ficado descontrolado e ansioso por limpar tudo rapidamente. Ainda assim, sua mente acelerada cobrava de si compreensão e perfeição nos atos. Sem que percebesse, culpava-se insistentemente:

"Como posso ser tão distraído? Poderia ter evitado que Gumercinda visse aquelas calcinhas. Se bem que ela só se entreteve em conversar comigo, tomara que tenha esquecido tudo. É melhor deixar de preocupar-me em excesso. De uma coisa ela está certa: minha vida está muito monótona, não tenho prazer algum, mas com a situação e estado de minha mãe, como posso ser feliz? Minha vida já está predestinada, tenho que cuidar dela e de Patrícia. Meu pai nos deixou sem um tostão sequer, como posso pensar só em mim? Não sou egoísta! Não conseguiria me divertir sabendo que minha mãe sofre tanto... E por acaso alguma mulher de boa índole ficaria comigo, sabendo que faço parte de uma gangue de traficantes? Por isso admiro o patrão, que se esquivou de ter uma família, temendo torná-la alvo de perigo. Por isso, escolheu este estilo de vida e deu certo! Vou para o mesmo caminho, nunca colocarei minha mãe e irmã em risco, muito menos uma mulher e filhos. Faço tudo para que ninguém saiba que trabalho para ele, assim vou levando, até que alguma coisa mude. Se é que vai mudar..." — concluiu pensativo e melancólico.

9

O entardecer naquele dia não foi atípico, a temperatura baixava em virtude da forte garoa que caía. Vadico e Mathias haviam se recolhido para um breve descanso. Gumercinda passava algumas peças de roupa, enquanto a filha preparava o jantar, faltava pouco mais de uma hora para que findassem as tarefas e fossem embora.

Dirce ainda permanecia entorpecida, jogada atrás do sofá da sala, quando foi repentinamente abordada pelo som estridente da voz de Ivana, chamando por ela.

Em sobressalto, deu um pulo e se encolheu, começou a chorar, não queria retornar àquele "bando". Simultaneamente amaldiçoou Vadico por não ter contribuído para seu intento.

Dirce olhou para os lados, não avistou a "comandante", ressabiou-se — onde estaria? Indagou. Simultaneamente ouviu novamente o chamado:

— Dirce, onde você está? Ajude-me a levantar, não consigo... Preciso de sua ajuda, eu bem vi que você não se envolveu por demais em nossa aventura. Onde você está? Volte! Volte! Eu preciso de você!

— É ela! Está me chamando! O que faço? Será que perambula ao redor daqui? Ainda não me viu, preciso ser ágil, ela despertou e não consegue se mover, é isso! Estou ouvindo seu chamado a distância. Desta vez você não me pega! Vou fugir de você, nunca me encontrará!

Dirce percebeu que Ivana não estava presente, possivelmente havia despertado parcialmente, porém, sem poder se locomover, tentou sintonizar-se com ela, havia percebido que não acompanhara o bando na volta. Por isso, desesperou-se, chamando-a insistentemente.

Era preciso ser ágil, antes que ela retomasse as forças, sabia muito bem o que aconteceria com todos, após a "transfusão" energética. Os planos estavam prontos e várias atividades seriam feitas com o estímulo ectoplasmático condessado neles.

Usavam esta energia para programar investidas diabólicas, visando aguçar os pontos frágeis de suas "encomendas". Aparentemente apresentavam-se com poderes fabulosos, porém, de curta duração, por isso, necessitavam de maior dose quando percebiam que estavam perdendo vantagem.

Dirce sabia que o trabalho que ela teria dali por diante seria árduo, ficaria sob as ordens de Ivana e não poderia se ausentar dos lugares onde estavam incumbidos de realizar suas tramas.

Ivana era invocada para destruir a vida afetiva de várias pessoas que, por ora, experimentavam sutil aprendizado para alcançarem a firmeza dos sentimentos nobres e valorização pessoal. Eram indivíduos problemáticos, inseguros, com forte tendência ao fanatismo e idolatria acompanhada de fascinação doentia.

Sentia-se poderosa e prestigiada, considerava-se imbatível ao estimular, cada vez mais, a vaidade daqueles que ainda não haviam alcançado a devida maturidade emocional. Por conta disso, eram extremamente vulneráveis aos domínios do ego doentio.

Ivana era exímia em seu trabalho, ganhava consideração e força, que extraída da mente desses indivíduos despreparados espiritualmente. Com isso a troca era justa, mantinham-se interligados, porque tanto na parte física como fora da matéria, nenhum deles havia ainda chegado ao ponto do reconhecimento interior. Estavam paralisados e contagiados pelas ilusões de ser e ter, apenas para não se sentirem inferiores, sem o propósito de se aperfeiçoarem, diante do reconhecimento de potências latentes a serem desenvolvidas naturalmente. Se por impulso do orgulho ferido, muitos caem e outros tantos se levantam, não há como medir "certo ou errado", e sim, tornar consciente a necessidade de transformação, bem como, a disponibilidade atuante de cada indivíduo em questão. Por outro lado, tudo se faz para não se deparar com a dor do abandono interior — causa primordial de atropelo da identificação lúcida, em que se reconhece a fragilidade de enxergar apenas o aparente ilusório, distorcendo a verdadeira sintonia que alimenta a alma e promove o espírito. No entanto, nem toda inabilidade de lidar com o orgulho ferido leva o indivíduo a cometer delírios inconsequentes. Porém, há uma grande probabilidade de que esse indivíduo se mantenha estagnado, sofrendo reações semelhantes, com consequências diversas. Para cada um, se processa um estágio evidente do transtorno emocional, que se aguçado pelo temperamento exaltado, acaba por destruir a ligação entre mente e alma, gerando notável infortúnio. Isso vai consumindo as energias refazedoras, propiciando a queda inevitável — causadora de distúrbios mentais e de sintomas psicossomáticos. A simbiose psicoespiritual se entrelaça aos fios mentais, tanto do indivíduo encarnado quanto do desencarnado, formando um elo altamente preciso e eficaz de difícil acesso. Até que por ordem individual e pela reformulação de valores, ocorre o devido desligamento, o que propicia o êxtase da liberdade de escolha, originando a real conexão do espírito ao todo no Universo.

A vaidade é um aspecto primitivo, que tem como função despertar o próprio reconhecimento interior, de tanto que o indivíduo se anula respondendo apenas aos estímulos externos, se perdendo, várias vezes, em ilusões momentâneas. Habitua-se a contatar-se fora para poder sentir-se, até que aprenda a responder prontamente ao próprio estímulo de suas sensações originais, descobrindo então, o grande poder de realização de si mesmo, independente de qualquer aprovação alheia. Torna-se capaz de sustentar-se, filtrando, pela conexão da alma, o verdadeiro sentido de existir, de ser e de ter-se em primeiro lugar. A partir daí, surgirá a verdadeira sintonia que somente o amor pode promover. A ligação que une e faz renascer, em cada um de nós, o sentido de permanecer para sempre e que eleva a sintonia da percepção, resultando na habilidade e domínio automáticos do criar e do recriar. Dessa forma o espírito descobre seu estilo e propósito.

Enquanto a mente doentia prevalecer, o sofrimento também

não desaparecerá. Quem faz a opção para conseguir algo forçando uma situação, deve atentar que será preciso muito esforço para continuar mantendo o que conquistou. Com o tempo, reconhecerá o desperdício de energia que despendeu, ao ter lutado com a própria mente.

Ivana recebia esses estímulos constantemente, por isso necessitava manter a sintonia de desequilíbrio naqueles que recebiam sua atuação mental destrutiva. Não sabia usar o poder de seu próprio magnetismo em benefício próprio, precisava de reconhecimento alheio em demasia. Mesmo se sentindo totalmente vazia, não reagia à tentativa de fazer algo para modificar-se. Espelhava-se na companhia do amante imaginário, que temia perder. Não media esforços e consequências para obter o que queria, apenas nutria a necessidade constante de dominar e possuir quem quer que fosse, desrespeitando e intervindo no programa individual daqueles que eram receptivos a conceitos semelhantes aos seus. Criava ligações comprometedoras a cada intromissão que fazia. Justificava não ter responsabilidade quanto aos desvarios indutores, não sabia que ao direcionar suas energias, essas voltavam para si duplamente mais fortes. Vivia alheia à realidade, consumia-se pelo sentimento de inferioridade que a atormentava, sentia-se infeliz, apenas conseguia se reerguer, quando ilusoriamente percebia que era solicitada e admirada. Era considerada a mulher dos poderes sensuais e manipulava grande parte dos desavisados, estimulando a vaidade doentia para facilitar o acesso à sucção energética.

Desconhecia que a expressão sensual não pode ser mistificada, caso contrário, evapora-se no primeiro contato receptivo conquistado. Por isso é que, muitas vezes, nos deparamos com o estímulo da forte atração e, quando nos permitimos a troca, não nos é compreensível a causa da perda instantânea dele. É comum a resposta de que a pessoa negou-se ao estímulo inicial, envolvendo-se em outras necessidades afetivas, porém, o que é natural do ser não se perde em fração de segundos. O que ocorre, frequentemente, é a troca de empatia, gerada apenas por como “o outro” pode nos ver. Aí assumem a personagem ideal das fantasias desejadas, que nada mais são do que pequenos estímulos que atendem a imaginação, cujos efeitos se perdem rapidamente. A verdadeira sensualidade mantém os desejos estimulados, sob efeito daquilo que expressamos com naturalidade. Já a receptividade tem origem na sintonia vibrada entre ambos, ou seja, quando estão na mesma condição de reconhecimento interior ou, apenas, sob estímulos transitórios. Quando a pessoa se distancia de seus próprios valores, apresenta maior necessidade de receber estímulos provocantes, porém, funcionais. Haja vista, que quanto mais endurecido estiver o indivíduo, mais será receptivo aos estímulos provocantes, o que momentaneamente é funcional. Outro aspecto ocorre, quando o indivíduo passa a dar-se mais atenção e a gostar mais de si mesmo, esses estímulos se expressam naturalmente tornando-os altamente atrativos. São pessoas que exercem alto domínio sobre si mesmas, geram forte magnetismo promovendo o despertar daqueles que nada conhecem de si. Outra fase mais promissora é aquela onde o indivíduo se encontra na perfeita sintonia magnética e atrai a troca ideal para que esses estímulos se somem, formando uma energia que nutre e alimenta os envolvidos. Com isso, se reconhece de pronto a sensação prazerosa, capaz de compor a nutrição energética por vários dias, manifestando a sensação de êxtase e preenchimento afetivo, conhecida como "amor". Muitos almejam encontrar o verdadeiro amor, justamente porque procuram esse estado de troca energética.

Os estímulos sexuais obedecem a esse magnetismo, tanto quanto ao estímulo provisório, sendo perfeitamente naturais em sua livre expressão. Os desvarios e demência aparecem quando o indivíduo apresenta forte distorção de valores que geram repressão e atitudes contrárias à realização pessoal. Canalizam a única fonte de prazer, no sexo, tornando-se compulsivas e, em casos mais graves, atingem o estágio máximo de psicopatia descontrolada.

Por outro lado, o magnetismo da atração disfuncional leva o indivíduo a compartilhar "paixões" doentias e inconsequentes, pois deixam-se levar pela carência desgovernada. Reconhecem-se esses estímulos, quando a pessoa perde o senso e passa a viver apenas para o "outro", perdendo literalmente o contato com sua identidade e, consequentemente, com a realidade.

Os impulsos descontrolados demonstram alto índice de baixa estima e forte tendência ao desequilíbrio, o indivíduo sem controle algum responde desenfreadamente à sintonia insinuante, buscando contato imediato, para sentir-se preenchido e saciado. Geralmente não consegue manter uma relação de troca por mais tempo. Perde o entusiasmo facilmente e vive à procura de outras pessoas para reativar a sensação estimuladora, na qual se permite viver intensamente, ainda que por alguns minutos. Muitos preferem manter tal comportamento, a fim de isentar-se de futuros compromissos afetivos, aos quais não são hábeis e receptivos, pois têm dificuldade de enfrentar a si mesmos. Torna-se mais fácil optarem por "descarregarem os impulsos da energia sexual", do que se permitirem aprender a reconhecer sua expressão natural no sexo.

São estágios em que cada um demonstra afinidade, conforme o contexto geral de seu temperamento, personalidade e crescimento interior. É comum também observarmos que quando uma pessoa procura se espiritualizar, abdica do sexo, confundindo-se e criando preconceitos contra sua própria forma de expressar--se. O individuo é um grande gerador de energia, essa condição não separa a matéria do espírito, mesmo porque espiritualizar-se nada tem a ver com negar-se, mas sim, encontrar a si próprio, conhecer-se e elevar seus valores, aprender a dar sentido à vida, conhecer a eternidade do espírito e, a partir de então, tomar a responsabilidade de si para si mesmo. Despertar os níveis de consciência mais elevados, onde se reconhece a importância do respeito a si próprio e aos outros, bem como, valorizar a oportunidade de crescimento, atendendo à necessidade do momento presente, na certeza de que somos eternos.

O ectoplasma, substância química que interliga o espírito à matéria, pode condensar a forma mais rapidamente, materializando, por meio do potencial fluídico denso que possui, todo efeito de transformação pscioenergética que compõe alto nível ectoplasmático. Se utilizado indevidamente, promove desequilíbrio físico e mental. A energia sexual ligada aos órgãos receptores contém forte índice dessa substância regeneradora, por ser o canal de entrada principal que recebe o contato com a matéria condensada. Se canalizada pela fonte de prazer por si, primeiramente, é capaz de transformar todo tipo de disfunção orgânica e psíquica. Por outro lado, o desequilíbrio dessa energia gera distúrbios diversos, atravessando as zonas de equilíbrio emocional e paralisando o indivíduo em sua predisposição à saúde mental.

Ivana aprendeu a manipular tal energia ectoplasmática indevidamente, pois sabia apenas estimular os desejos desenfreados, sem perceber os efeitos contraditórios gerados, quando a sensação de esgotamento atrativo se esvazia. Esse processo revela, a partir daí, insatisfação, em decorrência de delírios imaginários e pouco produtivos para a troca energética. No momento do envolvimento, o indivíduo recebe o estímulo para que suas energias respondam à manifestação do prazer. Muito descuidadamente, se entrega à volúpia, procurando incentivo constante no outro para si, perdendo-se na identificação de soltar-se de dentro para fora — estado esse que, sem dúvida alguma, repara e reativa a corrente fluídica, onde o ectoplasma percorre livremente, para recomposição de toda energia do ser.

Sendo assim, os níveis de troca que movimentam o prazer, em qualquer situação em que haja o contato interior, podem expandir esse fluido energeticamente, direcionando-o para toda e qualquer reativação física, emocional e mental, ou seja, quando estamos fazendo o nosso melhor, com entusiasmo e prazer, estamos manipulando essa energia devidamente. Com isso, é visível a transformação física naqueles que a utilizam com equilíbrio, sendo perceptível a dose de brilho facial inigualável, acompanhado de entusiasmo e ânimo. Esse estado é capaz de promover resultados positivos, em razão do efeito do magnetismo promissor que atua em todas as áreas, nas quais cada um manipula suas energias. Esse efeito não se perde facilmente, porque está ancorado na naturalidade e espontaneidade que cada um pode atingir, se validar o prazer de ser e sentir em primeiro lugar.

Mediante isso, pode-se dispensar todo e qualquer tipo de indução ilusória, exatamente tudo o que se manifesta promovendo exageros desnecessários e prejudiciais, pois a troca energética depende desse fator para que se possa atingir a realização plena e se beneficiar inteiramente, sem que se esbarre nas falsas e tentadoras seduções momentâneas.

É comum observarmos pessoas se queixando que foram ludibriadas nos mais diversos tipos de atuação em vários segmentos da vida. É o caminho do aprendizado que chega dessa forma, levando a pessoa ao contato com o sentir antes de qualquer realização. Não se deixar iludir caindo num marketing falso que promove um produto, apenas pela aparência, desconsiderando a qualidade do conteúdo.

Na fase transitória da reencarnação, cada pessoa atinge a escala de seus valores burilados, a partir do reconhecimento que denota que efeitos externos são apenas reflexos do que se vibra interiormente. Com isso, o contrassenso de ilusão desaparece, dando espaço à clareza e lucidez que cada um atingirá, conforme predisposição própria para enxergar a essência das coisas e contatar esses efeitos em si mesmo.

Ivana balbuciava palavras obscenas, ao mesmo tempo que se mantinha numa postura imaginária, em que ativava os órgãos sexuais para continuar sentindo prazer. Pretendia retomar as forças e poder usar rapidamente o alimento sugado que, provisoriamente, a nutria. Era preciso aguardar até que baixasse a vibração intensa que a envolvia. Suada e com aspecto assustador, se debatia cada vez que atingia o orgasmo estimulador, sob comando insaciável. Nos genitais, circundava uma camada espessa escurecida e purulenta, devido à extensão de feridas que foram plasmadas ao redor. A cada sensação de prazer, a dor emocional crescia e, com isso, as feridas se estendiam, expurgando formas de pensamentos negativos que conservava sobre si mesma.

Os outros companheiros estavam nas mesmas condições, cada um expressava a dor do abandono interior naquele momento de transe "prazeroso". Choro e gritos ecoavam pelo ambiente, bem como, o aumento do odor purulento que crescia ao redor deles. Simultaneamente se deliciavam com a energia que haviam sugado e sofriam com a dor de suas próprias amarguras, já que o estímulo sexual ativava emoções e sentimentos reprimidos, conservados ao longo dos tempos.

— Dirce, onde você está? Venha me saciar, preciso de você! Corra não me deixe... — gritava Ivana, à procura da serviçal. Em seguida, chorando muito, chamava pelo comandante:

— Venha você também, meu amor! Quero que me ame! Venha, venha...

Jordão, sentindo-se impossibilitado de atender ao chamado, tentou desviar a atenção dela, já que seu orgulho de homem estava em evidência.

— Vá se catar, mulher! Não chega o que consumiu? Não vê que estou me refazendo, o que pensa que sou? Um objeto para saciá-la constantemente?

O órgão sexual de Jordão aumentou estrondosamente de tamanho, impedindo-o de se locomover. Se ainda assim ela o quisesse, precisaria deitar-se por cima dele e arrastar-se vagarosamente. A sensação de dor e inchaço não permitia que ele avançasse mais de cinco metros, sem que uivasse desesperadamente. Além do mais, o efeito das drogas era mais evidente no caso dele, estava entorpecido e totalmente desconectado da realidade. Ria e chorava ao mesmo tempo. Nesse estado, sentia ainda mais aversão por Ivana, que por sua vez, solicitava a presença dele constantemente.

— Não me trate assim, faço tudo o que me pede! Venha me saciar! Quero amá-lo como você merece, somente eu posso lhe dar tal amor. Não fuja do amor que sente por mim, você nunca poderá respirar sem a minha presença! Não se iluda! Não há como me esquecer, olhe ao seu redor, veja quantas serviçais lindíssimas nos acompanham, está vendo? Responda!

— Estou! — gritou irritado.

— Mas você não conseguirá satisfazê-las, somente comigo sentirá prazer!

— Pare com isso! Agora preciso me refazer, deixe-se envolver pela energia que sugamos deles, assim atingirá o prazer que deseja sentir.

— Quero você! Preciso do seu contato! Venha meu amor, não me deixe!

Jordão pensou em atendê-la, porém, olhou para si mesmo e constatou que não conseguiria se locomover.

— Não posso atendê-la agora. Espere mais alguns dias e aí tudo voltará ao normal.

Ivana não se conformou, virou o corpo para o lado, bateu as mãos no chão e gritou reivindicando:

— De que nos vale o trabalho intenso de envolvê-los para retirada de suas energias? Somente para provocar confusão e acabar com a vida deles? Não podemos agir a nosso favor, somente podemos usar essa energia contra eles. De que nos vale tanto trabalho? — repetia contrariada.

— Você está enganada, sentimos as mesmas sensações e isso nos refaz e nos dá mais força — respondeu Jordão.

— Não vejo onde! Ficamos inertes por dia, delirando pelo prazer que captamos, vivemos somente sob efeito do transe que eles nos propiciam, quero mais, quero esse estímulo constantemente, sem precisar daqueles inseguros e daquelas vaidosas.

— Estamos somando, a sensação é mais forte, sabe disso — retrucou Jordão com certa irritação.

— Dirce! Onde está você? Venha me saciar, venha! — chamou aos pratos.

— Isso mesmo, chame por Dirce e me deixe em paz! Peça para ela se esfregar em você, assim você me esquece.

— Ingrato! Pensa que eu não sei de suas intenções? Quer se ver livre de mim? É isso que você quer? Confesse!

— Pare Ivana! Chega de delírio, use o seu poder de sedução para sentir prazer agora, afinal de contas a investida deu certo, com o tempo esse alimento será mais digerido por todos nós, pois eles estão muito receptivos e, com isso, facilitarão nosso contato. Com a constância dessa troca, ficaremos menos tempo impossibilitados de agir até que baixe tal sensação. Estaremos constantemente alimentados e aí ficará do jeito que o diabo gosta... — risos invadiram o ambiente; todos gostaram do que Jordão havia dito.

Ivana se conformou, ria na esperança de que Jordão fizesse de tudo para tê-la em seus braços por mais tempo. Rolava o corpo, imaginando o amado a seu lado. Assim permaneceu, ludibriada pelas fantasias que criava, voltou a estimular seu órgão genital, queria conservar por mais tempo a sensação de prazer, gemia e ria, depois chorava e balbuciava palavrões, permaneceu por horas em estado de êxtase provisório, esquecendo-se temporariamente de Dirce.

10

— Vagabunda, trapaceira! Você não há de me encontrar! Suja! Odeio o que você me obriga a fazer! Eu serei sua chefe, tenha certeza disso! — blasfemava Dirce.

"Onde ela está? Parece que adormeceu. De certo está me procurando para saciá-la, que peninha de você, sua decaída! Vá procurar um macho para satisfazê-la, eu nunca mais colocarei minha boca nesse seu corpo imundo! — continuava revoltada.

Preciso agir rapidamente, se eu quiser fugir dela, agora é o momento. Não posso perder esta chance, não posso!"

Dirce conseguiu se levantar, apoiando-se nas paredes da sala. Inspirou profundamente, sentia-se mais forte e poderosa. Estava decida a fugir para bem longe, porém, ainda não sabia para onde, a única coisa que queria é que Ivana não a encontrasse jamais.

— Preciso me manter forte! Somente com a ajuda desse puritano é que posso adquirir mais poder, ele não vai escapar, vou dar a cartada certa! — disse com veemência para si mesma, enquanto andava de um lado a outro da sala.

Já estava quase anoitecendo, quando Gumercinda correu para fechar as janelas da casa, a chuva caía intensamente e o frio aumentava. Abriu a porta da sala, Dirce sobressaltou-se ao se deparar com a entrada inesperada dela, ficou observando o que fazia. Gumercinda fechou as janelas e acendeu a lareira, intentava deixar o ambiente bem aquecido, sabia que haveria vigia durante a noite, preparou uma boa comida, arrumou a casa e já estava de saída.

— Mãe, está chovendo muito, não podemos sair agora — alertou Doralice, indo ao encontro de Gumercinda.

— Eu sei, no entanto, só podemos esperar mais um pouco. Precisamos sair depressa, porque quanto mais tarde mais perigoso será transitarmos por aquela estrada.

— Será que o Mathias pode nos levar?

— Acredito que não, eles estão incumbidos de vigiar a casa, enquanto o senhor Lopes não chega, parece que houve alguma coisa por aqui que estão temendo... Mas não temos nada com isso, nossa parte foi feita, agora vou acordar o senhor Vadico, preciso receber o dinheiro, aí poderemos sair antes que escureça mais.

— Mãe, estou com muito frio — disse Doralice esfregando os braços.

— Vá se trocar e fique aqui sentada perto da lareira, vai aquecê-la um pouco. Depois levante e vá me esperar na cozinha, não poderá ficar muito aquecida, caso contrário ficará doente se sairmos nesta chuva e com o frio que está lá fora.

— Está bem, vou me sentar aqui — apontou Doralice para o canto do sofá, bem perto onde Dirce estava.

— Faça isso, que eu já volto.

— Olha só que garota bonita! Será que esta será a minha presa? — disse Dirce, exibindo riso sedutor.

— Vejamos se ela é receptiva. Psiu! — chamou bem perto dos ouvidos de Doralice.

Sem receptividade, tentou novamente.

— Psiu! Você pode me ouvir? — reforçou o chamado.

A menina sequer sentiu a aproximação dela.

— Esta é crua!!! Não vai dar em nada... — concluiu Dirce.

Doralice se aquecia tranquilamente perto da lareira, aguardando a mãe, sem perceber a presença de Dirce, que tentara contato mais de uma vez, na tentativa de certificar-se de que, realmente, a menina não podia percebê-la.

— Sua bobinha! Não serve para nada mesmo. Vou atrás de sua mãe que eu ganho mais, fique aí se aquecendo enquanto eu procuro a mamãezinha.

Gumercinda batia na porta do quarto onde Vadico estava, quando Dirce se aproximou:

— Entra logo neste quarto, vá acordá-lo na cama — induziu Dirce aos ouvidos dela.

— Senhor Vadico, acorde! Estou de saída. Senhor Vadico! — continuou Gumercinda do lado de fora.

— Entre no quarto, vá acordá-lo na cama — induziu novamente Dirce.

Gumercinda sequer respondeu à insistência da atuação mental que Dirce emitia desesperada.

— Senhor Vadico, acorde! — bateu na porta novamente.

Vadico espreguiçou-se ao som da voz de Gumercinda.

— Já vou Gumercinda, espere um pouco.

— Ufa! Ainda bem que acordou, preciso ir embora, chove muito e faz frio lá fora, se ficar mais tarde será mais perigoso — respondeu do lado de fora, se justificando.

Vadico abriu a porta, colocando a cinta na calça e dizendo ao mesmo tempo:

— Está aqui o seu dinheiro, está chovendo muito?

— Bastante — respondeu ela.

— Não seria melhor aguardar um pouco? Vocês ficarão ensopadas, espere a chuva diminuir, depois se ficar muito tarde, mando um vigia acompanhá-las. Só não poderei tirar a caminhonete daqui, sem ordem do patrão.

— Não se preocupe, poderemos voltar a pé assim como viemos, agora se ficar muito tarde, aceitarei a companhia de um dos vigias, principalmente por conta da Doralice estar comigo.

— Claro, quanto a isso não se preocupe, fique aqui mais um pouco e sirva o jantar, estou com fome. Vou terminar de me arrumar e depois chamarei pelo Mathias. Daqui a pouco chegarão os outros e então a noite será brava...

— Deixei tudo arrumado, vou colocar a mesa e poderão se servir.

Dirce sentiu arrepios ao olhar melhor para Vadico, admirou a beleza do moço, ao mesmo tempo sentiu enorme carinho por ele. Teve vontade de correr para os braços dele, jogar-se aos prantos e pedir socorro. Em seguida, suspirou e arrumou os cabelos, dizendo para si mesma que não poderia sucumbir.

Haveria de fisgá-lo, pois somente assim, mais fortalecida, poderia escapar de Ivana.

Fixou atenção no rapaz mais decididamente, aproximando-se de mansinho, com gestos sedutores. Porém voltou, sentindo forte carinho por ele, resolveu recuar do intento. Notou certo enfraquecimento, tentou reagir rapidamente, dizendo:

— O que está acontecendo comigo? Tenho que seduzi-lo! Ele não estava aqui durante a festa, é uma pena, senão eu teria abusado dele, por intermédio daquelas imundas. Agora, se ele deixar, faço o serviço sozinha nele... Não posso enfraquecer-me com sentimentalismo, nem o conheço, azar dele se cair na tentação. Será mais um entre nós! Não posso perder tempo, preciso agir antes que Ivana e os seus possam se locomover.

Dito isso, tornou a colocar-se de frente ao moço, intensificando os gestos sedutores, bem como, induzindo-o mentalmente ao desejo forte de sexo.

Vadico sentiu arrepio inesperado, misturado a uma sensação prazerosa. Olhou-se no espelho e ajeitou a gola da camisa. Fazia mesmo algum tempo que não se admirava. Passou o pente nos cabelos, considerou estar em boa forma e com bela aparência. Em seus olhos, havia um brilho diferente, a pele do rosto parecia estar mais aveludada. Soltou leve sorriso, enquanto media-se de cima a baixo.

Dirce se jogou nas costas do moço, soltando longo suspiro aos ouvidos dele, balbuciando palavras de amor e de sexo simultaneamente. Alegrou-se ao certificar-se que ele podia receber a intenção de seus desejos. Assim como ele mesmo já havia visto a presença dela na casa.

— Isso mesmo! Você precisa melhorar a aparência, fica mais bonito quando se arruma — disse isso, fortalecendo a opinião do moço.

Ele achava a mesma coisa. Deu uma última olhada no espelho, antes de sair do quarto, para chamar Mathias.

Dirce sentiu firmeza na atitude, com isso crescia sua força de ação e locomoção, percebeu que estava quase chegando ao domínio de seus comandos. Decidida, saiu do quarto acompanhando-o.

— Mathias acorde! — disse Vadico, batendo fortemente na porta do quarto.

— Está na hora do rango. Levante-se!

— Já estou acordado — disse o outro.

— Estou esperando na cozinha, agasalhe-se bem, o frio está intenso — alertou Vadico, esfregando as mãos.

— Já deu para perceber, por isso estou enrolando para sair da cama — respondeu Mathias.

— Pois não demore, Gumercinda está aguardando a chuva diminuir, se ficar muito tarde, precisará acompanhá-las até a casa delas.

— Posso levá-las com a caminhonete, é mais rápido e poderemos sair a hora que ela quiser.

— De jeito nenhum, a ordem do patrão é para não sairmos com o carro, sem o conhecimento dele.

— Ora Vadico, deixe de ser Caxias! O patrão está internado e nós respondemos por ele e pelas necessidades da casa. Do jeito que ele estima a Gumercinda, não vai se importar, pelo contrário, até poderá se enfurecer caso saiba que elas saíram na chuva.

— Pensando bem, você tem certa razão. No entanto, arrume-se logo, vamos nos alimentar e aí decidiremos o que fazer.

— Já está decidido: a Gumercinda mora muito longe e quanto mais cedo eu voltar para cá, melhor será.

— Vamos ver, saia logo desta cama! Deixe de preguiça!

— Estou indo.

Dirce observava tudo para arquitetar um plano de ação infalível e o mais rápido possível.

Na cozinha, Gumercinda colocou a mesa com carinho, os moços se fartaram da deliciosa comida que havia preparado. Num gesto de agradecimento, Mathias fez um elogio a ela:

— Gumercinda, você é a melhor que já tivemos por aqui. O jantar estava uma delícia, parabéns!

— Ora, ora Mathias, não é a primeira vez que você se farta com a minha comida, de certo a fome hoje estava mais forte e aí tudo fica bem melhor, não é mesmo?

— Não concordo, experimente comer algo que não está bem

preparado, nem com fome eu conseguiria engolir o rango — retrucou Mathias incisivamente.

— Ah, então eu agradeço, porque uma qualidade eu tenho: faço tudo com muito carinho e por isso o sabor fica melhor.

— Concordo em gênero e número.

— Que tal um cafezinho para complementar? — sugeriu ela.

— Excelente ideia! — disse Vadico entusiasmado.

Os trovões chamaram a atenção de todos, Gumercinda agitou-se:

— Minha nossa! Quando iremos embora? Pelo jeito a chuva está aumentando e demorará a passar.

— Não se preocupe, Gumercinda. Achei melhor o Mathias levá-las com a caminhonete, será mais rápido e não irão se molhar.

Dirce arregalou os olhos e, num impulso, colou-se nos ombros de Vadico, ouvindo o alerta:

— Tem muita lama na estrada, o carro poderá atolar, melhor seria se as duas pernoitassem aqui. Pela manhã poderão ir embora tranquilamente.

Vadico não registrou de pronto a sugestão, saboreava o café que tomava, enquanto travava conversa banal com Mathias.

Dirce esfregou as mãos impacientemente, sabia que ele estava distraído e não seria receptivo às suas sugestões. Impulsivamente, correu para a sala, à procura da garota, intentava induzi-la para que não quisesse ir embora dali. Projetaria cenas do carro atolado, na mente dela, e provocaria sensações de medo e pânico.

Doralice havia dormido com o calor da lareira acesa, desprendida do corpo físico, encontrava-se distante dali. Dirce não conseguiu avistá-la e muito menos trazê-la de volta. Sem saber o que fazer, voltou à cozinha permanecendo ao lado deles.

— Bem, já que o Mathias vai nos levar com o carro, acho que poderemos ir embora. O que acha, Vadico?

— Chove muito ainda. Você precisa ir agora ou pode esperar mais um pouco?

— Bom mesmo seria irmos agora, mas posso esperar...

— Seus filhos estão aguardando, não é?

— Estão, mas são bem grandinhos e sabem se virar. Com certeza, apenas ficarão preocupados com a minha demora, visto que chove intensamente e sabem que tenho uma boa caminhada de volta por esta estrada de terra.

— Eles irão imaginar que vocês não puderam sair por causa da chuva, essa moçada é mais esperta do que nós e, por certo, não ficarão tão preocupados assim, como você pensa. Para eles tudo é diversão e não exageram tanto como nós.

— Uma vez, tempos atrás, eu trabalhava distante e aconteceu que não pude voltar para casa por causa da enchente, telefonei para minha vizinha e ela os avisou.

— Se quiser telefonar para sua vizinha, esteja à vontade. Diga para eles não se preocuparem porque vocês estão aqui esperando a chuva diminuir — sugeriu Vadico.

— Se demorarmos muito, aceitarei a sugestão. Assim ficarei mais tranquila.

— Pode telefonar agora mesmo, assim você fica despreocupada e nem incomodará a vizinha, caso fique mais tarde.

— É mesmo, ela já tem idade avançada e dorme cedo. Vou telefonar avisando.

Dirce mordia os lábios de tanta raiva. Aflita, gritou:

— Ela não vai embora! Hei de mantê-la aqui. Vadico não resistirá à tentação que vou preparar para eles. Com isso, ganharei a parada! — pensou Dirce mais do que depressa.

Nem mesmo com a entrada de Gumercinda na sala, Doralice despertou. Dormia profundamente e a mãe não quis incomodá-la, passou as mãos na cabeça da menina e a beijou na fronte. Em seguida, voltou para a cozinha e sentou-se ao lado de Vadico, aguardando o tempo melhorar.

Os três conversavam animadamente. Quase perto das 22 horas, Mathias percebeu que a chuva havia diminuído, levantou-se e foi ligar o carro para levá-las para casa.

Dirce praguejou-o, não se conformava com o impedimento. Agitada, começou a socar as mãos contra a parede, blasfemando injuriada:

— O que faço? Tem que haver uma saída, ela não poderá ir embora. Por que não consegui afastar aquele tonto do Mathias?

Ficaria mais fácil induzi-los sem a presença dele. Perderam-se na conversa e nem me ouviram. Ai, o que eu vou fazer? — falou desesperada.

— Só se eu acompanhá-la, quem sabe assim posso me safar de Ivana, me perdendo por aí...

Depois pensou melhor e concluiu:

— Não adiantaria, ela iria me encontrar onde quer que eu estivesse. A única maneira seria eu me tornar mais forte do que ela, somente assim ela recuaria de vez. Só que eu não sei como conseguirei tornar-me mais forte de uma hora para outra.

De repente se virou, jogando a cabeça contra a parede desesperadamente, e gritando muito:

— Não quero voltar para lá, estou cansada disso, o que faço? Não quero voltar para aqueles imundos e sujos. Tenho nojo de tudo, não sei como me enfiei nisto, por que fui aceitar a ajuda dela?

"Não imaginei que ficaria presa por séculos. Por que fui atormentar quem não merecia? Acabei com a vida afetiva de muitos casais, seduzi homens e travei as mulheres deles. Tudo acabou e eu fiquei assim, presa e deslocada no tempo. Todos se foram e eu fiquei sozinha! Não quero ficar submissa àquela falsa poderosa, só porque compartilhei das tramas dela. O que faço? Alguém pode me tirar deste tormento? — histericamente, batia-se sem compaixão.

Repentinamente, arregalou os olhos como uma demente e correu para entrar no carro junto com Gumercinda e a filha.

Dentro do carro, Gumercinda acenou para Vadico que a agradecia pelos serviços prestados, abriu um pouco a janela e direcionou convite inesperado a ele:

— Não esqueça de se divertir, estarei no forró no sábado.

Vadico sorriu erguendo o polegar com gesto positivo.

A estrada de terra estava em difícil condição de tráfego, Mathias dirigia o veículo com cuidado, tentando escapar do lamaçal. Pouco mais de quarenta minutos chegaram à casa de Gumercinda.

— Chegamos, disse ele alegremente.

— Muito obrigada, Mathias! Devo este favor a você, vou fazer uma torta de maçã de presente, por sua gentileza — quis retribuir Gumercinda.

— Ah! Agora você me conquistou, adoro sua torta de maçã e se você não se incomodar, gostaria de ir também ao forró. Caso o Vadico aceite seu convite, irei com ele, faz tempo que não me divirto, e sua companhia é extremamente agradável. Gostei muito de nossa conversa após o jantar, você é uma mulher que sabe levar a vida e é muito dedicada e prestativa.

— Obrigada Mathias, se você quiser ir ao forró, será um prazer para mim.

— Verdade? Mas e o Vadico?

— Ele poderá ir conosco e nos divertiremos pra valer.

— Gumercinda, posso lhe perguntar uma coisa? — lançou a questão, olhando para o banco de trás, de onde Doralice ouvia tudo em silêncio.

Gumercinda percebeu sua intenção e respondeu:

— Pode sim, mas espere um pouco. Doralice, deixe a mamãe falar a sós com o Mathias.

— Oh! Sim, eu prefiro sair e tomar um banho, estou cansada e com frio, apesar de ter dormido muito perto da lareira.

— Isso querida, entre e vá tomando um banho bem quentinho. Não me demoro.

— Obrigada, Gumercinda. Fiquei um pouco sem graça de falar na frente da menina.

— Eu percebi, o que quer me dizer?

Ele coçou o queixo, pigarreou e disse em seguida:

— Desculpe-me se for indelicado, mas gostaria de saber se está a fim de namorar o Vadico.

Gumercinda esboçou leve sorriso e respondeu:

— Olhe Mathias, eu não vou mentir para você, realmente eu me encantei com ele, só que eu não sei se ele está a fim de mim. Por isso, não quero precipitar as coisas, nem em relação a ele e nem a você, mas se ele não me quiser, aceitarei conhecê-lo melhor, apesar de sentir atração pelo Vadico. Você não é de se jogar fora.

— Bem, agora você deixou a batata quente em minhas mãos, sinceramente não sei como me comportar nessa situação. Se ele quiser namorá-la eu caio fora, é isso?

— Não é bem assim, vamos deixar as coisas acontecerem, nossa amizade e convivência darão rumo certo às coisas. Por enquanto acho melhor todos nós nos envolvermos como amigos, então, com o passar do tempo, saberemos o que vai rolar — contemporizou.

— Eu entendo, porém, se você tivesse sentindo atração mais forte por mim, eu seria o escolhido, não é?

— Por favor, não dificulte as coisas. Eu também me surpreendi com a sua cantada, confesso que não esperava essa atitude, sendo que você nunca deixou transparecer nada a respeito.

— Realmente eu nunca havia pensado em você neste sentido, só que depois de conhecê-la melhor, como aconteceu hoje, em nossa conversa por horas na cozinha, me encantei com você.

— Obrigada, espero que possamos continuar a conversa e nos conhecendo ainda mais. Não é melhor assim?

— Já entendi, tudo bem, eu respeito sua decisão e aceito a sugestão.

— Então, mais uma vez, obrigada por tudo. Iremos nos ver no forró?

— Eu irei, mesmo se o Vadico não for.

— Será bem-vindo, vai adorar e nunca mais vai deixar de ir.

— Combinado.

O casal se despedia, enquanto Dirce saltava do carro, à espera de Gumercinda. Estava decidida a ficar ao lado dela, principalmente quando ouviu que haveria chance de encontros entre os três.

Entrou na casa, pesquisando de imediato os pequenos cômodos. Observou os membros da família um tanto quanto ressabiada.

Por um momento pensou:

— O que eu estou fazendo aqui? Não é o meu habitat!

— Não é mesmo, o que quer?

Dirce sobressaltou-se, ao avistar a figura de um homem ao lado da cama de Gumercinda.

— Eu perguntei o que quer aqui. Não ouviu?

— Eu... eu vim para cá porque fujo de um bando que me persegue.

— Mas aqui você não vai ficar. Saia imediatamente de minha casa! — disse o homem com tom de voz alterado.

— Por favor, deixe-me ficar em sua companhia, não posso perambular sem destino, irão me achar facilmente, mas aqui será um pouco mais difícil de me encontrarem. Posso ficar por um tempo, até que consiga ficar mais fortalecida para confrontar-me com aquela falsa poderosa?

— De jeito nenhum, você não vale nada e seu bando é perigoso demais para expor minha família a esse risco. Não vai incomodar a minha mulher e nem os meus filhos. Eu não vou deixar! Saia já daqui, sua mundana depravada! Olhe só como se veste, é uma pervertida!

— Não faça isso comigo, preciso de ajuda! Deixe-me ficar, prometo não invadir e nem interferir em nada por aqui. Eu prometo!

— Mesmo que quisesse fazer isso, eu não permitiria. Saia já daqui! — disse avançando na direção dela.

— Não me bata, ajude-me, por favor! — implorou Dirce aos prantos, depois tentou desafiá-lo:

— Você não deveria estar em outro lugar? O que faz aqui, não quer largar sua família, não é? Eu também posso ficar, se você pode eu também posso!

— Cale a boca! Quem é você para entrar em minha casa e falar o que tenho que fazer? É a minha família e eu não vou largá-los de jeito algum. Meus filhos precisam de mim, minha esposa trabalha muito e eu fico aqui tomando conta deles.

— Sua esposa está viúva! E se você quer saber, ela já está de olho em dois homens e logo vai se casar novamente, enquanto você ficará aqui olhando tudo sem nada poder fazer — retrucou com riso irônico.

— O quê? Uma mundana entra aqui e vai dando ordens e me insultando desta forma? Ora, você terá o que merece!

Ernesto saltou para cima de Dirce, esbofeteando-a com violência.

— Pare com isto, você não vai me dominar, eu também tenho força! Quer ver?

Dirce puxou o braço dele, lascando-lhe uma mordida igual a um cão raivoso.

— Ai! — gritou Ernesto. Solte-me, sua imunda!

Dirce continuou prendendo os dentes no braço dele. Ernesto debatia-se, tentando se soltar. Com a outra mão, socava a cabeça dela violentamente.

Depois de alguns minutos, os dois exauridos pararam a briga. Ernesto passou as mãos pela cabeça indignado, não sabia o que fazer. Dirce ajoelhou-se ao lado dele, implorando ajuda.

— Deixe-me ficar, prometo que será por pouco tempo.

— Se o seu bando encontrá-la, vou me dar mal e minha família ficará exposta à influência de vocês. Não posso concordar, você tiraria meu sossego e minha paz.

— Dê-me uma chance. Se por acaso perceber que Ivana me encontrou, saio daqui imediatamente. Está bem assim?

Muito a contragosto, Ernesto concordou impondo algumas regras que ela deveria obedecer. Com isso, passaram horas relatando um para o outro, todas as coisas que haviam passado depois do desencarne.

Ernesto chorava inconformado e Dirce procurava envolvê-lo com sua sedução de mulher. Era-lhe difícil expressar algum gesto ou palavra de carinho, pois tudo para ela tinha algum apelo sexual.

Entrelaçava as pernas nas dele e ia se esfregando, tentando trazê-lo para seu corpo. Tentou beijá-lo várias vezes, mas ele se esquivava. Não entendia o comportamento dela, ele só queria conversar, ela ouvia tudo, mas se entretinha em envolvê-lo sexualmente.

— Pare com isso! O que você quer? Não vê que estou triste?

— Estou tentando confortá-lo.

— Desta forma? Estou triste e amargurado, não estou mais acostumado a este tipo de estímulo. O que se passa com você? Parece transtornada e fissurada por sexo. Sinto aversão quando se insinua para mim.

— Por quê? Você não gosta de sexo?

— Não sei o que há com você, sua presença me dá náusea.

— O que quer dizer? Não sou sensual?

— Sinto muito, mas você deve ter vindo de um lugar nojento e se pensa que vai me seduzir, está enganada! Está habituada a se alimentar somente disso, deve estar doente e desequilibrada por séculos. Viu como você se transforma quando seduz? Parece um animal gosmento se rastejando.

— Eu preciso de sexo constantemente. Vem me fazer feliz, vem!

— De onde veio você, mulher dementada?

— Vem Ernesto, deixe-me seduzi-lo, vai gostar, tenho certeza disso.

— Não! Saia de cima de mim! Você é perigosa e poderá me prender pela eternidade.

— Deixe de ser medroso, se entregue aos prazeres do espírito, estamos livres do corpo físico, porém com as mesmas funções e sensações. Venha, pare de chorar, faça sexo comigo! Faz tempo que você não se entrega sexualmente, não é? Aproveite o momento, eu vim para cá pedindo ajuda e posso ajudá-lo também.

— Minha nossa! Mais se parece um vampiro do que uma mulher oferecida. Você está doente, precisa de ajuda mesmo! Não vê em que situação se colocou?

— Se você sabe tudo, por que está aqui parado no tempo? Se eu pareço um vampiro, você parece um morto-vivo com aspecto fúnebre, sem vida e sem cor no rosto. Veja que cara de cadáver você tem, dá até medo! Ainda conserva o terno do seu velório e está parecendo uma caveira que fala.

— Isso não é verdade! Sou como era antes. Já você não, parece uma desdentada sugando energia sexual. Vampira, saia daqui! Olhe os seus cabelos —que horríveis! E suas olheiras pretas provocam medo, além de cheirar mal.

— Não haverá acordo se não ceder aos meus caprichos femininos, posso trazer beleza ao seu rosto e me transformar, se fizer sexo constantemente. Assim minha beleza e meu charme retornarão. Quer apostar? Venha, feche os olhos e, quando terminarmos, estará em pleno vigor.

— Não me force, vamos fazer um acordo: você fica como está e me deixa como estou. Vá procurar sua turma e se dará melhor do que aqui, em minha casa. Se perceber que sua presença confunde minha família, você estará frita! Acabo com você em um minuto.

— Não me trate assim, só queria que parasse de chorar.

— Deste jeito? Você não sabe conversar, só sabe se insinuar e pensa que eu vou cair, está enganada. É melhor ir embora, estou farto de sua presença. Aliás, como conseguiu acompanhar minha mulher?

— Não tive dificuldade alguma, entrei no carro do cara que quer namorar sua Gumercinda e vim com eles. Foi só isso que fiz — respondeu, tentando atiçá-lo.

— Ninguém vai namorar a minha mulher! Eu já afastei vários deles e não será esse aí, que colocou as manguinhas de fora, que vai conseguir iludi-la.

— E depois você fala que sou vampira e o que você é? Impedindo sua mulher de ser feliz novamente? Você está aqui se sentindo forte porque tira a força sexual dela, não é? Deita-se na cama e faz sexo com ela, não é isso? Fale seu cadáver mentiroso!

— O que você tem a ver com isso? Eu amo a Gumercinda e ela também sente minha falta. Posso ficar o tempo que ela quiser e sei que ainda me quer, eu serei o único homem da vida dela, não aceito que outro tome posse do que me pertence.

— Quantos anos vai ficar assim? Até que ela morra e vá para outro lugar onde você não terá acesso? Vai colar em quem? Em seus filhos casados ou nos netos? Será um fantasma para eles? Se algum deles puder vê-lo, sairá correndo gritando por socorro, assustado com sua feiura.

— Quem é você para me dizer impropérios? O que fez com sua vida? Por que está assim, agindo como uma dementada louca por sexo? Era uma prostituta antes de morrer?

— Não, nunca me prostitui, apenas fazia feitiço para ter os homens que queria. Depois que deixei o corpo físico, fiquei perambulando, tentando envolver algumas mulheres mais fracas, a fim de compartilhar de suas experiências sexuais. Até que a tal da Ivana me encontrou e me salvou dos agressores que me procuravam revoltados, como se fosse a única culpada. Hoje sou obrigada a prestar serviço para ela, caso contrário informará aos perseguidores meu paradeiro.

— Muito estranha essa história... Eles não têm capacidade para encontrá-la? Está certa disso?

— Na verdade, podem me encontrar, só que pertenço ao bando do Jordão. Ele é muito respeitado por todos e muitos lhe devem favores. Nesse aspecto sinto-me protegida, porém, escrava dos caprichos de Ivana. Ela manda, eu faço, mas é ela quem leva a fama — isso eu não aceito mesmo! Sou mais poderosa do que ela, porém não sei por que todos a invocam e a veneram, como se fosse uma santa. Santa do inferno! Só faz o mal e ainda recebe flores, jóias e bebidas. Vive nos mostrando seus presentes, nunca sequer nos gratificou, só sabe nos ameaçar e ficar implorando que Jordão a ame loucamente.

— Mas que bando é esse? Já fiquei perdido por aí, mas nunca vi isso... Só encontrei pessoas que diziam querer me ajudar, jamais aceitei esse tipo de convite, pois queriam levar-me para longe. Enquanto que eu só pretendia voltar a minha casa. No começo eu não conseguia enxergar o caminho de volta, ora eu me via aqui, ora no cemitério. Foi um tormento muito grande, até que fui atraído pelo desespero de Gumercinda, pelo som de sua voz chamando-me. Por conta disso, fui criando forças até chegar a minha casa novamente.

"Vez ou outra aparece alguém me convidando para partir. Eu rejeito porque não consigo deixá-los. Insistem e, quando percebem que faço uma guerra para não sair, recuam dizendo-me que, em breve, não terei tanta facilidade para permanecer aqui. Dizem que sou responsável pelo meu atraso e estagnação, que a vida continua, mas que não quero ver além. Falam que estou perdendo tempo, vivendo de ilusões, mas não me provam o contrário. Quando peço que me mostrem por que morri, apenas balançam a cabeça e se retiram, demonstrando que sentem muito pela minha escolha. Faz tempo que não aparecem, não duvido nada se por esses dias não surgirem aqui. Acho que farão o mesmo convite a você, nunca os encontrou?"

— Não. Já ouvi várias vezes que alguém querido vem nos acolher, mas para mim não apareceu ninguém. Fui esquecida pelo Criador, se é que existe algum... Também quem se importaria com uma mulher que só prejudicou os outros, por satisfação própria? Não perderiam tempo comigo, estou entregue a minha própria sorte, por isso, tenho que me fortalecer, caso contrário, ficarei impossibilitada de me defender.

— Você está conversando comigo, parou de sentir desejo sexual, não foi?

— Por alguns instantes, quando minha mente vagueia nas imagens de meu passado. Fico sem desejos, mas quando volta o ânimo, sinto uma compulsão por sexo, preciso desse estímulo constantemente, caso contrário minha força desaparece.

— Não acha isso estranho? Para mim você está doente e não sabe se tratar.

— Você também está doente, por que não aceita que morreu? Eu aceitei que morri, por isso preciso de sexo para continuar me fortalecendo. Se você experimentar, vai se sentir melhor do que está, o que acha?

— Acho que nós dois estamos perdidos e doentes e não queremos enfrentar a realidade por medo do desconhecido. Sofro muito por estar estagnado, não consigo separar-me de minha família, sinto-me só e desiludido. Eles não podem me ver, e nem sequer se lembram que existo. Apenas Gumercinda, quando se deita, lembra dos momentos de amor que passamos juntos. Quando acorda, transfere esse amor ao procurar outros homens. Isso eu não aceito! Fico ofendido e injuriado, tento de todas as formas atrapalhar suas novas conquistas amorosas.

Dirce ficou pensativa por alguns instantes, comparou-se a ele, quis saber qual a cilada que armava para afastar os amantes de sua esposa. Depois resolveu ser prática e direta ao formular a questão:

— Como consegue afastá-los?

— É fácil, acompanho o intruso por alguns dias, descubro as fraquezas dele e aí começo induzi-lo a procurar outra mulher: mais nova, bonita, sensual e rica.

Nela, fixo a ideia de que não há homens com intenção como

a minha, reforço que nenhum deles gostaria de casar-se com ela e assumir seus filhos.

"Ela parece que aceita e não se importa tanto com isso, resolve então apenas sair para se divertir e namorar. Com isso me tranquilizo, porque sei que não durará muito."

— Parece fácil, não é? Você tem o poder de induzir, assim como eu faço, com uma diferença: estimulo a sexualidade porque sei que todos são frágeis nesse aspecto, por isso opto por esse caminho. Não tenho queixas, consigo muito mais do que pode imaginar, todos acabam fazendo o que determino e acabo ficando alimentada com a força deles.

— Eu também ganho a guerra, no entanto, às vezes me pergunto se morri só para fazer isso. Parece uma vida tão sem graça, sinto-me como um vigia enlouquecido e revoltado, sem chance de mudar. Não sei o que é pior: ficar inerte ou partir e sentir a dor da separação.

— Você está preso assim como eu, não conseguimos nos separar das necessidades que tínhamos antes de chegarmos aqui. Aliás, nada mudou com minha morte, continuo pensando e agindo como antes e com maior acesso à mente das pessoas. Por esse lado, acho bem legal vê-los perturbados e desequilibrados.

"Quando vejo as mulheres descontroladas, sinto um prazer imenso. Quanto aos homens, dou muitas risadas por vê-los ludibriados e enfraquecidos. Quer saber? Eles são receptivos a tudo isso, lá no fundo são iguais a mim, por isso, não me sinto tão culpada. Apenas os incentivo para o que têm reprimido."

— Será que somos os donos do destino deles? Será que teremos contas para acertar? — titubeou Ernesto, num momento de autorreflexão.

— Se algum dia vierem atrás de você, poderá se esconder, assim como estou fazendo. Até que me encontrem vai demorar muito.

— O duro é que não somos felizes com tudo isso. Você, desequilibrada e louca e eu, fanático e apegado.

— Não somos tão ignorantes assim, não é? Sabemos o que queremos e as consequências que sofreremos, mas, mesmo com tudo isso, insistimos em levar as coisas do jeito que desejamos.

— Ainda espero uma punição, porém, até que não chegue o tal momento de impedirem minha permanência aqui, como me disseram, vou ficando e agindo do meu modo.

— Então somos amigos?

— Não se iluda tanto, estou bem de olho em você, pensa que vai me iludir, mas não vai. Fique por aqui e siga minhas ordens, se quiser se esconder. Caso contrário, rua! — respondeu apontado com o indicador para o lado de fora.

— Como eu preciso de sexo e você de amor, vamos juntar as coisas e dividirmos os lucros, o que acha?

— O que quer dizer com isso?

— Eu ficarei encostada na Gumercinda, aumentando os desejos sexuais dela, aí você entra em ação, enquanto eu me fortaleço.

— Nunca precisei de ninguém para ter Gumercinda em meus braços, e esse tipo de coisa eu não aceito.

— Mas ela vai endoidecer. Quer apostar?

— Imagino, só que depois ela se sentirá tão desgastada por perder as forças, que sairei perdendo.

— Ao contrário, posso deixá-la excitada por várias horas ou dias. Quanto mais permitir-se ao desejo, mais tempo ficará com você na cama.

— Preciso disso para criar forças e partir de vez! Por favor, aceite minha sugestão, adorará tê-la em seus braços por mais tempo possível, com isso, não buscará fora o que encontra em casa.

Ernesto gostou do que ouviu, no entanto, procurou não demonstrar tanta satisfação. Tinha medo de se envolver mais do que devia com Dirce. Duvidava de sua conduta e não queria lesar a esposa. Precisaria averiguar as consequências, estudaria a proposta e depois daria o seu parecer.

— Vou pensar, depois voltaremos ao assunto.

Dirce hesitou por alguns minutos, não perderia a chance de que aceitasse sua proposta. Mais do que depressa, lançou a sugestão:

— Façamos o seguinte: farei breve demonstração, então você poderá perceber os efeitos com mais clareza. Somente na prática conseguiremos obter os resultados desejados, topa?

— O que pretende?

— Vamos aguardar que ela se deite, e antes que se entregue ao sono profundo, entro em ação e daí você verá o que quero lhe mostrar.

— Pode ser perigoso, não sei se devo — questionou Ernesto, com certo temor.

— Será apenas uma demonstração, fique tranquilo. Pode confiar em mim, aliás, não poderei fugir daqui, lembra? Caso eu exagere e cause algum dano, você se vingará, não é? Acha que eu sou tonta? Perderia a hospedagem por enganá-lo?

— É, acho que você não tentaria me enganar. Veja lá o que vai fazer!

— Olhe, ela está chegando.

Gumercinda se preparava para dormir, após ter tomado um banho e se alimentado em companhia dos filhos.

Puxou o cobertor e o lençol e caiu na cama exausta, suspirou aliviada por ter cumprido mais um dia de trabalho. Pensativa, lembrou com entusiasmo da cantada que dera em Vadico e da que recebera de Mathias. Sorriu, enquanto virava o corpo para o lado, procurando melhor posição para dormir.

Minutos depois, Dirce resolveu entrar em ação, aproveitando a sintonia de entusiasmo dela. Sentou-se ao lado na cama e tentou o trabalho de indução, experimentando até que ponto ela seria receptiva. Em seus ouvidos, começou a falar:

— Mathias está louco por você, nesse poderá confiar porque quer coisa séria. Além de achá-la linda, a deseja ardentemente. Pense nele aqui ao seu lado, fazendo os carinhos que você precisa. Ele está louco para tê-la, imagine, sinta a presença dele aqui em cima de você.

Dirce começou a fixar essa ideia em sua mente, lançando imagens de sexo nela. Havia uma mistura de suas experiências com as que Gumercinda experimentara. No entanto, ela não reagiu de pronto. Buscou sintonia lançando mão de Vadico, considerava-o um partidão, além de bonito e charmoso.

— Ah, Vadico! Você não gostou de mim? Parece tão frio e distante... Que bom seria se você tivesse me cantado, assim como o fez Mathias.

Dirce estudava o melhor modo de atingir seu objetivo, projetou a imagem de Vadico sendo receptivo aos desejos dela, enquanto estimulava-a ainda mais com cenas de sexo entre ambos.

Quando percebeu que ela cederia aos desejos sexuais, acenou para que Ernesto entrasse em ação.

Dirce incentivava-a, enquanto que Ernesto procurava satisfazê-la, projetando imagens na mente dela, a fim de provocar desejos sexuais, assim como fazia quando estavam casados.

Aos poucos, Gumercinda fora se entregando mais e mais, sentiu um êxtase diferente que aumentava o desejo sexual.

Dirce projetava na mente dela a figura de Mathias, depois de Vadico e, por último, do ex-marido, procurando excitá-la o mais que podia. Ria e fazia gestos obscenos para ela, estava totalmente transformada e começava a se sentir altamente fortalecida.

A sensação que a esposa de Ernesto sentia era insaciável, por mais que quisesse parar de se masturbar, não conseguia. Assim passaram-se horas, e quando Gumercinda deu por conta, o dia já estava quase amanhecendo.

Exaurida e sentindo-se dolorida, levantou-se para tomar água, constatou o horário e surpreendeu-se com o que a havia acometido.

— Meu Deus! — disse ela experimentando forte surpresa. Nunca aconteceu isso comigo, será que me entusiasmei demais com a cantada de Mathias?

"Estranho, ora ele me vinha na mente, ora Vadico e até mesmo o pobre do meu Ernesto entrou em cena. O que foi isso? Não estou tão desesperada assim, não entendo."

Gumercinda voltou a se deitar e, sem a interferência de Dirce e Ernesto, conseguiu entregar-se a um breve cochilo, visto que temia perder a hora para o trabalho. Naquele dia, faria faxina na casa da prima do prefeito da cidade. Lá o trabalho era intenso, além do que, todos apreciavam quando ela cozinhava para a família. Desempenhava duas funções: a de faxineira e de cozinheira, precisava estar bem disposta e não havia conseguido dormir, por conta da entrega aos desejos imaginários que pensava serem somente seus.

Dirce saboreava o êxtase consumido, enquanto Ernesto,

embevecido de tanto prazer, recostou à beira cama, estonteado pela noite intensa que tivera. Esboçou algumas palavras de agradecimento à companheira de indução que, por sua vez, se prestava a continuar retirando toda energia de Gumercinda, já que havia conquistado a confiança de Ernesto.

"Ele não viu nada! Os dois estarão em minhas mãos!" — pensando nisso, soltou estridente gargalhada, enquanto massageava seu órgão genital.

11

Na manhã seguinte, Gumercinda levantou-se apressadamente, fez sua higiene costumeira e saiu para o trabalho. Durante o percurso, ainda podia sentir a pulsação intensa em seu órgão genital. Sentia-se esgotada e sem forças, gostaria de ficar dormindo naquele dia, porém, era extremamente responsável e não costumava faltar ao trabalho. Em determinado momento, sentiu uma queimação no estômago, parecia ter um buraco aberto em seu ventre, logo depois teve uma ligeira vertigem. Tirou um lenço da bolsa e passou na testa, o frio continuava intenso naquela manhã, mas ela estava vertendo suor.

— Oh, Meu Deus! Será que estou entrando na menopausa? Sinto frio e calor ao mesmo tempo — pensou.

Ajeitou os cabelos e bocejou, estava sentindo-se desconfortável, remexia-se no banco do ônibus, balançava as pernas e esfregava as mãos impacientemente. Teve vontade de dar o sinal, descer e caminhar, abriu um pouco a janela, o vento frio estava forte, ouviu rumores dos passageiros sentados atrás do banco onde estava, fechou-a rapidamente. Perto da terceira quadra próxima da parada costumeira, decidiu descer e continuar o percurso caminhando. Tentava recuperar o ânimo para chegar mais disposta ao trabalho. Avistou a padaria do senhor Genaro, entrou e pediu um café com leite bem quente, esfregou as mãos novamente, bocejou várias vezes, chamando a atenção dos atendentes que se surpreenderam ao vê-la indisposta.

— Que sono é este, Gumercinda? Não dormiu à noite? — disse um deles.

A moça esboçou leve sorriso, enquanto disfarçava o mal estar, depois pediu pães para levar e foi embora sem dispor de muita conversa.

Poucos minutos antes de chegar ao trabalho, percebeu que o torpor que a envolvia estava se dissipando, sentia-se mais animada, relacionou a sensação ao fato de ter se alimentado na padaria, havia saído apressadamente para não perder o horário e não tinha tido tempo de tomar o café da manhã em sua casa.

Mais animada, puxou o relógio para ver se estava no horário habitual, suspirou aliviada por ter chegado em cima da hora, ajeitou os cabelos e entrou sorrateiramente pelas portas do fundo da casa. Cumprimentou rapidamente os outros empregados e, imediatamente, começou a arrumar a mesa para o café.

Maria de Fátima, a prima do prefeito, desceu as escadas apressadamente, rumo à copa. Era de costume tagarelar em voz alta quando tinha muitas atividades no dia. Sentou-se à mesa, pegou o jornal e começou a ler as notícias, enquanto era servida por Gumercinda.

Instantes depois, a mesa recebia os outros integrantes da família: Mauro — o marido e seus dois filhos — Felipe e Luciano. Os três trabalhavam na Prefeitura, ela advogava, em seu escritório, no centro da cidade.

Entre uma conversa e outra, Maria de Fátima chamou por Gumercinda, que já se preparava para fazer a faxina costumeira.

— Pois não, Dona Maria — disse ela.

— Gumercinda, preciso de um favor. Hoje você será dispensada da faxina rotineira, vá se trocar, você sairá comigo, vou passar rapidamente pelo escritório, resolverei as pendências mais urgentes e depois faremos algumas compras para o jantar. Convidei alguns amigos e quero deixar tudo pronto, pois no período da tarde, ficará mais complicado me deslocar do trabalho. Todos nós não estaremos aqui para almoçar, então, aproveitaremos melhor o tempo. Vá depressa, quanto mais rápido chegarmos, mas rápido sairemos.

— Dê-me alguns minutos para eu trocar de roupa — respondeu às pressas para Maria de Fátima.

— Ah! Você poderia ficar até mais tarde? Depois eu peço para um dos meninos levá-la embora.

— Posso sim, dona Maria.

— Então corra, porque não posso perder tempo.

— Está bem, já estou indo.

No caminho, Gumercinda compartilhou com a patroa a escolha do menu a ser servido no jantar. Maria de Fátima solicitou que fosse exímia em seus dotes culinários, pois a pessoa que iria recepcionar era de sua extrema consideração. Haja vista, que o senhor Medeiros a conhecia desde os tempos de faculdade — ressaltou entusiasmada.

— Fique tranquila, dona Maria. Tenho certeza de que a senhora não irá se decepcionar comigo.

— Estive pensando em promovê-la, Gumercinda. Esse será o seu teste, se fizer tudo de acordo, será contratada como cozinheira chefe em minha residência. Você aceitaria um emprego fixo? Terá carteira assinada com todos os benefícios, com isso não precisará se desgastar tanto fazendo faxina nas casas. O que me diz?

— A proposta é boa, porém, não poderia aceitar de imediato, pois não gosto de ser mal-agradecida, se tudo der certo, aviso os meus patrões e espero até que encontrem outra faxineira para me substituir.

— Você me surpreende! Ninguém faria isso, sabia?

— Posso imaginar, mas comigo é diferente, não costumo ser ingrata com as pessoas que me abriram as portas quando mais precisei. Deixá-las na mão seria um ato de desconsideração e isso eu não faço mesmo!

— Está bem, mas que isso não ultrapasse trinta dias, certo? Caso contrário, você perderá a chance, no entanto, devo parabenizá-la pela nobreza de atitude.

— Obrigada, agiria igualmente com a senhora.

— Eu sei, obrigada! Eu também tenho pessoas a quem devo gratidão, o convidado especial de hoje é um deles. Chegou a minha vez de retribuir-lhe um grande favor, já que o promotor me procurou pedindo ajuda. Prestar-lhe o favor será uma honra!

— De minha parte, irei caprichar mais ainda nesse jantar, já que ele é uma pessoa importante para a senhora e deseja homenageá-lo.

— Muito mais que isso, Gumercinda! Muito mais... — redarguiu Maria de Fátima, pensativa.

Gumercinda torceu o nariz sem nada comentar. Não quis avançar na questão, preferia ser apenas ouvinte, isso também havia aprendido com a experiência, pois em algumas situações vividas, criara alguns vínculos mais complicados por opinar coisas que não lhe diziam respeito.

Maria de Fátima falava o que pensava, no entanto, interrompeu a conversa quando deu entrada no prédio, onde estava situado o escritório em que trabalhava.

— Gumercinda, me espere na recepção, não demoro, fique à vontade.

— Está bem — assentiu ela cordialmente.

Na recepção, se distraiu olhando as pessoas elegantemente vestidas. Deixou os pensamentos vagarem, se comparando vez ou outra com alguma moça que entrava, exalando perfume de marca. Questionava intimamente a sorte que não tivera, muito embora o salário de cozinheira pudesse ajudar bem mais no orçamento da casa. Mas obviamente que não poderia ser comparado ao que aquelas moças ganhavam em cargos superiores por serem formadas. Entretanto, se considerava feliz, apesar das diferenças sociais. De certa forma também era independente. Tivera filhos e um bom lar, soube reagir diante das mudanças do destino, comparando-se àquelas que nunca experimentaram qualquer situação conflitante. Não se submetera à espera de ajuda alheia, buscara trabalho e conseguira manter a família, assumindo papel de mãe e pai ao mesmo tempo.

A única coisa que pretendia era arrumar um namorado fixo, com isso, sua vida seria completa, pois acabariam as noites solitárias e a busca por um par ideal. Em contrapartida, gostava de ser avulsa e independente, já havia se acostumado com os homens, acreditava que nenhum deles gostaria de assumir uma mulher e seus filhos. Talvez pensassem precisar despender muito dinheiro para serem felizes, ou julgassem uma mulher em semelhante situação, interesseira.

Balançou a cabeça e sorriu. Depois olhou para o relógio na parede, atrás do recepcionista. Já havia passado meia hora, pensou em dar uma volta, estava sentindo as pernas congelando, o frio estava intenso, quando fez menção de levantar-se, ouviu o chamado de Maria de Fátima, que vinha da saída lateral da portaria.

As duas saíram de braços dados, protegendo-se do rigoroso frio daquela manhã, um táxi foi solicitado e partiram em direção ao Mercado Municipal.

12

Medeiros estava ansioso por reencontrar Maria de Fátima, os dois foram colegas de classe e, por alguns anos, haviam se distanciado, em razão da mudança de residência dela, após o casamento com Mauro.

Abriu a pasta de trabalho e sacou um envelope com alguns documentos, folheou um a um, verificando se estava tudo de acordo como ele queria. Depois ajeitou os cabelos, colocou o casaco e saiu para o encontro marcado. Distanciou-se, a alguns metros de sua casa, virou a esquina e chamou um táxi, preferiu não dirigir naquela noite, queria ficar o mais relaxado possível, tanto na ida quanto na volta.

Havia intenso movimento de carros naquele início de noite, sentado no banco traseiro, procurando driblar a inquietação, abriu novamente o envelope e checou tudo de novo, tentando distrair-se. Após se distanciarem do centro da cidade, a corrida foi mais rápida. Aproximadamente após 45 minutos de percurso, chegaram à casa de Maria de Fátima.

A bela anfitriã o recebeu com largo sorriso no rosto. Abraçaram-se demoradamente, expressando palavras em comum, que diziam o quanto estavam saudosos um do outro.

Medeiros elogiou a decoração da casa. Homem de gosto refinado, ficou atraído pelas obras de arte que decoravam o requintado ambiente. Ela, por sua vez, não se cansava de mostrar-lhe cada peça que adquirira em antiquários renomados. A conversa continuou agradabilíssima durante o jantar. Ela, em companhia da família, cortejavam o amigo, parabenizando-o pelo notável sucesso na Promotoria.

Na sala de estar, ouviram música, relembrando momentos inesquecíveis da juventude, enquanto saboreavam um delicioso licor.

Mauro se entretinha gracejando com os filhos e participou da conversa quando o assunto passou a ser o dia do casamento deles. Nesse momento, até mesmo um dos empregados presentes não pôde disfarçar o riso, quando ouviu o relato dela sobre o desespero que passara no dia:

— Só podia ter sido ele, onde já se viu, foi parar em outra igreja, ainda bem que estava adiantado e percebeu de imediato!

Medeiros sacou um lenço do bolso para enxugar as lágrimas de tanto rir, não se conformava do amigo ter se confundido com o local. Depois quis provocá-la, dizendo:

— Já pensou se ele não aparecesse? Ou melhor, se tivesse chegado muito atrasado? Conheceria de pronto o que é uma mulher irada em desespero, talvez voltasse atrás ou pedisse ajuda aos céus para suportar o martírio que passaria naquela noite.

— Graças a Deus que este desligado percebeu em tempo! Se eu percebesse que ele não estava lá, pediria ao motorista para dar a volta e disparar em corrida. Só que depois ele iria ver quem era Maria de Fátima — disse apontando o indicador para Mauro.

— Não sei se foi sorte ou azar, mas que cheguei em tempo, cheguei — devolveu Mauro, considerando a indireta da esposa.

— Enfim o casamento aconteceu e você aprendeu a lidar com o lado desligado dele, o tanto quanto ele aprendeu domar sua ira. Não foi? — satirizou Medeiros, provocando o casal.

— Esta não é mole, não! — caçoou Mauro.

— Concordo com vocês, nervosa ou irada, alguém teria que estar com os pés no chão nesta casa, já que certas pessoas vivem mais no mundo da lua do que da terra — apontou novamente para Mauro.

— É assim mesmo, vamos aprendendo a lidar com as nossas diferenças, não é? Eu nem pude ter a chance disso, Vânia me largou e fugiu com um estagiário que trabalhava em meu escritório, nunca mais soube dela, abandonou os filhos e caiu no mundo.

O casal emudeceu com o relato dele, pois o que ouviram na época é que haviam se separado e que ele havia assumido a guarda dos filhos pelo poder aquisitivo, porém, jamais ouviram a verdadeira razão da separação deles.

— Nossa, você deve ter se desdobrado para criar os meninos, ela nunca mais viu os filhos? — perguntou Maria de Fátima indignada.

— Nunca soubemos de seu paradeiro, acredito que tenha saído do país e quem sabe não aconteceu o pior, pois pude investigar a descendência de Avelino. Suponho que tenham partido para a Europa e usaram outro nome para não serem identificados. Confesso que iniciei uma busca, depois desisti, os meus filhos eram pequenos e pude apenas lhes falar que a mãe deles havia sido transferida para muito longe, e que eu estaria ao lado deles para sempre. Foi muito difícil, tanto para o Flavinho, que tinha apenas quatro anos, quanto para o Felipe que, na época, estava com sete anos . Foram criados com ajuda de meus pais, até o último suspiro de vida de minha mãe. Ela fez de tudo para que suportassem a ausência materna. Depois de dois anos, foi a vez da partida de meu pai, os garotos já estavam na pré-adolescência e, a partir de então, contratei uma governanta que, de certa forma, assumiu a tarefa comigo. Minhas irmãs se casaram e também estão sempre presentes em nossa casa, no entanto, compreendo a limitação delas por terem marido e filhos para cuidarem.

“Os meninos são ótimos e sempre procurei ser muito honesto e verdadeiro com eles. Para vocês terem uma ideia, quando revelei a verdadeira razão da partida da mãe deles, já estavam mais que preparados. Lamentaram pela atitude impensada e infantil, já que haviam aprendido comigo a compreender as falhas das pessoas, pois sempre os ensinei que cada um é livre para fazer escolhas do que for melhor para si. E que não precisamos fugir e nem nos forçar a uma situação que nos desagrade, poderemos optar pela praticidade, assumindo o que nos cabe, sem deixarmos responsabilidades nossas para outros resolverem. Disse-lhes também que ela poderia não ter tido coragem de expor seus sentimentos para mim e optou por fugir, temendo vacilar com a presença deles na vida dela. Sabia que eu poderia mantê-los muito bem, mas desconsiderou a afeição materna que, sem dúvida alguma, quando bem canalizada é insubstituível. Só que ela não tinha o que outras mães possuem para dar, nem por isso é uma pessoa má, apenas não soube dividir o amor de mãe, optando por conservar sua individualidade. Bem no fundo de meu coração, sempre soube que ela não aceitava a vida que levava, gostava de ser livre, talvez o esteja até hoje, quem sabe?

Imagino que queiram saber sobre meus sentimentos em relação a ela, na verdade, iludi-me, quis transformá-la numa mulher que jamais poderia ser. Hoje compreendo isso muito melhor e não tenho mágoas, tampouco sinto sequer curiosidade de saber o paradeiro dela. Caso contrário, já teria conseguido pela influência que tenho nos dias atuais. Não há interesse da parte dos meninos, então, deixei para lá! Em razão de minha intensa dedicação ao trabalho, optei por apenas namorar, preferi não arriscar em colocar gente estranha na família, pois se não desse certo, criaria mais um problema de abandono para os meus filhos."

— Nossa! Quanta dignidade de sua parte! Fico admirado pela postura que teve em relação à Tânia, você realmente é um homem de brio e caráter inviolável! — elogiou Mauro um tanto quanto sensibilizado.

— Obrigado Mauro, considero que fiz apenas o melhor diante das circunstâncias, pensando sempre no bem-estar de meus filhos, porém lamentei profundamente a ausência materna para com eles. O que me consola é que eles me responderam com a mesma dignidade e respeito que tive no momento em que mais precisaram, nos damos muito bem, somos realmente grandes amigos. Saber que estão bem é resultado desses anos todos, em que eu e meus pais fizemos de tudo para que superassem a perda.

"Flavinho é o mais sensível, procurei ouvi-lo todas as vezes que sentiu a falta dela, enfatizei a importância dele poder contar com pessoas dispostas a compartilhar, com ele, a existência. Isso o confortou e acabou por superar as fases de crise, principalmente na escola. A orientação que dei foi sempre a de encarar as pessoas de frente, quando perguntassem algo sobre a mãe deles, diriam que havia partido e que lamentavam, e que trazê-la à memória os faria sofrer, com isso a conversa se desviaria e eles superariam o fato."

Maria de Fátima estava estupefata, roía-se de ódio por Tânia, além dela ter-lhe roubado Medeiros, ainda não o fizera feliz. "É uma desajustada! Dispensar um homem deste! Só poderia ser postura de uma favelada! Bem que eu o avisei! Não quis me escutar e se envolveu nos caprichos dessa leviana, mau-caráter!" — considerou intimamente.

Depois pigarreou e disse:

— Bem, como diz o ditado: " O que não presta tem que ir embora".

Mauro fez sinal, contrapondo-se à observação dela.

— Desculpe-me Medeiros, mas falo o que sinto! Sei que ninguém é obrigado a ficar com quem não ama, mas largar os filhos? Que mulher leviana é essa! Ainda bem que saiu de sua vida, nunca fui com a cara dela, aquele jeitinho manhoso e sedutor, fingia ser ingênua e nunca saber de nada, mas por trás, uma falsa e manipuladora. Depois que percebeu que teria que levar uma vida regrada, não aguentou e fugiu. É uma fraca desmiolada mesmo! Sorte sua que essa cobra vestida de cordeiro sumiu de sua vida. Ainda bem que os meninos puxaram a você, já pensou se algum deles fosse igual a essa mulherzinha?

— O que é isso Maria de Fátima? Desculpe-nos Medeiros, você a conhece e sabe que não aguenta injustiça — quis remediar Mauro.

— Respeito o ponto de vista das pessoas, pode ter certeza que nada me abala.

— Ainda bem, pois se eu encontrá-la na rua, sou capaz de esbofeteá-la! — continuou Maria de Fátima, exaltada.

— Meu Deus! Não precisa exagerar, afinal Medeiros e os filhos estão bem, isso é o que importa.

— Tem razão Mauro, ela se tornou insignificante para mim e para eles.

— Por que vocês são muito passivos, se fosse comigo, arrancaria o fígado dela, queria ver se bancava a esperta!

Medeiros, para quebrar o clima, respondeu fazendo chacota:

— Cuidado Mauro, se não andar direito, vai perder o fígado!

— Nesse caso é bom eu me cuidar!

— Bem, vamos deixar essa pessoa insignificante para lá, tomara que esteja passando fome e largada na sarjeta, toda suja e desdentada! Isso ainda é pouco diante do que fez!— redarguiu inquieta.

Os dois balançaram a cabeça enquanto esbravejava contra Tânia, em seguida, ela pediu café e continuaram a conversa, indo diretamente ao assunto que levou Medeiros a procurá-la.

Maria de Fátima ouvia atentamente a história do filho desaparecido de Ermínia. Vez ou outra franzia as sobrancelhas, tentando descobrir a veracidade dos fatos.

O promotor sacou uma foto do rapaz e mostrou a ela, considerando:

— Na minha opinião, este rapaz está envolvido com gente da pesada, não acredito que esteja morto, mesmo porque o outro amigo também está desaparecido e, segundo os laudos, não foi encontrado nenhum corpo nas redondezas. Acionei pessoas de confiança, tenho algumas pistas que considero importantes e que poderão nos levar a uma conclusão mais exata.

— O que você encontrou? — perguntou Maria de Fátima.

— Recebi um registro de dois garotos que estavam sob efeito de alucinógenos e muito machucados, deram entrada num hospital próximo daqui, há uns dois dias aproximadamente. Quando mandei averiguar, soube que os registros não existiam, mas pela descrição que recebi, assemelha-se a um deles. Poderemos checar com mais afinco, o que me diz?

Maria de Fátima pensou antes de responder, em seguida, deu sua opinião:

— Jamais desconfiaria de seu feeling, porém, talvez esse registro seja um tanto quanto remoto. Quantos garotos viciados são atendidos e os pais, com alguma influência e dinheiro, correm e subornam policiais e atendentes para abafar o caso. Talvez, necessariamente, não seja quem você esteja procurando, mas vamos averiguar, conheço muito bem o diretor desse hospital, vamos vasculhar!

— Posso contar com sua ajuda? — ressaltou Medeiros.

— Claro que sim! Essa história merece atenção. Conte comigo para o que precisar.

Maria de Fátima silenciou, virou os olhos para cima e colocou o dedo indicador no queixo, depois se sobressaltou ao considerar o importante detalhe:

— Ouça o que me lembrei: a alguns quilômetros desse hospital, há um sítio onde mora um homem que se diz fazendeiro, mas que todos desconfiam de coisas ilícitas de sua parte. Nunca soubemos quem ele é, mas a polícia já fez várias batidas, porém, nunca o encontrou, deve ter um esquema bem armado. Certa ocasião, um colega investigou o caso e apenas conseguiu descobrir que o homem emprega muita gente, porém, não sabe o que realmente ele faz. Esse meu colega ainda intenta descobrir algo em relação às atividades supostamente forjadas, já ouvi dizer que, ultimamente, está empregando vários adolescentes. Isso seria um prato cheio para indiciá-lo, mas a polícia nunca encontrou tais adolescentes e deu o caso por encerrado. Aí pode haver uma pista, contudo, todo cuidado é pouco! Não sabemos quem está por trás de tudo isso. Poderemos acabar por desvendar coisas que não nos dizem respeito, tomaremos as precauções necessárias e ficaremos na retaguarda, até nos certificarmos se valerá ou não uma batida por aqueles lados.

— Vamos averiguar, posso formar um esquema muito mais eficaz, você sabe disso! Precisamos correr o risco, é uma pista considerável, a princípio usaremos a contratação ilícita de menores como isca, daí por diante checaremos o restante, dividiremos a causa em partes. Contate esse seu colega para uma reunião, precisaremos das informações que ele obteve na investigação que fez, após isso, formaremos um esquema imbatível!

— Alguém mais sabe disso? — ressabiou Maria de Fátima, ao formular a questão.

— De jeito nenhum. Totalmente sigiloso. Precisamos agir rapidamente, acredito que poderemos começar pelo hospital. O que acha?

— Amanhã mesmo tomarei as providências, saberemos quem esteve por lá, mesmo porque o médico me deve alguns favores. Não será difícil abrir o bico! — Tudo depende, se ele estiver comprometido, poderá se esquivar.

— Saberei como fazer, ele me dará o que precisamos.

— Poderei dar umas voltas, pela manhã, ao redor do hospital, também sei muito bem como tirar informações de atendentes — disse com riso maroto.

Maria de Fátima acenou com a cabeça, erguendo a sobrancelha esquerda, concordando com o intento de Medeiros.

— Faça isso logo cedo, enquanto contato o diretor geral. Veremos se as informações coincidem.

— Combinado. Tem mais um café? — solicitou ele.

— Claro.

A conversa avançou até altas horas, Medeiros aceitou o convite de pernoitar na casa do casal amigo, haja vista, que facilitaria sua ida ao hospital logo pela manhã. Com isso, puderam se descontrair e retomar as lembranças sugeridas por Maria de Fátima, que procurou mostrar-lhe todos os álbuns de fotografia da família — que não eram poucos. Ao mesmo tempo, Mauro tentava disputar a atenção dele, levando-o a conhecer o salão de jogos e outras dependências da suntuosa casa em que morava. Depois ofereceu roupas para que ele pudesse dormir confortavelmente e outras mais para o dia seguinte. Os dois tinham aproximadamente o mesmo número de manequim, não houve dificuldade alguma para que Medeiros ficasse totalmente despreocupado e muito à vontade na casa deles.

Por fim, exaustos, recolheram-se cada qual em seu aposento, permitindo-se o descanso providencial daquela noite de reencontro amigável.

13

O dia seguinte amanheceu sob o céu encoberto de nuvens anunciando que não demoraria a chover.

Medeiros remexeu-se ao som do alarme do relógio, esticou a mão em direção ao criado-mudo e desligou o despertador, virou para o outro lado e continuou a dormir. Minutos depois, se sobressaltou quando ouviu a voz de Maria de Fátima, chamando-o do lado de fora do quarto onde dormia.

— Maria de Fátima? — perguntou estonteado.

— Bom dia Medeiros, já está se arrumando? Não temos tempo a perder — disse com voz imperativa.

— Vou me trocar e já desço para o café. Obrigado por me alertar — respondeu delicadamente.

— Estamos aguardando na copa. Não demore, porém, não precisa correr. Estamos dentro do horário.

— Perfeito. Não gastarei mais do que dez minutos.

Medeiros, apressadamente, correu para o lavabo, ao mesmo tempo em que fazia a higiene costumeira, dava graças por ter sido acordado pela amiga. Na noite anterior, mesmo exausto, demorou a dormir, estava ansioso por começar a investigação, pensava que em curto tempo desvendaria o mistério do desaparecimento do filho de Ermínia. Depois de se banhar, rapidamente colocou as roupas emprestadas por Mauro, ajeitou os cabelos e saiu do quarto com sua pasta de documentos.

— Bom dia, desculpe-me o atraso! — disse ao chegar à copa.

— Sente-se aqui e sirva-se à vontade — respondeu-lhe Mauro, indicando a cadeira vazia à sua direita.

— Obrigado. Dormiram bem? — perguntou descontraído.

— Muito bem, apesar de que demoramos para pegar no sono, estávamos elétricos e para dormir não foi fácil — respondeu-lhe Maria de Fátima, com leve sorriso.

— Concordo! Eu também demorei a dormir, no entanto, se você não tivesse me chamado, talvez estivesse dormindo até agora. Acredita que eu desliguei o alarme do relógio e continuei a dormir?

— Eu bem que desconfiei, pensa que me esqueci quando me contou naquela época que você gostava de dormir pela manhã? Muitas vezes ouvi a mesma história de que desliga o relógio e dorme. Procurei certificar-me de que estava acordado, mas percebi que se não fosse eu — respondeu-lhe, empinando a sobrancelha esquerda.

— Nada como ter amigos que nos conhecem a fundo — retrucou sem constrangimento.

— Pronto para a tarefa de detetive?

— Um pouco ansioso por desvendar a questão, acredito que estamos na pista certa!

— Se precisarem de minha ajuda, estarei disponível após o almoço — prontificou-se Mauro, mais do que depressa.

— Obrigado! Vamos ver o que acontece, nos encontraremos para almoçarmos juntos e aí trocaremos as informações e, se precisarmos, aceitarei sua ajuda — disse Medeiros.

— Concordo, Mauro poderá ser útil, mesmo porque leva jeito para detetive — ressaltou Maria de Fátima.

— Agradeço o apoio querida, você me conhece muito bem, quando desejo saber alguma coisa, enquanto não consigo chegar ao objetivo, não sossego.

Maria de Fátima tornou a levantar a sobrancelha esquerda, enquanto tomava um gole de café. Trocaram mais algumas informações e se despediram, rumo às atividades que lhes foram destinadas para serem assumidas naquela manhã fria e chuvosa.

Mauro havia solicitado um táxi e ele já estava estacionado, à espera de Medeiros, na porta da casa. Ele entrou e acenou para os amigos, desejando boa sorte para o dia que se iniciava. O carro deu partida levando-o ao destino desejado.

Durante o percurso, enquanto observava o movimento de

carros daquele bairro, premeditava as condições que usaria para obter as informações que pretendia.

Após 20 minutos de corrida, o motorista parou em frente à portaria principal do hospital. Ao descer, Medeiros notou a chegada de uma ambulância que contornava a entrada principal, indo parar na lateral esquerda do prédio. Hesitou por alguns instantes e pensou:

— Aquela deve ser a entrada do pronto-socorro.

Com as mãos no bolso do casaco, caminhou até a entrada lateral. Ao chegar à recepção, observou que já nas primeiras horas da manhã o movimento ambulatorial era intenso. Enfermeiros corriam de um lado a outro, procurando atender os pacientes que chegavam procurando assistência imediata.

Recuou a poucos metros da recepção e ali permaneceu observando o momento certo para iniciar sua busca, pois as atendentes, correndo, se ocupavam de tentar esvaziar o fluxo de pessoas na grande fila que se formava, à espera de atendimento.

Depois de mais de uma hora de espera, o movimento, ao contrário do que previa, aumentou assustadoramente. Por fim, decidiu deslocar-se para a portaria central, pensou ser mais fácil obter informações. Poucos segundos antes de tomar a iniciativa, a saída de dois rapazes do elevador próximo onde estava chamou-lhe a atenção. Mantinham a cabeça baixa e estavam com ataduras nos rostos e nos braços, dois enfermeiros os acompanhavam.

Medeiros notou que os meninos, mesmo de cabeças baixas, olhavam para o lado oposto de onde as pessoas estavam. Desconfiado, procurou observá-los mais atentamente. Um deles discretamente olhou em sua direção, porém não chegaram a cruzar os olhares. O coração de Medeiros acelerou ao perceber grande semelhança com o filho de Ermínia, fixou a atenção neles, tentando confirmar suas suspeitas. Olhara várias vezes para a foto do rapaz que levava junto com outros documentos em sua pasta, considerou ser bem possível se tratar da mesma pessoa. Em seguida, um homem de estatura mediana, com a cabeça enfaixada, tentou alcançá-los. Bateu nos ombros dos meninos, acenando para que o acompanhassem.

Discretamente saíram apressados, em direção a uma

caminhonete parada a poucos metros, em frente da portaria. Inesperadamente uma ambulância estacionou, dificultando a visão de Medeiros. De imediato, ele saltou na paralela e tentou avistá-los antes de partirem. Viu que um homem alto e pardo os abraçou com entusiasmo, enquanto se apressava em abrir a porta do veículo para que entrassem.

Os enfermeiros dispararam de volta ao elevador, sem ao menos se despedirem deles, a caminhonete saiu rapidamente levando os três suspeitos. Medeiros apenas pôde registrar os últimos números da placa do veículo.

Mais do que depressa, tentou colher informações sobre eles, correndo para a recepção. Aflito, acenou para uma das atendentes que resmungou pela intervenção inesperada.

— O senhor deve aguardar na fila — disse a moça franzindo a testa.

— Por favor, preciso de uma informação urgente — redimiu-se, exagerando propositadamente a aflição.

— Por favor, o senhor deve aguardar ser chamado. Pegou a senha para atendimento? — perguntou a moça, tentando contornar a situação.

— Não posso esperar, estou procurando um amigo que foi acidentado há uns dois dias, poderia informar-me se está aqui neste hospital?

— O senhor poderá obter essa informação na outra portaria da recepção central.

Medeiros pensou rápido e tornou a perguntar:

— Não há registro de entrada nesta recepção?

— Daqui do pronto-socorro encaminhamos as fichas para lá, qualquer informação de pacientes internados, o senhor poderá obter na outra portaria. Por favor, dirija-se ao outro local.

Medeiros suspirou e, a contragosto, agradeceu rapidamente pela informação e foi à portaria central.

"As coisas estão se encaixando, posso apostar que aquele rapaz é Adalberto! Logo mais tentarei descobrir o proprietário daquele veículo, vou encontrá-los!" — pensou com entusiasmo.

Na portaria central, não houve dificuldade para que a atendente lhe mostrasse todos os registros de pacientes com entrada de dois ou três dias anteriores. Havia se justificado, dizendo estar procurando alguns acidentados e que conhecia apenas um deles, de nome Adalberto.

Não havia sequer um registro de alguém que tivesse passado por atendimento com o nome indicado.

— De certo não estão neste hospital, estou procurando até mesmo em dias anteriores, além do que me pediu. Adalberto não passou por aqui — confirmou a moça com precisão.

Medeiros simulou descontentamento e preocupação, depois tentou despistar, dizendo que havia ido a vários hospitais da cidade e que não havia encontrado o paradeiro do amigo. Por fim, agradeceu a gentileza e foi embora. No entanto, já esperava por isso, o que confirmava ainda mais suas suspeitas. Aquele homem e os dois rapazes poderiam ser mesmo o alvo procurado. Por outro lado, não perderia mais tempo por ali, haja vista, que Maria de Fátima teria mais facilidade em conseguir tal confirmação com o diretor do hospital. Por ele, considerou ter tido muita sorte ao se deparar inesperadamente com o rapaz, cuja fisionomia assemelhava-se à de Adalberto.

"Estou no caminho certo!" — pensou com satisfação, ao sair da portaria central do Hospital.

Imediatamente acionou sua equipe para localizar o proprietário da caminhonete, em poucas horas estaria com todas as informações de que necessitava. Pensou em Ermínia e, dependendo do que encontrasse, teria que ter cuidado ao lhe falar, sabia que seria muito difícil para ela saber que o filho estava foragido e metido em coisas ilícitas. Faria de tudo para auxiliá-la diante do que estaria por vir. Entretido com o desenrolar dos fatos, ansiava por encontrar Maria de Fátima, imaginou o que a amiga diria, depois que lhe contasse sobre o possível encontro com Adalberto. Sorriu satisfeito, por outro lado, admirava a astúcia dela, por isso a procurou. Tudo estava caminhando rapidamente mais do que esperava.

Atravessou a rua e, antes de chamar um táxi, resolveu entrar numa padaria próxima e tomar café. Sentado no banco do balcão, fixou olhar em um ponto indefinido e parabenizou-se. Em sua profissão, tudo dera muito certo, por isso, rapidamente conseguira se destacar e formar fortuna. Trabalhava muito, porém, em compensação, ganhava muito dinheiro e satisfação. Tudo vinha muito fácil para ele nesse sentido, resolver o caso de Ermínia seria mais uma realização, além de poder suprir o infortúnio do atropelamento que lhe causará danos físicos.

"Como são as coisas! Se ela teve o azar de ser atropelada, teve ao mesmo tempo sorte por ter sido eu o causador — um promotor competente e responsável" — pensou.

De repente, arregalou os olhos, ao lembrar dos detalhes do sonho que havia lhe contado com o filho Adalberto, entrando numa caminhonete, com meias escondendo o rosto, e com um homem forte, pardo que buzinava apressado. Depois, lembrou também da cena no parque, quando dois rapazes roubaram a bolsa de uma senhora e de uma caminhonete esperando-os para fuga. Exaltado exclamou:

— Será que ela realmente previu tudo isso? Ela se sentirá duplamente chocada se estiver certa!

Em seguida, balançou a cabeça, ponderando em pensamento:

"Estou ansioso por desvendar os fatos. Não posso misturar as coisas, poderão ser apenas coincidências, nada mais."

Na tentativa de dissipar possíveis conclusões, pagou o café e saiu em busca de um táxi, já estava próximo da hora marcada do encontro com Maria de Fátima. Atravessou a avenida e procurou abrigo num ponto de ônibus próximo dali, esfregou as mãos, o frio estava intenso e garoava muito. Assim que avistou um carro disponível, fez sinal e entrou, acomodando-se no banco traseiro. Indicou o local ao motorista e recostou a cabeça, no encosto do banco, procurando relaxar.

***

Maria de Fátima deixou o recado de que havia conseguido marcar um encontro pessoalmente, com o diretor do hospital, somente para a hora do almoço, e que as informações seriam trocadas somente à noite.

Medeiros aproveitou para ir ao escritório averiguar o andamento da solicitação que fizera a seus assistentes: a de localizar a identidade do dono do veículo. Em seguida, passaria em sua residência, trocaria de roupas, pegaria o carro e voltaria somente à noite, à casa de Maria de Fátima.

No caminho, resolveu parar e almoçar, isso ajudaria conter a ansiedade, mesmo porque era bem provável que seus assistentes também houvessem saído para almoço, e de nada adiantaria chegar esbaforido, tumultuando as coisas. Do restaurante telefonou para um deles que, imediatamente, o informou que, somente no final da tarde, se tivessem sorte, poderiam receber algum resultado concreto da pesquisa.

Por ora, ficou ciente de que não havia nada a fazer, senão aguardar o desenrolar dos fatos para tomar as devidas providências, caso se confirmasse que estavam na pista certa.

No início da tarde, assim que trocou de roupas e pegou o carro, resolveu fazer uma visita rápida para Ermínia, olhou no relógio e constatou que havia tempo de sobra, isso o ajudaria a descontrair até que pudessem juntar informações para a noite, conforme o combinado.

Dona Judite e a filha estavam na cozinha preparando algumas encomendas de doces e salgados, quando ouviram o carro de Medeiros estacionar.

Com certa indignação, Ermínia apressou-se em recepcioná-lo:

— Medeiros! O que faz por aqui a esta hora? — perguntou surpresa.

— Boa tarde Ermínia! Estava resolvendo algumas coisas perto daqui e resolvi parar para tomar um café. Estou atrapalhando?

— De forma alguma, chegou na hora certa, estamos terminando as encomendas dos doces e temos uma torta deliciosa prontinha, saiu do formo agora! — disse ela com entusiasmo.

— Que maravilha! Tomara que seja aquela de maçã, porém se for outra também aceito!

— Você acertou! Uma bela torta de maçã está na mesa esperando para ser saboreada! Venha! Vamos tomar um chá que irei preparar para você, ou prefere café?

— Vou preferir o chá para acompanhar a torta. Tudo bem por aqui? E as meninas?

— As gêmeas estão fazendo lição na casa de amigas aqui pertinho, e a Julieta está tirando um cochilo, daqui a pouco acordará com a corda toda!

— Olá Medeiros! Você captou meus pensamentos, quando tirei a torta do forno lembrei-me de você! — disse Dona Judite ao abraçá-lo.

— Pelo jeito estou com sorte! — disse ele descontraidamente.

Medeiros sentia-se à vontade naquela casa, havia dito algumas vezes para elas que, estando lá, lembrava-se da casa de sua avó. Gostava daquela afetividade que elas transmitiam, eram pessoas simples, entretanto, de fácil comunicação. Ele gostava disso!

— Você está se sentindo bem, Ermínia? Percebo que sua dicção melhorou muito.

— Estou mais calma, isso ajuda a me expressar mais claramente e estou fazendo os tratamentos indicados pelo médico. Hortência está me acompanhando e, com isso, sinto-me mais confiante e descontraída. Por outro lado, estou ansiosa por chegar o dia da consulta com o doutor Cristiano. Você irá comigo, não irá? Preciso que você me ajude a detalhar os fatos que estão ocorrendo comigo. Quem sabe ele me mande fazer outros exames para ver se está tudo bem na minha cabeça. Quero voltar a falar como antes, só consigo expressar-me melhor quando falo pausadamente. Do contrário, enrolo a língua, tornando dificultosa minha expressão.

— Alguma coisa de diferente aconteceu? — perguntou curioso.

— Não. Eu também tentei desviar os pensamentos, sabe quando a gente não aguenta mais? Então, estou assim. Seja o que tiver sido, vou saber um dia, espero! O que eu não quero mais é o sufoco desesperador que me acomete durante as noites, impedindo-me de raciocinar como pessoa normal. Não tenho sonhado com Adalberto, acredito que eu ainda estava chocada com tudo o que aconteceu, mas estou procurando distrair-me fazendo estes doces, com isso o tempo passa e eu não fico me atormentando. Quando penso nele, procuro rezar pedindo a Deus que olhe por ele, esteja onde estiver. Todas as vezes que percebo que estou entrando em desespero, fecho os olhos e imagino-me falando com Deus. Procurei seguir a orientação daquela moça que me ajudou no parque, a Gracinda, os conselhos que ela me deu foram certos, estou sentindo-me mais fortalecida. Cada vez que faço essa mentalização, imagino-me ao pés de Deus e começo a melhorar. Reconheço que estava distante de tudo isso, vivi um bom tempo martirizando-me pelos problemas financeiros, com isso fui perdendo o gosto pela vida, mas depois que quase a perdi, comecei a pensar que esse Deus quis que eu aqui ficasse, e sei que irá me ajudar a saber o que aconteceu com meu filho.

Medeiros ouvia tudo em silêncio, mas por dentro, dizia que talvez estivesse bem próxima de alcançar a graça pedida.

— Vou telefonar para Gracinda e agradecer-lhe — ela vale ouro! Veja Medeiros, se por um lado eu tive uma vida muito difícil financeiramente, por outro, tenho a sorte de encontrar pessoas que me ajudam de alguma forma a superar os momentos de crise e de grande preocupação. Começo a perceber que não estava olhando para o lado bom de minha vida, só enxergava faltas e perdas. Esqueci-me de agradecer pelo que tinha, sei que ficar sem dinheiro não é fácil, isso me cegava e não conseguia ver as coisas de outro jeito. Agora tenho a impressão de que alguma coisa vai mudar muito em minha vida. Sinto isso dentro de meu peito, quero curar-me e poder recomeçar, aliás, eu já estou mudando, porque estou aprendendo a valorizar e a agradecer o que tenho e, principalmente, a ajuda que você me deu e está me dando, não somente em dinheiro, mas em amizade, companheirismo e com sua presença entre nós.

"Quero poder retribuir-lhe da melhor forma, em alguma coisa que você mais precisar, porque dinheiro sei que não lhe falta. Você poderá sempre contar comigo — sabe disso! Eu pressinto uma grande renovação porque estou com vontade de mudar em tudo, começando por este lugar. Não me sinto mais tão à vontade por aqui, quero ir embora, não sei para onde, vou aguardar que minha saúde volte ao normal e aí procurarei trabalhar e melhorar de vida. Não quero mais ficar me remoendo com lembranças tristes, principalmente quando vejo o Juquinha. O menino até percebeu como fico perturbada quando nos encontramos, anda fugindo de mim e eu não posso mais aguentar isso. As pessoas falam de mim com pena e quando estou por perto, disfarçam tomando cuidado com isso e aquilo... Não dá mais! — desabafou injuriada."

— Se quiser mudar mesmo, ajudo a encontrar uma boa casa num lugar mais agradável. Eu já havia pensado nisso, porém, nada lhe disse em virtude de seu estado, temia causar-lhe mais ansiedade. Agora que se abriu comigo, vou providenciar tudo, e quanto menos esperar estará de casa nova — respondeu-lhe com segurança.

— Eu aceito sua ajuda, porque sei que poderei arcar com as eventuais despesas que virão. Só preciso aguardar que eu melhore mais, e então será o momento certo — disse Ermínia com segurança.

— Não há problema para mim em relação a isso, posso muito bem ajudá-la no que for preciso. Não se preocupe em assumir mais despesas, elas não ficarão por sua conta, se quiser farei isso imediatamente.

— Aceite minha filha, talvez seja muito melhor para você sair daqui e apagar as lembranças ruins — interveio Judite inesperadamente.

— Mãe, não é assim que quero, aceito a ajuda de Medeiros, mas preciso sentir que estou pronta para isso, vamos aguardar até que eu melhore, e então conversaremos sobre isso novamente.

— Você é quem manda, ficarei no aguardo de sua decisão — concordou Medeiros, ao mesmo tempo em que piscava discretamente para a mãe dela.

— Aceita mais um pedaço de torta? — falou Judite, retribuindo a piscada de olhar, insinuando que sabia o que ele pretendia fazer dali por diante.

— Oh! Sim. Está uma delícia! — disse ele.

— Acho que vou pensar em investir em vocês, quem sabe abrirei um café com doces e salgados, para que trabalhem e se divirtam ao mesmo tempo.

— Eu adoraria! — respondeu mais do que depressa, Dona Judite.

— Mãe! O que é isso? — indagou Ermínia.

— Largue de ser preconceituosa e orgulhosa, minha filha! Você ouviu que vamos trabalhar? — retrucou a mãe, defendendo-se.

— Ouvi, mas espere um pouco, estou ainda debilitada!

— Compreendo, mas você está me ajudando todos estes dias e está passando bem, até que Medeiros concretize as coisas, você estará boa, pode ter certeza disso! — reforçou a mãe decidida.

— Mãe! Medeiros pode ter feito apenas uma brincadeira! Não exagere! — tentou contemporizar.

— Não é brincadeira! É o que pode acontecer. Com isso, você melhorará de situação financeira e poderá se sentir mais segura. Eu invisto em vocês e também ganharei futuramente. Imagine se alguém vai deixar de provar estes quitutes tão saborosos! Vai ver quando pegarem fama! Terão que contratar ajudantes e daí por diante...

— Nossa! É isso o que sempre imaginei! Ah Medeiros, de onde você veio meu filho? Caiu aqui por conta de uma desgraça e está fazendo milagres para nós! Vamos retribuir-lhe com trabalho e honestidade. Que maravilha! Todos conhecerão os doces de Judite! — falou em tom mais alto.

Medeiros sorriu com a espontaneidade dela, depois olhou para Ermínia e piscou, a moça balançava a cabeça demonstrando indignação em virtude da atitude natural da mãe. Depois quis se explicar dizendo:

— Veja Medeiros, vamos esclarecer as coisas de uma vez por todas! Eu não quero que se sinta responsável por tudo em razão de ter me atropelado. Você já fez o que foi necessário, não gosto de abusos e saiba que nós não o culpamos, além disso, não é obrigado a nos sustentar por causa do acidente.

— Ora Ermínia, para mim isso não representa nada. Sei até onde posso dispor de minhas facilidades financeiras. Quando ficar rica, verá que isso não tem importância alguma, mesmo porque não estou jogando dinheiro fora de forma inconsequente, estou investindo para também usufruir futuramente. Não ouviu o que eu disse? Apenas estou reconhecendo os talentos que vocês possuem e tentando aproveitá-los. Todos nós sairemos ganhando, não estou dando e sim proporcionando trabalho. E se quisesse fazer uma doação, também não veria problema algum, pois sou privilegiado e possuo condições para isso, procure entender sem preconceitos.

— É isso mesmo minha filha! Ele está certo, você está com vergonha de aceitar uma ajuda? Por acaso não quer mudar de vida? Deus lhe dá a oportunidade e você não sabe ver? Deixe de ser orgulhosa e aprenda a receber, mesmo porque eu não lhe ensinei a se aproveitar dos outros, somos pessoas honestas e a vida me ensinou que ninguém faz nada sozinho. Precisamos ajudar e sermos ajudados. Se fizermos os doces e não tivermos alguém para comprar, de nada valerá. O famoso ditado é certo: "Uma mão lava a outra", e com uma ajuda dessa, vamos mais rápido! — disse a mãe com veemência.

— Concordo plenamente com a senhora, aprendamos a trocar! O mesquinho e avarento não sabe o que é isso, tampouco aqueles que desperdiçam, sem valorizar o que possuem. Ambos são inconsequentes, porque um segura com medo de faltar e não dá, nem troca; o outro gasta até o último centavo e não sabe fazer o dinheiro crescer, vive na ilusão momentânea. O bom é termos sabedoria para utilizar nossos potenciais, criando várias possibilidades em nossas vidas. Entendeu? Você está subjugando a minha inteligência e conduta agindo dessa forma. Sei exatamente com quem estou lidando, por acaso, estou distribuindo dinheiro pelas redondezas? Não seria uma inconsequência dar, sem ao menos ensinar a pessoa a conquistar? Já pensou se eu tiver dó de todo mundo? Já não estaria bem afortunado, concorda? — explicou ele.

— Olhando por esse ângulo, creio que estão certos, desculpe--me a ignorância, é que vivi muito tempo com limitações e não sei como age uma pessoa com posses. Tem razão, para você isso não representa nada — tentou redimir-se ao responder-lhe.

— Você já fez alguma coisa para alguém que estivesse necessitando de ajuda?

— Claro, quantas vezes aqui no bairro ajudei minhas vizinhas. Os doces que sobram e que não dá para guardar damos aos amigos, porque podem estragar e gostamos de fazer tudo fresquinho. Também recebo coisas deles.

— Pequenas coisas você aceita, não é? Grandes coisas você acredita que não merece, não é a mesma coisa? É uma questão de ponto de vista e disponibilidade, não é? Cada um pensa e age de uma forma. Esta é a minha concepção! Também peço ajuda quando preciso e aí se somam as forças. E por isso tudo é que minha vida vai bem. Entendo que compartilhar nos torna mais acessíveis às coisas que pretendemos obter. Muitas vezes o contato com amigos de posse facilitou-me a vida, e agora eu também vou retrucar com um ditado popular: "Não precisamos ter muito dinheiro, precisamos ter amigos influentes". Assim vamos trocando favores e crescendo juntos.

— Preciso aprender a reconhecer isso, meu mundo ainda é limitado, será que aprendo fácil? — perguntou Ermínia com simplicidade.

— É uma questão de tempo aprender a tirar proveito das situações sem fazer uso de manipulações fúteis e enganosas. É o caso do mesquinho, que só quer levar vantagem para si e se esquece de dar sua contribuição. Eu tenho sorte, porque não tive dificuldade alguma para me integrar, mantendo essa postura. Para mim isso é muito natural, porque não tenho má-fé. Ajo com a mesma disposição para com aqueles que me ajudam e para com os que eu possa vir a ajudar. Um estado praticamente normal em minha vida, para tudo eu mantenho a mesma postura, já nasci com isso, talvez seja essa a grande diferença, além do que, sou muito dedicado e responsável, gosto de trabalhar.

— Ah! Isso eu também! Não tenho preguiça alguma, se precisar viro a noite cozinhando — ressaltou categoricamente, dona Judite.

— Por isso é que confio em vocês, sei que vão dar conta do recado.

— Pode confiar de olhos fechados, porque só queremos o que pode ser nosso — continuou dona Judite, com bastante convicção.

— Então, fechamos o negócio? Sigilo absoluto até concretizarmos os fatos — hábito adquirido em minha profissão, gosto de mostrar somente quando fica pronto — alertou Medeiros.

— Isso mesmo! A inveja corre solta, depois que estivermos com a mão na massa, nada mais nos importará — disse Judite cruzando os dedos, fazendo figa.

Medeiros sorriu com gosto, depois complementou:

— O invejoso vai cruzar nosso caminho a qualquer hora, porque não sabe olhar para si e precisa ver o que acontece para fazer igual. Não tem criatividade! — disse sorrindo, continuando em seguida:

— Por outro lado, não existe uma única loja de sapatos, não é? Logo, tem para todos! Só que quem sai primeiro já está em outro grau no uso sua inteligência e potencial, assim funciona o progresso. Apenas gosto de primeiro elaborar para depois apresentar, acredito que tudo segue uma ordem, e nesse mundo dos negócios precisamos pensar rapidamente e sermos muito criativos, caso contrário, perdemos a chance de nos tornarmos pioneiros. Gosto de ser inovador, porque depois todo mundo vai copiar o feito que antecipadamente realizei. Por isso é que é possível entrar no mercado com especialidade diferenciada. Vamos em frente e ver o que acontece.

— Medeiros, reconheço que tenho muito a aprender com você! Só não posso dizer “bendita a hora em que me atropelou”, porque doeu muito! — disse Ermínia mais descontraída.

— Há males que vêm para bem, não é minha filha? — falou Judite, batendo as mãos na mesa.

Medeiros tornou a sorrir para valer, enquanto fazia sinal de que queria mais um pedaço da torta. As duas apressadamente disputaram para servi-lo, ele se divertia e, com isso, passaram horas agradabilíssimas, podendo se entreter com conversa produtiva.

Pouco antes dele ir embora, foram surpreendidos pela entrada de Julieta na cozinha. A menina esfregou os olhos e bocejou, ao vê-lo sentado à mesa, correu para abraçá-lo, pulando em seu colo:

— Medeiros! — exclamou a garota com satisfação.

— Como vai a minha boneca?

— Estava dormindo e sonhei com você!

— É mesmo? E qual foi o sonho?

— A Amália estava comigo, ela sempre vem me visitar, a gente corria no parque jogando bola, aí ela me disse para falar para você tomar cuidado quando estiver indo para a casa de sua amiga. Falou que tem gente espionando tudo, eu não entendi nada, quando fui perguntar de novo, ela repetiu tudo bem devagar e aí eu acordei.

— Julieta, você deve ter ouvido a voz de Medeiros! — disse a mãe tentando dissimular.

Ele se sobressaltou ao ouvir o relato de Julieta, olhou para Ermínia que também demonstrou suspense no olhar, em seguida tornou:

— O que você está me dizendo? — questionou assustado.

— Por que você e sua amiga estão se escondendo? — retrucou a menina com certa ingenuidade.

Medeiros relacionou o que ouvira com a possibilidade de Maria de Fátima estar em perigo.

— Pode me repetir isso Julieta? — solicitou apreensivo.

A menina repetiu detalhadamente a mensagem de Amália, ele engoliu seco, não teve palavras para discutir a questão. Depois a instigou, querendo saber mais sobre a mulher que era sua amiga.

— Ela é minha amiga de anos atrás, disse que virá sempre me ver quando souber que precisamos de sua ajuda. Fazia tempo que não aparecia, hoje veio brincar comigo. Gosto muito dela e ela gosta de mim também.

— Julieta, pare de fantasiar minha filha! Já lhe disse para não confundir realidade com sonhos — ressaltou Ermínia com visível preocupação.

Medeiros interveio, pedindo que deixasse Julieta falar, pois a compreendia e sabia discernir um estado de outro. Com o tempo, ela mesma faria isso, pois era uma garota com forte tendência à imaginação. Futuramente isso poderia ser convertido em criatividade espontânea. No entanto, procurou dissimular para que a menina não se impressionasse. Ainda mais se lhe dissesse haver coerência no que revelara.

A expressão de Medeiros mudou a partir daquele momento. Beijou a garota e a colocou no chão, depois se levantou e se despediu de Ermínia e dona Judite. Justificou a saída, dizendo ter um jantar de negócios para o qual não poderia se atrasar. Entretanto Julieta alertou:

— Você vai à casa de sua amiga? Tome cuidado, Amália não costuma errar! — vou pedir para ela te ajudar.

— Obrigado querida, faça isso! — disse Medeiros abraçando a garota.

Na porta, Ermínia não escondeu preocupação com o que a menina havia dito a ele, então perguntou diretamente:

— Medeiros, você está trabalhando em algum caso perigoso?

— Acredito que sim, obterei informações hoje à noite.

— Não sei o que dizer e nem como explicar certas coisas que aconteceram comigo, mas que Julieta encara naturalmente. Por conta disso, acaba por confirmar-me o que se passou. Não vejo a hora de falar com o doutor Cristiano. Com relação à menina, não sei o que ocorre. Apenas você poderá entender esse tipo de recado. Diga-me, está acontecendo alguma coisa com você?

— Ermínia, também não sei como explicar, porém Julieta falou exatamente onde irei à noite. Realmente uma amiga está a minha espera na casa dela, e estou indo para lá para trocarmos informações importantes sobre um acusado. Não sabemos ainda com quem estamos lidando, mas não dá para negar que a menina possui um sexto sentido aguçado, porém não acho conveniente confirmarmos isso diante dela. Eu não saberia como lidar com isso agora, mas lhe prometo que irei buscar ajuda, e caso hoje aconteça alguma coisa que comprove ainda mais o que ela me disse, não haverá como negar a faculdade de premonição de Julieta.

"Fique tranquila porque de alguma forma preciso tomar muito cuidado daqui por diante, desconfio que o caso que estou tratando é por demais perigoso."

— Tenha cuidado Medeiros, seja lá o que for, rezarei por você e por sua amiga. Quanto à Julieta, não sei o que dizer, estou assustada porque ela me disse algumas coisas que eu vi em sonho. Até então, considerava estar sob efeito de remédios e com alguma sequela em virtude da batida na cabeça. Estou confusa e não sei o que fazer, são tantas coisas que estão acontecendo e que não tenho condições de explicar, questionar ou negar... Entendeu?

— Faça isso porque vamos precisar de todo tipo de ajuda. Não se perturbe! Os fatos vão se esclarecer com o tempo, procurarei saber o assunto e depois conversaremos a respeito.

— Você não reza? — perguntou ela inesperadamente.

— Costumo agradecer à vida do meu jeito, sendo uma pessoa boa e honesta, não sei se acredito em outra coisa, entretanto creio que sempre sairei bem em tudo, porque trabalho para que a justiça prevaleça.

— Vou rezar por você. Por favor, tenha cuidado, não sei se me deixei impressionar, mas é que você acabou de confirmar as revelações do sonho de Julieta. Sinto um aperto em meu peito, parecido com aquele dia em que sonhei com meu filho Adalberto. Ai meu Deus, eu não suportaria se algo lhe acontecesse!

— Não se preocupe tanto, na minha profissão isso é mais do que normal, haja vista, que no dia em que aconteceu o acidente com você, eu estava fugindo de uma possível batida de perseguidores, cuja intenção era me assustar ou acabar comigo. Tomarei precauções e nada vai acontecer de ruim. Fique tranquila e vá buscar as gêmeas, não é recomendável que as meninas fiquem até o anoitecer fora de casa — alertou.

— Elas estão a duas casas daqui, logo mais estarão de volta.

— É bem perto mesmo, pensei que fosse mais distante.

Ermínia gostava de ser protegida por ele, sentia-se segura e amparada.

— Tenha uma boa-noite, Medeiros! Por favor, não deixe de dar notícias amanhã.

— Darei uma passada por aqui, fique despreocupada. Durma bem e mantenha a calma, você já teve muitos dissabores por minha causa, não é justo alterar-se dessa forma. Infelizmente, em minha profissão, isso ocorre sempre, mas de certa forma aprendi a lidar com situações assim. Vá buscar as meninas e não saia mais daqui, nem abra a porta para desconhecidos. Nunca se sabe se estou sendo seguido, por conta disso poderão ficar em evidência. Veremos o que acontece nesta noite, depois pensarei em acelerar sua mudança de residência. Acredito que ficarão mais seguras e assim eu também poderei trabalhar mais sossegado.

— Estamos em perigo? — preocupou-se Ermínia.

— Não sei ainda, vou averiguar, mas tomar cuidado é essencial.

— Medeiros, você está me assustando, temo pelas meninas, aceito a proposta de me ajudar a sair daqui. Não pretendo mais esperar! — disse com certa aflição.

— Não se preocupe, enquanto estiver solucionando este caso perigoso, mandarei alguns seguranças disfarçados ficarem na redondeza. Nada de ruim irá acontecer, confie em mim!

— Seguranças? O caso é tão grave assim? Meu Deus, estou com medo!

— Infelizmente precisei alertá-la, não saiam de casa até que volte com eles. Os meus filhos também são escoltados. É assim mesmo, porém vivemos bem com tranquilidade. Precisei ensiná-los como agir diante de suspeitos e farei o mesmo com vocês.

— Nossa! Farei o que me pede, vou buscar as meninas agora mesmo! — disse Ermínia, abrindo rapidamente o portão de saída da casa.

— Eu espero e aproveito para vê-las.

Ermínia saiu em disparada. Com o coração acelerado, olhava de um lado a outro para ver se havia alguém espionando a casa dela.

Em poucos minutos as meninas saíram e, sorridentes, foram ao encontro de Medeiros. Abraçaram-se com ternura, enquanto recomendava sutilmente que tivessem cuidado a partir daquele dia. As meninas entreolharam-se espantadas, sentindo-se alertadas, porém não demonstraram pânico.

Uma delas até sugeriu:

— Só sairemos de casa quando a mamãe nos acompanhar, assim você não ficará mais preocupado.

Ele sorria, enquanto passava as mãos nos cabelos dela.

— Isso mesmo! Posso confiar em vocês?

— Pode — responderam as gêmeas simultaneamente.

Julieta estava atrás da porta de entrada, ouvindo o que ele dizia para as irmãs. De súbito, se postou à frente e disse:

— Amália vai nos proteger, ela mesma disse isso! Eu não tenho medo, ela me disse que sou especial e vou ensinar muitas coisas boas para as pessoas, quando crescer! Não é aqui que precisa ter cuidado, é na casa de sua amiga! — reforçou a menina com naturalidade.

O moço, estático, franziu a testa ao responder:

— Tudo vai dar certo. Tenham certeza disso! Agora entrem e fiquem sossegadas, amanhã voltarei e poderão ver que me sai bem.

— Vou pedir a ela para acompanhar você — tornou a garota.

— Julieta, nós todas pediremos a Deus por Medeiros, está bem assim? Porque Deus é o nosso Pai Protetor e não conhecemos sua amiga Amália, entendeu? — redarguiu a mãe.

— Amália também pede a Deus! — explicou a menina, tentando defender a amiga.

Por ter percebido que não havia como discutir com ela, a mãe concluiu:

— Perfeito! Todas nós ajudaremos de alguma forma. Está bem assim?

Depois se despediu de Medeiros e entrou acompanhada das filhas. Ele entrou no carro, porém, antes de se dirigir à residência da amiga, deu algumas voltas ao redor do quarteirão, para certificar-se de que não havia suspeito algum pela redondeza.

Pensativo, ansiava chegar para constatar que Maria de Fátima estava bem. Tomaria as devidas precauções, porque, de certa forma, validara o que ouvira de Julieta. Depois indagou para si mesmo:

— Será que as duas são paranormais? Já ouvi algo sobre pessoas que possuem certos poderes premonitórios, no entanto, não sei onde procurar esclarecimento. Não posso negar que ela, de alguma forma, acertou no que me disse. Parece-me ser mais clara do que a mãe. Hei de pesquisar o assunto e observá-la mais atentamente.

Enquanto isso na casa de Ermínia, Judite procurava contornar a situação com a filha:

— Acho melhor não incitá-la, ela é muito pequena e, nesta fase, toda criança fantasia, porém, poderemos ouvi-la com a devida atenção, sem menosprezá-la. Ele mesmo confirmou! Algo estranho a menina possui, talvez seja portadora de premonições. Minha mãe era assim, tudo o que ela sonhava dava certo. Pode ser que ela tenha herdado esse dom dela, quem sabe? Confesso que, a partir de hoje, prestarei mais atenção no que ela nos disser, saberemos distinguir se é coisa da cabeça dela ou se há um fundo de verdade.

— Ai meu Deus! Não quero causar problemas para minha filha! Antes considerava ser apenas fantasia o que me dizia, mas diante da observação de Medeiros, reconheço que ela possa ter realmente um sexto sentido bem aguçado. Ainda que certas colocações se misturem com a imaginação infantil. Não vejo a hora de falar com o doutor, tenho certeza de que ele irá nos esclarecer sobre essas coisas. No entanto, tenho que concordar com ele e com a senhora, a menina realmente captou o que Medeiros iria fazer. Como pode acontecer isso? Tudo por aqui mudou repentinamente após o desaparecimento de Adalberto...

Ermínia omitiu à sua mãe a relação que fizera entre as visões da filha e a experiência que tivera em sonho. Não sabia explicar o que estava acontecendo com elas, porém estava decidida a contar tudo ao médico, pois somente ele poderia explicar-lhe o assunto.

Dona Judite respondeu-lhe ao pensamento:

— Coisas da vida, Ermínia! Precisamos ser fortes para enfrentar as mudanças que Deus nos reserva! De certa forma, estamos superando muito bem! Eu acredito em premonições! Começo a acreditar que Julieta está despertando para esses fenômenos. Não sei não se o médico conseguirá explicar essas coisas... Só se ele mesmo acreditar! Quem sabe se procurarmos ajuda de alguma pessoa espírita, essa Gracinda que religião tem?

— Não sei mãe! Mas não quero procurar nada dessas coisas antes de conversar com o médico, preciso saber mais algumas coisas sobre o meu estado, depois disso tirarei minhas conclusões e daí verei o que fazer.

— O que será que Medeiros irá encontrar? Fiquei preocupada, no entanto, ele é macaco velho, sabe muito bem se safar.

— Não sei, isso me assustou, não aguentaria viver se algo de ruim acontecesse com ele.

— Nada de ruim irá acontecer, vamos pedir a Deus que o proteja, fique sossegada, procure não se alterar, amanhã ele estará de volta e irá nos contar o que realmente aconteceu.

— Acho melhor seguirmos as orientações que ele nos deu. Será que estava sendo seguido?

— Ah! Ermínia! Pare de pensar negativamente, todo cuidado é pouco, mas exagerar jamais! Você não ouviu quando ele disse que os próprios filhos já se acostumaram com os seguranças? Não aconteceu nada de ruim com ele e nem vai acontecer conosco. Logo mais sairemos deste lugar e ficaremos mais protegidas, como ele mesmo recomendou.

— É mesmo, aceitei a proposta mais do que depressa, não quero ter mais problemas, chega de tudo o que já nos aconteceu. Estou preocupada, não consigo esquecer sua expressão de pânico ao ouvir o relato de Julieta.

— Vamos orar, assim ficaremos mais calmas. Faremos como ensinou sua amiga do parque.

As duas ajoelharam-se defronte a uma imagem de santo, acenderam uma vela e pediram para que Deus guardasse o amigo querido, livrando-o de todos os riscos e perigos.

Ermínia serenou, levantou e enxugou as lágrimas dos olhos, mas ainda sentiu o aperto em seu peito acompanhado do sentimento de tristeza. Resolveu fazer alguma coisa para tirar atenção daquilo, correu para a cozinha a fim de preparar algo para o jantar. Dona Judite a acompanhou em silêncio.

As meninas foram para o quarto e Julieta entretinha-se a ensinar o jogo com que brincavam às irmãs. Era notória a facilidade de raciocínio dela. Além disso, era ao mesmo tempo esperta e ágil, doce e terna. Era muito difícil perder uma partida no jogo, dizia com naturalidade que as irmãs eram muito fracas e por isso perdiam a jogada. Depois que se cansava, saía rapidamente em busca de suas bonecas e continuava brincando sozinha, conversando em voz alta com elas. Coisas típicas da fase infantil, porém já possuía temperamento um tanto quanto aguçado,autoritário e firme.

Após o jantar, Ermínia tentou distrair-se ligando a televisão. Observava o comportamento de Julieta, a menina estava tranquila e serena. Pensou em Medeiros, ansiava pelo amanhecer para poder vê-lo e constatar que estava bem e salvo.

Algumas horas se passaram, ela tentava resistir ao sono por medo de ter alguma visão negativa do amigo, no local onde ele se encontrava. Já havia tomado alguns sedativos. Não conseguiu dominar a exaustão e se entregou, adormecendo, sem mais nada poder controlar.

14

Medeiros estava quase chegando à residência de Maria de Fátima, quando notou, a dois quarteirões aproximadamente, um veículo parado com quatro homens no interior do carro.

Com o coração sobressaltado, acelerou a velocidade, contornando à esquerda para confundi-los, pelo retrovisor notou que levantaram a cabeça e, rapidamente, ligaram o carro e saíram. Nas ruas havia pouco movimento, isso fez com que ele desse várias voltas antes de retornar ao local. Como não encontrou nenhum carro parado nas proximidades, suspirou aliviado, falando em voz alta:

— Não era nada! Possivelmente estavam parados conversando e saíram dali temerosos de serem assaltados.

Parou o carro na entrada da casa e deu sinal de luz para o vigia abrir o portão. Entrou rapidamente, checando mais uma vez pelo retrovisor, se estava tudo bem. Suspirou sentindo alívio.

Maria de Fátima abriu a porta da sala eufórica:

— Graças a Deus que você chegou! Estava aflita querendo falar-lhe. Entre, você já jantou? — disse sem dar muita chance dele responder ou de perguntar-lhe algo.

— A mesa ainda está posta, vamos jantar, eu o acompanho — continuou aflita.

— Não prefere conversar? Depois poderemos jantar, também tenho muitas coisas para lhe dizer.

Maria de Fátima assentiu, dizendo-lhe:

— Vamos ao meu escritório, quer tomar um drinque?

— Aceito — disse ele.

Visivelmente alterada, fechou rapidamente a porta do escritório e preparou os drinques dizendo:

— Conte-me tudo o que se passou pela manhã no hospital, depois eu arrematarei com a conversa que tive com o diretor geral.

Medeiros notou que ela estava por demais impaciente, entretanto, esse comportamento lhe era peculiar. Ele também estava ansioso para saber o que havia acontecido no encontro dela com o diretor do hospital. Depois que deu um gole na bebida, desatou o nó da gravata e começou a relatar pausadamente a possibilidade de ter visto quem procurava. Ela ouvia atenta, enquanto tomava várias doses de uísque seguidamente. Percebeu que estava tensa e preocupada, isso o deixou ainda mais ansioso, bem antes de dar conclusão ao assunto, ela o interrompeu dizendo:

— Estamos diante de quadrilha de traficantes perigosos, o próprio diretor me alertou para tomar muito cuidado, assim que cheguei ao hospital, ele rapidamente simulou atendimento emergencial. Disse-me que estava sendo vigiado, porque pela manhã havia estado lá um indivíduo procurando por um amigo de nome Adalberto. Claro que foi você. Minutos depois de sua saída, ele recebeu um telefonema ameaçando-o, caso confirmasse a presença dos três elementos procurados: Lopes — o chefe e seus tutelados prediletos — Adalberto e Teobaldo, dois garotos adolescentes que ficaram sob observação, por dois dias, em tratamento. Consegui também informação da dona de um prostíbulo que é muita íntima desse tal de Lopes, parece que fizeram uma festa, contrataram algumas mulheres que trabalham para ela, e algo de terrível aconteceu, pois todas voltaram machucadas por terem sido violentadas com garrafas. Estavam sob efeito de drogas e nada puderam revelar a respeito, algumas até ficaram internadas. O chefe e os meninos também foram internados em semelhante estado. A única coisa que conseguiram contar foi que ingeriram um tipo de droga nova, misturada com muito álcool. Então perderam a lucidez e, quando acordaram, estavam totalmente sob efeito alucinógeno, alguns nem conseguiram postar-se em pé, caíram e se machucaram.

Um médico acobertou tudo com a autorização do diretor. Confessou estar enroscado com esse tal de Lopes — coisas do passado, mas que envolviam muito dinheiro. Recomendou-me esquecer o assunto e nunca mais aparecer por lá. Mas como me deve alguns favores, não teve como escapar. Sabia que iríamos investigar e antecipou-se, desabafando que estava perdido nas mãos deles, e que a segurança sua e de sua família dependiam da promessa de acobertá-los caso, fosse necessário. O médico e o diretor estão envolvidos, por isso o registro de entrada e saída foram ocultados. Antes de me despedir dele, o telefone tocou e ele empalideceu, não sei como, mas sabem quem é você. Estão com sua ficha e ameaçaram o diretor. Ele jurou que não havia tido contato com você, creio que eu também estou sendo vigiada, porque alguém estava lá observando a saída de todos. Você não percebeu nada de anormal?

— Não, apenas vi dois enfermeiros se deslocarem com eles até a saída e voltarem, apressadamente, sem desviar atenção. Então eu estava certo: achamos Adalberto e Teobaldo!

— Sei exatamente onde fica o sítio onde moram, mas impossível alguém sair de lá vivo. O que vamos fazer? — perguntou aflita.

— Não sei ainda, preciso pensar. Se eles sabem quem eu sou, sabem que você é... Estamos em perigo! Primeiramente vamos tratar de reforçar nossa segurança pessoal, depois veremos por onde começar.

— Eu não preciso de mais um segurança, você precisará por estar em evidência — disse ela.

— Estamos em perigo! Não seja tola! Será que pode confiar nesse diretor? Será que ele não está fazendo jogo duplo? Como pode garantir tamanha sinceridade por parte dele?

— Se não fosse por mim, estaria preso a uma hora dessa e com todos os bens confiscados pelo governo.

— Acredita que isso seja o suficiente para que ele não a envolva? Para safar-se, poderá muito bem revelar que lhe disse tudo isso porque você o chantageou, que não teve saída. Sabe que a quadrilha pode fazer você desaparecer de um dia para outro, sem que alguém descubra? Ora Maria de Fátima, não seja ingênua!

A moça levantou-se bruscamente e encheu o copo de uísque, não estava conseguindo disfarçar a aflição.

— Não tenho medo deles! Estou com tudo nas mãos, se algo me acontecer, estão fritos! Ele sabe muito bem disso! Continuo burlando os impostos dele e isso ele não vai colocar em jogo — disse tomando um largo gole da bebida.

— Você está metida com esse sujeito mais do que até o pescoço, em que mais se envolveu?

— Somente nisso — respondeu, sem olhá-lo diretamente nos olhos.

— Tem certeza? Há algo mais? Você precisa me contar, só assim saberei como protegê-la, bem como, a sua família.

Cabisbaixa, esfregava as mãos, andando de um lado a outro da sala. Repentinamente, falou com voz alterada e ligeiramente trêmula:

— Mauro também está envolvido. Por favor Medeiros, deixe esse caso abafado, você corre perigo de vida! — suplicou ela, ajoelhando-se aos seus pés.

— Mauro está envolvido? Como assim? Pode me contar a verdade?

Maria de Fátima sentou-se no sofá ao lado, suspirou ao recostar a cabeça no encosto, com a respiração ofegante e voz embargada, desabafou:

— Eu não aguento mais este sufoco! Não sei o que pensará de nós, após ouvir o que tenho a lhe dizer. Porém não há como ludibriá-lo, só me resta contar tudo e clamar por sua ajuda e compreensão.

Pausou por instantes, levantou e tomou mais uma dose da bebida. Com o copo na mão, olhou firme para ele e começou a relatar:

— Mauro está envolvido com Lopes desde os tempos da mocidade, por que você acha que temos esta linda casa? Não tenho escolha, se você indiciá-los, além de perdermos tudo, não sei se viveremos para contar o que acontecerá conosco. Cedo ou tarde você iria descobrir, sei de sua influência e, por isso, achei melhor contar-lhe tudo e pedir encarecidamente que abafe este caso. Por mim, por minha família e principalmente por você.

Medeiros ficou perplexo, não conseguiu atinar os pensamentos, suava frio. Ao mesmo tempo, sentia forte inclinação a chamá-los de vigaristas e impostores. Olhava para ela indignado e decepcionado. Depois de alguns minutos de reflexão, disse:

— Preciso falar com Adalberto e Teobaldo, depois disso resolverei qual decisão tomar a respeito.

— Nunca! Eles não admitiriam esse tipo de afronta, seria o bastante para apagarem todo mundo. Você pensa que esse Lopes está sozinho na parada? Por detrás dele existe gente de grana e de posição elevada. Não dá para fugir disso, você sabe muito bem que lutar com quadrilhas da alta faria você perder o cartaz e a vida — ressaltou ela, aos berros.

— Vocês já sabiam de tudo e duvido que tenha falado com o diretor, deve ter falado com o próprio Lopes.

Maria de Fátima baixou novamente a cabeça e, aos prantos, respondeu:

— Não me peça para falar mais nada, você já sabe o suficiente, sei que não está interessado em indiciar os traficantes, e sim, saber o paradeiro de Adalberto. Quero que saiba que ele escolheu essa vida, não há como convencê-lo a sair disso, quem entra não sai mais. Está comprometido pelo resto da vida. Os poderosos sabem o que você quer, investigaram e descobriram que você atropelou a mãe do rapaz e que, por isso, quer ajudá-la a encontrar o filho. Eu mesma contei tudo isso para outra pessoa influente de nosso meio, não falei com Lopes porque está debilitado. Não será fácil sair disso sem se machucar ou perder a vida. Abafe o caso para sempre, o menino quer ficar ao lado de Lopes, o admira como um pai e o outro nem pensa mais na família. Faça o que eu lhe digo! Eles saberão reconhecer e tudo ficará certo entre todos. Eles cumprirão o acordo, mas será vigiado ainda por algum tempo, até que se convençam de que realmente abafou o caso. É uma questão de usar a inteligência e a prudência.

“Medeiros, você pode estar me julgando, porém quero que saiba que não sou feliz com tudo isso, nem com o casamento que fiz. Sempre o amei, esta é a verdade! Desiludida pelo fato de ter casado com Tânia, procurei vingar-me casando com Mauro. Quando descobri seu envolvimento com o tráfico, não tive escolha a não ser ficar quieta para permanecer viva. Não quis colocar em risco minha reputação e o que havia conseguido em minha profissão, estava no auge da carreira, sou prima do prefeito, já pensou o escândalo? Não tive escolha! Não me arrependo. Apesar de tudo, tenho uma vida boa e acabei concluindo que fiz a coisa certa.

— Lamento por você! Está presa com marginais e ainda diz que é feliz! Seu dinheiro não vale nada! Acha que se eu abafar o caso eles me esquecerão? Farão o que fizeram com você, acabarão por me envolver em chantagens caso não faça o que queiram.

— De forma alguma! Eles o deixarão livre, mas caso persista em enfrentá-los, poderá se dar mal. Não se esqueça que seus filhos também poderão pagar por isso! — disse em tom de ameaça.

— Está me ameaçando, caso não concorde com tal sujeira?

— Desculpe-me, preciso ser fria ao colocar para você as consequências de sua escolha. Foi assim comigo e será assim com você! Sei com quem estou lidando. Caia fora enquanto há tempo.

— Maria de Fátima, preciso conversar com Adalberto e Teobaldo, depois resolverei o que fazer, como já lhe disse. Não abro mão disso, você dará um jeito de promover um encontro entre nós, poderá ser aqui em sua casa. Mauro poderá fazer isso muito bem, tem acesso à casa de Lopes, não tem? Por acaso estiveram na festa macabra?

— Não, a festa foi dada para homenagear os garotos, ficamos sabendo que algo terrível aconteceu e nem eles sabem dizer ao certo, é a pura verdade. Pode confiar, estou sendo sincera relatando fatos extremamente comprometedores. Só tomei essa atitude porque você viu os três saindo do hospital. Caso contrário, seria mais fácil dissuadi-lo e ainda manteria uma boa imagem a meu respeito. Mas não aconteceu dessa forma, por isso, antes de vê-lo em perigo e por amá-lo perdidamente, resolvi contar-lhe tudo.

— Você os alertou, não foi? Devem saber tudo sobre minha pessoa, estou certo? Depois pediram para você me convencer de me afastar do caso, é isso?

— Tive de contar, Mauro não poderia se comprometer escondendo os fatos, seria receber uma sentença de morte! Além do que, o hospital estava sendo vigiado e viram quando você chegou.

Ainda que fosse outro suspeito, procurariam saber de quem se tratava, tornando-se fácil localizá-lo.

— Eles não pediram para convencê-lo, intimaram-me a persuadi-lo a sair do caso para seu próprio bem e de sua família. Justifiquei que o conhecia há tempo e que você nada queira com eles, apenas com o garoto. Adalberto e o outro, não sabem de nada, muito menos que a mãe foi atropelada, fizeram um pacto, comprometendo-se esquecerem suas origens. Somente assim poderiam entrar para a organização.

— Quero falar com eles, promova um encontro com os meninos. Sei que poderá fazer o que peço!

— Seria loucura, acabei de falar que eles fizeram um pacto de esquecimento, nunca mais poderão saber notícias das famílias e, muito menos, voltar a ter qualquer vínculo com elas. Esqueça tudo isso, diga à mãe dele que será impossível encontrá-lo, ou invente o que quiser, contanto que abafe tudo e possa seguir a sua vida em paz.

— Quero falar com eles! Depois de ouvi-los, talvez faça o que me pede — respondeu com firmeza.

— Sua teimosia poderá jogá-lo num buraco sem fim! Não acho que isso seja possível, será que intenta convencê-los a largar tudo e voltar para aquela vidinha sem graça e pobre que tinham? Você está enganado, pelo que fiquei sabendo, tramaram tudo para forjar a situação, assim daria a impressão de rapto e morte; o único que não se envolveu foi o menino que fugiu. Fizeram uma grande armação.

— Você sabe detalhes de tudo o que ocorreu com eles, são íntimos e comparsas, ficou surpresa quando a procurei? Achou que eu já sabia de alguma coisa, por isso achou melhor revelar tudo?

— Fiquei surpresa ao saber que você estava mantendo contato com a mãe de Adalberto, não acreditei que soubesse de meu envolvimento, mas quando me falou a respeito de um sítio nas proximidades, tive certeza de que descobriria toda a verdade. Tanto eu quanto Mauro tentamos disfarçar o impacto que sofremos, não conseguimos dormir naquela noite, não sabíamos como agir, até que resolvemos manter fidelidade para com eles, pensando em nossa própria proteção. No entanto, por considerá-lo e ainda amá-lo, não poderia permitir que se confrontasse com aquela organização perigosa.

Medeiros colocou as mãos no rosto, suspirou por alguns minutos e tornou:

— Já soube mais do que o suficiente, conheço esse tipo de situação, porém insisto em contatar os meninos. Fale com quem quiser, abra o jogo igual fez comigo e diga que apenas quero ter uma conversa com eles.

Percebeu que não conseguiria convencê-lo do contrário, resolveu aceitar o pedido dele na tentativa de ganhar mais tempo para saber o que fazer. Bufou ao responder-lhe:

— Está bem, farei o que me pede, mas não diga que não lhe avisei das consequencias. Hoje mesmo falarei com um deles. Amanhã saberá a resposta.

— Muito bem, agradeço a gentileza. Vou embora, espero chegar vivo em casa! — disse com tom irônico.

— Chegará, pois estarão esperando meu parecer antes de qualquer coisa.

— Que bom! Tenho mais alguns dias de vida? — tornou a ironizar.

— Por favor, não agrave os fatos. Entrarei em contato assim que receber a resposta deles.

— Está certo, fico no aguardo.

— Medeiros! Perdoe-me, meu amor! — suplicou Maria de Fátima, agarrando-se aos braços dele.

— Eu não tenho nada para perdoar, deve pedir perdão a si mesma — respondeu soltando as mãos dela de seus braços.

Maria de Fátima jogou-se no divã aos prantos. Descontrolada, socou as mãos nas pernas, gritando:

— Sou uma infeliz marcada pela vida e pela morte! Isso que eu sou, uma infeliz!

Medeiros balançou a cabeça, ignorando a postura dela, conhecia-a muito bem, sabia que adorava fazer uma cena para conseguir atenção quando estava errada.

Assim que ele saiu do escritório, parou de chorar, levantou-se bruscamente, arrumou a roupa, penteou os cabelos e foi para a copa pedir que servissem o jantar. Falando e gesticulando sozinha, como de costume, sentou-se à mesa e, impacientemente, começou a esfregar as mãos, enquanto esperava ser servida. Logo após, deu um grito ensurdecedor chamando pelo marido:

— Mauro! Pode sair do esconderijo, ele já foi embora.

Apressou-se para deglutir a comida, mas o alimento não lhe caiu bem, estava muito nervosa. Empurrou o prato violentamente e saiu aos tropeços, rumo a seus aposentos.

15

A noite chuvosa, com temperatura em declínio, não impediu que Medeiros procurasse um lugar para relaxar e tentar coordenar as ideias. Estupefato com a revelação da amiga, não conseguiu estabelecer, de imediato, qual atitude tomaria diante dos fatos e do perigo apontado.

Pensativo, dizia para si mesmo que ninguém ousaria intimidá-lo, pois reconheceu que, de certa forma, fora pressionado a abafar o caso. Indignado, pensou: “Se pensam que sairão ilesos, estão muito enganados! Vou armar uma cilada para surpreendê-los, será uma questão de tempo”. Determinou-se, enquanto avistava um pequeno restaurante à sua esquerda. Decidiu parar ali mesmo, quis tomar um drinque e beliscar alguns salgadinhos, enquanto isso premeditaria uma saída certeira para a situação.

Não esperava poder contatar o filho de Ermínia de imediato. Mesmo que seu pedido fosse negado, não haveria de desistir, simularia ter aceitado as ordens dos chefões e esquecido o assunto. Depois começaria a preparar um plano de ação para fisgá-los. Se, por ventura, conseguisse tirar Adalberto desse enrosco, deixaria passar um bom tempo até descobrir a identidade dos cabeças, e depois tomaria as providências necessárias.

Refletiu sobre a situação de Ermínia, depois começou a relacionar os fatos com o sonho que ela tivera com o filho, bem como, com o alerta de Amália por intermédio da menina.

— Se elas soubessem que estão certas... Preciso encontrar um jeito de saber como lidar com pessoas que possuem esse tipo de faculdade sensitiva. Questionou ainda, quem seria a mulher que se apresentava com o nome de Amália. O que sabia a respeito? Por que estaria interessada em ajudá-los?

Com tantas indagações, pela primeira vez, sentiu perder um pouco a vitalidade para raciocinar com rapidez e presteza. Naquela situação, deveria ser muito cauteloso para decifrar os enigmas do desconhecido. Estonteado, preferiu desconectar-se desses pensamentos. Procurou pensar em qual seria a melhor saída e nos possíveis esclarecimentos para as questões obscuras que envolviam a trama.

Sem encontrar respostas para as indagações, pôde apenas concluir que não fora por acaso que cruzara o caminho de Ermínia. No primeiro momento, sentira-se orgulhoso por poder ajudá-la, mas depois, diante de tudo que soubera, concluiu que havia algo por trás de tudo aquilo. Pensou na existência do espírito após a morte, sentiu arrepios, pigarreou em seguida, tentando esquivar-se da questão. Não gostava de ultrapassar os limites da razão, bocejou, sentiu cansaço, decidiu que o melhor, naquele momento, era esfriar a cabeça e relaxar. Permaneceu no restaurante por mais meia hora, depois pagou a conta e saiu.

No carro, antes de dar partida, acendeu um cigarro e espreguiçou. Olhou no relógio, já passava das duas da madrugada, bocejou novamente e foi embora.

Na casa de Maria de Fátima, o clima permanecia tenso, ela se embriagou ainda mais, após ter passado as informações a um comparsa, representante de Lopes. Formulou o pedido de Medeiros a ele de forma sutil. Disse-lhe que fora ela quem sugerira o encontro, para que ele se certificasse da escolha do rapaz. Com isso, teria certeza de que Medeiros abafaria o caso, concluindo que nada mais poderia fazer, pois a escolha de Adalberto era irrevogável.

Ouviu tantos insultos de Robervaldo, que não ousou continuar a conversa, mesmo porque, ele a ameaçou de morte, caso fosse cúmplice do engravatado.

Enfurecida, tomou uma garrafa inteira de bebida, além dos goles que já havia tragado. A partir de então, começou a gritar e a espernear como louca, acusando o marido de tê-la envolvido com aquela perigosa quadrilha.

Mauro pedia para que se controlasse, os filhos não poderiam

saber daquele assunto comprometedor. Ela lhe devolveu resposta, dizendo que pouco se importava se o mundo inteiro soubesse com quem eles estavam metidos. Depois apontou para a casa, dizendo possuir um belo castelo construído em areia movediça, bastaria um escorregão e todos seriam soterrados vivos. Embriagada, gritou:

— De que vale tanto dinheiro? Para tudo que queremos fazer, precisamos do consentimento deles, não temos vida própria, não podemos escolher, somos escravos brancos — a troco de dinheiro sujo! O que ganhou nesse tempo todo? Diga? O quê? Viramos serviçais deles e ainda recebemos pouco por isso, a maior bolada é divida entre eles, e nós ficamos com as migalhas!

— Somos ricos! Para que quer mais, sua ambiciosa! Se não fosse por mim, você não teria esta vida boa! Não perca a razão, no fundo você gosta de tudo isto, não é? Pare de gritar, caso contrário eu lhe dou uma surra bem merecida! Cale a boca e vá dormir!

— Você não manda em mim! Saia daqui seu fedorento! Não suporto mais sentir este cheiro ruim que exala, estou farta de você e de todos!

— Exijo respeito! Por acaso pensa que eu não sei que ainda é apaixonada por Medeiros? Não percebeu que ele nunca gostou de você? Ainda mais agora, depois de tudo que soube, acredita que terá chance com ele? Não seja ridícula! Mesmo porque terá que me aguentar pelo resto da vida! Acho melhor que comece a rever tudo o que me disse, porque serei eu o primeiro a colocar formigas em sua boca, antes mesmo de fechar o caixão e de enterrá-la! — ameaçou, apontando o dedo indicador.

Maria de Fátima virou-se de repente, pegou um vaso no aparador e jogou na direção dele, tentando acertá-lo na cabeça.

Mauro desviou-se rapidamente, ela correu saindo do quarto, ele a brecou com um puxão nos cabelos e não perdeu tempo: esbofeteou-a e chutou-a em todo o corpo.

— Não grite, senão mato você! — gritou ele enfurecido.

Sem outra opção, recebeu a surra tentando controlar os gritos e o choro compulsivo. Mauro perdeu o controle e socou-lhe o olho esquerdo. Se não fosse a batida na porta vinda de um dos filhos que ouviu a gritaria, teria ficado em pior estado.

Mauro não abriu a porta, mandou que o filho voltasse ao quarto, justificou-se dizendo que tiveram um contratempo e que logo tudo estaria bem. O rapaz não se convenceu e ameaçou chamar a polícia, caso percebesse que havia batido na mãe.

— Vá dormir! Ela está bem, não está querida? — sussurrando perto dela, recomendou:

— Diga que você está bem, vamos diga!

Dolorida e machucada, ela só conseguiu dizer para o filho ir dormir. Estendida no chão, tapou a boca e chorando pediu a Deus que antecipasse sua morte.

Mauro esperou que o silêncio na casa retomasse para chamar uma das empregadas para socorrê-la, desceu sorrateiramente as escadas e, enquanto uma delas corria para o quarto de Maria de Fátima, ele se fechou no escritório e bebeu até o dia amanhecer.

No dia seguinte, ela mal podia se mexer, estava com o rosto inteiro inchado, ferimentos no nariz, boca e com hematomas pelo corpo todo. As empregadas se revezavam para aplicar compressas quentes em seu corpo. Horrorizadas com a atitude monstruosa do patrão, e penalizadas ao vê-la deformada, sugeriam discretamente, que desse parte dele na polícia. Outra recomendou levá-la ao hospital.

Maria de Fátima rejeitou todas as recomendações, justificou que o marido havia bebido e descontrolou-se em virtude de uma briga que tiveram. Confessou também que ela o havia ofendido, mas que não esperava que ele pudesse agir daquela forma, haja vista, que sempre a respeitou pacientemente, apesar do temperamento impulsivo dela. Por isso, não se precipitaria a tomar tais providências, não queria que fosse indiciado. Dizia ter certeza de que se arrependeria quando visse o estado dela. Perguntou onde ele havia dormido, uma delas respondeu que ainda estava trancado no escritório. Depois quis saber dos filhos. Disseram que já haviam saído para o trabalho, mas antes perguntaram dela, se estava bem. As empregadas mentiram, dizendo que os pais, depois da briga, haviam se reconciliado e ainda estavam dormindo. Nenhum deles ficou sabendo que o pai estava trancado no escritório e que a mãe estava desfalecida no quarto.

Uma das empregadas perguntou de súbito:

— Mentimos para eles, mas e quando eles chegarem e vierem falar com a senhora? Irão vê-la toda machucada e não terá o que dizer a não ser contar a verdade.

— Vou dizer-lhes o que ocorreu, nada mais do que a verdade, eu provoquei até fazer com que Mauro perdesse a cabeça. Irão entender, possivelmente já terei me acertado com o pai deles até que retornem do trabalho. Quando ele sair do escritório, virá aqui e aí então, será o momento de nos acertarmos. Estou arrependida, por outro lado, indignada! Agora reconheço que o ser humano é capaz de tudo quando se sente ameaçado. A gente pensa que desgraça só acontece na casa dos outros, não é? Ontem também aconteceu aqui, na minha própria casa. Eu estava embriagada e comecei a discussão, ele não aguentou e... — parou de falar, ao ouvir passos no corredor.

— Por favor, não comentem nada com ele — recomendou ela, com certo temor.

Mauro entrou no quarto e arregalou os olhos diante da cena que viu, sem saber o que dizer, baixou a cabeça e se retirou imediatamente, atordoado.

— Vá ver onde ele foi! — ordenou ela para uma das ajudantes.

A empregada abriu a porta e, ao sair do quarto, soltou um grito desesperador, quando se deparou com o corpo de Mauro estendido no pé da escada. Saiu correndo gritando por socorro. Martinho, o segurança da casa, apressou-se ao ouvir os gritos dela.

— Corra Martinho! Aconteceu alguma coisa com o patrão, está estendido no pé da escada, corra, será que ele morreu? Ah! Minha nossa! Deus nos livre de tanta desgraça junta! — exclamou desesperada.

— Senhor Mauro! — chamou o moço batendo levemente no rosto dele.

Percebendo que ele não respondia, chamou por socorro imediatamente.

Maria de Fátima, aturdida, levantou-se auxiliada pela empregada, colocou as mãos na boca ao vê-lo desfalecido e depois recomendou aflita:

— Não poderei acompanhá-lo desse jeito que estou, peça para o Martinho ir com ele ao hospital. Vou ter que inventar alguma coisa, que a casa sofreu tentativa de assalto e que fui espancada por um dos assaltantes. Por conta disso, direi que ele se exaltou demais e desmaiou.

— Será que ele morreu, dona Maria de Fátima? — perguntou a moça em pânico.

— Veja se ele está respirando, vá logo!

— Eu não, eu tenho medo, vai que está morto! Nunca toquei num morto! Dizem que dá azar e que a morte nos rondará se tocarmos em um.

— Ora, deixe de bobagens, deixe que eu mesma chamarei o Martinho! — esbravejou.

Martinho ouviu o chamado e respondeu rapidamente:

— Estou indo, dona Maria de Fátima! Já chamei uma ambulância. Chegarão em poucos minutos — respondeu enquanto subia as escadas.

— Ele está respirando?

— Parece que sim, bem, na verdade nem olhei isso direito, como vi que ele não me respondeu, fui logo tomando as providências. Deve ter desmaiado. Vou tentar acordá-lo — disse ao chegar perto do corpo de Mauro.

Ele gritou quando constatou não perceber a pulsação.

— Ah, Meu Deus! O senhor Mauro morreu! — gritou também a empregada em desespero.

— Não pode ser, ele deve estar desmaiado, bebeu muito na noite passada, a pressão deve ter caído e ele desmaiou, foi isso! — dizia Maria de Fátima aos prantos.

Em poucos minutos a ambulância dava entrada na casa deles, Mauro foi levado imediatamente para o hospital, enquanto que ela assistia a tudo, escondida por detrás da janela do quarto, por não poder aparecer. Chorava desesperada, sentindo-se culpada por tê-lo deixado tão nervoso.

Sufocada, por não saber o que fazer, telefonou para Robervaldo, pedindo-lhe ajuda. Depois telefonou para o diretor do hospital e pediu que acompanhasse o caso pessoalmente, para depois informá-la de seu estado. Foi informada, de pronto, que a ambulância ainda não havia chegado e que assim que fosse diagnosticado, receberia toda informação necessária. Inconformada, tentou pedir ajuda, telefonando para a casa de Lopes, ninguém atendeu. Discou novamente, sem obter resposta, desligou e resolveu esperar. Pensou em pedir a ajuda de Medeiros, rejeitou! Estavam sendo seguidos, isso só pioraria as coisas. Impaciente, falou em voz alta para si mesma:

— Miserável esse Lopes! Arrependo-me amargamente de ter sido amante desse cafajeste! Sempre quando preciso dele, não consigo encontrá-lo! Não serve para nada mesmo! Maldita seja a hora em que eu me deitei com ele! Ainda bem que meu filho mais novo não se parece nada com ele! Ninguém nunca saberá desse segredo! Ele me deve muito mais do que pensa, ficarei com metade da fortuna dele, porque somente nós dois sabemos que ele é o pai do menino. Se Mauro morrer, ele terá que me sustentar pelo resto da vida! Não ficarei na miséria, sou a mãe do filho dele. Ainda bem que deu tudo certo, naquela época temia ser descoberta, mas a vida foi generosa comigo, pois o menino saiu a minha cara! Graças a Deus! — concluiu soltando estrondosa gargalhada.

Depois disso, chamou uma das empregadas para auxiliá-la na troca de roupa, pretendia ir pessoalmente à casa de Lopes. Aproveitaria seu estado para persuadi-lo. Mentiria, dizendo ter dito ao marido embriagado que nunca sentira amor por ele. Depois jogaria todo seu sentimentalismo para cima dele, dizendo que teria sido o único homem que realmente amara, tanto que engravidara dele. Pediria sua ajuda caso Mauro morresse, assim estaria protegida pelo resto da vida, ao lado de um homem poderoso e temido. Ao pensar no marido internado, bateu com os ombros, pouco se importava se ele morresse, aliás, desejava ficar livre e ser tratada como uma rainha, caso Lopes a quisesse como amante. Sabia que ele jamais se casaria, colocara a "profissão" em primeiro lugar, depois havia ainda o amor mal resolvido com Eulália. Bateu com os ombros novamente, pois o que mais queria era compartilhar de grande parte do dinheiro que ele possuía.

Pensava em viajar várias vezes no ano para Europa, ficar nos melhores hotéis e gastar sem restrições. Suspirou, dizendo em voz alta:

— Essa é a vida que mereço! Não aguento mais esta vidinha limitada! Mauro há de morrer! Deus há de levá-lo! Vou rezar muito por você, mas não é para que se salve. Rezarei e chorarei muito no seu velório. Deus há de ouvir as minhas preces! — tornou a rir com deboche, ameaçando em seguida:

"Não adianta ficar inválido numa cama, porque darei um jeito de entregar você a Deus, nem pense em dar-me trabalho!"

Virou-se repentinamente para o espelho da penteadeira e fez careta ao se deparar com os hematomas e inchaço no rosto.

— Viu no que deu mexer comigo? Não aguentou de remorso e desmaiou! É um apaixonado fraco! Se não fosse por dinheiro, jamais estaria com você, ouviu Mauro? — falava, olhando e apontando para sua imagem no espelho.

De súbito, Maria de Fátima sentiu forte tontura que a impediu de se apoiar para não cair. Desmaiou quase nos braços de Gumercinda, que acabava de entrar em seus aposentos.

Minutos depois, voltou aos sentidos, estava deitava em seu leito, ardendo de febre. Um médico foi chamado imediatamente, enquanto ela gemia ao balbuciar palavras sem nexo. Estava muito machucada e precisava de socorros urgentes.

No final da tarde, sob efeito da medicação ingerida, sentiu-se melhor, pois a febre havia cedido, porém, os ferimentos ainda estavam expostos e sentiu muita dor pelo corpo todo.

Os filhos ficaram indignados com os acontecimentos matutinos, proibiram os empregados de omitirem a verdade a eles, disseram que seriam intimados pela polícia, caso isso acontecesse novamente.

Inconformados por não terem podido acudir aos pais, ameaçaram os funcionários caso acontecesse algo de pior com eles.

Mauro havia sofrido um infarto, estava sob observação, o caso era comprometedor, corria risco de vida.

Um dos filhos, vasculhando alguns papéis no escritório, encontrou o cartão de Medeiros, não pensou duas vezes, ligou para o amigo de seus pais pedindo amparo naquela situação.

Medeiros atendeu o pedido do rapaz e prontificou-se, imediatamente, a auxiliá-los no que precisassem. Estupefato, desligou o telefone e passou as mãos pela cabeça. Percebeu que os garotos nem imaginavam o que se passava com os pais deles. Lamentou intimamente o infortúnio que eles teriam que passar, se tudo viesse à tona. Depois questionou a razão de não procurarem o primo de sua mãe, já que era o prefeito da cidade, bem como outros parentes que poderiam socorrê-los imediatamente. Achou estranho, averiguaria isso também, pois conhecia a amiga e sabia que gostava de aumentar os fatos, para sentir-se valorizada. Ela era muito vaidosa e jamais se colocaria numa posição inferior, nem que isso lhe custasse a perda da dignidade, como no caso em que se envolvera com Lopes. O que importava para ela, sem dúvida alguma, era viver de aparências e de falso poder, ainda que todos levassem vantagem financeiramente — somente isso a desagradava. Gostava de frequentar festas e reuniões na alta sociedade da época. Após ter ouvido dela em que estava metida, poderia esperar tudo e mais um pouco, inclusive manipulação por parte deles, já que aparentavam ser o que na verdade não eram. Apesar de pensar assim, pôde sentir a amargura dela, tinha tudo e não soube conquistar a própria realização. Lamentou, pois sabia que as consequências seriam irreversíveis, caso perdesse o poder. Grande ilusão! — concluiu desapontado.

16

Lopes acordou cedo naquela manhã, sequer havia tomado o café matinal, quando foi informado dos acontecimentos na casa de Maria de Fátima. Em companhia dos garotos, após saírem do hospital, passaram o dia e pernoitaram numa casa de campo a alguns quilômetros dali. Por prudência, não quis voltar ao sítio, além do que, precisaria de tempo para refletir em tudo o que lhe havia acontecido. Sisudo, e com expressão desconfiada, ouvia os detalhes que Vadico ia relatando enquanto ele se alimentava. De repente, deu um soco na mesa, assustando os empregados ao redor. Todos pararam em virtude da reação inesperada dele, em seguida, pediu para um dos seus fechar a porta da copa, depois de averiguar se os meninos ainda estavam dormindo. Assim foi feito.

— Medeiros saiu de cena? — indagou de súbito.

— Não sabemos ao certo, pois Maria de Fátima ficou de nos informar assim que o contatasse pela manhã, mas não o fez em consequência do ocorrido.

— Eles brigaram? O que realmente houve?

— Segundo Martinho, foi exatamente o que lhe contei, estavam embriagados e descontrolados, a discussão acabou em pancadaria. Mauro continua em estado grave e ela de cama, toda machucada.

— Miserável! — não se bate numa mulher dessa forma! Se ele sobreviver, vai ter a punição que merece, não precisamos mais dele, já deu o que tinha que dar, é uma peça morta. Somente os mantenho por causa da consideração que tenho por ela, além do que é mais valiosa para nós do que ele, pois consegue driblar algumas coisas judiciais que precisamos. Ela fica e ele sai, vamos dar fim nele, entenderam?

"Quanto ao promotorzinho meia-tigela, não sabe com quem está se metendo. Saberá, caso insista em nos perturbar. Jamais Adalberto poderá saber o que houve com a mãe dele, entenderam? Não quero preocupá-lo e nem facilitar que nos traia por questões afetivas. Tente contato com esse promotor, escorregue um bom dinheiro para ele calar o bico e deixar Adalberto em paz. Não espere por Maria de Fátima, pode demorar para se restabelecer. Provoque um susto nele e depois ofereça a propina. Não sejam ingênuos, pois ele tem costas-quentes da direita, mas nós da esquerda. Brigar por brigar? Chega uma hora que devemos fazer acordos para a sujeira não escapar por todos os lados. Todos perderiam, ninguém quer esse tipo de problema, nós agimos de um jeito e eles de outro.

Medeiros é poderoso e influente, disse apenas para dar um susto nele, entenderam? Depois não rejeitará a propina, porque o montante será tentador. Também mandaremos um bom dinheiro, por intermédio dele, à mãe do rapaz, assim a família ficará amparada e para nós isso será o suficiente. Se por ventura do destino Adalberto descobrir, saberá que nós a ajudamos e isso fortalecerá os laços de amizade entre nós. E o Teobaldo, ninguém comentou?

— Parece que veio em busca dos dois, mas deu preferência ao Adalberto, por causa do acidente com a mãe. Quer se redimir de alguma forma, deve ter prometido ajudá-la a encontrar o filho. Somente isso, duvido que ele esteja interessado em fazer uma batida por outro motivo. Pode até ser que se interesse em nos chantagear e ameace pegar a poderosa e temida quadrilha de traficantes. Desse jeito se melará! Ele deve saber disso também, porém, todo cuidado é pouco. Quem tem fama não quer perdê-la.

— Hum... Acredito que ele queira resgatar Adalberto, o resto vem por conveniência. É isso mesmo, concordo — assentiu Lopes, coçando o queixo.

— Poderemos cumprir suas ordens imediatamente, chefe? — perguntou Vadico.

— Vamos aguardar mais um pouco. Vá pensando em preparar uma boa armadilha para ele, quem sabe, com uma das irmãs de Adalberto, a menor, aquela que ele nos disse ser muito apegada a ele. Sonde a casa da mãe e veja como poderemos raptar a garota por alguns dias, com isso faremos contato com o poderoso promotor. Vai se borrar inteiro!

— Mas a mãe poderá sofrer mais ainda... — tentou contemporizar Vadico.

— Ora Vadico, você é muito sentimentalista, até entendo porque você cuida de uma mãe doente, mas procure não misturar as coisas. Será por poucos dias, até ele ceder e nos deixar em paz.

Vadico concordou a contragosto, dentro do peito sentiu um aperto, imaginou como ficaria o estado daquela mãe. Já havia passado por tantas e agora mais uma dessa — seria crueldade. No entanto, as ordens deveriam ser obedecidas e mesmo não concordando com o intento, obedeceria cegamente as orientações dadas por Lopes.

Teobaldo esbarrou no canto da maçaneta, chamando atenção deles que, imediatamente, trocaram de assunto, simulando descontração.

— A porta está trancada! — gritou o rapaz do lado de dentro do corredor.

— Trancada? Vadico, eu pedi para encostar a porta para os meninos não acordarem com o barulho, por que a trancou? Tá ficando gagá? — tentou disfarçar, soltando uma boa risada.

Vadico correu e destravou a porta, permitindo a entrada do rapaz.

— Salve! Bom dia filho! Dormiu bem? Sente-se melhor? — perguntou Lopes, abraçando o garoto.

— Estou bem, obrigado. E o senhor dormiu bem?

— Como um anjo! — respondeu-lhe, em seguida continuando:

— Esperemos Adalberto acordar para darmos uma volta por aqui, este campo é muito bonito e um pouco de ar puro nos fará bem.

— Adalberto não está dormindo, pensei que estivesse aqui entre vocês — falou o rapaz com naturalidade.

— Ele não está no banheiro?

— Não. Saí do banheiro agora e ainda voltei para o quarto para mudar de roupa.

— Cadê o Adalberto? — gritou Lopes apreensivo.

Vadico gelou. Não havia aberto a porta do quarto, quando Lopes pediu para verificar se eles estavam dormindo, tampouco tinha visto o menino se levantar ou algum movimento estranho, antes ou depois do despertar do patrão.

Lopes levantou-se bruscamente, escancarou a porta dos fundos que dava para uma área de plantação e correu entre as árvores, tentando avistá-lo. Vadico foi verificar na entrada da casa.

— Adalberto? — gritou Lopes impaciente.

— Desgraçado! Ele conseguiu raptar o rapaz! Isso não ficará assim, eu juro, acabo com a vida desse promotor se estiver metido nisso.

Vadico não sabia o que fazer, mesmo acionando os outros vigias, ninguém viu ou ouviu alguma coisa.

Teobaldo, que seguia Lopes, surpreendeu-se ao ouvir a afirmação dele. Imprudentemente fez o comentário, sem perceber que o garoto o seguia.

— Pai, quem é esse promotor, por que raptou Adalberto?

— Ora filho, essa é uma longa história, não se preocupe, deve ser a polícia ainda tentando encontrá-los. Você está aqui comigo e não será atingido, precisamos saber o que houve com Adalberto. Miseráveis, eles me pagam!— acrescentou irado.

Vadico informou que ninguém vira o rapaz desde que chegaram e se recolheram no leito.

— Não pode ser, alguma coisa vazou, alguém está me escondendo alguma coisa! A casa está sendo vigiada de todos os lados, como ninguém viu? Quem estiver me traindo perderá a vida! Entenderam? — ameaçou extremamente descontrolado.

— Não acredito que ele tenha sido raptado, deve ter saído para dar uma volta e se perdeu pelos arredores — disse Vadico.

— E ninguém sabe informar se o garoto saiu? Não posso confiar mais em vocês, todos receberão uma punição, estão dormindo em serviço. Como pode? São muito bem pagos pelo serviço que executam. Assim como ele sumiu, poderíamos estar todos mortos!

Esbravejou em disparada, pegou uma espingarda e começou a atirar para o alto desenfreadamente.

— Calma patrão, vamos encontrá-lo — tentou apaziguar, Vadico, apesar do desespero.

— Calma nada, raptaram o menino e você me diz que tenho que ter calma? Saia de minha frente, irei encontrá-lo, juro, hei de achá-lo!

— Para onde vai? Espere, irei com o senhor! — prontificou-se, mais do que depressa.

Lopes, descontrolado, pegou a chave da caminhonete e saiu em disparada, procurando o rapaz pelos arredores. Levou quatro homens na carroceria, com espingardas prontas para disparar a qualquer momento. Vociferando e cego de raiva, acelerou o veículo enquanto gritava o nome do rapaz.

De nada adiantou, andaram por todos os lados e não encontraram nenhuma pista dele. Lopes voltou para casa inconformado. Pela primeira vez havia sido traído por um de seus vigias — só podia ter sido isso! — assim considerou. Blasfemou até altas horas, acionando uma equipe de traficantes, especialista em descobrir delatores.

Todos ficaram apreensivos, pois sabiam que seriam, um a um, torturados até alguém confessasse o que havia acontecido. Em tom de ameaça veemente, Lopes deu mais uma chance antes de iniciar a sessão de tortura:

— Ou fala ou morre! — gritou várias vezes irado.

A maioria permaneceu calada, apenas um deles ergueu a mão, porém, imediatamente, começou a justificar-se, dizendo ter um palpite:

— Não fiz nada, juro! Tenho uma suposição, pode me ouvir? — solicitou o moço suando frio.

— Fala Tonico, diga o que sabe — permitiu Lopes.

— Talvez tenha sido alguém do outro bando de tráfico. Sabem que vencemos a parada e que o senhor protege os garotos. Mesmo assim, só poderiam entrar aqui se um de nós permitisse. Mas quem sabe um de nós pegou no sono e deixou passar... De minha parte, eu estava do outro lado e não dormi. Tampouco vi algum movimento estranho, por isso, peço ao patrão que se acalme para encontrarmos a saída, todos aqui o admiram muito e se formos torturados, o patrão ficará sem apoio momentaneamente e perderá a chance de saber o que realmente aconteceu. Quem sabe eles não queiram justamente isto: desviar sua atenção?

— Não ficarei sem apoio! Suponhamos que você esteja certo, quem dormiu? Confessem, quem dormiu?

Todos baixaram a cabeça, na esperança de que alguém se prontificasse a confessar. Por fim, mais um deles ergueu a mão:

— Fale Tico, diga logo, antes que eu mesmo dispare tiros e acabe com vocês.

— Ninguém dormiu, estamos sempre em dois ou três em cada canto. Quando um cochila, esperamos alguns minutos e chacoalhamos para que acorde. Estamos acostumados a virar a noite e assim nunca ficamos sem o apoio um do outro, pois tememos um ataque e por nossas vidas também. Quando fomos contratados, o senhor já sabia com quem estava lidando, não somos traíras e se precisar, atiramos fogo para defendê-lo. É assim que pensamos. Ninguém dormiu, pelo menos não na minha área.

Os outros se encorajaram e começaram juntos a afirmar a mesma coisa.

— Não me interessa, o rapaz sumiu e foi daqui, porque se ele veio comigo, saiu com a ajuda de algum de vocês. Alguém falhou e se não confessar, todos pagarão por isso. Pensem bem, todos pagarão por isso! — esbravejou com ira reforçada.

— Esperem! Ninguém há de pagar por aquilo que não fez! — ressoou uma voz feminina vinda do lado de fora da casa.

— Todos se armaram e correram para ver quem se tratava.

— Quem está aí? — perguntou Vadico.

— Não se movam e nem tentem fugir, a casa está cercada. Contaremos até dez para que todos se entreguem, não acontecerá nada a ninguém se todos se renderem! — ouviram o alerta numa voz masculina, vindo de um megafone.

Lopes e os demais gelaram, perceberam que haviam caído numa armadilha, puderam avistar as luzes das sirenes dos carros policiais que chegavam mais próximos ao local.

— Soltem as armas e levantem as mãos para cima. Obedeçam, não queremos que ninguém perca a vida ou se machuque.

Lopes deu sinal para todos se renderem e ficarem de bico calado. Sairia dessa, como de outras vezes em que sofreu batida policial.

Jogaram as armas no local indicado pelos policiais e ergueram as mãos acima da cabeça, cumprindo a determinação da lei.

Teobaldo tremia e começou a chorar. Descontroladamente gritava que havia sido sequestrado e que, por não ter tido saída, ficara lá contra a vontade, se fugisse morreria.

— Ajudem-me quero voltar para minha casa, esse homem quer nos transformar em assassinos! Não aguento mais viver preso, longe de minha família. Salvem-me! Preciso de ajuda!

Lopes não acreditou no que estava vendo, como aquele moleque traidor pôde fazer aquilo com ele? Espumando de ódio e com olhar irado, balançou a cabeça, jurando vingança contra o rapaz traidor. Ainda teve tempo de alertá-lo, dizendo que ele e sua família estavam com os dias contados. E que se Adalberto o tivesse traído, todos morreriam em menos de um ano.

— Fique onde está! — recebeu o aviso da mulher que falava a distância.

Teobaldo recuou, sem poder encarar Lopes, que esbravejava jurando vingança contra o pequeno traidor.

Quando os policiais perceberam que haviam se rendido, começaram a se aproximar, atirando para o alto, procurando inibir o bando apreendido. Pouco a pouco todos foram algemados, até mesmo as empregadas da casa, juntamente com o caseiro.

Depois de vasculhar a área, os policiais saíram com os detentos rumo à delegacia regional. Lopes não continha a indignação, porém, procurou manter-se calmo para não dar na vista que estava apreensivo e irado. Tinha os seus contatos e sabia que seria solto se acaso ficasse preso.

— É uma questão de horas, não perdem por esperar! — pensou revoltado.

Teobaldo seguia em outro camburão, ia descontrolado, relatando tudo o que havia ocorrido com ele e o amigo, inclusive as últimas ameaças de morte dirigidas a ele e sua família.

— Meu amigo Adalberto sumiu, não sabemos o que ocorreu, pode estar correndo perigo de vida! — dizia aflito.

— Fique tranquilo, encontraremos o seu amigo — confortou o policial ao lado.

O menino tremia, conhecia a ira de Lopes quando era desafiado, ainda mais agora que fora delatado por ele. Pensou em se safar da prisão, porém, temia que o "pai" escapasse e desse um fim em todos eles.

"Arrisquei delatá-lo para escapar da prisão, meus pais morreriam se souberem o que fiz. Vou mentir até o fim, só assim poderei ter a proteção da polícia. Se ele for solto, estarei frito!" — pensou o garoto aterrorizado.

No outro camburão, Lopes pensava o mesmo, só que determinado e jurando vingança:

"Pensa que ficarei preso e quis se safar, moleque traidor! Não perde por esperar, vou acabar com a raça dele e dos pais!"

Vadico suava frio. Com os olhos fechados, lembrou de sua mãe.

Desesperou-se: o que faria se soubesse que o filho estava preso? Por certo não aguentaria o baque. Durante anos, soube driblá-la para que não soubesse de nada. Conseguira. No entanto, agora, nada mais podia fazer a não ser esperar o desenrolar dos fatos. Mesmo considerando que o patrão daria um jeito para se safarem da prisão, não havia garantia de que seria de imediato, pois com a descoberta dos garotos foragidos, teria que encontrar uma boa desculpa para enganar a policia, e isso levaria algum tempo. Com isso, sua mãe logo saberia que todos eles estavam presos. Quis esquivar-se da batida policial, chegou a comentar com um dos policiais a situação da mãe acamada, mas não obteve a atenção que queria. Estavam todos em perigo, o jeito seria esperar para ver como as coisas iriam se resolver. Se ficasse pouco tempo seria o ideal, assim poderia continuar enganando-a. Mas isso não era garantido. Tentou abrir os olhos e captar algum sinal do patrão, mas Lopes estava demais irado. De cabeça baixa, blasfemava, em monólogo, para não ser repreendido pelos guardas.

Maria Antonieta, a policial feminina, comemorou o sucesso

da apreensão, sentada ao lado do parceiro, no carro que acompanhava o camburão, festejou por terem sido rápidos e hábeis. Principalmente por não terem tido necessidade de trocar tiros com os marginais. Esfregava as mãos delicadamente, enquanto dizia ao companheiro:

— Sucesso total! Ninguém se feriu e pegamos parte dessa quadrilha que há tempo estamos vigiando.

— Por ora vamos festejar, mas o cara é pilantra e vai dar um jeito de escapar porque tem costas quentes.

— Isso é o que ele pensa, Medeiros ajeitou tudo para que fiquem presos e sejam levados a julgamento. Ninguém sabe que ele está por trás de tudo isso, esse Lopes não perde por esperar! Está mais encrencado do que imagina. Duvido que entregará os outros comparsas e esses nada farão para salvá-lo, porque sabem que desta vez a coisa ficou feia para o lado dele. Ficamos sabendo que um dos chefões não concordou com ele a respeito dos meninos, mas Lopes insistiu e agora duvido que entrará em cena. Pelo jeito, Medeiros não quer saber dos outros integrantes, quer apenas os meninos de volta e colocá-lo em cana, não é?

— Não sei ao certo, mas também acredito que esse motivo seja prioritário.

— Onde está o outro garoto?

— A esta hora deve estar ao lado de Medeiros, ou quem sabe, já esteja ao lado da mãe. Ficaremos sabendo, é uma questão de tempo.

— Este que está no camburão, vai voltar para a casa dos pais?

— Tudo indica que os pais serão avisados e levados à delegacia.

— A coisa vai ficar preta para o lado do traficante magnata. Que bobeada! Acho que até ele não acredita que poderá ficar em cana, pensa que é uma batida rotineira, mas quando souber vai estrebuchar atrás das grades.

— Este homem é perigoso, não sabemos quantos estão do lado dele e ainda não foram presos. O que sei é que Medeiros mandou que a prima do prefeito fosse vigiada, parece que o marido dela teve um piripaque e foi parar no hospital. Tem gente nossa disfarçada lá. Chegarão mais convidados para fazer companhia para ele na prisão. Admiro Medeiros, esse é poderoso! Faz tudo por debaixo dos panos e sempre consegue o que quer.

— Também tem todo mundo nas mãos dele, é só dar um sinal e todos correm.

— É o resultado do tempo que exerce a profissão, por isso é tão temido por todos. Existe alguém que desconhecemos que dá carta branca para ele agir como desejar. Nunca conseguimos descobrir quem o acoberta, o que sabemos é que ele é muito inteligente e consegue capturar quem deseja.

— Você o conhece pessoalmente?

— Não.

— Muito menos eu. Ele não aparece, fica na espreita e só comanda.

— É, mas fiquei sabendo que foi ao hospital pessoalmente averiguar se eles estavam lá. Por outro lado, penso que ele já sabia de tudo e se fez de inocente. O homem é cobra, ninguém pode com ele, usa cada artimanha que confunde todo mundo. Nunca fala exatamente o seu plano, age em cada situação, como se não soubesse o próximo passo, deixa todo mundo pensar que está no início da investigação. Quando vamos ver, o plano já está pronto, divido em etapas, até ser concluído totalmente.

— Puxa! Com quem ele aprendeu tudo isso? É de admirar tanta habilidade! — falou Messias, admirando o sucesso do promotor.

— Concordo com você, bem que ele poderia nos ensinar, adoraria ser como ele e fisgar esses marginais com a unha!

— Você é corajosa e esperta, enquanto ele sabe planejar estratégias e agir na hora certa.

— Ele também não envolve ninguém, apenas quando precisa. Nem ficamos sabendo os pormenores, recebemos a ordem dele vinda pelos nossos superiores e executamos a tarefa.

— Nem todos os superiores estão ligados diretamente a ele, uma vez perguntei ao chefe da seção de entorpecentes e me respondeu que nunca havia falado pessoalmente com ele. Por isso acho que existe um esquadrão secreto que age em nome da lei, como se fosse um sistema oculto da presidência da República.

— Deve haver coisas que nem imaginamos, se bem que ele leva uma vida normal, é o que dizem os mais próximos.

— Claro, ninguém sabe com quem ele está metido, pensam que é um simples promotor eficiente. Não acredito nisso.

— Quero conhecê-lo e poder parabenizá-lo pessoalmente — redarguiu Maria Antonieta.

— Se você conseguir, eu também quero ir com você, quem sabe ele nos contrata para sermos seus auxiliares diretos.

— Deixaria a polícia?

— Nem pensaria duas vezes, partiria sem lenço e sem documento — respondeu fazendo alegoria.

— Para dizer a verdade, eu pensaria sim, porque gosto de estar na rua correndo risco. Aquele frio no estômago e situações perigosas me fascinam — retrucou Maria Antonieta, recompondo-se, quando percebeu que estavam chegando à delegacia.

O primeiro camburão parou e Teobaldo saltou rapidamente, depois alguns vigias e serventes. Do outro, Lopes e os demais. Foram encaminhados à salas diferentes, no entanto, todos puderam ouvir claramente os gritos de Zuleica e Teodoro, os pais de Teobaldo, quando o garoto entrou na delegacia.

— Mãe!Pai! Desculpe-me. Foi tudo culpa daquele traficante desalmado, ele nos prendeu e não tínhamos como escapar com vida, assim como fez Juquinha! — falou o menino aos prantos, nos braços dos pais.

— Teobaldo, meu filho! Meu filho! Você está vivo! — dizia a mãe emocionada.

— Filho, o que houve? Conte-me tudo. Vou acabar com a vida desse desgraçado! — jurou Teodoro, enquanto beijava o filho ardentemente. Quis compensar a falta que sentiram dele naqueles meses em que ficou desaparecido.

Já saciados da saudade, o delegado os chamou para conferir o inquérito.

Zuleica olha para o delegado e pergunta:

— Doutor, onde está Adalberto? Vimos a mãe dele entrar num carro policial e achamos que estaria aqui conosco.

— Não sabemos o paradeiro do outro rapaz. Por favor, deixe isso para a polícia resolver, queira me acompanhar. Precisamos saber outros detalhes por parte de Teobaldo. Não percamos mais tempo — disse decididamente.

Zuleica e Teodoro entreolharam-se apreensivos, temiam que o filho fosse indiciado. A mulher abriu a bolsa e pegou um lenço, delicadamente enxugou as lágrimas que escorriam pelo rosto. Rogou a Deus para encontrar o filho, mas diante da gravidade dos fatos, percebeu que o menino poderia estar correndo perigo, assim como ela e a família. O delegado expôs a eles alguns aspectos do caso apurados pelo comandante Lopes, envolvendo a gangue de traficantes. Isso os deixou completamente inseguros e temerosos.

Em atendimento à solicitação do policial, o garoto sentou-se defronte à mesa do escrivão e começou a relatar os fatos, desde o início de seu desaparecimento, contudo, enfatizou que havia sido coagido por Lopes a executar os "serviços". Disse ainda que por temer o extermínio de seus familiares, obedecera, sem se opor à sua determinação. Por fim, relatou os últimos acontecimentos decorridos com o desaparecimento de Adalberto.

Na sala ao lado, Lopes foi o primeiro a prestar depoimento, com certa imponência, demonstrava indignação por ter sido mais uma vez preso. Quando chegou o momento de relatar o envolvimento com os garotos, disse que abrira a porta de sua residência para eles, por ter sentido pena de deixá-los à mercê da vida — já que haviam confessado terem fugido de casa, por não aguentarem mais a pobreza em que viviam. Explicou que um de seus empregados encontrou-os perdidos na estrada, sem rumo e desesperados. Tendo percebido que relutavam para regressar ao lar, resolveu ampará-los até que pudessem localizar seus familiares e resolver a questão. Empregou os garotos na função de serventes, a fim de que pudessem, com o tempo, aprender a valorizar o que os pais haviam feito por eles. Enfatizou categoricamente:

— No começo achei que haviam se envolvido com roubos e estavam fugindo da polícia, certifiquei-me melhor antes de tomar providências, não quis aterrorizá-los, temi que fugissem e ficassem perdidos na marginalidade, sofrendo suas consequências. Não tenho nada a ver com isso, apenas quis ajudá-los, provavelmente o garoto Teodoro inventará muitas coisas para se safar da repreensão dos pais, não tenho nada a ver com o desaparecimento deles e nem com algumas coisas que fizeram antes de chegarem à minha casa — finalizou com firmeza.

O escrivão registrava tudo em silêncio, o segundo delegado apontava algumas provas de assaltos registrados em delegacias regionais da cidade, como a placa da caminhonete que fora encontrada na casa dele, bem como, a descrição física dos meninos e do motorista, um de seus empregados.

Lopes defendia-se dizendo que não tinha conhecimento daquilo, alegou que os garotos nunca haviam saído de sua residência, mantinha-os como internos até que pudesse localizar os pais. Quanto à placa da caminhonete, despistou solicitando mais detalhes e dizendo que seu empregado somente a usava para comprar mantimentos para a casa e nada mais. Ainda aventou a possibilidade de engano, visto que a polícia não tinha como provar, pois havia apenas relatos das vítimas. Justificou-se em seguida:

— Quantos homens pardos existem neste mundo convivendo com moleques? Foi tudo um engano, estes garotos viviam sendo vigiados por mim, aliás, essa foi a condição imposta a eles para ampará-los. Quis averiguar os fatos para depois recorrer à polícia, caso fosse preciso. Sou um homem honesto e possuo muitos bens, aliás, como sou bem sucedido, estou sempre em evidência. Motivo esse que faz com que os concorrentes procurem um erro meu para acabar com meu trabalho. Nunca acharão nada que me desabone! Devo ter sido vítima de mais uma cilada de algum fazendeiro falido que quer se apossar de meus fornecedores. Consigo sempre o melhor preço de gado, mas como eles como não sabem negociar, faliram! Não tenho nada a ver com isso.

Por fim, o delegado determinou que ficasse preso até que os fatos fossem esclarecidos. Lopes esbravejou, solicitando o aval de seu advogado. Assim foi feito, mas continuou detido até determinação judicial.

Teobaldo foi liberado sob a custódia do pai, até que o inquérito se processasse. Um responsável pelo juizado de menores foi solicitado para acompanhar o caso, bem como, para tomar as devidas providências quanto à orientação familiar e pessoal de Teobaldo.

Todos os empregados de Lopes ficaram detidos, inclusive Vadico, que temia ficar sem poder prestar auxílio à mãe acamada. Os demais empregados foram liberados, sob condição de prestarem novos depoimentos quando fossem solicitados. Ficariam sujeitos ao regime penal, caso não atendessem as determinações do inquérito policial.

Zuleica e o marido ouviram o depoimento do filho, horrorizados com o tipo de gente com que havia se envolvido. Não sabiam ainda que atitude tomar com relação ao rapaz. Acompanhados por uma viatura, os três voltaram para casa em silêncio. A mãe cansada e com feição sofrida pensava como seria a vida daquele menino com tão pouca idade, mas já com uma experiência de vida tão negativa. O pai desconfiou do relato do filho, porém, nada disse para a esposa, não quis preocupá-la. Lembrou-se que sempre rejeitara a vida que podiam proporcionar a ele, era um garoto ambicioso e se melindrava fortemente, quando via que algum amigo aparecia com uma roupa nova. Esbravejava e amaldiçoava com ódio. Muitas vezes o repreendera dizendo que inveja excessiva é prejudicial, que deveria se esforçar para vencer na vida e obter o que desejasse e que demovesse de si sentimentos e palavras maliciosas ou praguejadoras. O menino emburrava por dias, depois o infernizava para que comprasse uma roupa nova para exibir aos amigos. Algumas vezes ele cedeu, depois optou por negar, orientando-o a que se contentasse com o que podia ter. Assim que atingisse a maioridade, que fosse trabalhar, para realizar os próprios desejos e ser alguém na vida. Por isso, quando Teobaldo relatou que chamava Lopes de "pai", suspeitou de que algo errado aceitaram fazer em troca de alguma coisa acordada.

Pensativo, resolveu esperar o desenrolar dos fatos para depois ensiná-lo, de seu jeito, como manter a dignidade própria e respeito pelos familiares: "Deixe este moleque comigo! Se estiver mentindo, vai ver quem é o pai dele"!

Zuleica, ao mesmo tempo que abraçava o filho, sentia um aperto no peito indefinível, percebeu que ele não correspondia naturalmente ao carinho recebido, esboçava um leve sorriso, sem olhar diretamente nos olhos dela. Entretanto, a felicidade de encontrá-lo com vida afastava qualquer pensamento que atrapalhasse aquele encontro tão esperado.

A viatura estacionou em frente à casa de Teobaldo, por volta das 21 horas, a vizinhança logo se manifestou acolhendo a chegada do menino. Porém, Teodoro pediu para que deixassem os cumprimentos para o dia seguinte, por conta da fadiga em que se encontravam. O menino pouco retribuiu. Cabisbaixo, entrou correndo em casa, sentia-se amparado pelos seus, mas em contrapartida, pensou de imediato que aquele lugar não fazia mais parte de sua vida. Deixaria passar um bom tempo e depois fugiria novamente, só que da próxima vez para bem longe.

17

Os rumores da chegada dele chegaram até a casa de Juquinha. Os pais, alegremente festejaram, enquanto que o garoto disfarçava ter ficado contente. Por dentro, não queria ver o amigo, lembrava-se do dia do sumiço deles:

Após a partida de futebol, Teobaldo e Adalberto fizeram sinal para ele, sentaram-se num canto do campo e resolveram convidá-lo para a fuga premeditada. Havia algum tempo que Teobaldo fizera o primeiro contato com Tico, um dos empregados de Lopes. Ele lhe oferecera um pouco de droga para ele experimentar. O garoto aceitara e, a partir de então, formaram amizade às escondidas. Com isso, Tico foi pegando intimidade, até descobrir o ponto fraco dele. Assim sendo, lhe ofereceria melhores condições de vida, caso aceitasse fugir e se agrupar com o bando de seu patrão. Pensativo, resolvera se abrir com Adalberto, que, revoltado com a morte do pai, pretendia mudar de vida, desacreditando que trabalhar como pai pudesse levá-lo a vida melhor. Tanto que sofrera um ataque cardíaco que o levara para sempre. Sua mãe, em desespero, culpara o estado fatigante em que o marido vivia para obter mais dinheiro, como a causa possível de sua morte. A princípio hesitara, mas depois, tomado pela revolta, decidira aceitar o convite com a condição de nunca mais voltar a ver sua família, já que optara por entrar no mundo do crime. Mais tarde, acharia um jeito de ajudá-las, mas preferira que nunca mais soubessem de seu paradeiro.

Quando Juquinha ficara sabendo do plano, não decidira de pronto. Os amigos disseram que, naquele dia, participariam de um acerto de contas e que ganhariam dinheiro. E que se acaso decidisse segui-los, que o fizesse logo. Eles o ajudariam fugir, se cumprisse a promessa de nunca revelar a ninguém a verdade, mesmo porque, se isso acontecesse, sua vida e de sua família estariam em perigo.

Juca concordara para ganhar algum dinheiro, porém, ao presenciar a cena do acerto, ficara por demais assustado e fugira com a ajuda de Adalberto, conforme o combinado.

A volta de Teobaldo ao lar fê-lo pensar que, por certo, algo havia dado errado e, com isso, muitas coisas ruins poderiam acontecer, visto que, conhecia muito bem a ambição do garoto e temia ser chantageado por ele pelo resto da vida. Inseguro, correu para abraçar a mãe, dizendo:

— Ai mãe! O que será que vai acontecer? Teobaldo voltou, com quem estava esse tempo todo? Será que vão me perseguir? — fez a pergunta imprudentemente.

Os pais surpreenderam-se com a questão inesperada do filho.

— Por que o haveriam perseguir? Do que está falando, escondeu alguma coisa de nós? — perguntou a mãe, desconfiada.

— Não é isso, é que estava com eles no momento dos assassinatos. Vai saber se Teobaldo conseguiu fugir e eles voltarão para nos apagar.

— A policia está alerta, não há de nos acontecer nada, fique tranquilo filho — pacificou a mãe.

O menino esfregava as mãos impaciente, a ponto de pedir aos pais para não se envolverem com Teobaldo, sugerindo até que se mudassem de local, alegando estar temeroso quanto aos malfeitores.

— Aquiete-se, meu filho! Não sabemos se os assassinos foram presos, quando íamos à casa dele, fomos informados que Teodoro estava muito exausto. Então voltamos, deixando as boas-vindas para depois. Amanhã ficaremos sabendo de tudo. Fique tranquilo, ele voltou e a policia está de olho na casa, não há com o que se preocupar. Nesses meses todos, nada ocorreu com você e nem conosco. Por certo ele conseguiu fugir como você fez. Alguém viu Ermínia e a família saírem acompanhadas por um policial, ainda não voltaram, parece que acharam Adalberto e foram ao encontro dele. Não ficou bem claro, porque elas saíram rapidamente sem dizer nada a ninguém. Uma hora depois, a polícia encostou na casa de Zuleica e eles seguiram para a delegacia em busca de Teobaldo.

— Não vejo a hora de vê-los, quero saber de tudo, tomara que esses bandidos estejam presos. Tenho certeza de que foi com a ajuda de Medeiros, ele jurou para Ermínia que iria encontrar o filho dela. Não é que o safado conseguiu! Homem rico e poderoso, que sorte a Ermínia teve de ter sido atropelada por ele. Além de tê-la ajudado financeiramente, se prontificou a encontrar os garotos. Graças a Deus, conseguiu! Vitória! — bradou Marilene com entusiasmo.

Evandro, o pai de Juca, também comemorou a vitória da chegada de Teobaldo. Batendo nas costas do filho, disse para que não se preocupasse porque a verdade do enigma estava prestes a ser revelada. O menino arregalou os olhos sem nada a dizer, o pai tornou a olhá-lo com firmeza e complementou:

— Seja o que tiver acontecido, já passou. Nada deve temer se não fez nada, não é Juquinha? Só teme quem tem a cauda presa e não é o seu caso, não é meu filho?

Juca, ainda alterado, não respondeu verbalmente, apenas assentiu balançando a cabeça, depois disfarçou e sentou-se no sofá, ao lado da irmã, entretendo-se com os brinquedos da menina. O casal continuou a conversa na cozinha, enquanto Evandro esperava a mulher preparar um lanche para todos.

Havia se passado uma hora. Pouco antes dos pais de Juca se prepararem para dormir, foram surpreendidos pela chamada insistente de Hortência que, do lado de fora, batia palmas insistentemente.

— O que foi Hortência? — perguntou Marilene assustada.

— Abra a porta, preciso falar-lhes.

— Entre rápido, o que foi? — atendeu de pronto Marilene.

— Ermínia ainda não chegou, há pouco vi um homem elegantemente vestido sair com duas malas da casa dela. Quando me aproximei para perguntar o que estava fazendo lá dentro, ele entrou no carro e saiu apressadamente. Fui até a casa dela e verifiquei a porta, estava fechada com chave. O que faremos, chamaremos a polícia?

— Deixe eu pensar, — respondeu Evandro — não há ninguém na casa. Ele por certo tinha as chaves, ela saiu com a família acompanhada de uma viatura policial. Acho que devemos esperar, porque podem estar querendo se proteger de algo, ela mesma nos disse que Medeiros havia colocado segurança para elas, em virtude do trabalho dele, pois poderiam estar sendo seguidos. Deve ser coisa do Medeiros. Logo mais Ermínia dará notícias, ela nos estima muito e sabe que ficaríamos preocupados. Se ainda não o fez , por certo não pôde. Vamos aguardar, amanhã falaremos com Teodoro, ele nos colocará a par das coisas. Somente ele poderá, discretamente, perguntar ao delegado sobre ela e o filho.

"Acho melhor não nos precipitarmos porque ela está em boas mãos. Medeiros a está amparando, assim como, a família dela. Ele também nos estima muito e vive perguntando do Juca quando me encontra."

— Eu não estou gostando nada disso, Ermínia nunca me escondeu nada. Será que está em perigo?

— Não exagere Hortência, procure se acalmar, amanhã ela dará notícias. Quem sabe voltará junto com o filho.

— Estou achando tudo muito estranho. Teodoro e Zuleica não quiseram falar com ninguém, alegaram estar exaustos. Um homem na casa de Ermínia... O que será que está acontecendo?

— Recorde o que Juquinha nos disse, eles foram raptados por bandidos, a coisa é séria. A polícia está fazendo de tudo para proteger a família dos envolvidos. Vamos esperar, vá descansar, qualquer novidade nos avise imediatamente, certo?

— Não sei se vou conseguir pregar o olho, gosto muito da Ermínia e enquanto ela não voltar, não terei sossego.

— Nós também gostamos muito dela, porém não há nada que possamos fazer a não ser aguardar e rezar para que encontre o filho — disse Marilene.

— Desculpe-me incomodá-los a esta hora, mas vocês são como minha família e preservo muito nossa amizade.

— Nós a estimamos também, você fez muito bem de nos avisar. Somos uma família, temos sorte por isso! Vivemos numa rua onde cada um se preocupa com o outro, como se fosse com ele mesmo. Somos todos por um, vamos ajudar a nossa querida Ermínia, somente ela falta encontrar o filho — respondeu Evandro, emocionado.

— Está bem, enquanto eu não dormir, ficarei atenta para ver se volta.

— Faça como quiser. Boa noite, Hortência — despediu-se Evandro e a esposa.

Marilene fechou a porta e apagou as luzes da sala, verificou se os filhos estavam dormindo, depois se recolheu junto ao marido.

Evandro abraçou a esposa beijando-a com carinho, porém ela não se mostrou muito receptiva aos desejos dele, percebendo a inquietação dela perguntou:

— O que foi querida? Está preocupada em saber o que houve com Teobaldo? Não acha melhor se desligar disso agora?

— Oh querido, me desculpe. Estou sentindo um aperto em meu peito, uma sensação estranha que nunca senti antes. O que será que perturbou tanto Teodoro que nem quis receber os cumprimentos dos amigos?

— Por certo, estava exausto como ele mesmo disse, do que você desconfia?

— Não sei não, para mim esta história está mal contada, percebeu a alteração de Juca? Fiquei observando nosso filho e me pareceu um pouco tenso e temeroso com a chegada de Teobaldo.

— É verdade, notei que ele ficou amedrontado, sinceramente, também achei que a coisa não é tão simples assim, deve haver algo escondido. Mas não se preocupe, vou falar com ele a respeito e tentar descobrir o que há por detrás disso tudo. Andei pensando, por esses dias, em colocá-lo para ajudar o seu Pedroso na loja de materiais de construção. Assim ele ficará ocupado o dia inteiro, irá para escola de manhã e à tarde terá uma ocupação. Não quero que meu filho se perca com más companhias. Se ficar com algum tempo livre, isso poderá representar um risco para si. Percebe como gosta de ficar encostado? Não estuda direito e já me falaram que anda com amizade com aqueles moleques do outro lado da avenida. Não gosto disso! Todos me parecem fúteis e pelo que ouço por aí, são filhos de pais ausentes. Muitos deles não trabalham e as mães ficam pedindo esmolas na rua. Não quero esse tipo de gente envolvida com o Juquinha. Somos pobres, mas somos honestos e trabalhadores.

— A Hortência já havia me avisado disso, não quis preocupá-lo, porém eu mesma fiquei apreensiva quando ela me avisou que havia visto Juca, do outro lado da avenida, pedindo dinheiro aos motoristas. Fiquei envergonhada quando nosso filho confirmou tudo, só que ele me disse que estava brincando e que nunca mais faria aquilo. Falou que os amigos apostaram quem conseguiria arrecadar mais dinheiro na rua e que ele topou a parada para se divertir. Perguntei o que ele fez com o dinheiro, ele despistou e não soube me responder. Dei uma bronca nele e ameacei contar tudo a você, caso persistisse com essa conduta. Ele jurou que jamais faria de novo. Não sei se estamos fechando os olhos para a realidade só porque é nosso filho. Será que esses meninos se envolveram com gente da pesada por vontade própria? Esse é o meu medo, querido! Não sabia como contar-lhe, mas agora não há mais como esconder, precisamos descobrir o que andam fazendo às escondidas.

— Fez bem em me contar, vou sondá-lo e ficar de olhos bem abertos, o primeiro passo será tirá-lo da rua, ficará mais fácil controlá-lo. Seja o que for, ainda dá tempo de afastá-lo dessas más companhias.

— Ah! Como eu gostaria de mudar de vida! Colocá-los numa escola melhor, para que pudessem se preparar para o futuro e conseguir vencer na vida.

— Vamos conseguir ter uma vida melhor, não só para os nossos filhos, mas principalmente para nós. Também quero ganhar mais e progredir. Por falar nisso, recebi uma proposta de meu chefe para fazer um curso profissionalizante, assim ele poderá me indicar para uma promoção de chefia.

— Nossa, que maravilha! — gritou a esposa.

— Epa! Não é assim tão fácil! Aceitei a proposta, porém, fui sincero ao dizer-lhe que não poderia dispor de mais uma despesa, pois afetaria o orçamento familiar. Ele franziu a testa e disse-me que estava ciente disso, só quis saber se aceitaria fazer o curso, porque mandaria a sugestão para a chefia dele avaliar se a empresa poderia me pagar os estudos ou não. Considera-me um ótimo funcionário e disse-me que eu levo jeito para conduzir o pessoal. Nisso ele está certo! Ponho ordem na casa e ele pode contar comigo quando precisa se ausentar. Estou esperando a resposta, se o chefão concordar, começarei a estudar à noite e aí, em pouco tempo, poderemos ter uma vida melhor.

— Ah, Querido! Que notícia boa, devia ter me dito antes. Estou muito feliz por você, tenho certeza de que lhe concederão a bolsa de estudos. Você merece, sempre foi um homem honesto e muito trabalhador. Tenho orgulho de você!

— Por isso quero que meus filhos sigam os nossos exemplos e vão seguir! Se quiserem nossa ajuda, estaremos prontos para isso, mas se optarem por se desviarem, eu os largarei na vida que eles escolherem ter. Filho meu não dá para ser vagabundo. Faço tudo para que tenham mais oportunidades que nós, se não valorizarem, o azar será deles. Por enquanto, conseguiremos conduzi-los, mas quando alcançarem a maioridade, farão o que der na telha! Só que na minha casa não mora marginal! Ponho o Juca na rua, se precisar!

— Nem pense uma coisa dessa, o Juquinha é um bom menino! Considere que, nesta idade, pouco sabem escolher e querem viver as novidades do jeito deles. Se você o intimidar como eu fiz, fará o que queremos e ficará longe daquele bando de desocupados.

— Aquela gente é brava! Você sabe, tem muito marginal que mora por lá, não quero que se misture com eles, você entendeu? Não me esconda mais nada para protegê-lo. É melhor ele chorar agora do que nós mais tarde, não acha?

— Claro, está certo. Se eu souber de alguma coisa, conto imediatamente para você.

— Agora me abrace que eu quero sentir você — disse piscando para ela.

Marilene sorriu e se entregou correspondendo aos desejos do marido.

18

Na casa de Teobaldo, a situação era mais complicada, os pais do garoto não conseguiam dormir e conversavam sobre o rumo que haveriam de dar ao filho, após o desfecho policial. Zuleica, apesar de feliz com o retorno dele, abriu-se com o marido e falou de seus temores quanto ao possível envolvimento com coisas ilícitas, considerando, é claro, a tendência do menino em recusar a vida que podiam oferecer. Desabafou dizendo:

— Teodoro, sinto que nosso filho está mentindo, gostaria de estar enganada, mas ele está muito inseguro e, ao mesmo tempo, parece que decorou um texto e não consegue me olhar diretamente nos olhos. Estou feliz por tê-lo encontrado vivo, no entanto, sinto-me demais agitada. Não quero me iludir quanto à idoneidade dele. Por mais que me doa saber a verdade, ainda assim será mais fácil ajudá-lo, caso ele queira...

— Eu mato este menino se descobrir que é um assaltante, isso não vou aceitar, Zuleica.

— Precisamos ter calma para poder ajudá-lo, caso precise — quis contemporizar, a esposa.

— Não adianta, comigo não tem jeito não! Se ele se meteu com criminosos, vai pagar na cadeia, e se não for preso por causa da idade, eu mesmo vou solicitar que fique no Juizado de Menores, até completar dezoito anos e sair como um homem para a vida e não como um marginal.

— Tenha calma Teodoro, nesses lugares eles aprendem mais sobre o crime do que em casa, sob nossa orientação direta.

— Não concordo. Se ele tem essa tendência, deverá sair de minha casa, porque eu trabalho como um louco para sustentar todos vocês e é isso que eu ganho? Um filho marginal? Eu acabo com a raça dele, verá quem é o pai verdadeiro. Você viu como ele chamava o outro de pai? Ele mesmo se confessou, para mim este moleque está mentindo e a polícia sabe disso, como ele é menor de idade, ficou sob nossa. Amanhã vou ter uma conversa de homem para homem, quero ver se escapa sem antes lhe dar umas bofetadas, caso minta.

— Não adiantará bater, ele ficará furioso e poderá fugir de casa. Você conhece o gênio dele, o bom é falar com jeito para conseguir perceber se está mentindo ou dizendo a verdade, pois me parece que mentiu e continuará mentindo para se safar da polícia.

— Esse Lopes é um traficante de primeira! Um dos policiais me passou a ficha dele às escondidas. Podemos estar correndo perigo de vida por causa do inconsequente do nosso filho. Ah, meu Deus! Quem será que ele puxou? Em nossa família nunca houve um caso assim, somos humildes, sempre trabalhamos para viver e nunca precisamos sujar nossas mãos para conseguir mais. Onde foi que erramos, Zuleica? Procurei fazer o melhor para ele e não adiantou, é um menino ambicioso, invejoso e prepotente. Quer as coisas de graça e não pensa em consegui-las pelo trabalho. É volúvel e duvido de seu caráter. Eu acabo com ele se me deixar com vergonha.

— Não adianta nos precipitarmos, não quero ver meu filho perdido na vida, faremos tudo por ele Teodoro, entendeu? Faremos de tudo para o nosso menino não sofrer.

— Farei de tudo para nós não sofrermos com as atitudes inconsequentes dele. Minha vontade era de pegá-lo à força naquela delegacia e espancá-lo até dizer a verdade, só não o fiz por você e também porque quis esperar para ouvir tudo o que tinha a dizer.

— Ficamos felizes por encontrá-lo e isso acalentou a dor que sentimos nesses últimos meses — disse Zuleica com lágrimas nos olhos.

— Eu sei, meu amor. Sei o quanto sofreu com a ausência dele, pensamos que estivesse morto, mas agora me revolta saber que possa ter se envolvido com o tráfico de drogas. Não tenho coragem de contar a verdade aos vizinhos, eles esperaram tanto quanto nós e ficarão abismados se falarmos das suspeitas da polícia. Até o Juquinha poderá ser envolvido. A Ermínia, a uma hora dessa, já deve saber de tudo, se é que encontraram o Adalberto.

— Meu Deus, não quero nem imaginar como ficará quando souber disso tudo! Já tem o problema das sequelas do acidente e não pode passar nervoso que se sente mal. Imagine se descobrir que eles estão envolvidos por livre e espontânea vontade, tomara que Medeiros apazigue as coisas.

— Muitas coisas feias poderão vir à tona, não só a Ermínia deverá ser preparada para ouvir a verdade. Nós, Evandro e a Marilene também — ressaltou Teodoro, passando as mãos na cabeça.

Agitado, se levantou e acendeu um cigarro, em seguida, abriu a janela e se debruçou, espargindo a fumaça para fora do quarto. A noite estava fria, as ruas silenciosas, enquanto fumava, tentava aliviar a tensão. Disfarçou as lágrimas que escorriam pelo rosto. Sentia-se decepcionado, imaginou várias coisas que poderiam ter acontecido com o desaparecimento do filho, mas não esperava ouvir que estivesse envolvido com o crime. Passou as mãos no rosto, quis enxugar as lágrimas, não conseguiu, debruçou a cabeça sobre os braços e chorou como uma criança desapontada. Zuleica levantou-se e foi ter com ele, abraçou-o dizendo:

— Seja o que for, fizemos o melhor para ele.

— Tenho receio de que aqueles bandidos venham se vingar dele, pondo nossas vidas em risco — disse inconformado.

— Vamos sair dessa, a polícia nos amparará e Deus mais ainda, se precisar poderemos nos mudar daqui, temos parentes na Bahia e poderão nos ajudar. Se isso for verdade, não poderemos ficar mais por aqui, todos fugirão de nosso filho e qualquer coisa de errado que aconteça, ele será o primeiro acusado. Vamos embora daqui Teodoro, será melhor para todos nós — sugeriu Zuleica, com notória aflição.

— Acho que você está certa, independente do que aconteça, essa será a melhor opção para ele e para nós. Vamos deitar, está muito frio. Amanhã é um novo dia, conseguiremos resolver tudo da melhor maneira. Pensando bem, não precisaremos nos esconder dos vizinhos, vamos falar a verdade, são nossos amigos e nos conhecem há anos. Saberão nos apoiar neste momento tão difícil, não temos nada do que nos envergonhar, porque só fizemos o melhor para nosso filho. Todos conhecem como se preocupa com as crianças, nem eu e muito menos você falhamos na educação deles. Apenas não pudemos dar, até o momento, melhores condições de vida a eles. E isso não é motivo para que este moleque escolha ser um marginal, que se dane! — irritou-se repentinamente.

— Não é assim Teodoro, faremos o que for preciso, ainda que com muito esforço, para que crie dignidade e caráter. Ele há de reconhecer e retribuir, tornando-se um homem digno igual a você, meu querido!

Teodoro abraçou a esposa e desabou a chorar novamente, ela que parecia estar mais frágil, conseguiu consolá-lo com muito carinho e ternura. Aos poucos, foi se acalmando e deixando-se embalar num sono promissor.

Zuleica ajeitou-se ao lado dele, porém, não conseguiu dormir de imediato, havia sugerido ao marido se mudarem para a Bahia, mas sabia que não seria assim tão rápido. Enquanto isso, estariam sujeitos ao perigo que fora causado pelo próprio filho. Agitou-se, em seguida sobressaltou-se, ao lembrar do recado de sua prima, por carta, há um mês atrás. Seu coração disparou, levantou-se cuidadosamente, evitando acordar o marido. Abriu a gaveta da cômoda e pegou a carta para reler. Niceia dizia, com convicção, que faltava muito pouco para que ela soubesse o paradeiro do filho. Recomendou forças para enfrentar os desafios que viriam, porém, receberia ajuda se conservasse a fé.

Zuleica sentiu arrepios ao terminar de reler o recado, suspirou tentando manter o controle. Niceia era mãe de santo na Bahia, no entanto, apesar de respeitar-lhe a opção religiosa, nunca havia se interessado por esse tipo de seita — classificada assim por ela. Intimamente, achava que a prima era um tanto quanto fanática por haver largado tudo para seguir a religião escolhida. Mas diante da informação recebida e da coincidência, já que a prima revelara a data de seu reencontro com o filho, exatamente um mês após o aviso recebido, passou a acreditar, respeitando-a.

Zuleica não contara ao marido o recado da prima, haja vista, que ambos não acreditavam em previsões. No entanto, naquele momento, a única esperança era contatar tudo à prima e pedir ajuda e proteção para afastar Lopes da vida de seu filho. Arriscaria qualquer coisa para salvar sua família, decidiu telefonar para ela, logo pela manhã, expor a situação, bem como, adiantar que logo que pudessem fariam a mudança para lá.

Mais aliviava, voltou para a cama e fez uma prece, pedindo proteção para todos, e que Deus revelasse se a ajuda que pediria a Niceia seria a melhor opção. Temia mexer com espíritos, pois nada conhecia sobre o assunto. Fechou os olhos e adormeceu.

Após entrar em sono profundo, Zuleica desdobrou-se de seu corpo físico, dirigiu-se ao lado da cômoda, abriu a gaveta e pegou a carta de Nicéia. Quando ia abri-la para reler, foi envolvida por uma luz prateada muito intensa que tomou conta de seu corpo astral, ampliando sua visão extrassensorial. Enquanto a luz se tornava mais intensa, envolvendo-a por completo, teve a sensação de estar flutuando. Sem que pudesse comandar os sentidos, fechou os olhos e deixou-se levar pelo movimento rotativo que a impulsionava para cima. Sentiu que estava voando mais rápido que um transporte aéreo.

Depois de alguns minutos, ela se viu dentro de um salão, onde havia muitas pessoas vestidas de branco, dançavam ao som vibrante dos atabaques. Observou a dança sem se mover, voltou os olhos para o fundo da sala e deparou-se com a prima Niceia, sentada numa cadeira, acenando para ela.

Zuleica, timidamente, obedeceu ao chamado, passando no meio daquelas pessoas que dançavam, sem terem observado sua presença.

— Niceia! Como você está bonita! — falou abraçando a prima.

— A prima, com olhar ávido, convidou-a para sentar. Depois pegou nas mãos dela e beijou desejando-lhe paz e confiança.

Zuleica desabou a chorar e rapidamente contou-lhe tudo o que havia se passado. Sem obter resposta, levantou a cabeça e olhou para a prima que nada lhe disse de imediato. Após alguns minutos, Niceia apontou para a direita do salão, quando ela se virou atendendo a indicação, arregalou os olhos e, instintivamente, apertou as mãos da prima diante da cena que presenciou.

Teobaldo apareceu dentro de uma nuvem escura com a camisa suja de sangue, rindo ao lado de mulheres que aparentavam estar alcoolizadas e com semblantes cadavéricos. Riam em voz alta e pediam a ele para saciá-las sexualmente. O jovem atendia como se estivesse dopado. Ao lado uma poça de sangue se expandia, enquanto saciavam-se mutuamente. Do umbigo das mulheres, saía uma espécie de líquido purulento, exalando forte odor no ambiente. De repente, o grito de uma delas saudou a chegada de Adalberto, que, em companhia de outras mulheres nas mesmas condições, se aproximava rindo como um demente.

Zuleica não aguentou continuar vendo a cena deprimente com seu filho e o amigo. Deu um grito ensurdecedor, chamando a atenção de Teobaldo.

O rapaz olhou com riso debochado, depois pediu firmemente para que ela fosse embora, alegando que não queria mais permanecer em companhia dos pais e nem viver naquela vida imunda e pobre que lhe ofereciam. Seguidamente a ameaçou com sarcasmo, caso insistisse em interferir em sua escolha e na de Adalberto. Disse com altivez:

— Não se meta mais em minha vida, vá embora sua pobretona! Você está feia e velha! Saia daqui, volte para o tanque e lave as roupas do seu marido, sua escrava! Doméstica, sempre será uma doméstica!

Risos ribombaram no ambiente. As mulheres que os acompanhavam faziam gestos obscenos para ela, enquanto se apossavam dos corpos dos rapazes que correspondiam ao chamado delas.

Zuleica, aturdida, tentou correr em direção ao filho para esbofeteá-lo, entretanto uma barreira de luz se formou, impedindo-a de avançar mais além. Simultaneamente, do lado onde os garotos estavam, uma névoa cinzenta aumentou de tamanho representando um forte tornado. Ela os arrastava para seu interior, fechando a cena com um grande rodamoinho que lançava relâmpagos tempestuosos.

Niceia apareceu ao lado dela, envolvendo-a num abraço fraterno e consolador, enquanto dizia:

— Tenha fé, faremos o possível para ajudá-los, você precisará estar firme e confiante, eles estão envolvidos com entidades sugadoras que manipulam a mente, por meio de desejos carnais. Verificamos a causa dessa afinidade, há que se preparar se quiser ajudar seu filho. Nada poderemos fazer, caso persistam na vaidade que os consome. Os espíritos deles ainda não reconhecem o potencial que têm para vencer, sem que haja necessidade de destruírem a vida alheia. Aquelas mulheres são resultado da autodestruição que se impuseram no passado. É um caso delicado, mas não impossível de solucionar. De sua parte, deverá ter paciência e aguardar a decisão deles de querer ou não se libertar dos laços nefastos, com os quais estão comprometidos.

— Niceia, não estou compreendendo o que quer me dizer, que passado é esse? O que eu tenho a ver com isso? Sempre fizemos o melhor para nosso filho e não há nada no nosso passado. Você deve estar enganada. Estou me sentindo arrasada, você viu como ele me destratou?

— Você compreenderá com o tempo. Vou esperar você voltar para cá, aí poderá aprender muitas coisas que precisará para superar essa questão que os acompanha há muitas encarnações.

— O quê? Encarnações? Passado? Eu não entendo nada disso, aliás eutnão acredito em nada disso, não acredito que um passado vivido possa ter feito isso com meu filho! E quanto ao Adalberto, à Ermínia e aos outros? Todos têm esse passado? E aqueles que vivem em semelhante situação, estão envolvidos no passado também? Está querendo justificar o crime, colocando a responsabilidade em vidas passadas?

— Não é isso, mas de certa forma, todos se agrupam pela lei de afinidade, de valores conquistados ou de tendências negativas desenvolvidas, até que possamos nos reformular interiormente.

"Nossa maneira de agir determina nosso destino e passamos a atrair pessoas e situações de acordo com nossa atitude e vibração. Se pensarmos e agirmos de forma positiva, só receberemos "gratificações". Caso contrário, nos comprometemos formando laços negativos, que não desaparecem com a morte do corpo físico. Pois a vida continua para todos nós e as situações também, até que possamos amadurecer e adquirir novos valores, bem como, conquistarmos a nobreza de espírito, respeitando prioritariamente nossos semelhantes. O que não queremos de mal para nós não façamos para os outros. Essas mulheres foram usadas porque se deixaram iludir, não sabem o que querem deles na verdade. Sentem necessidade da energia deles porque é semelhante à delas e precisam disso para se movimentar. Dentro da lei de afinidade, toda troca só é possível quando houver compatibilidade energética. Grupos se formam dessa forma, todos pensam e agem com semelhança.

— Não tenho afinidade com esse tipo de coisa, por que estou envolvida?

— Porque tem com o seu filho, existe uma lição que deverá aprender, saberá o que fazer, não se antecipe, há muitas coisas que precisam compreender. Ficarei aguardando a chegada de vocês. Agora preciso ir e você também.

— Não! Preciso de mais explicações, você me confundiu, não sei o que fazer — reivindicou aos prantos.

— Brevemente obterá parte das respostas. De certa forma, podemos considerar que hoje teve início seu aprendizado, e que não foi pequeno. Volte agora, minha prima. Conte comigo! — despediu-se apressadamente.

Zuleica colocou as mãos nos ouvidos, o forte barulho dos atabaques vibrava intensamente. As pessoas de branco voltaram a dançar em conjunto. Tapando os ouvidos, sentiu forte tontura e baixou, deitando-se no meio da sala. Pôde apenas ver que aquelas pessoas batiam palmas olhando para ela, enquanto dançavam, de súbito deu um pulo na cama, gritando o nome da prima.

— Zuleica! Acorde, estou aqui! — falou o marido, assustado.

— Onde estou? — perguntou, sentindo-se ainda estonteada.

— Está aqui, meu amor. Em sua casa, ao meu lado — confortou Teodoro.

— Abrace-me, preciso de você! Proteja-me! Não sei o que fizemos, não quero pagar por aquilo que não fiz e nem sei se fiz — falou para ele, como se estivesse ainda conversando com Niceia.

— Você estava sonhando, quer um pouco de água?

— Meu filho está aqui? Cadê o Teobaldo? Vá ver se ele está dormindo, por favor, faça o que eu lhe peço.

— Vou pegar um pouco de água com açúcar para você e vejo se ele está dormindo, fique aqui, já volto.

Teodoro levantou-se apressadamente, foi até a cozinha, pegou água e, delicadamente, abriu a porta do quarto dos filhos. Olhou na direção da cama de Teobaldo, percebeu um vulto no chão estendido, acendeu rapidamente a luz e não pôde conter o espanto, soltando um berro para a esposa:

— Zuleica, corra aqui! Venha me ajudar.

Os outros irmãos de Teobaldo também acordaram assustados, esfregaram os olhos e gritaram ao ver o irmão caído no chão ensanguentado.

— Meu Deus! O que aconteceu, Teodoro? — gritou Zuleica ao se deparar com o rapaz caído.

— Não sei, acho que caiu da cama e bateu a cabeça no chão.

— Filho, acorde!

Ao virar o rapaz, Teodoro notou que havia um ferimento na testa dele.

— Ah, pai... O que aconteceu? Que sangue é este? — perguntou aflito quando passou as mãos na testa.

— Você caiu da cama! Nem quando garotinho fez isso! Nunca caiu da cama! — disse o pai enquanto socorria o filho.

— Sente-se aqui, filho, deixe-me ver o que aconteceu com sua testa.

Zuleica tremeu ao vê-lo machucado, correu para o banheiro e pegou uma toalha para estancar o sangue.

— Nossa! O corte não foi tão grande a ponto de Jorrar este sangue todo! — disse o pai enquanto limpava a testa do rapaz.

Teobaldo estava assustado, lembrou-se da festa na casa de Lopes. Estremeceu. Assustado, estendeu a mão, pegou o copo com água que estava ao lado e tomou num único gole. Teve a impressão de estar embriagado, a garganta continuava seca. Pediu mais água para a mãe. Quando conseguiu levantar-se, ele mesmo foi até a cozinha, encheu uma jarra com água e tomou tudo em poucos segundos, depois repetiu a dose. Com olhos esbugalhados, voltou para seu quarto e jogou-se na cama, sem nada dizer.

Os pais tentaram conversar com ele, porém, percebendo que o rapaz estava sisudo, saíram do quarto, dizendo que se precisasse de alguma coisa, chamasse por eles. O rapaz virou de costas e continuou calado.

Teodoro não gostou da postura do filho, se não fosse pela intervenção da mulher, que discretamente fez sinal para deixá-lo em paz, teria retrucado a desfeita.

— Que moleque mal-agradecido, viu como ele foge de nós? Está com o rabo preso, não tenho mais dúvidas quanto a isso — desabafou o pai.

— Deve ter ficado envergonhado por ter caído da cama, você conhece o nosso filho, é tímido. Por certo, pensou que você faria chacota.

— Não sei não, pode ser. Parece-me que ele se esconde e que sede era aquela? Tomou duas jarras de água num segundo, você viu? Caiu e não acordou? Não é estranho?

— Isso é realmente estranho, entretanto, ficou assustado e isso descontrola um pouco. Acho que não devemos nos precipitar em fazer qualquer julgamento. Todos nós estamos muito abalados — contemporizou Zuleica.

— Pode ser, vamos observá-lo! E você, o que estava sonhando quando acordou gritando o nome de Niceia?

Zuleica estremeceu, aos poucos foi retomando a lembrança da conversa com a prima, depois fez careta quando recordou a cena deprimente de que o filho e Adalberto participavam.

— Ah! Deixe para lá. Falei em mudarmos para a Bahia e antes de dormir lembrei-me de Niceia. Tive um pesadelo horroroso que nem vale a pena comentar. Vamos dormir, precisamos descansar.

— Perdi o sono, mas vamos nos deitar que ele volta.

Teobaldo não conseguiu dormir de imediato, sentiu seu corpo tremer descompassadamente, a garganta continuava seca, porém, não quis levantar para saciar a sede com medo de acordar os pais. Impaciente, virou de um lado para outro na cama, quis fumar, não tinha cigarros e muito menos drogas. Agitou-se mais, balançava as pernas e suava frio. Resolveu levantar-se nas pontas dos pés para procurar o cigarro do pai. Foi até a sala, pegou três bitucas no cinzeiro e acendeu no banheiro. Puxou a pouca fumaça como se estivesse tragando um charuto. Sem conseguir saciar a vontade, decidiu procurar alguma coisa alcoólica para tomar. Descontrolado, vasculhou dentro do gabinete da pia, sorriu ao encontrar uma garrafa de pinga. Abriu sem pestanejar e virou de uma vez só dentro da boca, como se estivesse tomando água.

Mais calmo, voltou para o quarto e deitou-se. Não passaram nem dez minutos para que se sentisse rodopiando sem controle algum.

A seu lado, uma voz feminina falou em seus ouvidos:

— Oi! Vem cá, meu amor! Ainda bem que te encontrei.

Teobaldo observou a silhueta da mulher que se debruçava sob seu corpo deitado.

Gargalhou e, ao mesmo tempo, estimulou rapidamente seu órgão genital. A mulher correspondeu, atirando-se de vez em cima dele.

Teobaldo virou a cabeça para o lado e continuou a gargalhar em voz alta.

— Psiu, — alertou a mulher — desse jeito vai acordar os bolhas de seus pais e aí terei que ir embora. Fique quieto e me deixe fazer o serviço.

"Amanhã vá buscar as drogas para nós, vou ajudá-lo a encontrar novos parceiros enquanto fica 'preso' nesta cadeia. Você tem que fugir antes que eles te impeçam, deixe passar alguns dias e aí você foge para bem longe. Eu vou te ajudar! Fique tranquilo, estarei sempre a seu lado, nunca mais iremos nos separar, gostei de você e não vou te largar. Fiquei muito tempo à procura de alguém que me saciasse assim como você faz."

— Eu vou fugir! — gritou o rapaz.

— Psiu! — tornou a alertá-lo.

Teobaldo gargalhou alegremente e depois se entregou, correspondendo aos carinhos da mulher faceira.

Do lado de fora, Ivana aguardava o sinal da amiga para adentrar no local. Passadas algumas horas, a mulher sai do quarto do rapaz e dá passe livre para a outra continuar o serviço.

— Até que enfim! Pelo menos não perdemos este de vista! — ressaltou Ivana.

— Ele está no papo, vá e termine o que eu comecei.

Ivana soltou uma estridente gargalhada ao se deparar com Teobaldo estendido no chão do quarto, ajeitou-se por cima dele induzindo-o:

— Ah, meu rapazinho frágil! Não vá fugir assim de nós, volte para a casa de Lopes, ele irá perdoá-lo, gosta de você e de seu amigo Adalberto. Vocês não poderão se separar, ele é o seu verdadeiro pai, fará de tudo para vocês obterem riqueza, facilidades e mulheres. Muitas mulheres ao longo de sua vida. Vai perder isso? Quer ficar aqui nesta pobreza horrorosa? Ou vai fugir, peregrinando sem destino, até se cansar e pedir socorro à sua mísera família? Não perca tempo, volte para a casa de seu pai verdadeiro e o espere sair das grades. Mais algumas horas e ele estará livre, pronto para festejar conosco. Vá, não perca tempo, será melhor para todos nós.

Passou a informação e saiu batendo palmas, dando início à breve comemoração que arquitetavam.

Teobaldo, zonzo, sorriu satisfeito quando ouviu que seu pai verdadeiro ajudaria, perdoando-lhe a traição. Atento à conversa, teve a sensação de ouvir a voz de Lopes se comunicando com ele.

Balbuciou algumas palavras, aceitando o retorno ao “lar verdadeiro”. Desnorteado e sem muito comando, virou-se de lado, perdendo a razão. Adormeceu.

19

O dia amanheceu apontando pequenos raios de sol. Teobaldo acordou com o barulho da partida do caminhão do senhor José, o vizinho da casa em frente à sua.

O rapaz remexeu-se amaldiçoando o feirante:

— Tem que me acordar com o barulho deste maldito caminhão? Vá pra feira logo seu miserável! Não há de vender nada!

Irritadiço, esfregou os olhos notando que havia dormido no chão de seu quarto. Estonteado ainda, levantou-se a contragosto e pulou para sua cama, cobrindo a cabeça com o cobertor. Minutos depois, ao contrário do que esperava, sobressaltou-se com o chacoalhar de seu pai, que indignado dizia:

— Teobaldo, acorde! Trate de me explicar o que faz aquela garrafa de pinga vazia em cima da pia. Levante já desta cama, seu moleque pervertido!

O rapaz simulou estar em sono profundo e não atendeu de pronto ao comando do pai.

Teodoro, irritado, arrancou o cobertor de cima dele e o puxou violentamente pelo braço, a fim de que acordasse de vez.

— Ai! O que foi? Parece um louco! — resmungou o rapaz.

— Louco eu vou ficar se eu souber que você tomou um litro de pinga ontem à noite, às escondidas. Estou certo ou errado? — instigou Teodoro extremamente nervoso.

— Que pinga? Eu não sei de nada. Dormi logo que vocês saíram de meu quarto. Pare de me acusar injustamente — justificou tentando defender-se.

— Olhe aqui esta garrafa vazia, quem tomou esta pinga? Eu é que não fui! Você está cheirando azedo seu sem-vergonha! Vou dar o que merece, pensa que vai me enganar?

Teodoro levantou o braço e estapeou o filho, sem que pudesse se defender. O rapaz aguentou os tapas calado.

— Pare Teodoro, vai machucar o menino! — interveio Zuleica, aos prantos.

— É para ele ver que nesta casa existe ordem e respeito. Tome mais uma, seu moleque! Vou internar você no Juizado de Menores! Pensa que vai escapar assim de mim? Não vai não! Toma mais uma! — gritou descontrolado, surrando-o sem piedade.

— Pelo amor de Deus Teodoro, pare de bater nele, está machucando nosso filho. Por favor, pare! — tornou a mãe, desesperada.

— Não paro! Isto é para ele aprender a ser um homem de verdade, está se tornando um vagabundo, marginal! Aqui em minha casa não!

Os dois irmãos do rapaz levantaram assustados e correram para se esconder debaixo da cama dos pais.

Teobaldo sentiu o rosto queimando e aos prantos implorou para o pai parar de surrá-lo, jurando nunca mais desapontá-lo.

Teodoro não parou, continuou a estapeá-lo, expressando palavras que demonstravam o quanto estava decepcionado. Somente após esvaziar-se de toda raiva que sentia, largou o rapaz, ordenando com firmeza:

— Não saia desta casa para nada. Vai ficar trancado neste quarto até que eu volte do trabalho. Depois à noite conversaremos na presença do Juizado. Você está proibido de colocar a cara na rua, entendeu seu vagabundo? Em minha casa quem manda sou eu! Enquanto eu o sustentar, deverá obedecer minhas regras.

O rapaz, aos prantos, apenas se limitou a balançar a cabeça, assentindo.

Teodoro saiu do quarto atordoado, trancou a porta e entregou a chave para a esposa, recomendando que só o deixasse sair para ir ao banheiro. Enfurecido, apontou o dedo indicador, avisando que seguisse à risca as ordens dele, do contrário seria pior para todos.

Zuleica contrapôs sua opinião, argumentando que se o filho quisesse, saberia dominá-la e poderia fugir de casa quando saísse do quarto para as necessidades fisiológicas. Disse ainda que estava exagerando em tomar atitude tão drástica. Porém, foi interrompida com a segunda orientação dele:

— E você acha que eu não sei do que ele é capaz? Vou chamar o Bento para ficar aqui vigiando a porta, quero ver se ele se atreve a fugir!

— Bento vai ficar aqui vigiando nosso filho? Não posso aceitar isso, vou ficar sem jeito de fazer as coisas com ele aqui dentro.

— Ele vai ficar aqui sim, espere que eu já volto, vou chamá-lo.

Teodoro abriu a porta da sala e saiu apressadamente à procura de Bento. O movimento na vizinhança já era grande, todos queriam ver Teobaldo e aguardavam o primeiro sinal para que pudessem visitar o rapaz e saber o que havia acontecido. Entretanto, quando perceberam que Teodoro saiu apressado, sem esboçar um simples cumprimento, recuaram discretamente e se limitaram a observá-lo a distância.

Zuleica quis falar com o rapaz antes que Bento chegasse, tomou coragem e abriu a porta do quarto indagando:

— Meu filho, o que está acontecendo com você?

Teobaldo não conseguiu responder-lhe de imediato, dolorido, jogou-se nos braços dela e chorou compulsivamente. Ela o acolheu, acariciando seus cabelos e beijando-o simultaneamente.

— Mãe! Desculpe-me por tudo. Eu não posso explicar, mas quero que a senhora entenda que eu não poderei ficar mais aqui, preciso fugir. Prometo tornar-me um homem de paz. Tem que me ajudar a me desvencilhar desse homem violento.

— Filho! Não diga uma coisa dessa! Não poderá fugir sem destino, seu pai vai ajudá-lo, você há de concordar que beber uma garrafa de pinga na madrugada o deixou possesso. Você desapareceu, pensamos que havia morrido, depois reapareceu dentro de uma delegacia envolvido com um traficante. O que você esperava, que seu pai concordasse com tudo isso?

— Vocês não acreditaram em mim, não é? Acham que estou envolvido com drogas e bebidas e que me tornei um marginal. Estão errados, fui vítima daquele homem que nos prendeu para sermos escravos dele. Esse é mais um motivo para que eu fuja. Aquele homem não sossegará enquanto não me encontrar, vocês estão correndo risco de vida. Se eu fugir, ele nada poderá fazer a vocês. Pense bem, mãe! Essa será a melhor saída.

— Ontem à noite, conversando com seu pai, decidimos mudar para a Bahia, você ficará livre daquele homem perigoso — respondeu aflita.

— Acha que ele não me encontrará? Está enganada. Se eu fugir sozinho será mais difícil de me localizar. Estando com vocês, será uma questão de pouquíssimo tempo. Tenho que agir rápido, caso contrário, ele sairá da cadeia e vira à minha procura.

— Medeiros poderá ajudar. Ele é um homem influente, promotor de justiça, atropelou a Ermínia no dia em que vocês sumiram e, desde de então, tem dado toda assistência a ela e à família. Jurou encontrar o Adalberto. Você ouviu falar dele? Esse tal de Lopes comentou algo sobre ele? O que aconteceu com o Adalberto? Confie em mim filho, conte-me tudo, saberei compreender e terei mais chances de saber como ajudá-lo.

Teobaldo silenciou por alguns minutos, quis se abrir com a mãe, contar-lhe tudo, mas recuou ao pensar que se decepcionaria se soubesse de toda a verdade. Preferiu continuar se fazendo de vítima e alimentando a mentira planejada.

— Não mãe, nunca ouvi falar desse Medeiros. Não sei do Adalberto, deve ter fugido como fez o Juquinha. Fomos vítimas desse homem perigoso, agora que o delatei para a polícia, corro risco de vida e a senhora também. Quer sofrer mais do que já sofreu se me perder por vingança? Se ele quiser se vingar, poderá matar um dos meus irmãos, já pensou nisso?

Zuleica desabou a chorar, conscientizou-se da gravidade da situação. Indecisa, pediu para que o filho a deixasse refletir em tudo, pois se tomasse a decisão de ajudá-lo, o faria com mais segurança. O rapaz aceitou, dando-lhe pouco prazo, pois temia que Lopes chegasse antes.

— Meu Deus, onde foi que você se meteu meu filho? Está marcado pelo resto da vida! Meu menino, quantas coisas eu sonhei para você, por que meu filho, por quê?

— Mãe, é a vida! Mas pretendo compensar-lhe esta dor. Quando eu voltar, estaremos fora de perigo. Confie em mim, só isso que lhe peço.

— Você é apenas um adolescente e já diz coisas como um

homem maduro. Não percebe que você é inexperiente? O que poderá lhe acontecer? Onde vai ficar esse tempo todo — na rua? Vamos pensar em outra possibilidade, talvez... O rapaz a interrompeu fazendo sinal de silêncio, quando ouviu o pai abrindo o portão da casa. Pediu rapidamente para ela nada comentar e seguir exatamente as ordens dele.

Teodoro em companhia do amigo entraram em casa. Bento, mais do que depressa, se postou como um guarda do lado de fora do quarto do rapaz, cruzou as mãos sob a barriga e disse:

— Pode ir trabalhar tranquilo, daqui ninguém sai!

— Ótimo, sei que posso confiar em você, se preferir, sente-se no sofá e fique de olho quando Zuleica precisar abrir a porta para ele.

Bento respondeu que sabia o que fazer, ressaltou novamente para que ficasse tranquilo.

Zuleica, discretamente, acompanhou o marido até o portão, sem nada dizer. Mais calmo, a beijou antes de seguir para o trabalho, ela retribuiu abraçando-o com ternura. Esperou-o dobrar a esquina e acenar novamente para ela — hábito que tinham desde que se casaram.

Do outro lado da rua, Hortência abriu a janela informando:

— Nenhuma notícia de Ermínia. Tudo quieto.

— Só nos resta aguardar — respondeu Zuleica.

— Como está Teobaldo?

— Nem te conto, minha amiga! — respondeu atravessando a rua para falar-lhe a sós.

— O que aconteceu? — precipitou-se Hortência.

Zuleica, resumidamente, contou que estavam preocupados com a atitude do filho, pois haviam encontrado uma garrafa de pinga vazia em cima da pia, logo pela manhã. Hortência balançou a cabeça indignada, depois a convidou para tomar um café, ela aceitou, precisava desabafar com alguém, não sabia o que fazer diante da proposta do filho, estava confusa e preocupada.

Ao ouvir o desabafo da amiga, Hortência sugeriu para que não aceitasse qualquer coisa vinda de Teodoro antes de saber a veracidade dos fatos. Recomendou ainda, que aguardasse algum sinal do paradeiro de Ermínia e do filho, bem como, esperasse a vinda de Medeiros, ressaltando que ele seria a pessoa mais indicada para orientá-la diante da perigosa situação.

Zuleica concordou, porém, salientou que a decisão precisava ser tomada com urgência, em seguida questionou se Ermínia e Medeiros realmente voltariam para lá e em quanto tempo isso aconteceria.

Hortência respondeu-lhe com firmeza:

— Vamos aguardar, vocês terão que voltar a acompanhar Teobaldo em novos depoimentos, Medeiros com certeza voltará aqui para investigá-lo. Espere,

ele sabe o que faz. Uma hora dessa já deve saber que ele voltou para casa. Vamos aguardar e confiar nele, pois gosta de nós. Somos amigas de Ermínia, ele sabe disso e não vai perder a chance de conversar com seu filho.

— Você tem razão, estou atormentada e para falar a verdade, decepcionada com tudo, sempre trabalhamos como loucos para sustentá-los e agora esse garoto aparece envolvido com traficantes. Eu não engoli essa história. Infelizmente reconheço a fragilidade dele, haja vista, que se embebedou ontem à noite. E não duvido se não quis substituir as drogas pelo álcool, já que ali não tinha. Teodoro não é bobo, já percebeu que o menino está perdido, esta é a verdade! Não sei o que faremos, acredito que a minha última esperança é falar com Medeiros, somente ele poderá nos orientar — concluiu desapontada.

— Procure ficar calma Zuleica, todos passam por fases difíceis, principalmente pelo jeito que a juventude anda. Não é só com vocês, muitos pais sofrem do mesmo martírio quando descobrem que os filhos se envolveram com drogas. Você receberá ajuda e saberá o que fazer nesta situação. Tenha paciência e conserve a esperança, minha amiga. Se precisar, estou aqui para o que der e vier.

— Obrigada, Hortência! Ser viciado em drogas já é complicado, imagine se tornar um traficante — é bem pior! — lamentou a mãe, desolada.

— Não se precipite, ele é muito jovem e precisa de orientação, tenho certeza de que vai escapar disso tudo, você verá, confie! Além do que, você não pode afirmar que se tornará um traficante.

— Deus te ouça e me ampare! Agora preciso voltar para casa, se você souber algo da Ermínia, avise-me imediatamente e obrigada por me ouvir.

— Vou ficar atenta e procurarei saber como devo encontrar Medeiros, qualquer coisa eu aviso.

Zuleica despediu-se e voltou para casa decidida a convencer o filho a esperar mais alguns dias. Alegaria que precisava se preparar para ficar um bom tempo sem vê-lo, e que isso era muito importante para ela. Por certo concordaria, sabendo que ficariam afastados por muitos anos. Reconheceu o quanto seu marido fora esperto tendo chamado Bento para vigiar o rapaz. Reforçaria essa decisão, pedindo-lhe que o garoto fosse vigiado por mais alguns dias, podendo transitar livremente pela casa. Não queria aumentar o transtorno do filho, causando-lhe mais revolta.

Abriu a porta da sala e perguntou ao amigo de seu marido se estava tudo bem com Teobaldo. O sentinela fez sinal afirmativo, abriu o jornal e começou a ler, enquanto ela se preocupava com os afazeres domésticos.

Quase perto da hora do almoço, ela quis ver se o rapaz passava bem dentro do quarto. Bento abriu a porta delicadamente e espiou antes de permitir-lhe a entrada. De súbito, arregalou os olhos e fechou a porta rapidamente dizendo:

— Dona Zuleica, prepare um balde com água e muito desinfetante, parece que seu filho não nos avisou que precisaria ir ao banheiro.

— Eu não acredito! Teobaldo deve estar desequilibrado! Deixe-me entrar — ordenou estupefata.

Bento abriu a porta e se postou de costas em respeito ao rapaz.

— Teobaldo! Como pôde fazer isso meu filho? Poderia ter me chamado... Foi interrompida bruscamente com a resposta dele:

— Estão tratando-me como um prisioneiro, não estão? Só que nesta cadeia não tem banheiro, então, não pude segurar, estava apertado.

— Você só complicará as coisas agindo desta forma, vou pegar um balde com água e sabão e você irá limpar toda esta sujeira sem reclamar! Quero ajudá-lo e você me retribui desta forma? O que pensa que sou? Sua empregada?

Repentinamente Zuleica lembrou-se do sonho, quando o filho a chamara de doméstica. Estremeceu, mas manteve a firmeza. Saiu do quarto e foi buscar o material de limpeza.

Teobaldo ironizou em pensamento:

— Já que sou desequilibrado e preciso de um guarda-costas, não reclamem e aguentem as consequências. Não vou ficar preso nesta maloca!

Foi interrompido com a entrada de Bento, que bruscamente abriu a porta, o pegou pelo braço e o fez limpar toda a sujeira no quarto. Depois o levou para tomar um bom e merecido banho. O rapaz obedeceu a contragosto, sem olhar diretamente para o rosto do homem. Enquanto se banhava, decidiu mudar de atitude antes do pai chegar. Com isso, despertaria a confiança neles e concretizaria seu plano de fuga o mais breve possível. Pensando assim, simulou arrependimento e, aos prantos, chamou pela mãe, redimindo-se da rebeldia. Ajoelhou-se aos pés dela e de Bento, suplicando-lhes para que nada dissessem ao pai, pois temia que o espancasse novamente. Jurou atender as determinações dele com obediência, pois havia se conscientizado do quanto precisava de ajuda para não se tornar um viciado.

Bento sacudiu a cabeça, pensando o quanto aquele rapaz iria criar problemas para a família, conversaria com Teodoro assim que chegasse do trabalho. Iria sugerir que o internasse para mais segurança de todos, e principalmente para ajudá-lo a vencer as crises de abstinência.

Zuleica condoeu-se ao conscientizar-se do desequilíbrio do filho. Abraçou-o com gesto carinhoso e respondeu:

— Calma Teobaldo, vamos ajudá-lo a se libertar desses vícios. Não diremos nada ao seu pai. Porém, peço que se controle na frente dele, vamos ajudá-lo. Fique tranquilo.

— Mãe, ajude-me! Não sei o que ocorre comigo, fico desesperado e perco a razão.

— Posso imaginar, você estava se drogando diariamente e agora está sentido desespero por não ter com o que se drogar. Vou buscar ajuda médica para você se libertar disso.

— Não faça isso! — gritou o rapaz, esquivando-se repentinamente dos braços dela.

— Vai precisar tomar algum remédio para superar a falta das drogas.

— Não quero! Não preciso de médico, posso sair disso sozinho, por favor, não diga nada para ninguém! Não sou tão viciado assim, não quero tomar remédio, não preciso disso.

— Mas que tipo de ajuda você quer? Não disse que não sabe o que ocorre com você? Diz que vai sentindo desespero e fica alterado. Como acha que superará isso? Eu não sei, por isso, vou procurar um médico para ajudá-lo — falou com firmeza.

— Não confio em médicos! Eles vão me dopar e nunca mais poderei ficar sem os remédios.

— Quem te falou isso? Por acaso é médico?

Teobaldo pensou em parar rapidamente o assunto, pois poderia perder o intuito de ludibriá-la, já havia dito coisas que não devia — recriminou-se.

Na tentativa de despistar, fingiu uma expressão entristecida e respondeu:— A senhora tem razão, mas vamos esperar mais um pouco, quem sabe eu nem precisarei tomar remédio para isso. Vou procurar controlar-me e, quando sentir vontade, poderei comer algum doce, chupar uma bala... Isso vai passar!

— Está bem. Vamos ver se você consegue, caso contrário, não vejo outra alternativa a não ser irmos a um bom médico.

O rapaz zombou em pensamento:

“Olha só como ela diz: ‘irmos a um bom médico’, até parece que tem dinheiro para isso! Bobona! Vai me enfiar num pronto-socorro qualquer, achando que o médico de lá é um grande especialista. Burra! Ignorante! Na companhia de Lopes só recebi do bom do melhor. Ela nem imagina os benefícios que o dinheiro pode trazer. Sinto repulsa ao vê-la tão conformada com a pobreza em que vivemos. Credo! Isso não é para mim!”

Em seguida contemporizou:

— Aceito, mas farei de tudo para não cair nas mãos deles — abriu leve sorriso, tentado passar uma imagem de autorregeneração.

A mãe delicadamente o confortou, estimando votos de coragem e fé para superar aquela situação desesperadora.

Ele agradeceu, beijando-lhe as mãos, pedindo paciência e compreensão.

Zuleica recebeu o gesto de carinho um tanto quanto desanimada, porém, não quis demonstrar aflição. Lamentou intimamente o infortúnio, principalmente por estar consciente de que o filho necessitava de ajuda psicológica e acompanhamento médico. Decidiu tomar as devidas providências o mais rápido possível. Concluiu que se a decisão fosse postergada, perderiam o controle da situação, caso se arriscassem a ajudá-lo tão somente em casa, com as próprias orientações.

Enquanto o rapaz se vestia, fez breve comentário na presença de Bento, enfatizando que não havia dúvidas quanto a pedirem ajuda médica, pois percebera claramente que o filho não poderia vencer aquela batalha sozinho.

Bento concordou rapidamente e colocou-se à disposição para ajudá-los no que fosse necessário. Sensibilizado por vê-la abatida, sugeriu que trancassem as portas da casa, deixando o rapaz livre para almoçar e ligar a televisão, assim poderia distrair-se. Com isso, talvez conseguisse dominar a ansiedade, caso sentisse falta das drogas. Assim foi feito.

Teobaldo alegrou-se com a permissão de liberdade, contudo não quis demonstrar contentamento. Sentou-se à mesa para almoçar sem nada comentar, em seguida, aceitou a sugestão deles e foi sentar na sala, demonstrando estar mais calmo. Porém, tudo o que fazia era bem premeditado, intentava passar uma imagem branda para garantir a confiança deles, até que conseguisse escapar. Ligou a televisão, esticou o corpo no sofá e concentrou-se na programação, a fim de distrair-se.

20

Ermínia, impaciente, torcia os dedos, andando de um lado a outro na sala de estar da casa de Medeiros, enquanto as filhas brincavam descontraídas no jardim, em companhia de dona Judite.

No dia anterior, um segurança enviado por ele, fora até a residência dela, alegando necessidade urgente de saírem do local por tempo indeterminado. Informara ainda, que ficariam na casa do promotor até que ele retornasse e decidisse o que fazer. Lá elas estariam protegidas e amparadas.

Ermínia, mais do que de pressa, pegou algumas roupas e obedeceu as ordens dele. Preocupada por não saber o que estava acontecendo, saiu sem avisar os vizinhos mais próximos. Percebeu que, ao redor de sua casa, havia alguns seguranças disfarçados e isso a assustou ainda mais.

No caminho, pediu para o motorista retornar ao seu bairro, em seguida, deixá-la na residência de Medeiros e avisar as pessoas que estava bem. Assim que possível voltaria para casa. Ele recusou-se momentaneamente, até que pudesse contatar o promotor e receber autorização para aquilo.

Naquela manhã, soube por intermédio de umas das empregadas que os filhos dele haviam viajado para o exterior. Percebeu que a situação era preocupante, embora estivesse sobre a guarda de muitos seguranças que vigiavam a casa, não dispunha de total tranquilidade interior. Resolveu aquietar-se e foi ao encontro das filhas para tomar um pouco de ar puro. Isso lhe faria muito bem. Assim pensou.

Judite, como de praxe, procurou acalmá-la, apontando e comentando a beleza da arquitetura da residência. Sugeriu que se distraísse um pouco e aguardassem a chegada de Medeiros, ali estariam protegidas e amparadas, não haveria com o que se preocuparem. Ela concordou, porém, demonstrou sentimento de profunda angústia, não quis expor seus pensamentos para a mãe, preferiu desviar atenção, inteirando-se das brincadeiras das meninas. Depois resolveu caminhar um pouco ao redor do imenso jardim, composto por encantadores canteiros que exibiam plena harmonia e beleza paisagísticas.

Apesar de mais calma, não conseguiu desviar totalmente a atenção. Enquanto não falasse com Medeiros, não sossegaria completamente.

Após o almoço, uma viatura policial parou em frente da casa, surpreendendo-a com a chegada dele. Mais do que depressa, correu ao encontro dele, perguntando:

— Medeiros, está tudo bem com você? Diga-me o que houve — questionou impaciente.

Ele a abraçou com ternura, enquanto perguntava se todos estavam bem.

— Está tudo bem, entretanto, não estou entendo nada, estamos em perigo? Por qual motivo tivemos que deixar nossa casa e vir para cá às pressas?

Ele titubeou, não conseguiu responder de imediato, desviou a atenção para recepcionar as meninas que corriam para abraçá-lo.

Gentilmente, correspondeu ao carinho recebido, depois fez sinal para ela acompanhá-lo até seu escritório. Ela assentiu com notória preocupação. O promotor abriu a porta e convidou-a a entrar:

— Sente-se, Ermínia — falou apontando para poltrona ao lado.

Ela atendeu prontamente, cruzou as pernas e esfregou as mãos impacientemente.

— Bem, o que tenho para lhe contar requer muito equilíbrio e calma de sua parte. Fiz contato com o doutor Cristiano e consegui antecipar a consulta que havíamos marcado.

— Ah! Que bom! Não vejo a hora de estar lá e expor tudo o que realmente me aconteceu. Puxa, sinto-me aliviada, obrigada! — soltou um longo suspiro.

Depois franziu as sobrancelhas e perguntou:

— Estamos em perigo?

— Estamos. Veja, eu trouxe um remédio que o doutor indicou para o seu caso, vou pedir água e você toma agora, certo?

— Que remédio é este? Preciso tomar agora? — perguntou cismada.

— É apenas um relaxante. Em razão da situação que estamos passando, não seria prudente você se alterar ainda mais. Por isso, tomei a iniciativa de procurá-lo e pedir orientação para que você não sofra qualquer outra alteração que possa complicar seu estado.

Ermínia tomou o remédio, enquanto aguardava o prosseguimento da conversa. Percebendo a impaciência dela, ele tentou desviar-lhe a atenção, fazendo chacota da situação — ela sorriu. Em seguida, Medeiros prosseguiu:

— Ermínia, devo considerar que tenho muita sorte no caso em que estou trabalhando, as coisas começam a se encaixar muito antes do previsto. Em minha profissão, nem sempre isso acontece, devo dizer-lhe que estou passando a acreditar que estou recebendo ajuda de alguma força desconhecida. E isso tem mudado um pouco o rumo das coisas. Por mais que eu seja hábil no que faço, estou perplexo com o desenrolar dos fatos dessa situação. Não posso, de imediato, entender o sincronismo de pensamento, é como se tivesse recebido toda informação em questão de segundos. Fico confuso porque, de certa forma, possuo certa rapidez para agir, porém, a situação complicou-se e fiquei indeciso em virtude da gravidade dos fatos. Não consigo explicar o porquê de tudo ter se desenrolado com tanta facilidade. Ontem, por exemplo, tive a certeza disso, não sabia o que fazer diante de uma situação embaraçosa que me deixou muito exausto. Não quis voltar para casa e me hospedei num hotel próximo daqui, pois bem, quando deitei na cama, fechei os olhos e lembrei que vocês poderiam estar rezando por mim, isso me confortou e consegui descontrair. De repente, meus ouvidos começaram a apitar, pensei estar no princípio de um resfriado. A noite estava muito fria e com a tensão do problema, resolvi tomar alguns drinques com muito gelo. Pois bem, além do barulho nos ouvidos, senti leve tremor percorrer o meu corpo por inteiro — sensação estranhíssima —, pois não conseguia me mover. Nesse momento, ouvi claramente uma voz feminina sussurrando em meus ouvidos, para que não me preocupasse, pois a saída estava muito próxima. Em seguida, vi uma cena na qual estava telefonando para a casa de minha amiga, para dar o número do telefone do hotel onde estava pernoitando. Atenderam ao telefone prontamente, sem questionar. Normalmente não ajo assim, principalmente porque estava aguardando somente para o dia seguinte uma resposta dela a respeito do caso que estamos investigando. Não haveria necessidade de incomodá-la àquela hora da noite apenas para informar meu paradeiro. Quando liguei, o marido dela atendeu de imediato, conversamos um pouco e depois anotou meu recado.

"Para minha surpresa, hoje pela manhã, um dos filhos do casal avisou-me que o pai havia sofrido um infarto e que precisavam de minha ajuda. Fiquei perplexo quando associei o fato ao aviso que a voz feminina quis me dar. Foi a primeira vez que isso aconteceu comigo e você é a primeira pessoa com quem falo a respeito. Pensei ter sido coincidência, mas não posso negar que ouvi tal orientação de uma mulher que nem sei quem é. Não saberia explicar esse tipo de coisa, está me entendendo?"

— Estou ouvindo, mas não estou entendendo onde quer chegar, está tudo muito confuso para mim também, estaremos sob efeito de algum distúrbio mental? Você, estressado por consequência do turbulento trabalho que executa, haja vista, que me atropelou fugindo de possível perseguição. Eu, com o choque emocional e a batida na cabeça, posso também estar com alguma sequela. Por isso quero tanto falar rapidamente com o doutor Cristiano. Por que você não marca uma consulta com ele para relatar tudo isso? Acho que está cansado e muito preocupado. Deve descansar um pouco.

Medeiros balançou a cabeça e, gesticulando, discordou de sua colocação:

— Concordo que vivo sob tensão, mas sei reconhecer um estado de outro. Não acredito que eu esteja com alucinações e passo a acreditar que você também não.

Ermínia tentou convencê-lo do contrário, porém hesitou quando ele, seguramente, a interrompeu:

— O que você faria se soubesse que aquelas visões que você teve do paradeiro de seu filho estavam corretas? — depois contemporizou, avaliando qual seria sua reação quando ouvisse o que tinha para falar.

— Pergunto isso, em razão de ter analisado alguns relatos de Julieta e algumas coisas que você me contou. Quanto ao que aconteceu comigo — como explicar? Tentando descobrir este enigma, chego à conclusão de que realmente existem pessoas que possuem um sexto sentido aguçado. Já ouvi falar em premonições, vidência e outras manifestações, porém nunca dei atenção a isso, mas agora, sinto que devo conhecer mais o assunto, pois preciso compreender o que está acontecendo comigo, com você e a Julieta.

— Eu não sei nada sobre isso e tenho medo dessas coisas, não gosto desses assuntos. Além do que, Julieta é uma criança e fantasia tudo. Quanto a mim, não sei ainda o que ocorreu, nada comprova o que eu vi a não ser... — Ermínia parou, baixou a cabeça por alguns minutos, depois continuou:

— A não ser tudo o que ocorreu comigo desde que sofri o acidente. Isso eu não posso negar, porque lembro da fisionomia do doutor Cristiano falando comigo enquanto eu estava em coma. Mas não sei como explicar, prefiro que ele mesmo me esclareça.

— Então, você não pode negar! Viu o rosto do médico e tudo o que acontecia na sala de terapia intensiva. Quanto a mim, após o contato com a misteriosa voz feminina que sussurrou em meus ouvidos, pude constatar o que aconteceu depois e não posso negar que recebi um aviso. Juntei os fatos com o que Julieta me disse a respeito de Amália. Será que foi ela quem me avisou? Pois o que disse teve muita coerência, realmente estamos em perigo e podemos estar sendo vigiados. Amália pode realmente ser uma amiga espiritual de todos nós.

— Você não está se precipitando? Pode ser apenas mais uma coincidência e nada mais e Amália pode ser uma fantasia da menina.

— Pode ser, mas o que ela disse aconteceu... — retrucou com

segurança, ao mesmo tempo quis prepará-la para a revelação que faria.

Ermínia não percebeu a intenção e respondeu questionando:

— Você está querendo dizer que somos pessoas com tais poderes? — perguntou intrigada.

— Eu não diria poderes, mas capacidade extrassensorial. Pessoas de diversas partes do mundo possuem essas características e não são tidas como loucas e nem poderosas, apenas são portadoras de uma sensibilidade diferenciada, mais aguçada.

— Mas nunca senti nada disso antes do acidente, como explica? — indagou rapidamente.

— Isso não sei lhe responder, porém, há fatos que você me relatou e que pude constar como reais — afirmou com veemência.

Descontraída, tornou a não perceber o intento dele.

— Como lhe disse anteriormente, prefiro esperar o diagnóstico médico.

— Talvez encontremos tal diagnóstico com estudos e experiências, por meio deles poderemos obter esclarecimentos. O que sei é que pude notar que você realmente poderá ser uma daquelas pessoas que têm premonições.

— Você está me deixando confusa novamente. Confesso que não estou entendendo onde quer chegar, não sou tão inteligente quanto você, não se esqueça disso!

— Isso é novo para mim também. Deve haver algum tipo de curso que nos esclareça esses assuntos. Vou procurar informar-me a respeito. Quero saber o que está acontecendo conosco.

— Mas será que existe curso para isso? Sempre soube que esse tipo de coisa só acontece com pessoas que lidam com os mortos. Eu não gosto nada disso, tenho medo dessas coisas.

— Por isso precisamos conhecer, porque somente com o discernimento poderemos compreender o que está acontecendo conosco.

— Medeiros, sou uma pessoa semianalfabeta, não posso frequentar certos lugares, você é um homem inteligente, um promotor bem-sucedido, jamais poderei me comparar a você. Como farei um curso em sua companhia?

— Não quer aprender a melhorar? Existem escolas para isso, para que todos possam aprender sem distinção.

— Não é bem assim, concordo que posso começar a aprender, mas eu nem sei o que e nem você — disse ressabiada.

— Vou pesquisar e, conforme for, estudaremos para compreender tais fenômenos.

— Você é teimoso, deve estar esgotado. Depois de tomar alguns relaxantes se sentirá melhor. É o que ando fazendo para conseguir superar o desespero.

— Você que é muito teimosa! Determina que tudo é muito difícil e se conforma com a situação. Fique sabendo que vou transformá-la numa grande empresária, para isso deverá seguir minhas orientações e atingirá objetivos e prosperidade.

Ermínia balançou a cabeça sorrindo, enquanto respondia:

— Ah! Medeiros! Você quer me transformar numa pessoa que eu não sou!

— Ora, deixe de pensar pequeno, qualquer um de nós pode ser tudo o que quiser! Basta que nos esforcemos para aprender como conduzir nossos objetivos. É uma questão de tempo e dedicação, não acha?

— Para você é mais fácil, porém, não nego que gostaria muito de estudar novamente, apesar de minha idade.

— Fala como se estivesse à beira da velhice e não está! Ainda tem muito tempo para aproveitar a vida e crescer no que lhe compete. Mas voltando ao assunto das premonições, compreendeu o que eu disse?

— Mais ou menos, ainda não sei por que insiste em dizer que posso realizar esse tipo de coisa.

— Lembra que falei que me disse coisas que pude constatar como verdadeiras?

Ermínia estremeceu ao responder:

— Não entendi, seja mais claro, por favor!

— Ermínia, conto com seu equilíbrio para ouvir o que tenho a contar, posso confiar em você? — perguntou sorrindo.

Ela, no entanto, pensou que iria revelar algo sigiloso sobre as atividades dele. Cruzou os dedos e disse:

— Pode confiar em mim, estarei pronta para ouvir qualquer desabafo seu.

Medeiros suspirou, passou as mãos na testa, fixou olhar diretamente nos olhos dela, tomou coragem e prosseguiu:

— O caso em que estou envolvido lhe diz respeito, é sobre seu filho Adalberto.

Ermínia sentiu-se tonta, a ponto de segurar-se no braço da poltrona. Depois soltou um grito, questionando:

— Você encontrou meu filho? Ele está vivo? Diga-me! O meu menino está vivo?

— Sim, eu encontrei o seu filho, ele está vivo.

— Meu Deus! Meu filho! O meu filho está vivo! Graças a Deus!

Ermínia começou a chorar de tanta emoção, ele carinhosamente a abraçou e esperou que se acalmasse.

Minutos depois, ela mesma tomou a iniciativa:

— Continue, onde ele está? O que aconteceu com ele?

— Calma, vou lhe contar tudo, mas agora procure fazer o que eu digo: respire fundo e não se exalte, você será capaz de ouvir a verdade sem alterar-se muito emocionalmente. Certo, Ermínia? Posso continuar?

Ela acenou positivamente, embora continuasse a chorar:

— Adalberto e Teobaldo foram encontrados, neste exato momento Teobaldo está sob a vigilância dos pais, seu filho está num abrigo sob a minha vigilância.

— Num abrigo? Onde? Vamos buscá-lo! Ele precisa de mim! Quero ver o meu filho! Por que não o trouxe para cá? Está machucado? — disparou em desespero.

— Calma, ouça-me. Ele está bem, porém achei prudente não trazê-lo para cá, mesmo porque precisava prepará-la para encontrá-lo. Em razão de seu estado... — ela o interrompeu bruscamente:

— Vamos agora mesmo buscá-lo! Estou bem! Quero ver o meu filho! Ah, Meu Deus! Ele está vivo! Meu filho está vivo! — começou a gritar e ajoelhou agradecendo a Deus por Medeiros tê-lo encontrado.

Novamente esperou que se acalmasse. Posteriormente,

segurou nas mãos dela, pediu que se levantasse e ouvisse o que tinha para falar.

Ela enxugou as lágrimas do rosto e atendeu à solicitação.

— Ermínia, tanto o seu filho como Teobaldo envolveram-se com uma quadrilha de traficantes de drogas. Estão em perigo, pois o homem que os abrigou está preso, porém, ele faz parte de uma quadrilha poderosa e é acobertado por pessoas influentes, talvez consiga escapar por algum tempo da prisão. Mesmo que isso não ocorra, ele tem alguns mandantes que poderão, a qualquer momento, planejar vingança contra você e a família de Teobaldo. Precisaremos ter muito tato na negociação que virá, enquanto isso, não será prudente nenhum de nós se expor sem os cuidados necessários.

— O meu filho foi raptado? Esse homem deve apodrecer na prisão! Não o deixe escapar! Teobaldo! Ah, Meu Deus! Só o Juquinha escapou! Ele estava certo! Viu aqueles assassinatos e conseguiu escapar! Livre meu filho e Teobaldo! Por favor, proteja meu filho! Os pais de Teobaldo estão em segurança?

— É um assunto delicado, eles estão sendo vigiados sem que saibam, porque a polícia armou uma cilada para capturar outros elementos dessa quadrilha que, certamente, irá à procura do rapaz. Eles ainda não sabem do paradeiro de Adalberto, por isso, é mais prudente que fique escondido. Ainda não fiz contato com ele pessoalmente, você não poderá vê-lo de imediato, mas prometo que irá reencontrá-lo brevemente.

— Ai, não me diga uma coisa dessa! Não posso mais esperar, quero vê-lo! Você pode imaginar como estou me sentindo? Por favor, dê um jeito e me leve ao encontro dele.

— Farei isso no momento certo, antes, porém, preciso falar com ele e depois você o encontrará.

— Vamos juntos! Ele pode estar precisando de mim, querendo ver a família e dizer-me tudo o que passou quando preso por aquele homem perigoso. Ele machucou meu filho? Ele está bem?

— Ele não machucou seu filho, apenas o manteve como empregado dele.

— Desgraçado! Há de morrer atrás das grades! Não o deixe escapar! — disse alterada.

— Não poderei levá-la agora, deve esperar. Hoje mesmo vou encontrá-lo e aí quando voltar, conversaremos a respeito. Quero que fiquem aqui e não saiam para nada, a casa está sendo vigiada e, a qualquer imprevisto, vocês serão levadas daqui para outro lugar.

— Meu Deus! A coisa é séria mesmo! Estamos correndo risco de vida! Por isso afastou seus filhos?

— Eles já estão acostumados, na verdade não saíram do país, estão escondidos numa cidade próxima. Usam disfarces para se locomoverem e estão acompanhados por seguranças de total confiança e competência.

Ermínia, estupefata com a gravidade da situação, não identificou de pronto a relação dos fatos com a visão que tivera do paradeiro do filho. Sabendo que o rapaz foi sequestrado, a única coisa que queria era revê-lo e que o traficante fosse punido.

Medeiros ainda não quis alertá-la sobre a possibilidade do filho dela estar envolvido em delitos por sua própria vontade, pois percebera que ela não atinara as diversas vezes que falou que suas premonições estavam corretas. Procurou respeitar sua desatenção. Conversaria com ele para certificar-se de que realmente estava em condição de largar tudo e voltar para casa. Lembrou-se da observação de Maria de Fátima, quando lhe disse que o rapaz não queria mais ver a mãe e tampouco voltar para a vida que levava.

Sutilmente sugeriu sigilo absoluto, justificou que, quanto mais sigiloso fosse o assunto, mais protegidos estariam. Ela, a princípio, rejeitou a ideia. Desejava correr para as filhas e revelar que o Adalberto estava vivo e que logo estariam juntos novamente. Depois cedeu aos argumentos dele e jurou manter sigilo até que ele retornasse com mais informações sobre o caso, possivelmente isso se daria após a conversa com o filho.

Ao perceber que estava mais serena, encerrou a conversa e a convidou para um café junto aos demais.

As meninas aguardavam ansiosas, assim que notaram que abriram a porta do escritório, correram ao encontro deles dizendo:

— Não queremos ir embora! Queremos ficar aqui e brincar no jardim!

Medeiros sorriu ao ouvi-las e respondeu em seguida:

— Mas é claro que podem ficar aqui o tempo que quiserem. Será um prazer tê-las em minha casa e me fazerem companhia.

— Oba! — disse Julieta jogando-se nos braços dele.

— O que é isso meninas! Temos casa e precisamos voltar para lá — repreendeu a mãe.

— Medeiros, nos deixou ficar! Não queremos ir embora! — afirmou Julieta.

— Querem ficar por mais alguns dias? — piscou ele ao cruzar olhar com Ermínia.

— Queremos! — gritaram elas.

— Ah! Então podem ficar o tempo que quiserem, quando sentirem saudades de casa, as levarei embora.

— Não queremos voltar para casa, podemos morar aqui? — perguntou Julieta, surpreendendo a mãe.

— Julieta! Não abuse da bondade de Medeiros. Esta casa não é nossa e não poderemos morar aqui. Entendeu, minha filha?

— Por que não? Gostamos de ficar com Medeiros e se morássemos aqui seria melhor, porque todos os dias estaríamos juntos! — revidou a garota.

Medeiros pegou a menina no colo e a beijou várias vezes. Falou em seguida:

— Por mim aceito a companhia! Esta casa é muito grande e tem lugar para todos vocês, se quiserem morar aqui, podem vir sem problemas.

As meninas soltaram novo grito e a mãe ficou estática, sem saber o que responder. Dona Judite entrou na sala momento, trazendo alguns quitutes para compor a mesa do café.

Medeiros sentia-se alegre com a companhia delas, tomou café dando atenção às meninas que contavam tudo o que haviam feito naquela manhã. Horas depois, saiu ao encontro de Adalberto.

21

Já estava anoitecendo, quando o carro que transportava Medeiros parou próximo ao abrigo que escondia Adalberto.

Imediatamente ao vê-lo chegar, os seguranças assustados correram ao encontro dele, participando-o do comportamento agressivo do rapaz. Um deles apresentou-se machucado com várias marcas de chutes pelo corpo.

Medeiros, estupefato, quis mais informações antes de entrar para vê-lo.

— Este rapaz está em crise de abstinência, só pode ser! Parece um louco! Bate com a cabeça na parede e precisamos de, pelo menos, três homens para segurá-lo. Não quis comer e nem beber água. Urinou pelo quarto todo e ainda defecou e jogou as fezes na parede. Em vista disso, o deixamos trancado esperando a sua chegada.

Medeiros fez sinal, chamando um homem que estava sentado no banco traseiro do carro. Ele atendeu rapidamente e saiu do carro levando uma maleta nas mãos.

— Souza, parece que acertei na mosca! Trouxe as injeções para acalmá-lo?

— Sim senhor — respondeu-lhe o homem com firmeza.

— Ótimo, vamos entrar e retirá-lo dali, vou levá-lo a outro lugar.

Os seguranças abriram a porta, Adalberto estava jogado num canto, com olhos arregalados e feição sisuda. Ao vê-los entrar, deu um pulo para cima deles na intenção de agredi-los. Foi contido por homens que gritavam para que se acalmasse, pois ninguém ali haveria de machucá-lo.

Adalberto rangia os dentes como um animal feroz e sacudia a cabeça como um demente. Imediatamente, o policial enfermeiro acertou a perna dele com um tiro e ele cai adormecido.

— Minha nossa! Como ele chegou a este ponto? Parece um bicho! — ressaltou indignado.

— Carreguem-no, vamos rápido! — ordenou Medeiros.

Os seguranças puxaram um rolo de ataduras e amarram as mãos e pés do rapaz. Em seguida, levaram-no para o carro já ligado, que saiu em disparada rumo ao local indicado por Medeiros.

Após uma hora de trajeto, o carro encostou próximo a uma casa de aspecto abandonado dentro de um matagal.

Adalberto foi levado rapidamente para dentro do casebre. Já medicado, despertou sonolento balbuciando algumas frases:

— Tirem-me daqui! Não sou traficante! Deixe-me em paz! Não fiz nada!

Medeiros aguardou até que ele se recompusesse melhor, enquanto isso, providenciou água e comida para servi-lo quando retomasse a consciência por completo.

Horas se passaram e o rapaz acordou, dizendo assustado:

— Eu não quero morrer! Não me matem! Sou apenas um jovem pobre e iludido por dinheiro! Ao invés de me apagarem, me ajudem! Posso trabalhar para vocês, sei tudo o que Lopes faz e como ele trafica a mercadoria. Eu conto tudo para vocês, mas quero garantia que não vou morrer!

— Fique calmo Adalberto, não vamos machucá-lo! Queremos ajudá-lo, mas para isso terá que nos ouvir e respeitar, caso contrário, o levaremos para um hospital psiquiátrico e não sairá de lá tão cedo! Perderá a chance de se renovar e de partir para uma vida digna, diferente desta que está levando.

“Não percebe que está se afundando e perderá a liberdade de agir? Ficará eternamente sob o comando de marginais e se tornará um fugitivo perene. É isso que escolheu para você? O que me diz da educação que recebeu de seus pais? Acha que sua mãe não sofre com a sua ausência sem saber o que houve com você? É com ingratidão que retribui àqueles que lhe deram a vida? Que tipo de caráter você possui? Não somos traficantes e caso fôssemos, estaria morto numa hora dessa! Isto é para você aprender que nunca estará seguro ao lado de marginais, acha que eles o compreenderiam e aceitariam o seus préstimos? Acredita mesmo que se fosse ao contrário, lhe dariam uma chance de trabalhar para eles, sendo que sua atitude é de traidor? Depois que conseguissem o intento, o fuzilariam sem compaixão.

Moleque ingênuo e atrevido! Deve dar graças a Deus que estamos aqui para tentar ajudá-lo, aliás, faço isso em respeito à sua mãe, que pensa que foi raptado e morto por traficantes."

— Quem é você? Por que fala de minha mãe? Não quero que ela saiba que estou vivo, preciso protegê-la! Nunca mais voltarei para casa!

— Moleque egoísta e mentiroso! Não pensa em protegê-la, quer enriquecer sozinho. Esta é a razão de não querer voltar para casa. Lopes provavelmente enfiou essa ideia em sua cabeça fraca! Pediu para que vocês esquecessem a família porque ele mesmo fez isso na vida dele. E o que ganhou? Dinheiro? Riqueza? E o que faz com tudo isso? Aproveita a vida livremente? Contribui para o crescimento dos outros? Pode se considerar uma pessoa feliz que conseguiu vencer na vida? As poucas diversões se restringem a encontros sexuais esporádicos e sem vínculos afetivos. Sabe da vida dele? Quer isso para você? Apodrecer na lama da vaidade e do crime, até ser preso e acabar atrás das grades ou no cemitério? Vamos diga, é isso que você quer? — alterou-se Medeiros.

O rapaz baixou a cabeça sem nada dizer. Entretanto, mentalmente o classificava como um grande babaca. Percebendo que não era um traficante, pensou rapidamente em dissimular arrependimento e concordar com ele, para fugir posteriormente e voltar à casa de Lopes. Com tal intenção, tomou fôlego e respondeu:

— Não sei quem é o senhor, mas suas palavras tocaram-me profundamente. Não quero esse tipo de vida para mim, porém, fui levado no bico pelo Lopes. Agora não sei como escapar disso tudo. Fui verdadeiro ao dizer-lhe que não posso voltar para casa. Minha família correria risco de morte, porque ele me encontraria de qualquer jeito, e possivelmente se vingaria de mim, fazendo alguma coisa contra elas. Meu pai trabalhou muito e morreu por estar preocupado em pagar dívidas, isso me deixou revoltado e, por isso, aceitei a proposta de trabalhar para ele. Só que não sabia que ele fazia parte de uma quadrilha poderosa. É tarde para voltar atrás, ele não aceitaria essa desfeita. Como pode me ajudar? Quem é o senhor?

— Não interessa quem sou e se pensa que acredito em você está enganado! Pensa que sou tolo e não sei de suas verdadeiras intenções?

O rapaz corou visivelmente, porém disfarçou, retrucando:

— Se não confia em mim, não direi mais nada! Estou sendo verdadeiro com o senhor. O que me propõe? Como posso me livrar disso tudo?

— Você já fez a sua escolha menino! Tomara que se arrependa verdadeiramente, a tempo de mudar e de reformular-se, caso contrário, irá concordar comigo quando perceber que eu estava certo.

— Não disse que queria me ajudar? Então o quer de mim? — desafiou Adalberto.

— Quis apenas constatar que realmente não queria mais ver sua mãe, tampouco voltar para casa.

— De onde conhece minha mãe? É marido de alguma mulher para quem ela trabalha?

— Não. Sua mãe não trabalha mais como doméstica, depois que sofreu um acidente no dia em que você fugiu, ficou impossibilitada de trabalhar.

— O que está me dizendo? Minha mãe sofreu um acidente? — comoveu-se ao perguntar.

— Isso mesmo! Ela foi atropelada e ficou várias semanas entre a vida e a morte. Agora passa bem, mas não consegue se livrar do tormento de saber o que aconteceu com você.

Adalberto baixou novamente a cabeça, sentindo dessa vez um aperto no peito, quis chorar, porém, controlou-se, estava convicto de que não poderia fazer nada para ajudar seus familiares. Lembrou-se das recomendações de Lopes, quando disse que naquele caminho não havia retorno, mas que poderia ser mais feliz levando um outro tipo de vida. Respirou fundo e disse:

— Não posso fazer nada a respeito! Ela jamais me perdoaria e prefiro que pense que morri do que saiba que me tornei um marginal.

— Você está enganado! O amor de mãe tudo perdoa, principalmente quando quer ajudar o filho a se reerguer. No caso dela, sei que não passaria a mão em sua cabeça, mas iria ensiná-lo a ser um homem de verdade! Aliás, ela sempre o incentivou a estudar e a ser alguém na vida, você desviou-se por vontade própria e por acreditar em dinheiro fácil e sujo!

— Vai me libertar? Ou vai me prender? Você é um policial?

— Vou prendê-lo!

— Não pode fazer isso, sou menor de idade! E não pode provar que sou um criminoso! Não tem provas contra mim, ou tem?

— Seu chefe está preso e você e Teobaldo serão encaminhados para o Juizado de Menores, porém providenciarei que fiquem detidos num internato apropriado para casos assim. Após atingirem maioridade, veremos o que acontecerá com vocês.

— Não quero! Não me prenda! Vou fugir! Não quero voltar para casa, não quero! — gritou Adalberto, furioso.

— Cale a boca! Vamos, levante-se e me acompanhe! — disse Medeiros com voz enérgica, fazendo sinal para que os seguranças ajudassem a segurá-lo.

— Adalberto, sua mãe sabe que eu o encontrei. Posteriormente você a verá, peço-lhe uma única coisa: trate-a com carinho.

— Eu não quero vê-la! Não quero! Você não pode me obrigar a isso e a nada. Só porque me raptou pensa que farei tudo o que você quer? Não faço!

— Deixe de ser rebelde, não tenho medo de malandro, ainda mais um fedelho como você! Receberá sua mãe com carinho e educação, caso contrário, vai se ver comigo! Não queira me ver irado, você se arrependerá amargamente!

O rapaz levantou-se bufando e, a contragosto, obedeceu as ordens dele. Medeiros deu o comando para levá-lo à Casa de Detenção para menores, porém, antes de entrar no carro, perguntou aos berros:

— Por que não levou Teobaldo para o Juizado de Menores? Isto não é justo! Ele é mais malandro do que eu e está solto na companhia dos pais.

— Isso não lhe interessa. Vamos, entre no carro e se comporte dignamente. Se tentar alguma coisa, será encaminhado ao hospital psiquiátrico e não terá chance de ficar lúcido por mais de cinco minutos, entendeu?

— Não posso ficar sem as drogas! — exasperou-se o rapaz.

— Será tratado, fique tranquilo. Se realmente quiser se libertar das drogas, terá recursos para isso. Um pouco de paciência e tolerância o ajudarão a superar a questão.

— Você não entende, fico enfurecido e descontrolado, sou capaz de me matar! — justificou o rapaz novamente.

— Não vai se matar, terá ajuda médica e psicológica, no entanto, dependerá muito de sua força de vontade. Agora você reconheceu os efeitos nocivos da droga em seu corpo, está no início da dependência e ainda pode se livrar sem danos maiores. Se com pouco tempo já está assim, imagine daqui a alguns anos, o que espera? Morrer em tão tenra idade?

— Muita gente se droga e não morre disso, como explica? Lopes é um deles, vive drogado e passa bem!

— Tudo depende da quantidade ingerida e da potencialidade de cada droga no organismo, mesmo assim, os danos são irreversíveis à saúde mental e física. Ficará dependente até que a droga o consuma por completo.

— Então me explique por que tanta gente trafica drogas? Estão todos mortos? Escutei sempre ele dizer que esse ramo de "trabalho" é muito lucrativo e que grande parte da população se droga. Que a humanidade sempre precisará delas, por isso, a tendência é que o consumo cresça ainda mais daqui a alguns anos.

— A droga sempre existiu e seu efeito alucinógeno é ideal para aqueles que não sabem lidar com a realidade, preferem fugir do que enfrentar os desafios cotidianos. Outros fatores também contribuem para que muitas pessoas se viciem. Alguns, por curiosidade, acabam por entrar num labirinto sem saída, em razão de fatores sociais e de costumes de época. No entanto, essas pessoas sob efeito de drogas costumam sentir prazer quando estão com a consciência alterada. O mesmo acontece com a ingestão de bebidas e com o consumo de outras drogas que existem por aí, que são utilizadas em excesso.

“Já viu um alcoólatra como sofre? Não faz mais nada a não ser beber o dia inteiro, acaba com a vida e com a dos familiares, que não têm nada a ver com isso. O usuário de qualquer tipo de droga perde o controle e se entrega cada dia mais, consumindo abusivamente. Como pode uma pessoa assim se empenhar para crescer na vida? Vive em constante êxtase e perda de consciência, não é um elemento benéfico para a sociedade, aliás, é um estorvo e oferece perigo. Cada usuário tem sua percentagem de consumo e muitos exageram a ponto de perderem a consciência de seus atos. Isso promove um desajuste psíquico altamente perigoso, já que não conseguem controlar os impulsos, quando estão sob efeito delas.”

Adalberto escutava atentamente, no entanto, procurava uma justificativa mais esclarecedora para aceitar a situação. Em virtude disso, retrucou na tentativa de convencê-lo de sua absolvição:

— Os viciados não são os únicos responsáveis por todo desajuste social, há aqueles que não se drogam, nem bebem e nem fumam, mas roubam o povo descaradamente e não são punidos por terem costas quentes. Nesta sociedade pode tudo somente quem tem dinheiro. Roubar o direito de um trabalhador que ganha pouco para manter a família é certo? Os salários desses magnatas são absurdos, isso pode? Só eles querem ter dinheiro e comandar. A corrupção é escancarada e todo mundo aceita, sobrando para nós, os pobres, que temos que pagar tudo certinho. Porque rico não paga nada, troca favores. Nós somos uma ameaça à população? Por quê? Diga-me! — revoltou-se Adalberto.

— Adalberto, as questões sociais e econômicas estão aí para o povo reivindicar os seus direitos de cidadão, existem leis e o povo precisa se conscientizar disso, em vez de esperar uma postura paternalista dos governantes. Por isso, a cultura é indispensável para a cidadania. Não vamos resolver os problemas sociais de uma vez só, mas devemos procurar nos defender por meio da justiça e dos direitos civis.

“Não é com vandalismo que se corrige uma situação que queremos modificar, reivindicar é um direito de cada um, mas optar por marginalidade é piorar a situação pessoal e social, pois não resolverá nada, não acha?”

Medeiros parou alguns segundos para observar o rapaz, reconheceu que nele havia um potencial que precisava ser ajustado e direcionado. Continuou expressando o que pensava:

— Percebe como você está revoltado? Entretanto, existem tantas possibilidades para aprender, crescer e manifestar sua opinião dignamente. Poderia escolher estudar e ter acesso a isso de forma saudável e promissora. Existem tantas opções de profissão que se encaixam em seu temperamento e que certamente o levariam ao sucesso desejado.

— Eu não acredito nisso, o dinheiro manda em tudo! — respondeu irado.

— Mas para que você tenha muito dinheiro, será preciso saber lidar com duas coisas indispensáveis: reconhecer o seu valor interior e aprender, por meio da inteligência, a colocar todos os potenciais em prática. Muitas pessoas se acomodam e estacionam por se desiludirem ao se depararem com a realidade das coisas. Mude a sua realidade, aprenda a exercer o domínio da conquista, exija os seus direitos e vá em frente. Cada um, em sua profissão, precisa sempre se atualizar e aprender a desenvolver a rapidez de raciocínio, o que resultará em sucesso financeiro. Tudo é aprendido, existem muitas pessoas nas quais você pode se espelhar até que seu estilo criativo seja formado. Eu, por exemplo, sou um homem bem-sucedido sem nunca ter sido preciso me corromper. Se existem corruptos, há também pessoas que não aceitam esse tipo de coisa — como em meu caso. Sou respeitado e consegui ascensão financeira por me diferenciar dos outros, usei os meus potenciais criativos e isso me tornou um homem bem-sucedido. Se você quiser, posso ensinar-lhe muitas coisas e, quem sabe, não será meu substituto quando me aposentar? O que acha? Topa? Quer melhorar de vida? Vem que te ensino, saia disso enquanto há tempo, meu filho! Honre seu caráter e saiba vencer na vida. Você terá tempo para decidir qual caminho deseja seguir, não vou obrigá-lo a nada, farei apenas minha parte. Caso você fuja quando atingir a maioridade, será uma escolha sua e arcará com as consequências — orientou com clareza.

— Como pode me oferecer tudo isso se sabe com quem me envolvi? Acha que Lopes e os seus me deixariam livre para escolher? Estou comprometido com eles até o pescoço, ou prosssigo com eles ou morro assassinado! — proferiu, o jovem, com certo desânimo.

— Deixe isso comigo, sei muito bem lidar com eles e se você realmente quiser se reformular, terá todo o meu apoio, ajuda e proteção. Poderá estudar fora do país e quando voltar terá acesso à liberdade que almeja. Aliás, você não é um traficante! Terá ajuda para reintegrar-se à sociedade novamente, depois de cumprir a determinação judicial cabível ao caso.

— Vai falar que sou um ladrão? Não fui pego pela polícia e não podem provar nada contra mim!

— Você terá assistência médica e psicológica para voltar a ter liberdade social. Terá de ter paciência e força de vontade. Como já lhe disse, deixe o resto comigo! Verá que eu o transformarei num homem de sucesso e principalmente de bom caráter.

Adalberto silenciou por alguns minutos para depois indagar:

— Vai contar a verdade à minha mãe?

— Vou.

— Se eu lhe pedisse para não contar, me atenderia?

— Não. Porque um dos princípios da boa formação de caráter é assumir os erros e procurar modificar-se para conseguir acertar. Todos nós somos dignos disso, e você terá paz interior quando aprender que errar faz da parte da vida, porém, aprender com os erros é transformá-los a seu favor, é nobreza! Ela compreenderá, desde que modifique seus princípios e prove para si mesmo, em primeiro lugar, que se tornou um homem digno de confiança. Servirá de exemplo a muitos jovens que poderão evitar a marginalidade se assim procederem. Além do que, é um rapaz com muitos talentos a serem desenvolvidos e direcionados. É de temperamento teimoso e quer vencer na vida, é corajoso e atrevido. Use tudo isso a eu benefício e para o bem de todos, assim encontrará o sucesso que tanto procura.

Adalberto sentiu-se envaidecido, abriu largo sorriso e balançou a cabeça, confirmando a observação que recebera.

Entretanto, imediatamente retomou a postura de sisudo e desconfiado, duvidando da sinceridade das palavras dele. Silenciou por alguns minutos e baixou a cabeça, indeciso quanto à orientação recebida. Os pensamentos vinham rápidos à mente, resultando em grande confusão mental e inquietude emocional.

A imagem de Lopes apareceu repentinamente a sua frente. Apesar de tudo, admirava-o por ter conseguido ser um exímio e poderoso traficante. Sabia safar-se de todas as armadilhas possíveis por conservar a firmeza e astúcia em seu trabalho. Era um homem bom e afetuoso, além do que, nunca negara ser ele o "filho" preferido. Lembrou da festa que lhes ofereceu e de todo o cuidado prestado no hospital. Considerava-o como pai e gostava dele. Sentiu aperto no peito ao imaginar que poderiam se distanciar. Recusou a ideia imediatamente. Depois lembrou-se da mãe, avó e irmãs — teve vontade de chorar, sentia saudade delas, mas não gostaria de voltar para lá, ficaria estagnado, mesmo com a possível ajuda de Medeiros. Por outro lado, pensou no futuro, caso seu segundo "pai" não conseguisse escapar da prisão, ficaria à mercê de outros na organização e talvez tivesse dificuldade de se adaptar. Também poderia correr mais riscos, pois Lopes ainda os estava ensinando, passo a passo, a se tornarem grandes e poderosos traficantes. Confiava nele e tinha esperança de voltar a viver ao lado dele. Sorriu, ao lembrar-se da noite de prazer que tivera com as mulheres que contratara. Isso é que era um bom pai! Fazia de tudo para que se divertissem e dava tudo o que queriam — tudo do bom e do melhor!

De repente, começou a sentir náuseas e tremor pelo corpo. Imediatamente fluidos densos canalizaram-se, por meio do pensamento, com uma das entidades da equipe de Ivana que estava à procura dele. A moça sorriu quando pôde percebê-lo, rapidamente deslocou-se e postou-se ao lado dele, observando-o nas intenções mentais. Mais do que depressa, tentou manipulá-lo para que pudesse escapar das sugestões recebidas e continuar na mesma sintonia dela e dos demais.

Aos berros, começou sugerir aos ouvidos do rapaz:

— Este cara está te enganando, acha mesmo que ele é tão

bonzinho assim? Vai ficar preso e sem saída, não aceite a proposta dele. Finja concordar para se livrar, esse é o melhor caminho. Ele é o mais corrupto de todos, se faz de bom samaritano e está cheio da grana! Você continuará pobre se optar por segui-lo. Pensa que a vida é tão fácil assim, veja quantos são bem-sucedidos e quanta pobreza há por aí. Não acredite nele, confie no Lopes, porque ele pensa num futuro melhor para você, será o sucessor dele porque ele o tem como filho e será o herdeiro de sua fortuna, vai perder isso? Ou vai querer ser certinho e continuar pobre como o seu pai, que enfartou por causa das dívidas.

O rapaz sentiu forte vertigem e maior inquietação, quis beber algo alcoólico para saciar a sensação de boca seca. A moça continuava incitando-o mentalmente. Passou a língua nos lábios e soltou uma estrondosa gargalhada como um dementado. Mudou drasticamente as feições do rosto, arregalou os olhos e disse tentando ludibriá-lo:

— Está bem, eu concordo e aceito sua ajuda, mas agora preciso beber algo que me sacie a sede pode me dar?

Medeiros percebeu a mudança inesperada nele, associou-a a um possível ataque de abstinência e respondeu com naturalidade:

—Claro. Souza, traga água para o rapaz.

— Não quero água, imbecil! Quero pinga! — gritou Adalberto.

— Pinga não temos, se quiser água está aqui — apontou Medeiros.

O rapaz, visivelmente alterado, pegou o copo com água e, com impulso desgovernado, atirou-a no rosto do policial Souza dizendo:

— Tome você esta água podre. Quero pinga, não ouviu?

Medeiros não pensou duas vezes, deu um tapa no rosto dele e o pegou pelo cangote, abaixando-o à força até o chão, fazendo-o lamber os pingos d'água do chão para saciar a sede.

Adalberto sentiu-se acuado e obedeceu em silêncio, depois foi algemado e, pelo cangote, foi empurrado ao interior do carro.

— Agora chega! Falaremos depois que você receber o devido tratamento e se comportar como homem e não como um bicho. Entendeu? — bradou Medeiros.

Ao lado deles, a moça que o induziu mentalmente deu um pulo para trás, esbravejando palavras obscenas, contrapondo-se à postura de Medeiros. Irada, apontou o dedo indicador ameaçando-o:

— Olha aqui, seu imbecil, pensa que vai conseguir tirá-lo de mim? Onde já se viu tratá-lo assim? Não se meta comigo, caso contrário, vai se arrepender, entendeu? — gritou emitindo fluidos de ódio em direção ao centro cardíaco dele.

Medeiros, por sua vez, pôde registrar apenas indignação mais intensa e, sem perder a firmeza, continuou:

— Não quero ouvir nem mais uma palavra sua durante o trajeto, caso me desobedeça, será pior para você, tenha certeza disso!

A moça que permanecia ao lado deu um pulo como se estivesse recebendo uma chibatada pelo corpo. Indignada, vociferou que buscaria ajuda para salvar seu amado e saiu correndo para dentro de um feixe de fumaça acinzentada, até desaparecer por completo.

Medeiros deu ordem para levá-lo diretamente ao hospital psiquiátrico, o rapaz quis retrucar, mas considerou que se assim procedesse seria pior, resolveu ficar quieto e manter a calma naquele momento até conquistar a confiança dele, depois planejaria a fuga para livrar-se do internato.

— Ufa, parabéns doutor! Cheguei a pensar que este garoto receberia outra dose de calmante, caso o senhor não conseguisse freá-lo. Que pena! Tão novo e tão perdido! Pelo que já vi nesses anos todos, acho que nos dará trabalho, provavelmente fingirá comportando-se passivamente, depois planejará a fuga. Concorda comigo? — apontou Souza, enquanto coçava o queixo.

— Concordo! Este caso é típico e sabemos muito bem como agir, porém, acredito que ele já fez sua escolha.

— Esse tal de Lopes ficará detido?

— Possivelmente não, os garotos provavelmente irão depor a favor dele, mesmo porque temerão falar alguma coisa contra e serem perseguidos. Além disso, existem muitos padrinhos acobertando-o, por isso precisamos agir com precisão para acabar de vez por todas com essa quadrilha.

Souza coçou a cabeça e torceu o nariz, sabia que o caso era complicado e que Medeiros não costumava falar sobre as estratégias escolhidas.

Na volta para casa, os dois permaneceram em silêncio até chegarem à delegacia para registrarem ocorrência.

22

Lopes não conseguia dormir, deitado na cama, dentro da cela, remexia-se impaciente, contava os segundos para chegar o amanhecer e receber autorização para sair daquele lugar. Esperava confiante que seus poderosos parceiros estivessem em movimento para soltá-lo imediatamente. Soubera, na visita de seu advogado, que Adalberto havia sido raptado e que um de seus empregados tinha facilitado.

Enquanto mordia os lábios, tramava a vingança para aquele que o havia traído, bem como, dar uma sova em Teobaldo, a fim de ensiná-lo a nunca mais desapontá-lo. Confiava que os dois voltassem para a casa dele em breve. Depois pensou em Medeiros, esse então estaria perdido! Jurou. Soube também que Mauro ainda estava internado em estado grave e que Maria de Fátima continuava descontrolada. Indignado, não se conformava como as coisas se viraram contra ele rapidamente, mesmo considerando que o Promotor era o precursor de tudo aquilo, reconhecia que seus comparsas não eram tão fiéis como demonstravam ser. Desapontado quanto a sua imagem perante seus superiores, temia ser destituído do cargo conquistado. Para eles, aquele tipo de falha era abominável por ser considerado ato primário e impróprio para alguém com seu "cargo". Como um chefe de quadrilha poderia apresentar tamanha vulnerabilidade, pondo em risco a organização? Ele mesmo seria punido, sabia disso, questão essa, que contribuía para mantê-lo inquieto e alterado. Temia que o castigo fosse mantê-lo preso e calado, ou então que pudesse ser morto lá mesmo, a mando deles.

O cheiro da cela tornava-se cada vez mais insuportável, pensou no conforto de sua casa, em seguida sobressaltou-se ao pensar na possibilidade de ficar preso por tempo indeterminado. Passou as mãos pela cabeça, recusando o pensamento ameaçador. Levantou em seguida, colocou as mãos nas grades, espiou pelo corredor, tudo estava calmo e silencioso. Ficou agoniado, não aguentava mais ficar parado com tanto trabalho a sua espera. Por alguns minutos, amaldiçoou sua escolha de vida, em seguida condenou-se por não ter percebido que em sua organização havia um traidor. Voltou a deitar e, fixando os olhos no teto da cela, deixou-se levar pelas reminiscências de tudo o que já havia feito na vida. Relembrou que na juventude fora abordado pelo pai de Medeiros, um advogado conceituado que trabalhava num caso em que estava envolvido. Apesar de não ter conseguido provas contra ele, conseguiu desfazer parte do grupo ganhando a causa judicial e prendendo os infratores da lei.

Naquela ocasião, ambos moravam na cidade do Rio de Janeiro e encontraram-se, casualmente, num bar popular bem frequentado na época. O nobre senhor pôde falar-lhe diretamente, alertando-o quanto ao perigo que correria escolhendo aquele tipo de "profissão". Chegou até mesmo a oferecer-lhe ajuda para "desaparecer" do país, enquanto havia tempo de refazer a vida, já que era tão jovem. Confidenciou-lhe que conhecia muito bem todos os envolvidos e que uma falha seria o bastante para que fosse apagado por eles.

Lopes manteve a discrição, respondendo-lhe que estava sendo confundido com outra pessoa e, sutilmente, trocou de assunto, interessando-se por saber dos casos em que o prestimoso advogado atuava. Naquela noite, conversaram até altas horas e o advogado não perdeu a chance, de vez ou outra, tocar no assunto e tentar convencê-lo de sair da organização.

Por algum tempo mantiveram contato, quando se encontravam esporadicamente no mesmo estabelecimento. Numa noite, o advogado expressando grande felicidade, apresentou-lhe dois de seus filhos, revelando que os jovens haviam ingressado na Faculdade de Direito. Depois dos devidos cumprimentos, bateu nos ombros dele, incentivando-o a continuar os estudos, prontificando-se a pagar todas as despesas, caso concordasse.

Sorridente, agradeceu justificando que sua grande habilidade era na área de vendas, pois gostava de falar e não de estudar. O advogado tentou mais uma vez convencê-lo, mas não obteve resposta positiva.

Tempos depois, Lopes foi transferido para São Paulo, a fim de estender a organização para a cidade. Soube da morte do pai de Medeiros e da transferência de alguns dos filhos para a cidade paulistana, porém, cada um seguiu seu caminho sem ocorrer algum contato pessoal. Medeiros, o filho, tornou-se um advogado de sucesso e promotor altamente conceituado. Ele, um traficante envolvido com poderosas organizações nacionais que mantinham contatos internacionais.

Sentou-se na precária cama da cela, colocou as mãos no rosto enquanto revivia as cenas pretéritas. Por alguns segundos, se arrependeu por não ter seguido os conselhos que recebera, por outro lado, aliviou-se. Era um fazendeiro bem-sucedido e muito bem amparado, não haveriam de encontrar provas concretas contra ele, o esquema da organização era infalível, e certamente sairia dessa como de tantas outras acusações que recebera sem provas concretas. Entretanto o envolvimento dos menores apontava risco e imprudência por parte dele, contrariando regras da organização. Além do mais, ficara exposto com a interferência de Medeiros. Balbuciou ter tido má sorte por ele ter atropelado a mãe do rapaz, o que ocasionou toda a investigação até que se chegasse nele. Teria que manter a calma e conservar a astúcia para sair limpo da acusação. Contaria com ajuda de seu advogado que, também muito experiente e integrante do grupo, faria uma brilhante defesa.

Absorto em seus pensamentos, não conseguia dormir, surpreendeu-se ao ouvir passos vindos do corredor, em direção a cela onde estava. Levantou-se imediatamente, ao ser comunicado por dois guardas que havia visita para ele. Alegrou-se pensando que seu advogado havia conseguido habeas corpus, arrumou-se e acenou, despedindo-se dos companheiros de outras celas. Foi xingado por uns e congratulado por outros. Alguns presos gritavam:

— A esta hora o magnata vai afastar-se de nossa preciosa

hospitalidade? Quanto pagou, hein? Corrupto! O delegado deve ter levado uma bolada para soltá-lo, vigaristas!

Lopes não se intimidou e responder-lhes com gestos obscenos e caretas maliciosas. Os policiais, energicamente, pediram silêncio e levaram-no rapidamente para uma sala particular.

Certo de encontrar seu advogado, surpreendeu-se ao deparar com Medeiros que, sentado numa poltrona, sorriu cordialmente ao vê-lo.

Estupefato, procurou controlar-se a fim de não demonstrar insegurança, sentou-se na cadeira ao lado, perguntando com notável fingimento:

— Eu o conheço de algum lugar? Seu rosto me é familiar — disse Lopes com tom irônico.

— Como vai Lopes? Faz tempo que não nos vemos, não é? — respondeu o promotor.

— Por obséquio, de onde nos conhecemos? — tornou a ironizar Lopes.

— Tive o prazer de ter sido apresentado a você por seu pai, quando ainda éramos muito jovens, lembra?

— Não estou lembrado, pode detalhar a situação? — retrucou disfarçando.

— Posso, sou filho do advogado Medeiros, nos conhecemos na cidade do Rio de Janeiro, há muitos anos atrás, eu estava ingressando na Faculdade de Direito enquanto você iniciando na área comercial.

— Olhe só que coincidência! Agora ficou claro, como está doutor? Seu pai passa bem?

Medeiros abriu leve sorriso e continuou:

— Faleceu. Eu e meu irmão viemos para São Paulo alguns meses após a morte de meu pai. Se não estou enganado foi na mesma época em que você também se mudou para cá.

— Não sei quando vocês chegaram aqui. Eu, já faz mais de trinta anos!

— Pois bem, fico feliz que tenha se recordado de mim e de meu pai, embora estejamos mais velhos, conservamos as mesmas feições e características físicas. Sinal que o tempo foi caridoso conosco, mantendo-nos em bom estado.

Lopes sorriu, depois apontou para a própria barriga e fez careta, zombou de si mesmo, justificando que se não fosse a cerveja, estaria bem melhor.

O promotor concordou, mas não perdeu a chance de zombá-lo, mostrando que seu abdômen permanecia igual, em razão das doses de uísque que ingeria. Complementou dizendo que o tipo de bebida ajudava a emagrecer.

Descontraidamente gargalhou, porém, quando cruzou olhar com o promotor, sentiu vontade de abraçá-lo, como se fosse um irmão que não via há tempo. Rapidamente desviou olhar, a fim de esconder o verdadeiro sentimento. Tentando disfarçar, lançou a pergunta:

— O que fez você sair da cama e vir para cá? Está trabalhando nesta divisão?

— Não, estou trabalhando num caso em que você está envolvido, por isso, preferi conversar com você pessoalmente.

Lopes estremeceu, mas não perdeu a pose:

— Ora, ora, creio que você está mal informado porque não sei o que estou fazendo aqui. De certo alguma armadilha de meus concorrentes para afastar-me do mercado. Já sofri várias acusações injustas e nunca o intento foi consumado. Essa gente não me deixa em paz! Agora cismaram que eu contratei dois adolescentes para trabalharem para mim, só que a história foi outra, salvei os garotos dos perigos da rua, haviam fugido de casa por não aguentarem mais a pobreza em que viviam, então, os acolhi até convencê-los a retornarem ao lar. Quando atingissem a maioridade eu os empregaria em minha fazenda. Os garotos recusaram minha proposta, queriam ficar comigo a qualquer custo até se tornarem maiores de idade. Um deles desapareceu numa manhã, saí para procurá-lo e a polícia chegou dando uma batida em meu território. Encontraram um deles comigo, mas o garoto ficou apavorado e inventou que eu o raptei para fazer coisas ilícitas. Temia apanhar dos pais. Fiquei chocado e decepcionado, por conta disso, estou preso até conseguir provar que sou inocente. Viu o que dá ajudar os outros e dar uma de bonzinho? Juro que nunca mais caio na lábia de ninguém, mesmo que venham se rastejando ensanguentados pedindo socorro! Chamarei a polícia de imediato e aí não me comprometerei por querer simplesmente ajudar. Esta é a pura verdade, se forçá-los confessarão e aí todos reconhecerão que estava dizendo a verdade, pois sempre fui correto em minhas atividades profissionais e pessoais. Não há nada que possam provar contra mim, pago meus impostos devidamente e sou um empresário bem-sucedido. Não duvido nada que tenha caído numa armadilha, mas vou sair disso, você verá! — concluiu dramatizando sua defesa.

Medeiros observou a habilidade com que discursava, sem dúvida alguma era um exímio orador e ator — pensou. Levantou-se com as mãos no bolso da calça e dirigiu-se até a janela, abriu a cortina e comentou:

— A madrugada está fria! Quer um café?

Lopes assentiu desconcertado, enquanto isso Medeiros chamou um policial para servi-los. Sem dizer uma palavra, permaneceu na janela olhando para rua. Somente quando o café chegou, fez a seguinte observação:

— Eu não o estava perseguindo, no entanto, alguns fatos fizeram com que nossos destinos se cruzassem. Minha intenção é tentar ajudar Adalberto e Teobaldo. Pelo que pude perceber, dou-lhe uma certa razão, pois os dois não querem permanecer ao lado dos pais e, mais cedo ou mais tarde, voltarão a procurá-lo porque gostaram da vida que estavam levando.

Lopes inesperadamente descontrolou-se ao responder:

— Adalberto eu aceito de volta, mas aquele ingrato comigo não fica!

— Pelo que percebo, você tem muita afeição a eles, apenas está decepcionado com a atitude de Teobaldo, não acredito que lhe fechará as portas, mesmo porque o considera como filho e cederá se ele pedir perdão e explicar suas razões. Entretanto, você terá que esperar atingirem a maioridade, antes disso, ficarão internos para que se recuperem. Receberão toda ajuda médica e psicológica para absterem-se dos vícios. Tomara que consigam e que aproveitem o tempo para refletir no tipo de vida que escolherão dali por diante.

— Então eu estava certo, Adalberto foi raptado e levado ao Juizado de Menores — comentou, enquanto colocava a mão no queixo.

— Isso mesmo, porém nada poderão fazer se decidir fugir e receber ajuda para isso. É justamente por esse motivo que vim à sua procura.

— Eu? O que tenho a ver com isso? Agora irá me culpar se fugirem novamente? Tenha a santa paciência, tudo é minha culpa? — encenou mais uma vez, disfarçando a alegria que sentiu ao ouvir que os meninos queriam voltar para sua casa.

— Sei que vão procurá-los, pois estão mais comprometidos do que pensam estar. Vim pedir-lhe para não forçar nada até que recebam o devido tratamento. De minha parte, nada farei para intervir até que eles próprios decidam, depois ficarão por conta da escolha que fizerem, peço para não os receber caso fujam e tornem a procurá-lo.

Lopes titubeou antes de responder, caso recusasse ampará-los novamente, correriam o risco de se agregarem a outro bando, pondo em risco mais uma vez a organização a que pertenciam. "De duas uma: ou voltariam a servi-lo ou teriam que morrer" — pensou.

Tossiu e respondeu tentando ludibriá-lo:

— Se for apenas por Adalberto, farei de tudo para ajudá-lo a estudar e a ser alguém na vida. Agora pode ficar sossegado em relação ao Teobaldo, esse não quero ver nem pintado de ouro, pode chorar até secar, porque de mim não receberá nenhuma ajuda.

O promotor ressaltou:

— Você não é o pai do menino, ele tem família e isso compete à mãe, que aliás, tudo fazia para que seguisse os estudos. O que eu quero é que você não o ajude, caso fuja antes de atingir a maioridade.

Lopes ficou enciumado, sabia que ele ajudava financeiramente a mãe do rapaz em razão do atropelamento e estava claro que queria ajudar também Adalberto. Disfarçou para não deixar pistas do intento de buscar o rapaz a qualquer custo. Torceu o nariz e disse:

— Não posso negar que gostaria de ajudar o rapaz, mas é claro que reconheço que isso não me compete. Farei o que me pede, mas com uma condição: se ele quiser trabalhar para mim na fazenda logo que completar a idade madura eu o aceitarei e não quero interferência de ninguém querendo salvá-lo. Terá um emprego e irá continuar os estudos, isso eu garanto!

Medeiros também concordou aparentemente, intencionava mandar o rapaz para estudar no exterior e faria de tudo para afastá-lo dele.

— Bem, estamos combinados, você cumpre o acordo e não terá problemas, caso contrário, comprará uma briga desnecessária. Pense bem, deixe o capricho de lado e verá que estou certo. Poderá perder a consideração de seus clientes e isso fará com que comece a declinar até afundar-se por completo — lançou sutil ameaça.

Lopes ignorou a intenção e permaneceu calado. O outro continuou:

— Teobaldo está incluído, embora esteja fingindo estar bem na companhia dos pais, não demorará para arquitetar uma fuga. Antes disso, ele será encaminhado a outra instituição, de preferência bem longe de Adalberto, — falou Medeiros com certa imposição — quanto ao seu caso, não será indiciado por raptar menores, mesmo porque você não os raptou, foram até você por livre e espontânea vontade. Apenas responderá por mantê-los escondidos, bem como, por outras acusações contra as quais precisará defender-se muito bem. Deverá ter o cuidado de não sofrer nenhum deslize que possa comprovar seu envolvimento com organizações de tráfico de armas e drogas.

Lopes exaltou-se:

— Mas o que é isso? Está me acusando de traficante? Posso requerer defesa contra isso! Fique sabendo que se nada conseguirem provar, poderei indiciá-lo por acusar-me de algo que não fiz.

— Não sou eu quem o acusa, sabe muito bem disso! Acho que fui claro e conto com sua ajuda! — desviou conversa, a fim de encerrar o assunto.

— Dou-lhe minha palavra, mas quanto à acusação de tráfico,

a pessoa que está me acusando poderá se queimar, agora sou eu que alerto. Veja bem com o que está se metendo, tem família para cuidar, não digo por mim que nada tenho a ver com isso, mas se encontrar os verdadeiros traficantes, correrá perigo de vida. Se fosse você, deixaria isso para outros resolverem e sairia de banda. Eu, hein! Essa gente é por demais perigosa! Cruz credo! — respondeu dissimulando.

— Não estou à frente disso, mas se estivesse, nada temeria. Na minha profissão, aprendi que o acusador nunca aparece e que a polícia age muito bem nesses casos.

— Ah! Que policia que nada! Muitos estão metidos com eles, sabe disso. Tem que ter costas quentes para bater de frente — ressaltou.

— Nem todos são corruptos.

— Nem todos são traficantes — devolveu Lopes.

Medeiros sorriu e logo após despediu-se, apontando o dedo indicador para ele, esse respondeu-lhe com o polegar.

Lopes suspirou após a saída do promotor, sentou-se na poltrona e relaxou pensando:

— Ufa! Ainda bem que foi embora! Por sorte consegui manter a postura, mas ele é danado mesmo! Puxou o pai! Maldito seja por isso! Tenho que agir rapidamente e ser mais esperto do que ele, caso contrário, poderei me complicar. Começarei planejando a fuga de Adalberto, se pensa que vai conseguir mudá-lo, está enganado! Esse menino é muito parecido comigo e gosta da vida que eu lhe ofereci, será o meu sucessor daqui a alguns anos. Darei uma boa lição no Teobaldo para que aprenda o que acontece com um traidor. Sofrerá até se arrepender do que fez comigo. Passará por várias humilhações e será nosso serviçal, limpará nossas sujeiras diariamente sem que possa reclamar. Caso contrário, será banido de casa para juntar os pés no cemitério. Quero ver se dessa vez aprende a ser fiel e a honrar os mais velhos que o ajudaram.

Absorto em pensamentos vingativos, foi interrompido pelo sentinela de plantão que entrou na sala repentinamente, informando:

— Hoje é seu dia de sorte! Pode começar a sorrir, não vai

voltar para sua cela, que pena! Aquele lugar era tão confortável, irá sentir saudades... — ironizou e em seguida continuou:

— Seu advogado está a caminho, parece que conseguiu o que você queria, sairá daqui assim que ele chegar com a autorização de soltura.

— Até que enfim! — gritou entusiasmado.

— Vou sair desta espelunca pulguenta! Primeira coisa que vou fazer será tirar a roupa no portão de casa e correr para minha banheira e ficar lá até que não sinta mais este cheiro de mofo que entupiu as minhas narinas. Credo!

— Tomara que não volte, já pensou se for condenado? Deixará a banheira e o conforto para seus empregados, enquanto cumprir pena neste cativeiro. Aliás, será transferido para um lugar bem pior, o negócio é torcer para se livrar! — provocou o guarda de plantão.

— Isso é o que muitos gostariam, porém, nada conseguirão provar contra a minha ilustríssima pessoa. Nunca mais voltarei a este lugar e muito menos serei encaminhado a outra penitenciária, estou livre porque mereço e assim ficarei para sempre!

— Vamos torcer para que esteja realmente falando a verdade, caso contrário, se dará muito mal, porque conheço muito bem o promotor que saiu daqui, com esse não se brinca não! Ou faz a coisa certa ou fica em cana.

— Se ele é bom, terei que ser melhor! Respeito o trabalho dele, porém, nem ele e nem ninguém poderá intentar algo contra mim, seria perder tempo, porque estou em paz com minha consciência e faço tudo dentro da lei.

O guarda sorriu balançando a cabeça negativamente, pediu para que aguardasse ali mesmo, pois o delegado de plantão faria algumas observações de praxe, diante dos policiais na retaguarda.

— Não sou perigoso, caso contrário, não teria o privilégio de aguardar a chegada de meu advogado aqui, nesta sala especial.

— Não sei se você percebeu que esta sala é uma cela sofisticada. Pois saiba que o promotor foi quem mexeu os pauzinhos para que você viesse para cá e aguardasse a chegada de seu advogado.

— Ah! Medeiros é tão poderoso assim? A quem ele se reporta? — sutilmente tentou descobrir quem estaria por detrás do famoso promotor.

— Isso não sei, não posso mais ficar falando com você, vou deixá-lo aqui trancado até chegar o seu salvador.

— Pelo menos, esta sala é bastante agradável e ficarei aqui muito tranquilo, usufruindo deste pequeno conforto. Ah! Pode mandar um recadinho aos meus amigos de cela? Diga que estou sentado numa poltrona maravilhosa, esperando ser solto a qualquer momento.

— Deixe de provocar, Lopes, vê se toma jeito!

— Quem pode tem! Quem não pode fica sem — satirizou gargalhando.

— Tomara que esta felicidade perdure! Boa sorte a você e até qualquer dia.

— Até nunca mais! Não espere o que nunca mais poderá ver — afirmou com segurança.

— Está bem, mas se caso alguma coisa der errado, ainda nos veremos por aqui.

Lopes deu com os ombros e voltou a sentar-se, aguardando a chegada do advogado.

23

O dia estava clareando quando ele saiu da delegacia, em companhia do advogado, suspirou ao ver o nascer do sol e, entusiasmado, deu ordem para levá-lo à casa de Eulália. Precisava vê-la e contar-lhe tudo o que havia ocorrido. Sabia que não seria fácil convencê-la, no entanto, contaria a verdade para ela, pois nem ele mesmo sabia o que realmente havia acontecido.

Durante o percurso, o advogado dava as novas direções ao caso e insistia para que obedecesse rigorosamente as orientações, devendo permanecer distante de possíveis confusões, a fim de preservar-se de qualquer armadilha que pudesse piorar a situação.

Lopes assentiu com tranquilidade e, de imediato, pediu para localizar rapidamente Adalberto.

O advogado respondeu:

— O garoto não poderá sumir agora, vai mexer em vespeiro!

— Não vou raptá-lo de imediato, quero que saiba do plano e aguente firme.

— Acha que ele não estará sendo vigiado? Não será tão fácil assim, acredito que devamos espirrar por um bom tempo, até que as coisas fiquem mais brandas para o seu lado. Além do que, os chefões o estão aguardando.

— Eulália dará um jeito de realizar o que desejo, você verá! Quanto aos chefões, estou em dia com eles, o que interessa é a preservação da mercadoria, estão recebendo muito bem e não há nada que possam provar contra mim.

— Medeiros está em cena, cuidado!

— Está tudo sob controle, ele já sabe que o moleque quer voltar para minha casa e que será em breve.

— Por que tanta fixação nele? É um garoto comum, afeiçoou-se a ele como filho, viu o que o outro fez? Como tem certeza de que será fiel?

— Ele é um bom rapaz, o outro é invejoso e prepotente. Vou dar-lhe a devida lição, ele que aguarde!

— Ah, Lopes! Até parece que está regredindo! Vá com cautela e procure não atrapalhar o trabalho por conta de coisas pessoais, mesmo porque, sabe que isso não seria possível diante da escolha que fez.

— Apenas tive a integridade de não formar família, todos estão em seus lares com esposas e filhos. Comem e bebem do bom de do melhor, por fora bons trabalhadores, mas, na verdade, vivem como eu: de dinheiro sujo e tensos por estarem sempre em alguma situação perigosa. Nunca quis colocar em risco mulher e filho, não suportaria se algo lhes acontecesse por minha causa.

— Mas agora está fazendo isso em relação a Adalberto, não teme desviá-lo e colocá-lo em risco? Não está se contradizendo?

— Não, porque ele quer seguir este caminho por livre e espontânea vontade, e isso me alivia um pouco e me dá a chance de poder criá-lo como um filho que nunca tive.

— Você está exagerando e desconfio que isso o fragilizará, noto que pode ter se arrependido da opção de ficar sozinho. Procure não transferir seus sentimentos para este rapaz, antes de saber se corresponderá. Quando jovem, não imaginara que poderia ter tido uma família como qualquer outra pessoa. Mesmo porque o tempo passou e você viu que todos estão muito bem levando suas vidas e nada de tão ruim lhes aconteceu. Creio que isso o atormenta, pois nunca se perdoou por mexer com coisas ilícitas, não é?

— Como qualquer jovem de boa índole, almejava um futuro brilhante, porém, quando escolhi entrar na organização, soube naquele momento que não poderia recuar e fiquei com medo do que poderia me acontecer, caso cometesse uma falha. Por isso, quis experimentar minha capacidade, sem envolver pessoas inocentes. Hoje estou mais maduro e firme nos negócios, não tenho tanto medo assim, porque sei que venci todas as situações que poderiam ter me complicado. Embora reconheça que isso ficou mal resolvido dentro de mim, na verdade, nem eu mesmo sabia que seria tão eficiente no ramo.

Conheci o pai de Medeiros e, naquela época, ele quis me ajudar porque desconfiou que eu estivesse no início de um comprometimento sem retorno. Mesmo assim, não pude voltar atrás, ou melhor, não quis, porque já estava me dando bem com a grana que recebia. Desmanchei o noivado com Eulália para preservá-la, mas ainda a amo e estando perto dela já é uma grande coisa.

— Não percebe que fez a mesma coisa sem assumir compromisso?

— Como assim? Ninguém poderá fazer algo para ela, pois ninguém sabe dos meus sentimentos, você é a primeira pessoa a quem confidencio coisas que nunca tive coragem de falar.

— Obrigado por isso — disse o advogado, batendo com as mãos no ombro dele. Em seguida continuou:

— Você limitou sua vida, valeu a pena?

— Não parei para pensar nisso, porque não sei como seria se tivesse tido outra escolha. Agora de nada adiantaria me arrepender, por isso, procuro satisfazer meus desejos como posso.

— A felicidade é um estado da alma, sinto que você é um homem triste e sonhador. Ficou rico, mas não está feliz. Desculpe-me a sinceridade.

— Talvez tenha razão, mas não posso mudar o que está feito. Quer saber? Às vezes penso que me deixei iludir por tanta fantasia de tornar-me um homem afortunado. No entanto, se fosse pobre, também não iria gostar. Dizem que não se pode ser feliz em tudo, não é? — falou abrindo largo sorriso.

— Para mim, felicidade é a gente que conquista a partir daquilo que escolhemos ser o melhor para nós. Quando somos imaturos, vivemos muito de ilusão, porque não sabemos perceber o que realmente é esse melhor. Vamos nos decepcionando com o passar do tempo, por perdermos esse contato íntimo, está me entendendo? Quero dizer que todos podem errar e podemos fazer opções, a qualquer momento, para que estejamos bem.

— Isso é outra ilusão, por que tantas pessoas fingem estar bem por fora e estão uma porcaria por dentro? Não mudam porque não querem sair do comodismo, outras para não perderem a pose e assim vai... Por acaso existe felicidade completa?

— Acho que sim, quando existe paz em si mesmo. Porque sem isso não podemos experimentar a felicidade. Para mim é isso, ter a consciência de que fiz o bem para mim e para os outros. De que adiantaria vencer uma situação, prejudicando outras pessoas. Isso é ser feliz? Excluir todo mundo para apenas eu aparecer, de que valeria forçar as coisas? Veja as pessoas que tramam, elas até podem conseguir prejudicar aparentemente, mas não conseguem conviver com sua própria amargura e decepção. Por isso, penso que essas pessoas estão vivendo numa ilusão sem fim, não medem as consequências de seus atos e pouco se importam se estão prejudicando alguém. Na minha opinião, são doentes da alma, porque insistem em agir na ignorância.

— Ricardo, o que está acontecendo com você? Está demonstrando idealismo autêntico. Você acha que neste mundo alguém pensa nisso quando o assunto é grana alta? Ora, faça-me o favor de trocar de filosofia — redarguiu Lopes com indignação.

Ele sorriu ao responder-lhe:

— Pode até ser, mas o bom mesmo é se todos conseguissem vencer na vida sem perder a dignidade.

— Ah! Falou tudo! Mas como não existe isso, salve-se quem puder, ou entra no esquema ou dança. Acha que todo mundo é certinho? Está muito enganado! As leis a que obedece são somente para pobres, pois o rico se safa de tudo e você ainda é obrigado a defendê-lo.

— São os direitos de todo e qualquer cidadão.

— Direito para tudo, mas isso não acontece — retrucou Lopes.

— As leis vigoram para todos, se você for acusado e conseguirem provar alguma coisa, será penalizado.

— Isso é o que nós veremos!

— Você não tem jeito Lopes. Não adianta querer mudá-lo, não é?

— Mudar para quê? Só eu? Os outros não? Ora Ricardo, isso é utopia! Se diz que me perdi por iludir-me, agora lhe digo o mesmo. Vai me dizer que não é muito bem recompensado para calar o bico? Não leva uma bolada por isso?

— Na minha profissão, sou obrigado a compartilhar de diversas coisas, sou bem remunerado, porém sempre procuro estar dentro da lei, isso você não pode negar.

— Muito bem, que lei? Existe alguma lei que puna os mandachuvas?

— Existe, porém, nem sempre sofrem a penalização que merecem. No entanto, existem exceções, por isso, não podemos generalizar. As coisas estão mudando, embora tenhamos que aguardar muitas reformulações quanto a isso. Uma reformulação no Judiciário poderia beneficiar muitas pessoas e prejudicar outras.

— Por isso justiça nunca ocorrerá! Está aí a resposta!

— Não é bem assim, não generalize.

— Está bem, faz de conta que eu acredito, está bem assim para você?

Ricardo balançou a cabeça descontraidamente, estavam quase chegando à Mansão dos Prazeres, quando Lopes lançou a pergunta:

— Nunca havia percebido que você é um excelente filósofo.

— Não se trata disso, apenas estou estudando algumas outras leis que você desconhece, mas se quiser, qualquer dia desses poderemos tomar um aperitivo e conversarmos a respeito.

— Do que se tratam? — perguntou Lopes com certa curiosidade.

— As leis que governam nossa vida e nossas escolhas.

— Ah, Meu Deus do céu! O que foi? Enfiou-se em alguma congregação evangélica? É isso?

— Não, é outra coisa.

— Que coisa é essa em que se meteu? Está estressado é isso! Precisa tirar umas férias ou se divertir mais, olha estamos indo para a Mansão, lá você encontrará aconchego e, quando sair, estará novinho em folha. As mulheres são lindas, Eulália cuida delas como filhas. Pode deitar e rolar. É bom dizer-lhe de antemão: não perca tempo comigo, porque não gosto desses assuntos bíblicos e não comente isso com outra pessoa da organização. Poderão entender que você os trairá se desconfiarem que está envolvido em alguma seita que poderá lhe fazer uma lavagem cerebral.

— O que é isso Lopes? Sou um homem culto e inteligente para

cair nisso. A coisa é outra, são estudos que nos levam a despertar um outro nível de consciência, digamos, estudos dos poderes da mente. É isso, gostei do assunto, nada muito comprometedor.

— Seitas? Círculos esotéricos? Cartomantes? Bruxarias? Em qual dessas coisas se enfiou?

— Não falei que não iria entender? Eu disse estudos sobre nosso poder mental, estou gostando e vou continuar a estudar o assunto, pois muito me interessa.

— Um homem prático e objetivo se metendo com isso! Não preciso entender desses assuntos para dizer-lhe que, em pouco tempo, estará fora da organização se continuar a se envolver com essas coisas.

— Está sendo radical, todos vocês levam a vida como querem e eu também tenho a liberdade de escolher o que é melhor para mim — retrucou Ricardo.

— Não é bem assim, você sabe disso. Dependendo do que fizer será apagado de vez! Escuta o que lhe digo. Não se envolva com coisas que possam sinalizar fragilidade, é para seu próprio bem. Isso se quiser manter-se vivo!

— Não oferecerei perigo, mesmo porque se algo me acontecer, todos estarão fritos, ou acha que não tomo minhas precauções? Numa coisa concordo com você: estamos todos amarrados e, se um falhar, rodará todo mundo. Somos perigosos! Essa é a verdade!

— Nossa, por essa eu não esperava! — respondeu-lhe Lopes com tom irônico.

— Dentro desta sujeira, encontramos pessoas afins, gosto de você, sinto-me à vontade quando estamos conversando, acho que é recíproco, porque se confidenciou comigo também e isso prova que, apesar dos riscos que corremos por tantas coisas que fazemos, não deixamos apagar nossos verdadeiros sentimentos. Acho que é a única coisa que ainda sobrou para nós.

— Filosofando novamente! Quer saber? Concordo porque até mesmo o pior bandido também ama alguém não é?

— É isso mesmo, mas não são absolvidos por isso, já pensou se não houvesse lei? O que seria deste mundo?

— Mas isso não os intimida, a violência está crescendo a todo vapor e daqui a algum tempo as coisas irão piorar.

— Este tipo de organização é uma marca negativa para a sociedade, pois incentiva o consumo de drogas e isso contribui para que a violência cresça neste país e nos outros.

— Contribui, mas não é somente isso, porque as condições sociais e econômicas imperam para que a droga transite com mais rapidez. Não vamos resolver os problemas sociais e nem salvar o mundo. Estamos aqui para fazer a nossa parte e cada um é que se cuide e faça a sua, se quiser sobreviver nesta selva.

— Sabe Lopes, eu não concordo com isso! Mas aceitei trabalhar para vocês, eu também quis vencer rapidamente na vida, com o dinheiro que ganho, posso ter uma boa situação e viver sem preocupações financeiras.

— Você está em crise de consciência, isso passa! — procure não pensar no que está envolvido, faça o seu trabalho e usufrua de todo conforto que merece.

— Não consigo! Muitas noites passo acordado pensando se estou desonrando o juramento que fiz quando conclui meus estudos. Apesar de que procuro defendê-lo, sem muito comprometimento pessoal, mas o que me atormenta é que não é esse tipo de advocacia que gostaria de exercer. Estou pensando seriamente em mudar de profissão. Acha que aceitariam minha recusa?

— Acredito que não, uma vez que você sabe mais do que devia... Agora para tudo tem uma saída, se realmente não quiser mais esse tipo de coisa, deverá sumir do país sem deixar vestígios.

— Viver em anonimato e fora de minha terra seria a única saída? Será que não existe outra opção? Pensei em abrir um negócio no ramo comercial em outra cidade, isso não seria o suficiente?

— Desde que continuasse a prestar-lhes algum serviço. Eu não disse que isso não tem volta? Entendeu agora o porquê de eu nunca ter podido optar por outra coisa? Seria um eterno fugitivo e perseguido. Procure deixar o tempo passar e aprenderá a se adaptar com a escolha que fez. Sugira um bom aumento financeiro, isso o tranquilizará por um bom tempo. Quando à crise de consciência, se ela voltar, será hora de fazer outra solicitação do tipo. Eles aceitarão a proposta, pode ter certeza disso — disse Lopes.

— Não há outra opção? É isso que quer me dizer, não é?

— Se quiser viver por mais alguns aninhos, é esse o caminho que deve seguir e bem calado, entendeu?

Ricardo silenciou ao conscientizar-se do quanto estava envolvido com aquela organização de traficantes perigosos. Mesmo com certa insatisfação, considerou as orientações recebidas, apesar de que ainda insistiria em procurar outra a saída, deixaria o tempo passar até encontrar outra solução. Suspirou fundo, passou as mãos pelos cabelos e encostou o carro a um quarteirão depois da "Mansão dos Prazeres".

Lopes pulou do carro impaciente, fez sinal para o advogado acelerar o passo, em poucos minutos os dois entraram na casa à procura de Eulália.

No saguão, alguns clientes tomavam o último gole de bebida antes de partirem, riam e gesticulavam em comemoração à noitada que tiveram.

O advogado admirou-se com o requinte do estabelecimento, observou cada detalhe da luxuosa decoração e fez pequeno comentário, quando viu passar uma das moças que acompanhava um homem até a porta de saída.

Lopes, discretamente, observou que ainda não havia visto nada. Sugeriu que descansasse um pouco em companhia de uma delas, mesmo porque, o assunto que tinha para falar com Eulália poderia ser demorado. O moço contestou a princípio, mas depois aceitou a sugestão, sentia-se cansado e descontrair--se far-lhe-ia bem.

O coração dele disparou quando ouviu passos de alguém que descia as escadas, ajeitou os cabelos e colocou a camisa por dentro das calças. Temia ser rejeitado por Eulália, tentaria desculpar-se pelo ocorrido na noite da festa, embora nem ele mesmo se lembrasse dos detalhes. Também não saberia explicar quem violentara as garotas, a única coisa que sabia é que fora imprudente ao permitir que experimentassem a droga recém--chegada ao mercado. Pela informação que tivera à época, soube que ficariam sob um efeito um pouco mais acentuado, mas jamais poderia imaginar que perderiam por completo a noção do que estavam fazendo.

Pela primeira vez arrependeu-se de algo que fizera, o jeito seria consertar a situação e tentar convencê-la a perdoá-lo.

Eulália se aproximou sem olhar diretamente nos olhos dele, educadamente pediu para que a acompanhasse até o escritório. Querendo estabelecer intimidade, cumprimentou-a e depois agradeceu a ajuda que lhe prestara quando estava sendo levado ao hospital. Ela, no entanto, permaneceu em silêncio, provocando-lhe desconforto, a ponto de, impacientemente, principiar diálogo:

— Antes de julgar-me um animal, quero explicar-lhe o pouco que lembro do que aconteceu naquela noite. Por favor, olhe em meus olhos! Sei que está decepcionada comigo, porém, eu mesmo fui mal informado quanto ao uso daquela porcaria. Nunca poderia imaginar que... — ela o interrompeu bruscamente:

— Cale a boca seu inconsequente! Desta vez eu não vou cair na sua conversa, você é um mau-caráter! Em todos estes anos tentei disfarçar isso de mim mesma, por não aceitar ter sido abandonada, trocada pelo trabalho sujo que escolheu. Você colocou em risco pessoas que considero como filhas, nunca mais permitirei que você ou que algum dos seus entre aqui, nesta casa, à procura de minhas meninas. E se puder, faça a gentileza de acertar todas as despesas que gastei com remédios, internação e, principalmente, os dias em que tive prejuízo, por muitas delas ficarem impossibilitadas de trabalhar, devido à violência sexual a que foram submetidas. Seu crápula! Sujo! Maníaco sexual de quinta categoria! Nunca mais quero que entre aqui! Fique sabendo que seu amigo já o espera, na calçada, do outro lado da rua. Suma de minha vida! Não quero mais explicações, estas meninas ficaram atormentadas por vários dias e isso você vai pagar em dobro!

— Eulália, por favor, deixe-me explicar! Não sei o que houve, quando estava averiguando os fatos, fomos surpreendidos pela polícia e somente hoje fui liberado daquela cela imunda. Confesso que fui irresponsável ao permitir que experimentássemos aquelas drogas sintéticas, acredito que até mesmo a pessoa que me informou desconhece seus efeitos. No entanto, não sei como e nem quem as violentou daquela forma, tenha certeza de que o culpado será punido!

— Mentiroso! Elas chamaram por você enquanto alucinavam! Você é o grande culpado, deve ter feito coisas que nem se lembra de tanta droga que ingeriu. E ainda incentivou aqueles moleques desajustados a acompanhá-lo na malandragem viciosa! Saia de minha vida! Basta! Já passou da hora de você arcar com as consequências daquilo que escolheu, eu não preciso mais de você! Aliás, os únicos momentos em que fomos felizes foi antes de se envolver com essa organização medíocre! Fique com aquilo que escolheu, deixe-me em paz! — gritou descontrolada.

— Não! Espere! Deixe-me explicar, você está enganada! Todos nós fomos pegos de surpresa, não sabíamos que o efeito era tão estonteante a ponto de perdemos a razão. Vou procurar desculpar-me com todas elas e a compensarei por todo prejuízo financeiro, o que eu não suportaria é ficar sem poder falar com você, meu amor! Você é o meu grande e único amor! Tudo o que fiz foi para protegê-la, não seria justo pagar pelos meus erros, não quis que corresse perigo de vida. Acredite!

Eulália começou a chorar compulsivamente, por muito esperou ouvir que a amava verdadeiramente, porém, não quis se deixar influenciar, talvez estivesse usando forte argumento para redimir-se diante do que aconteceu. Procurou conter as lágrimas e, com voz embargada, respondeu:

— Vá embora, por favor! Deixe-me em paz! De nada vale isso agora, sairá daqui e continuará a levar a vida de seu jeito e eu não quero mais sofrer com sua ausência.

— Não faça isso comigo! Eu não quero continuar sendo um homem ausente em sua vida, no entanto, ainda temo por sua segurança. Poderemos viver nosso amor, sem morarmos na mesma casa, assim consigo manter o sigilo de nossa relação e ficarei tranquilo, sabendo que está protegida. Vamos conversar, perdoe-me! Preciso de você, meu amor! Aceite minha proposta, sou um homem solitário e triste. Ninguém nunca conseguiu ocupar o seu lugar, você é e sempre será a mulher de minha vida!

Lopes foi se aproximando dela, a fim de tê-la em seus braços, quis sentir o calor do corpo de sua amada e romper todas as barreiras que ele mesmo colocara, distanciando-se dela durante todos aqueles anos. As palavras do advogado ferviam em sua mente, realmente fora muito radical ao optar por isolar-se, por medo de que fossem pegos, caso houvesse uma falha de sua parte.

Pela primeira vez permitiu-se expressar seus sentimentos diante dela, sentiu que ainda poderiam ser felizes e acabar com aquele sofrimento tolo e desnecessário. Abriu os braços dizendo:

— Vem, meu amor! Quero abraçá-la e ficar bem pertinho de você para nunca mais deixá-la! Vem...

Eulália não conseguiu esquivar-se dos afetos dele, deixou-se envolver e entregou-se aos carinhos, beijando-o ardentemente.

— Meu amor... — disse emocionada.

— Perdoe-me por causar-lhe tanta solidão.

— Você está sendo verdadeiro comigo?

— Sim, estou! Confie em mim! Eu errei muito, mas não quero mais viver longe de você.

— Lopes, por quê? Por que escolheu esta vida?

— Psiu! Não fale mais nada, apenas me beije e aceite o meu amor.

— Vamos para o meu quarto — disse ela.

Ele sorriu maliciosamente, assentindo ao convite dela. Saíram do escritório abraçados, enquanto sugeria:

— Só sairemos daquele quarto ao amanhecer! Feche as portas da Mansão, dê folga para as garotas, não quero ninguém por perto e amanhã faremos uma festa, antes de começarem a atender a clientela. Comemoraremos a data de nosso futuro casamento! Vamos festejar com nossas filhas!

Eulália sorriu, sabia que aquele comportamento era típico da personalidade dele, não quis contrariá-lo, concordou. O que mais importava daquele momento em diante era tê-lo em seus braços e beijá-lo intensamente. Radiante e eufórica, não se deu conta de que algumas garotas espiavam pela fresta da porta. Em poucos minutos, todas já haviam sido informadas de que o casal reatara o namoro.

A maioria alegrou-se, porém as meninas que haviam sido contratadas para a festa na casa dele não demonstraram estar felizes com a notícia. Enciumadas, trancaram-se em seus leitos, confidenciando para si mesmas que lamentavam sua escolha. Acreditavam que aquilo não duraria mais de um mês. Algumas, transtornadas, pensaram até mesmo em seduzi-lo na primeira oportunidade que tivessem. Testariam sua real fidelidade ao compromisso.

Agruparam-se para reivindicar providências quanto ao abuso que sofreram naquela noite, decididas a não compartilhar da atitude da "madrinha", resolveram por um ponto final na situação. Aguardariam até que o casal saciasse seus desejos para depois apresentarem suas queixas.

Uma delas pensou em receber quantia considerável de dinheiro para continuar calada, caso contrário levaria o caso à polícia. Com isso, abriria sua própria casa noturna e levaria algumas das meninas que não concordaram com a reconciliação deles para trabalharem para ela.

Entusiasmadas com o intento, começaram a induzir outras moças a aceitarem a proposta, em face da possibilidade de crescerem profissionalmente, recebendo mais comissão pelos serviços. Em poucos minutos, um tumulto se formou entre contestações e bate-boca, resultando pequenas agressões físicas e verbais entre elas.

A confusão tomou grande proporção e, dominadas pelo ciúme e vaidade, abandonaram o senso de valor pessoal, perdendo a razão para solicitarem uma explicação pelo desrespeito sofrido.

A equipe de Ivana chegou naquele momento, encontrando o ambiente mental totalmente favorecido para possíveis manipulações. Sem perderem tempo, começaram a instigar cada vez mais a desarmonia entre elas, imantando sugestões através do pensamento, para aguçar os sentimentos de raiva e ciúme. Neste clima, teve início uma briga corporal bastante intensa.

Jordão entrou na Mansão irritado e blasfemando, soltou um grito pedindo atenção. Ivana sobressaltou-se e bateu palmas para as serviçais pararem de atuar sobre as moças que se unhavam rolando no chão.

— O que foi? — perguntou ela.

— Precisamos sair daqui imediatamente, recebi ordens para deixarmos o local, não poderemos capturá-lo agora. Aquele bando está se aproximando daqui e eu não quero complicações com eles, farão o serviço deles e depois a área estará limpa para nós. Vamos nos retirar! Voltaremos depois, será mais fácil dominá-lo após o que ele presenciará, vamos!

Ivana soltou um assovio e deu ordens para saírem do local. Sentiram-se contrariadas, pois estavam se divertindo com a briga das meninas, atenderam ao pedido e chisparam, desaparecendo como relâmpagos reluzentes.

Do outro lado da rua, o advogado, depois de expulso da casa, aguardava a saída de Lopes para ir embora. Não sabia que havia se reconciliado com Eulália, pensou que estivesse tentando convencê-la a ajudá-lo raptar Adalberto do Juizado.

Forte angústia o acometeu naquele momento, sem saber explicar a razão, justificou para si mesmo estar cansado e entediado por ter que ficar ali à espera dele.

Encostado num veículo parado, acendeu um cigarro e soltou o nó da gravata, pois a sensação de sufoco estava aumentando a ponto de sentir vertigem.

Notou que um veículo se aproximava lentamente da casa, pensou ser mais um cliente em busca de prazer, balançou a cabeça e baixou para pegar o isqueiro que havia caído de seu bolso.

O carro estacionou ao seu lado, um homem gritou o seu nome, quando se virou para ver do que se tratava, foi surpreendido por três tiros de arma de fogo seguidos das palavras:

— Ainda bem que se virou, não sou nenhum covarde para matá-lo pelas costas.

Ricardo não teve tempo para se defender e tampouco fugir, caiu no chão baleado, enquanto que o veículo fugiu rapidamente do local.

Lopes ouviu os disparos e pulou da cama indo diretamente à janela para ver o que havia acontecido. Colocou as mãos na cabeça, ao se deparar com o corpo do advogado caído ao chão, ensanguentado.

— Eulália! Ricardo foi baleado! Corra, peça para trancarem

as portas, proteja as meninas, eu vou sair pelos fundos. Não poderei ficar nem mais um minuto, tome as devidas providências e instrua as garotas para não falarem que estive aqui, entendeu?

Enquanto colocava a roupa, olhou para ela e disse:

— Se algo de ruim acontecer comigo, juro para você que poderei morrer feliz... Eu te amo!

Eulália, desesperada, correu para abraçá-lo, enquanto procurava se redimir da culpa de ter banido o moço de sua casa. Disse angustiada:

— Ah, Lopes! Se eu não tivesse expulsado o moço daqui, ele não teria passado por isso.

— Não é hora para isso, corra, chame a polícia e uma ambulância, quem sabe ele consiga se salvar. Miseráveis! Deve ser armação daquela quadrilha querendo me assustar! Malditos! Hei de descobrir e devolver com a mesma moeda!

Lopes desceu as escadas cuidadosamente, não estava armado, pensou que um deles pudesse estar aguardando-o no saguão.

Ao ouvirem os tiros, as garotas se esconderam debaixo das camas, depois de trancarem as portas dos quartos. O rapaz que tomava conta do bar ainda estava lá e também correu mais do que depressa para trancar todas as portas da parte inferior da casa.

Lopes instruiu a ficarem trancados até a polícia chegar, logo após, despediu-se e saiu pelas portas do fundo.

Desesperado, correu em direção a uma padaria próxima dali e perguntou se viram o que havia acontecido. Ninguém soube relatar o corrido, logo após os disparos, se deram conta de que alguém havia sido baleado em frente à “Mansão dos Prazeres”. Disfarçadamente saiu e foi andando até chegar à avenida principal para pegar um táxi e sair dali imediatamente.

Ricardo foi levado em estado grave à emergência do hospital da cidade, no entanto de nada adiantou, poucos minutos após receber os primeiros socorros, deixou seu corpo físico totalmente atormentado.

Sem ter consciência do que lhe ocorrera, sentou-se na ponta da mesa de cirurgia e disse:

— Por favor, me ajudem, estou ferido!

Não obteve resposta, ouviu quando os médicos lamentaram a morte prematura. Insistiu por ajuda, gritou por socorro. Os médicos retiravam alguns aparelhos detrás dele, virou-se rapidamente estendendo as mãos, suplicando socorro.

Estonteado, viu seu corpo físico estendido na mesa. Incrédulo, deu um pulo diante da nova situação.

— Estou alucinando! Doutor, me ajude! — disse debruçando-se nos ombros do médico.

Desesperado, gritou para outro médico e depois chamou uma enfermeira. Trêmulo e sentindo fortes dores abdominais, curvou-se na mesa cirúrgica ao lado de seu corpo físico. Fechou os olhos.

Alguns enfermeiros pegaram o corpo desfalecido e colocaram numa maca para transportá-lo ao necrotério. Ricardo quis segurar-se no braços de um deles, escorregou e caiu ao chão gritando:

— O que está acontecendo? O que fizeram comigo? Digam-me, pelo amor de Deus!

Ricardo colocou a cabeça entre os joelhos e chorou copiosamente, imagens de sua infância surgiam em sua mente, depois viu o dia de sua formatura, soluçou ao ver sua mãe emocionada com a conquista dele. Em seguida, viu-se no colo materno, com poucos meses de idade, pôde sentir o calor e o aconchego de seus carinhos. Sentiu moleza e não conseguiu manter os olhos abertos de tanta sonolência.

Não chegou a ver a aproximação de duas entidades espirituais, com vestimentas religiosas, que entraram para socorrê-lo e encaminhá-lo ao hospital espiritual.

Uma das madres falou em voz alta:

— Vá em paz, meu filho! Logo mais nos encontraremos. Dizendo isso, fez sinal com a cabeça para dois socorristas de sua equipe levá-lo, imediatamente, ao pronto-socorro espiritual.

Logo após, outras entidades espirituais entraram no local, borrifando o ambiente com algumas ervas perfumadas. Rapidamente a atmosfera do centro cirúrgico do hospital terreno tornou-se mais harmônica.

Um deles se aproximou das madres e perguntou:

— Irmãs, estou iniciando meu aprendizado com a tarefa de

resgatar os desencarnados dos leitos hospitalares da Terra. Como sou curioso, gostaria de saber se isso procede em todos os lugares, e se há solicitação prévia por parte dos orientadores de cada pessoa, para que possamos encaminhá-los daqui às colônias específicas, de acordo com a situação vibratória de cada um. Todos recebem o mesmo tipo de auxílio quando desencarnam nos hospitais da Terra?

— Geralmente sim, porém, alguns não conseguem perceber que estão recebendo ajuda, tampouco, reconhecem que já não estão em seus corpos físicos. O processo de partida sempre abala os menos esclarecidos, principalmente se a situação que promoveu o desencarne foi brusca. A maioria que se desliga do corpo, por algum impacto forte e inesperado, pôde se ver fora da matéria e não conseguiu compreender a nova situação. Semelhante ao caso desse rapaz que não percebeu haver desencarnado. Alguns em revolta saem perambulando por não aceitarem a situação, no entanto, nesses casos, procuramos alertá-los para que recebam ajuda e se desliguem do mundo material. Outros, pelo impacto, perdem a noção de tempo e espaço e, estonteados, adormecem em seus leitos, acordando após várias sessões de tratamento energético, nos hospitais astrais, das diversas colônias especializadas nesse processo de adaptação.

"Nossa equipe de resgate, assim como tantas outras, prestam os primeiros socorros para que, na passagem o corpo astral, a pessoa se desprenda e seja encaminhada com mais facilidade. Somos avisados, com certa antecedência, pela equipe espiritual de cada pessoa que chega aqui. É tudo muito bem organizado. Esse é o nosso trabalho, agora existem diversas situações, nas quais, as equipes espirituais podem responder diretamente, acompanhando seu tutelado no momento de transição.

— Questionei, porque quanto ao rapaz que acabou de partir, não vi ninguém se aproximar, a não ser as senhoras, que logo se prontificaram a socorrê-lo. Ele não tem amigos em alguma colônia astral? Ninguém apareceu. Como pode ser isso? Alguém deveria estar aqui para ajudá-lo, não percebi nenhum orientador espiritual que pudesse intervir, assumindo o resgate.

— Eles já sabem que estamos aqui para isso, com certeza, estarão presentes quando ele acordar em sua verdadeira casa espiritual.

— Mas já vi outros casos em que este centro cirúrgico se transforma num salão de festa, muitos chegam com flores, cantam e choram, esperando o amigo desencarnar. Sortudos! Diferenciam-se pelo bem que fizeram? Os que nada recebem fizeram muitas coisas ruins?

— Digamos que quem recebe a mais soube doar-se, e quem não percebe tal ajuda não se permitiu amar e conquistar bons amigos. No entanto, são recebidos pelo amor incondicional daqueles que se prontificam a trabalhar nesta divisão. É a hora da verdade de cada um, pois sempre recebemos da vida aquilo que plantamos.

— No meu caso irmã, não vi nada, quando acordei minha avó estava ao meu lado, feliz da vida por tê-la reencontrado.

— Você é jovem, mas não se esqueça de que não viveu apenas uma vida com experiências terrenas.

— Acho que aquele moço vai dar trabalho. Vi quando se desesperou ao se desprender do corpo físico. Senti vontade de me aproximar e falar que já estava morto! Só não fiz isso porque sei que essa atitude não é muito promissora em alguns casos.

— Fez bem, meu filho! Realmente não podemos precipitar as coisas.

— Pode me responder mais uma pergunta?

— Só mais uma, as demais você poderá questionar em sala de aula, está estudando não está?

— Oh sim, estou! Está bem, lá vai a minha dúvida:

— Como a senhora fica sabendo antes, que haverá desencarnes por aqui? Porque vi quando as senhoras chegaram com todo o equipamento para atendê-lo.

— Como já disse, recebemos ordens de nossos superiores, porém, em alguns casos, quando a pessoa é muito apegada e não aceita partir para se libertar do corpo que já não responde à vitalidade original, ficamos magnetizando, até que o espírito consiga aceitar se desligar e auxiliamos parentes e amigos, que também contribuem emitindo fluidos que o ajudam a permanecer mais tempo ligado à matéria, por não aceitarem sua partida. Há uma simbiose que gruda um no outro e intensifica a dor, simplesmente por desconhecerem a vida espiritual que liberta e renova. Já vi casos em que se passaram longos meses de sofrimento até que a pessoa se rendesse, por não suportar mais tanta dor física. Mesmo assim, é possível a não-aceitação da nova condição e a tentativa de retornar ao convívio com os seus.

"Também já vi pessoas que sofrem um ataque cardíaco ocasionando morte súbita, saem do corpo físico atordoadas pelo impacto rápido do desligamento e adormecem em seguida. Não dão trabalho algum, acordam depois de alguns dias, lamentando as pessoas que deixaram, mas se alegrando por outras que reencontraram. Tudo é muito relativo, dependerá da disposição de cada um quando chegar a hora da partida."

— Nossa! Os mistérios são para os ignorantes! Em tudo encontramos uma lógica, não é?

— Lógica de pensamento e exatidão nos procedimentos naturais da vida física e espiritual. Você aprenderá tudo isso depois que ficar horas e horas fazendo a mesma coisa, tornar-se-á um especialista, porém, sempre aprendendo alguma coisinha nova. Gosta do que está fazendo?

— Gosto. Principalmente quando estou ao lado dos médicos espirituais que atuam nos médicos da matéria, muitos pensam que estão sozinhos e que agem solitariamente. Recentemente assisti a uma cirurgia complicada, em que o paciente se desprendeu parcialmente do corpo físico, saiu andando à procura de água para beber. Eu mostrei o bebedouro na sala de enfermagem ao lado, ele foi até lá pegou água e tomou um copo cheio. Depois voltou tranquilamente e deitou-se novamente no leito, onde seu corpo estava sendo operado. Fiquei estupefato com isso, os médicos espirituais riram e depois continuaram o trabalho, atuando no perispírito dele.

Pensei que o homem tivesse morrido, mas está vivo até hoje! Já viu coisa igual?

As madres abriram largo sorriso, em seguida responderam:

— Esse é desprendido mesmo! Maravilhoso! Por certo não era de temperamento dramático.

— É isso mesmo, o chefe da equipe espiritual explicou que aquele homem estava pronto para tudo.

— Bem, continuaremos em outra ala, quer nos acompanhar?

— Por aqui tudo está tranquilo, será um prazer acompanhá-las.

— Ótimo, daqui a pouco vamos resgatar dois bebês que apenas farão um breve contato com mãe para depois voltarem à pátria espiritual. Depois chegará um homem acidentado, com certa urgência de desprendimento, logo na madrugada, duas jovens drogadas partirão para o novo pavilhão, criado especialmente para receber todos os casos de alcoolismo e narcóticos. Esta noite será intensa!

O rapaz fez careta, elas sorriram e começaram a se preparar para atender os casos previstos.

***

Na portaria principal de emergência do pronto-socorro, dois homens muito bem vestidos entraram solicitando informação sobre o jovem advogado que chegara baleado.

A secretária de plantão prontificou-se imediatamente, acionando a portaria do centro cirúrgico, e pôde informar que a pessoa que procuravam, infelizmente, havia morrido.

Os homens fingiram lamentar o ocorrido, sutilmente perguntaram se a polícia já havia sido chamada, bem como se algum familiar estaria providenciando a liberação do corpo para o velório.

A moça rapidamente começou a verificar a solicitação, depois de alguns minutos informou:

— Por favor, senhores, parece que a assistente social de nosso hospital não conseguiu ainda localizar um dos familiares mais próximos deste homem. Será que os senhores poderiam se dirigir ao mezanino e procurá-la, a fim de ajudá-la na questão?

Um deles pigarreou e respondeu:

— Infelizmente não será possível, pois não o conhecíamos pessoalmente, apenas prestamos auxílio, chamando a ambulância, porque transitávamos no local onde fora atingido à queima-roupa por assassinos. Como ele estava saindo de uma casa noturna, ficamos sabendo que era advogado e havia parado ali para distrair-se, mas, infelizmente, perdeu a vida inesperadamente.

— Ah! Que pena! Por certo nossa assistente localizará alguém próximo que possa avisar algum familiar.

— Podemos ver o corpo? Está no necrotério?

— Não sei se isso será possível, mas, por favor, aguardem até que possa informá-los devidamente.

A moça levantou-se e se dirigiu a outra sala, objetivando pedir tal informação. De repente, uma viatura policial para em frente à portaria. Os dois homens disfarçam e saem discretamente.

Ao ter percebido algo estranho, a moça, ressabiada, correu em direção aos guardas, informando-o do ocorrido. Apressadamente os policiais se deslocaram, visando à captura dos suspeitos.

Andaram por toda área externa e solicitaram ajuda, para que todo o hospital fosse revistado, o tumulto se formou em apenas poucos minutos.

Os homens haviam se escondido dentro de um banheiro e aguardavam a oportunidade de saírem sem serem reconhecidos. Tiraram os paletós e jogaram no lixo, desajeitaram os cabelos, dobraram as mangas da camisa e saíram, separadamente, rumo à enfermaria. Sentaram-se no banco de atendimento, a distância considerável um do outro, simularam mal-estar e antes de serem atendidos, saíram sorrateiramente, sem serem reconhecidos. Percorreram algumas quadras e, quando se certificaram de que não estavam sendo seguidos, pararam num bar, desabafando:

— Ufa! Dessa escapamos!

— Fomos imprudentes! Estava na cara que Ricardo havia empacotado, mas o chefe não iria sossegar até que constatássemos que realmente virara presunto.

— Já podemos riscá-lo da lista e prepararmos armadilhas para os outros encomendados.

— Agora será a nossa vez de fuzilar e não poderemos errar o alvo, é atirar para matar!

— Vamos embora, o chefe deve estar esperando nossa confirmação.

—Epa! "Péra" aí! Vamos brindar o assassinato!

— É pra já! — respondeu o outro.

Tomaram um gole da bebida e saíram do bar, abraçados, em clima de comemoração.

24

Ermínia contava os minutos à espera do despertar de Medeiros, soube logo pela manhã que havia chegado de madrugada. Estava ansiosa por saber de seu filho, só conseguiu dormir sob efeito de calmante. Apenas dona Judite soube que Adalberto estava vivo, ela decidiu contar-lhe, precisava desabafar e controlar a agitação. As duas, emocionadas, compartilharam da alegria de o terem encontrado e da tristeza de saberem a situação lamentável em que estava envolvido.

Julieta também acordou cedo naquela dia, mas não saiu do quarto. Inquieta, choramingava segurando uma boneca nos braços. As irmãs gêmeas dormiam e não perceberam a angústia da irmã mais nova.

Repentinamente ela se sentou no chão, colocou outras bonecas ao seu redor e começou a falar:

— Ai, a Amália está preocupada comigo, não para de dizer para eu ficar calma e confiar nela. Ela está tão séria! Nem brincou comigo como das outras vezes. Não tem importância, vamos brincar todas nós. Dizendo isso, começou a penteá-las, repetindo as palavras de sua orientadora espiritual, alguns minutos após, sentiu fome e saiu à procura da mãe.

— Mamãe! — chamou a menina.

— Bom dia, querida! Acordou cedo? Está com fome?

Julieta, choramingando, acenou com a cabeça positivamente. Ermínia percebeu que havia algo errado com ela, pois a menina, costumeiramente, era a mais pura expressão de alegria, dificilmente se entristecia ou se angustiava.

— O que aconteceu, minha filha? Qual a causa desta carinha triste?

— Ah, mãe, a Amália veio me visitar e não quis brincar comigo, só ficou falando que eu preciso ficar calma e confiar nela — relatou fazendo biquinho com a boca.

Ermínia estremeceu. Não havia mais dúvidas de que a filha realmente expressava algumas manifestações extrassensoriais — fenômenos esses que ainda não sabia explicar. Procurou desviar o assunto, a fim de ajudá-la a descontrair-se, propôs um bom café com leite e muitas bolachas de chocolate. A menina imediatamente respondeu, soltando um grito de alegria:

— Oba, bolachas de chocolate!

Não demorou muito para que as duas compartilhassem da companhia de Medeiros:

— Bom dia! — disse ele.

— Oh! Bom dia! — disseram simultaneamente.

Ermínia não conteve a inquietação e lançou a pergunta:

— Estou ansiosa por saber daquele assunto — precipitou-se, porém imediatamente pediu desculpas a ele.

— Não precisa se desculpar, compreendo sua inquietação, se fosse comigo não teria tido a mesma paciência que você. Não quis acordá-la na noite passada, quando cheguei já era muito tarde e estava muito cansado. Vou tomar um cafezinho ao lado desta bonequinha e já iremos conversar.

Julieta sorriu e, mais do que depressa, relatou-lhe a recomendação que Amália havia feito a ela.

Franziu as sobrancelhas, tentou contemporizar desviando-lhe a atenção e disse que acreditava ter sido um aviso, porque estava pretendendo comprar muitos presentes para que brincasse à vontade, mas que só não havia feito isso, em razão do excesso de trabalho. A menina muito esperta considerou:

— Mas eu tenho tantas bonecas, por que ela disse que eu deveria ficar calma e confiar nela? Não é isso o que ela quis me dizer. Não entendi nada, porque ela estava muito séria e nem quis brincar comigo. Logo foi embora dizendo que estava muito apressada.

— Ora Julieta, todos nós temos muitas atividades, certamente ela não teve muito tempo de explicar-lhe o porquê do alerta, haja vista, que estava apressada. Acredito que logo mais voltará e poderão conversar com mais tempo.

Ermínia remexeu-se na cadeira, o relato da filha a incomodara, pensou em Adalberto, estava muito ansiosa por poder revê-lo, porém, temia que o filho fosse capturado pelos traficantes e que, por conta disso, todos ficassem em perigo. Suspirou e interrompeu o diálogo, sugerindo:

— Julieta, quer uma fatia de queijo?

— Quero, mãe! Quando Amália voltar, vou querer saber por que saiu tão depressa — continuou a garota.

— Está bem querida, agora continue a comer o seu lanche, está certo filha? — recomendou a mãe.

Julieta assentiu e calou-se momentaneamente.

Ao término do desjejum, Medeiros fez sinal à mãe para acompanhá-lo a seu escritório. Calmamente começou a relatar tudo o que havia ocorrido durante o encontro com Adalberto.

Ermínia começou a chorar, não se conformou com a situação. Depois de tanto sofrimento e angústia ansiando encontrá-lo, ter de ouvir que ele não pretendia vê-la pelo fato da confusão em que se metera? Considerou estar sendo golpeada uma vez mais pelo destino.

— Oh, meu Deus! O que foi que fiz para merecer esta ingratidão? Se Miguel estivesse vivo, esse menino não teria se envolvido com drogas, confesso que estou desiludida e começo a perder a fé, por que comigo? O que fiz para merecer isso? Diga-me, Medeiros.

— Não se culpe, a escolha dele nada tem a ver com você, ele é um rapaz inteligente, porém, fraco para acreditar em si mesmo, está iludido e rejeita a condição financeira limitada em que vocês viviam. Ainda mais que viu o pai morrer na frente dele. Tenha paciência, vamos ajudá-lo a se recuperar de tudo isso, não se desespere, pois tivemos sorte de encontrá-lo vivo. Por mais que você se decepcione com a atitude dele, considere que seu filho precisa de apoio e orientação. Vou ajudá-lo, se ele permitir... Saiba também que você não é a única pessoa que enfrenta uma situação com drogas envolvendo filho, há muitas famílias que passam por este tormento e, pela minha experiência, acredito que a situação requer muito equilíbrio e firmeza de sua parte. Por isso, ressalto que pode contar comigo, farei o que estiver ao meu alcance.

— Obrigada! Você foi e continua sendo a pessoa que Deus enviou para que eu não desfalecesse, se você não estivesse do meu lado neste momento, nem sei se o encontraríamos tão cedo.

— Acredito que não. Mais um motivo para você agradecer e tomar força para reagir e enfrentar a situação. Estou aqui por algum motivo bem maior do que compensação por tê-la atropelado. Passo a crer que tudo isso não aconteceu por acaso, não esqueci o que aconteceu comigo, quando recebi o aviso daquela voz feminina no hotel. Seja o que for, farei a minha parte.

Ermínia enxugou as lágrimas do rosto, sentiu-se mais animada e decidiu ver o filho, mesmo sabendo que poderia recusar recebê-la. Pretendia não perder mais tempo para ajudá-lo a livrar-se do vício.

Medeiros concordou, porém, temendo que ela sofresse um colapso nervoso, sugeriu que fizesse uma consulta médica, a fim de poupar-se de qualquer desequilíbrio. Por outro lado, teria mais tempo para saber como o rapaz estava se comportando e se havia tido alguma melhora na difícil fase de abstinência. Vê-lo menos agressivo seria de bom grado para ela, pois teria condições de conversar e expor seus sentimentos de mãe para tentar ajudá-lo.

Mas, impacientemente, rejeitou dizendo:

— Não faça isso comigo! Quero vê-lo agora mesmo! Depois irei ao médico, estou bem e tenho certeza de que, com minha presença, irá refletir e aceitar o tratamento. Fique tranquilo, sinto-me em condições para isso, mesmo se for agressivo, saberei compreendê-lo. Não aguento mais esta angústia, quero ver meu filho. Por favor, leve-me até ele.

Medeiros compreendeu a angústia que a acometia e concordou sem tentar convencê-la do contrário. Combinaram que quando chegasse ao local, entraria primeiro e, somente depois de averiguar o estado dele, poderia reencontrá-lo. Se estivesse exaltado e muito desequilibrado não permitiria o contato entre ambos.

Apressadamente, saiu do escritório, pegou a bolsa e se manteve de sentinela, à espera dele, na garagem da casa.

Durante o percurso, procurou distraí-la com assuntos diversos, depois ligou o rádio para ouvir o noticiário do dia. O locutor entrou no ar, com a notícia extraordinária e em primeira mão, sobre a morte de um advogado que havia sido baleado ao sair de uma casa noturna logo pela manhã.

Ermínia pediu para mudar de estação, não queria ouvir assuntos que contribuíssem para conturbar ainda mais suas emoções.

Ele concordou e, rapidamente, sintonizou o rádio com uma estação musical, devido a isso, não chegou a ouvir o nome da vítima. Comentou brevemente a imprudência de muitos jovens, quando optam por serem usuários de drogas e álcool. Ela lamentou o fato de seu filho querido também ter vacilado, ao ter se envolvido com aquela quadrilha perigosa, entretanto, faria de tudo para recuperá-lo.

Pensativo, lembrou da orientação que Amália havia dado à menina. Estremeceu. O eu que quis dizer com o alerta: "mantenha a calma e confiança"? — pensou intrigado.

Inesperadamente, Ermínia respondeu aos pensamentos dele:

— Sabe Medeiros, por mais que me recuse a acreditar que minha filha, apesar de muito pequena, tem premonições, não há como duvidar de certas colocações suas, a respeito das orientações dessa tal amiga Amália. Pois ela sempre diz coisas relacionadas ao que estamos passando. Não sei explicar, porém, passo a crer que acerta no que diz. Veja o que recomendou recentemente: que era para a menina ter calma e confiar nela. Acho que o recado foi para nós, pois neste momento precisamos de calma para superar a difícil situação que iremos enfrentar.

— Estava pensando exatamente nisso, realmente o recado pode ter sido para nós, no entanto, fico ressabiado quanto às intenções daquele bando de traficantes. Pode ter certeza que eles não ficarão tão passivos, talvez tentem um contato com os garotos. Preciso agir rapidamente, apesar de que os dois estão sendo vigiados, mas essa turma é tão perigosa, que qualquer descuido seria fatal.

— Minha nossa! Tenho ideia do que possam fazer, mas não sei quais os meios que usariam para conseguir o que querem. Meu filho corre perigo!

— Calma e confiança — procuremos não esquecer disso! Está vendo, agora entendemos o recado. Vamos confiar, estamos sendo guiados por alguma força maior que desconhecemos. Quem sabe, no fim de tudo isso, compreenderemos tais manifestações.

— Concordo, apesar de temer mexer com essas coisas... — disse ressabiada.

— Não vamos mexer com nada, como não estamos mexendo! Essas coisas começaram a acontecer sem a nossa vontade, por isso, não há o que temer, e sim, compreender que há uma força maior que nos convida a participar desta conexão. Estou totalmente receptivo, porque quando acontece com os outros podemos até duvidar, mas quando somos os protagonistas diretamente envolvidos, não há como negar.

— Eu não sei o que acontece comigo, às vezes acredito, outras duvido de minha sanidade. Portanto, prefiro aguardar mais um pouco até que me restabeleça por completo e receba as explicações do doutor Cristiano.

— Você quer saber do médico se está louca? É isso? Pensa que o acidente que teve deixou sequelas em sua cabeça, não é? Veja bem Ermínia, você pode ter visto exatamente o que aconteceu com o seu filho, já parou para pensar nisso? Tentei apontar-lhe a direção, mas você não captou o que eu quis dizer, estava preocupada em querer saber a razão de ter pedido a vocês para se afastarem de casa. Estava preparando-a para que recebesse a notícia sem choque emocional. Por isso disse que estamos sendo guiados por alguma força maior. Você viu seu filho e o amigo em deploráveis condições, não foi?

— Ah, meu Deus! Você está certo! Eu vi! Eu vi! Digo, eu sonhei! Sonhei com os dois num sítio e depois saíam disfarçados como assaltantes. Ah, Meu Deus! É pior do que eu imaginava, não é somente com drogas que Adalberto está metido, ele realmente pode ter cometido alguns assaltos, virou bandido! Meu filho virou um bandido! Desgraçado esse traficante! Levou os rapazes para a lama do crime! Adalberto poderá ser preso? Diga-me. Meu filho é um marginal? — desesperou-se.

— Possivelmente cometeram alguns assaltos e, quem sabe, mais coisas que ainda não sabemos.

— Medeiros, ele será preso?

— Não, mas ficará detento numa instituição para recuperar-se, isso se ele se comportar e quiser melhorar. Caso contrário, ficará internado até que atinja um bom nível de equilíbrio. Conseguiremos mantê-lo até a maioridade, depois, vou ser bem sincero com você, não sei ainda se escolherá reverter seu comportamento ou se fugirá para o tráfico, perdendo-se de nós.

— Como? Não vamos deixar isso acontecer! Ele há de me ouvir! Sou a mãe dele e ainda me deve obediência! Ele não fugirá! Não permitiremos uma coisa dessa!

— Faremos de tudo para que perceba e escolha outro caminho, mas se não quiser, nada poderemos fazer, entendeu? É lamentável, mas encarar a realidade ajuda a não nos decepcionarmos mais tarde.

— O que quer dizer com isso? Parece que você já adivinhou o que ele fará, temos chance? O meu filho está perdido! O que faremos? Diga-me!

— Calma e Confiança! — lembra? De nada adianta o desespero, ficará angustiada por muito tempo, porque não será de uma hora para outra que teremos a resposta.

— Nunca imaginei que fosse passar por uma situação dessa, fico pensando como devem estar os pais de Teobaldo e talvez até mesmo os do Juquinha...

— A lição não é só para você, todos deverão manter o equilíbrio, tomara que possamos vencer esta parada. De minha parte, fico com o dever de controlar os chefões do tráfico, a coisa é séria, porém, não estão tão imunes como pensam.

— Estou atordoada! Minha vida virou de cabeça para baixo — lamentou desolada.

— Estamos quase chegando, prepare-se, chegou a hora de rever seu filho — disse com carinho.

Ermínia sentiu o coração pulsar mais forte, porém, procurou controlar-se, não poderia sucumbir naquele momento. Fechou os olhos e orou.

Medeiros parou o carro, segurou nas mãos dela e disse:

— Não se choque, tenha força e coragem. Tudo dará certo! — beijou-lhe as mãos, ajudando a sair do veículo.

***

Adalberto sentiu arrepios no corpo, deitado na cama, remexeu-se impacientemente quando ouviu o chamado de Medeiros.

— Posso entrar? — solicitou o promotor?

— Pode — respondeu a contragosto.

Medeiros, delicadamente, abriu a porta e saudou o rapaz:

— Boa tarde! Você está melhor?

— Estou.

— Posso me sentar ao seu lado?

— Pode.

— Gostaria de lhe dar um abraço, me permite?

O rapaz silenciou. Medeiros não quis forçar a receptividade dele.

— Bem, receba apenas a minha intenção de carinho. Passou bem?

— Passei.

— Que bom! Sua mãe está aqui, quer vê-lo de qualquer jeito! Não consegui convencê-la a esperar por mais alguns dias. Pensei que você estivesse bem pior, fico feliz ao vê-lo mais calmo.

Adalberto virou de costas, cobrindo a cabeça com o lençol. Medeiros aguardou até que permitisse a entrada da mãe. Passados alguns minutos, o rapaz levantou-se, ajeitou os cabelos e sentou-se na beira da cama e disse:

— Peça para ela entrar. Estou pronto para recebê-la. Procurarei fazer o que você me pediu, não vou fugir de mais nada, mesmo porque você já deve ter dito tudo a meu respeito e se ela veio é porque ainda me aceita como filho, apesar de tê-la magoado com minhas atitudes.

— Acertou. Fique tranquilo, sua mãe está preparada para revê-lo, apenas peço que tome bastante cuidado para não expressar-se com muita emoção, ela ainda está sob efeito de calmantes e seria imprudente avançarem em algum assunto que a deixe perturbada.

— Coitada de minha mãe! Sinto-me culpado pelo transtorno que causei. Pode deixar, não vou proporcionar-lhe mais desgosto. Simularei arrependimento e isso a tranquilizará.

— Você não está verdadeiramente arrependido? — surpreendeu-se com a frieza dele.

— Não é isso, parece que você distorce tudo o que digo... Insiste em me acusar! Quer me irritar? — alterou-se inesperadamente.

— De jeito nenhum! Apenas me surpreendi com a sua colocação.

— Você não disse que eu deveria mudar o comportamento? Estou atendendo ao seu pedido.

— Gostou da orientação do psicólogo? — perguntou, a fim de averiguar o tratamento.

— Nada posso dizer, foi apenas uma conversa informal. Tomei os remédios e me senti mais calmo.

— Com o passar dos dias, ficará bem melhor, bem como, terá ajuda terapêutica para expressar o que quiser, falar sobre seus sentimentos lhe fará muito bem.

— Não tenho nada para falar, apenas vou ouvir. O que fiz não tem volta, como já havia lhe dito. Não é um terapeuta que vai apagar o meu passado, concorda?

— Concordo, entretanto vai ajudá-lo a superar as dificuldades deste momento, além de orientá-lo sobre novas formas de encarar a vida e... — foi interrompido bruscamente pelo rapaz:

— Já chega! Peça para a minha mãe entrar e vamos acabar logo com isso!

— Está bem, desculpe-me a intromissão. Vou buscá-la imediatamente.

Adalberto remexeu-se, no fundo estava com muita dificuldade de encarar sua mãe, apesar de sentir sua falta e das irmãs, havia se condicionado a não se deixar envolver pelos problemas familiares — recomendações feitas por seu pai, o poderoso Lopes, que sempre o alertava. Pensou em eximir-se de culpa, jogando a responsabilidade no traficante, desistiu. De nada adiantaria encenar uma defesa descabida, isso poderia piorar as coisas e desviá-lo do objetivo de passar a imagem de redimido. Torceu as mãos e permaneceu de costas para a porta do quarto, nem ele mesmo podia reconhecer qual reação teria ao se deparar com ela.

Do lado de fora, Medeiros fazia algumas recomendações para que ela não sucumbisse à emoção. Trêmula e com o coração dilacerado, tomou coragem, deu dois toques na porta e perguntou delicadamente:

— Posso entrar?

Adalberto se manteve quieto, pensou em manter certa frieza, a fim de não vacilar em seus propósitos. Não haveria de sucumbir e nem lhe dar esperança de retornar à antiga condição de vida, entretanto, alterou-se visivelmente quando se virou de frente para ela:

— Mãe, me desculpe! Por favor, me desculpe! — falou jogando-se aos braços da progenitora.

— Meu filho querido! Meu menino! Você está vivo! O que aconteceu com você, meu filho? Que saudade! Quantas vezes me desesperei pensando que nunca mais pudesse revê-lo. Abrace-me filho, tira de meu peito esta angústia, abrace-me meu menino! — disse aos prantos, enquanto o acolhia em seus braços.

Adalberto soluçava tanto, que nem podia expressar o que estava sentindo. Os dois permaneceram abraçados e chorando até se saciarem na felicidade do reencontro.

Mais calmos, sentaram-se na beira da cama, ela continuou acariciando o filho. Ele retribuía beijando-lhe as mãos, porém, sem olhar diretamente nos olhos dela.

Ermínia tomou a iniciativa de principiar o diálogo:

— Adalberto, você está se alimentando bem? Está precisando de alguma coisa?

O rapaz teve novo acesso de choro ao acenar negativamente com a cabeça.

— Filho, eu estou aqui, quero que você saiba que pode contar comigo e com Medeiros. Ele é um homem bom e honesto, está ajudando-me desde que sofri um acidente no dia em que você desapareceu. Você terá ajuda, meu filho! Seja forte! Tudo isso passará em breve, e logo, logo, retornará à nossa casa. Não vejo a hora de poder contar para suas irmãs que você está vivo! Julieta vai até chorar de alegria.

Adalberto não conseguiu responder-lhe de pronto, chorava copiosamente. Os sentimentos estavam confusos e os pensamentos desordenados, se por um lado tinha vontade de abrir seu coração e dizer-lhe que não intencionava voltar para casa, por outro, pensava em largar tudo e correr para o berço familiar. Enxugou as lágrimas e, com voz embargada, respondeu:

— Mãe, não posso voltar agora. Não sei o que irá acontecer comigo. Estou perdido! Não quero colocá-la em perigo.

Infelizmente fui me meter com gente perigosa e minha vida pode estar comprometida. Não quero que a senhora corra risco por minha causa. Desculpe-me, mãe! Juro que não quis criar este transtorno, talvez fosse preferível saber que estivesse morto, assim estariam em segurança.

— Não diga uma coisa dessa! Você não imagina o quanto fiquei transtornada e angustiada por seu desaparecimento. Pensei em me atirar debaixo de um carro e acabar com minha vida de tanto desespero! Esqueci-me até mesmo que tinha as meninas para criar. A aflição foi tão grande que saí desnorteada, sem saber aonde ir, até que acabei sendo atropelada por ter perdido a noção das coisas.

Fiquei internada em estado grave por várias semanas, por sorte não perdi a vida. Medeiros ajudou-me muito a partir daquele dia, consegui reagir e nunca perdi a esperança de reencontrá-lo. Vamos ajudá-lo a escapar daqueles homens perigosos, você receberá todo apoio por parte do promotor, ele é muito rico e tem muita influência, prometeu que faria de tudo para que você se recuperasse.

Adalberto ouvia tudo em silêncio, sentiu-se culpado por tê-la feito sofrer tanto, quis redimir-se, porém, lembrou das considerações de Lopes quando alertou que jamais poderia voltar a se envolver com os problemas familiares, se quisesse se tornar um grande traficante. Depois titubeou ao ouvir que o promotor era um homem rico. Pigarreou antes de perguntar-lhe:

— O promotor é muito rico?

— Muito rico. Você precisa ver a mansão em que mora, estamos sendo tratadas como rainhas.

— Vocês estão morando na casa dele?

— Provisoriamente, pois ele é um homem muito precavido, quis poupar-nos de qualquer perigo por parte desses traficantes e achou melhor que fôssemos para a casa dele até a situação melhorar. As meninas não querem outra vida, Julieta já se convidou para morar lá definitivamente, veja que menina esperta, com tão pouca idade!

Adalberto sorriu ao se lembrar da irmã, mais descontraído, quis saber das gêmeas e da avó. Ermínia, percebendo que havia conseguido envolvê-lo, continuou relatando todos os benefícios que o promotor havia feito a elas, o rapaz sentiu satisfação e retribuía interessando-se em saber notícias de todos os amigos e vizinhos do bairro em que morava.

O horário de visita havia expirado, porém, Medeiros conseguiu permissão para que não fossem interrompidos. Só depois de duas horas, ousou bater na porta:

— Entre — atendeu Ermínia.

— Está tudo bem? — perguntou ele, fixando olhar em Adalberto.

O rapaz franziu a testa e fechou a expressão sorridente.

— Estamos relembrando fatos passados lá do bairro em que moramos — respondeu ela.

— Que bom! Fico imensamente feliz ao vê-los assim em perfeita harmonia. No entanto, precisamos ir embora, pois o horário de visita expirou há mais de duas horas — disse sorrindo.

— Nossa! Nem percebi o tempo passar! — não posso ficar aqui até ao anoitecer?

— Infelizmente não, pois Adalberto precisa atender ao tratamento que foi submetido. Amanhã poderá voltar a vê-lo, mas agora precisamos ir embora.

Ermínia segurou as mãos do filho e disse:

— Vou embora, mas amanhã estarei aqui e voltarei todos os dias até que possa ir embora para nossa casa.

O rapaz esboçou leve sorriso, abraçou a mãe e disse:

— Não se preocupe, estou bem. Venha quando puder, não quero dar mais trabalho.

— Meu filho, isso não é penoso para mim, ruim é eu ficar sem poder vê-lo. Amanhã estarei aqui, pode me esperar!

Adalberto agradeceu e soltou-se dos braços dela.

Antes de saírem, Ermínia recomendou:

— Filho, não se desespere, você vai se recuperar! Conte comigo. Depois olhou para o promotor e ressaltou:

— Não é mesmo Medeiros? Faremos de tudo para ajudá-lo nesta recuperação.

— Já estamos fazendo Ermínia, não se preocupe!

O rapaz despediu-se dela e fez pequeno gesto de agradecimento ao promotor.

25

Ermínia sentia-se demais satisfeita, conseguiu manter o equilíbrio emocional e soube envolver o filho com sua presteza e delicadeza. Relatou todo teor da conversa que tivera com o filho ao promotor, que, por sua vez, alegrou-se com o resultado inesperado. Tentando concluir a questão, ressaltou:

— Medeiros, percebi que meu filho somente se envolveu com aqueles traficantes para conseguir melhorar de vida. Apesar de reconhecer a fraqueza dele, posso assegurar-lhe que não será tão difícil esperarmos por uma boa recuperação, mesmo porque, ficou muito entusiasmado quando disse que você faria de tudo para ajudá-lo. Notei que ficou muito receptivo com isso, embora tenha sido necessário usar um método que, para mim, não é nada agradável...

— Qual método? — perguntou curioso.

— Eu disse que você é um homem rico e que estava nos ajudando muito devido ao acidente, e que estávamos morando provisoriamente em sua casa, digo, mansão. Ele ficou muito entusiasmado, surpreendendo-se com sua vida privilegiada. Quando percebi isso, procurei relatar detalhadamente todos os benefícios que você nos proporcionou. Os olhos dele brilharam e se tornou muito mais receptivo a partir desse comentário.

"Infelizmente não foi assim que eu o ensinei, muito pelo contrário, sempre o incentivei a conseguir as coisas com o próprio esforço. Por isso, pensei em trabalhar como louca para ter condições de pagar-lhe uma boa faculdade.

Quero deixar claro que só estou usando esse argumento para convencê-lo a se livrar da tendência de querer enriquecer roubando os outros. Não comentei que sabia de tudo o que fez e também ele não teve coragem de se explicar, só pediu-me desculpas pelo transtorno de ter fugido de casa, causando-me tanto desespero. Respeitei e não quis precipitar-me, lembrei das recomendações que você me deu e agradeço porque deu tudo certo. De agora em diante, vou envolvê-lo mais e mais e ganharei esta parada! Depois vou ajudá-lo a modificar sua conduta, porque começo a entender que este menino não superou a morte de meu marido. Acho que foi isso que o levou a optar pelo mundo do crime, ficou revoltado e se transformou desde que viu Miguel morrer na frente dele. Virou outro rapaz, tornou-se quieto e pouco brincava com as irmãs, não pude perceber o quanto ficou magoado e chocado com a perda do pai. Eu também, de certa forma, errei pensando somente em recompensá-lo financeiramente, senti-me perdida e desamparada e me atirei ao trabalho, pensando que ele pudesse ser alguém na vida e melhorar nossa situação financeira. Percebi meu erro, agora preciso reparar tudo isso, ajudando-o a se recuperar.

Medeiros concordou intimamente com a conclusão dela, no entanto, reconhecia que o rapaz possuía forte tendência a comportamentos negativos que precisava ser reajustada, mas isso só seria possível com orientações terapêuticas. Tentando conservar-lhe o entusiasmo complementou:

— Concordo com você, aliás, surpreendi-me com sua minuciosa análise. Adalberto não aceitou até hoje a morte do pai, digamos que ele transferiu a afetividade para o traficante que o acolheu como filho, querendo transformá-lo em um homem rico e poderoso. Por outro lado, seria prudente você não esperar de imediato qualquer recuperação, principalmente não assumir total responsabilidade pelo desvio dele, bem como, não mimá-lo excessivamente. Vá devagar, não ofereça facilidades sem mostrar-lhe os meios para conquistá-las, enfatize que receberá ajuda porque tenho condições para isso, no entanto, deve ensiná-lo a valorizar a oportunidade para aprender a ser um vencedor.

— Mas é isso que eu sempre quis! Por favor, não me entenda errado! Jamais o ensinaria a ser um mero aproveitador, usei desse argumento porque percebi que ele é fraco e se deixa levar pelo dinheiro dos outros em vez de conquistar o próprio. Por saber que somos pobres e que isso é muito difícil dele aceitar, agi assim, mostrando-lhe que poderá ajudá-lo a crescer mais rapidamente.

— Eu sei Ermínia, estou apenas ressaltando a maneira mais adequada de orientá-lo, por isso, ele deve fazer o tratamento com o psicólogo, pois, aprenderá a se libertar dos traumas e, principalmente, a se tornar um homem com novos valores.

— Ah, Medeiros! Isso é o que mais desejo, ver o meu filho se tornar um homem digno e responsável. Torno a lamentar sua fraqueza e não sei a quem puxou, porque na nossa família não estamos acostumados a pedir esmolas e nem a aproveitarmos do dinheiro alheio. Passamos muitas dificuldades, mas nunca nenhum de nós se desviou dessa forma.

— Ele se iludiu, mas vamos torcer para que entenda isso de vez e nunca mais chegue perto daquele Lopes.

Ermínia silenciou por alguns minutos, veio-lhe à mente a conversa que teve com o promotor a respeito de sua situação financeira. Percebeu que para ela era muito difícil receber ajuda, pois considerava estar abusando da boa vontade do amigo. Rejeitara, inicialmente, as propostas de ajuda que recebera dele para abrir um negócio e mudar de residência. Lembrou que sua mãe a chamara de orgulhosa e que ele havia concordado com o adjetivo. Cabisbaixa, lançou a questão:

— Medeiros, você acha mesmo que sou muito orgulhosa?

— Orgulhosa?

— Sim, porque lembrei que para mim é muito difícil receber ajuda, sinto-me abusando das pessoas, recorda quando me disse que eu precisava mudar os meus valores? Estávamos tomando chá com torta de maçã. Você disse que iria abrir um negócio para nós e ainda se prontificou a arrumar uma nova casa para mim.

— Lembro, e daí? Vou ajudá-la, não me esqueci.

— Sou orgulhosa, por isso não consegui orientar meu filho, sempre passei a imagem de lutadora incansável para conseguir as coisas, por isso, acredito que ele recusou a vida de sacrifício e se mandou atrás daqueles traficantes. E agora, como mudo isso?

— Não se perturbe! Está querendo ser perfeita. Isso é orgulho! Não aceita seus limites e se cobra por tudo, pare de se culpar, já lhe disse para não assumir totalmente a responsabilidade dos erros de seu filho. Quanto à resistência a aceitar ajuda, é orgulho porque pensa que eu vou assumi-la por completo e isso faz com que você se sinta impotente. Em vez disso, pode muito bem aproveitar a oportunidade para crescer e passar a acreditar mais em si mesma. Agora entendo sua colocação, de certa forma, você é muito rígida e fecha todos os canais de facilidades, nem sei como teve a sorte de ter sido eu quem a atropelou! Ainda bem que quando saiu do coma, eu já havia feito de tudo para sua família — ironizou tentando descontraí-la.

— Nossa! Você está certíssimo! Não sei como mudar isso — lastimou.

— Conseguirá, a vida nos traz as experiências necessárias, por isso digo para não se culpar, e sim, aprender com tudo o que está passando.

— Tenho vontade de aprender tudo rápido e mudar minha vida de vez!

Medeiros respondeu sorrindo:

— Não quero desiludi-la, mas terá de mudar sua maneira de pensar e agir, todas as vezes que perceber que nada de novo acontece em sua vida, serão aqueles momentos de monotonia e mesmice. Nessas fases, precisamos parar e renovar. É necessário fazermos isso sempre! A diferença é que vamos aprendendo a não cair no fundo do poço para depois precisar levantar. Antes disso, poderemos ser mais espertos e nos desviarmos de tal infortúnio.

— Estou me sentindo como se estivesse dentro de um furacão que está detonando tudo.

— Você disse que estava cheia das dificuldades que enfrentava, vivia desanimada e não encontrava saídas. Está aí a resposta, pelo menos alguma coisa se movimentou — satirizou novamente.

— Mas não quero ser atropelada novamente e nem ter mais um filho que desapareça por se envolver com o tráfico. Mudança assim eu dispenso.

— Então será melhor ser mais humilde e aceitar outros

desafios, pode aprender muitas coisas com sabedoria, porque sem isso, não escapamos dos terríveis sofrimentos. Com esta conversa, chego à conclusão de que você nunca aceitou a pobreza — e quer saber? Se tivesse assumido isso de imediato, não teria passado por tantas dificuldades — inesperadamente expressou opinião.

— Realmente nunca aceitei ser pobre, pensei que após o casamento teríamos mais chance de viver com fartura, meu marido sempre se esforçou, mas não saía do lugar, desanimei porque não víamos saída. Estávamos errados em quê? Tem uma explicação?

— Não sei exatamente, mas acredito que muitas pessoas não saem do lugar porque conservam ideias limitadoras, ficam na ilusão e não enxergam a realidade por medo de mudarem e também por não saberem como mudar. Se aceitassem ver, a solução apareceria! Por exemplo, uma pessoa limitada só espera acontecer e não cria condições para crescer. Veja, se um vendedor quiser ser bem-sucedido, precisará conquistar vários requisitos: primeiro deverá ser simpático, acreditar no produto que está oferecendo, pesquisar a receptividade do mercado, ser inovador, criativo e convencer a clientela de que o produto que está vendendo possui boa qualidade e melhor preço. Com o tempo, após atingir a primeira etapa e valorizando seus potenciais, deverá pleitear maior comissão, formar equipe de vendedores, para assim, abrir novos pontos de vendas. Todos ganharão com a determinação e empenho empreendidos. Agora, se ele ficar com apenas dois bons compradores, correrá o risco de falir, caso um deles não necessite mais do produto oferecido. Muitos se acomodam e deixam de criar novos mecanismos de desenvolvimento estancando o fluxo da prosperidade.

"Nas diversas profissões, o mecanismo é o mesmo: muito empenho, determinação, jamais estagnar diante de novos conhecimentos, atualizar-se e acompanhar avanços e necessidades do mercado, caso contrário, ficará para trás.

Seu marido estagnou porque não soube criar novos mecanismos de prosperidade. Veja, se você continuar vendendo seus quitutes para a vizinhança, não sairá disso, receberá somente do que vender a uma freguesia restrita, não é? Agora, se vender para maior número de pessoas, ganhará mais. Assim, vamos gerando novas oportunidades e criando oportunidades de crescimento, pois não fará tudo sozinha, seria impossível atender a uma grande demanda, precisará de outras pessoas para ajudá-la. Dessa forma, nascerá o progresso. Alguém parou para pensar em facilitar-lhe as coisas? Já imaginou se alguém não tivesse planejado criar uma máquina de lavar roupas? Vocês todas estariam lavando roupas no tanque até hoje."

— Coitado do Miguel! Agora percebo o quanto somos ignorantes. Nunca passou pela cabeça dele sair daquela condição de mecânico. Ele não estudou e pastou até perder a vida com tanta preocupação.

— Não exagere! Muitos ainda não sabem como chegar ao ápice de sua real prosperidade. É um exercício contínuo, o mais importante é termos coragem para mudar e tentar algo que possa despertar nossa realização, para fazermos disso um grande negócio.

— Ah, meu Deus! Isso não é para mim! Não sei por onde começar. Sou ignorante e nem tenho ideia de como chegar a isso.

— Muitos não têm, mas se aceitarem isso e começarem a aprender, não ficarão estagnados sem objetivos.

— Mas Medeiros, para tudo é preciso de dinheiro, todo mundo quer mudar e prosperar, entretanto, como começar sem um tostão? Você foi privilegiado por nascer numa família rica, eu sou pobre e, pelo jeito, vou continuar sendo. Até eu conseguir chegar onde está, já estarei velha, esperando a morte chegar.

O promotor achou engraçada a colocação dela, balançou a cabeça e disse:

— Sendo assim, acho melhor aceitar a proposta que lhe fiz, sem pensar em recusá-la por orgulho. Pelo menos não morrerá sem ter tentado.

— E aqueles que não tiveram a sorte de terem sido atropelados por um homem rico disposto a ajudar? Fazem o quê?

— Ora Ermínia, é uma questão de maturidade, você mesma se colocou na posição de pobre e não acredita poder vencer. Acabou de dizer que nunca chegará onde estou, se sua mente fosse mais aberta e positiva, valorizaria a oportunidade, dizendo--me que com você será diferente, pois abrirá um negócio com minha ajuda e se sairá muito bem. Viu como sua visão de futuro é por demais negativa? Pensa que tudo acontece num passe de mágica? Saiba que eu me esforcei para chegar onde estou, em vez de me acomodar com a herança de meu pai, soube usá-la para meu próprio crescimento e dobrei o patrimônio.

— Fale a verdade, você acredita que um pobre, mas pobre de tudo, poderá chegar a prosperar um dia? É difícil, mal consegue dinheiro para comer, será que não é você que vê a vida com muitas facilidades porque nunca passou fome?

— Sei muito bem das dificuldades sociais, porém, se não tivesse nada, pode ter certeza que faria alguma coisa para mudar minha situação. Nunca me acomodaria e isso já é um grande passo para conseguir vencer. Reconheço que a ignorância prevalece, que a grande maioria aceita a miséria porque aprendeu a conviver com isso, mas existem aqueles que a rejeitam e fazem algo para modificar a realidade.

— Desculpe, mas não acredito em tantas facilidades, porque vi o quanto meu marido se esforçou e nada conseguiu.

— Já lhe disse que é uma questão de maturidade. Agora, eu também lhe pergunto: e as pessoas que recebem benefícios e nada fazem por si mesmas? Acomodam-se! As questões sociais estão aí para serem pensadas e a nova geração vai mudar muito as coisas. A maioria das pessoas estão sendo alfabetizadas, chegaremos à década de 1980 com grandes modificações. Você verá! O progresso está cada vez mais acelerado e acabará impulsionando a grande maioria. Existirão outros conflitos, outras necessidades para serem atendidas, mas isso é natural em cada década. Vamos fazer o que nos compete, hoje eu estou abrindo sua mente para isso, amanhã outros farão a mesma coisa com outras pessoas.

— Ainda não consigo entender tudo o que me disse, mas aceito refletir e quero a sua ajuda, porque não gostaria de envelhecer na pobreza.

— Ah! Está usando a inteligência, já deu o primeiro passo! Só para rematar o nosso assunto, veja a sua mãe, é mais velha do que você, mas não é uma senhora estagnada, possui ânimo, trabalha e quer vencer na vida. Logo aceitou minha proposta, predispondo-se a fazer os melhores quitutes da região. Percebeu como é uma questão de ter boa cabeça? Para ela não há tempo ruim, sabe valorizar o que faz, acredita que os quitutes dela serão os melhores.

— Ai, como sou problemática! Você tem toda razão! Muitas vezes minha mãe sugeriu para que transformássemos o pequeno jardim de nossa casa em uma pequena lanchonete. Imaginou cobrir o pequeno espaço com uma lona e colocar a mesa da cozinha, até que conseguíssemos comprar um pequeno balcão. Faríamos café fresquinho e venderíamos as tortas e os doces. Não aceitei porque Adalberto era muito pequeno e as meninas precisavam de mim, ela quis chamar a Hortência, mas eu também não deixei porque ela trabalha fora e não iria aceitar. Aí ela sossegou, continuou a vender apenas para as vizinhas, mas depois com a morte de Miguel, passamos a oferecer de porta em porta.

— Dona Judite será a gerente, não tenho dúvida de que essa mulher atenderá a tudo que eu propuser. Acabe com a ideia de dificuldade e perca o medo! Pensando assim, será grande começo. Quer dar uma parada para fazermos um lanche?

— Aceito. Estou com fome apesar de me sentir muito revigorada, reencontrar meu filho trouxe-me a alegria de volta. Mais uma vez agradeço por tudo o que tem feito por mim.

— Vamos combinar uma coisa? Não me agradeça por mais nada, fiz e faço o que me agrada. Em primeiro lugar, ajudá-la me faz muito bem. E você não precisa ficar enfatizando isso, todas as vezes que conseguirmos alguma coisa a seu favor. Você merece, caso contrário não estaria ao seu lado neste momento. Passe a agradecer a si mesma tudo o que a vida lhe proporciona, porque de uma coisa estou certo: quando não somos receptivos, nada acontece!

— Estou chateando com minhas lamúrias?

— Não, mas quero que mude o modo como recebe as coisas, alegre-se com isso e já estará me recompensando.

— Está certo, irei vigiar o que falo para você, não quero te chatear e nem ficar me lamentando.

— Preste apenas atenção no quanto precisa aprender a se valorizar e a sentir-se merecedora de tudo que recebe. Assim tornará sua vida mais satisfatória. Você tem uma família linda, é uma pessoa digna e honesta, só precisa melhorar esta cabecinha que só se ocupa com pensamentos limitadores. Aprenderá comigo a deixar de se ver tão impotente. Não precisa vigiar o que irá falar, poderá reprimir-se e causará distância entre nós. Seja você mesma em primeiro lugar. Quero ajudá-la a adquirir nova postura e se precisar que faça isso comigo, aceitarei ouvi-la e pensarei em modificar-me. Perceba que poderemos trocar ideias e pontos de vista, ficaremos mais soltos e seremos muito mais verdadeiros.

Ermínia prestava atenção em cada palavra que ele dizia, nunca havia tido uma conversa tão rica em conhecimentos, admirou a inteligência dele e todo seu empenho para tornar-se um renomado promotor. Entretanto, percebeu certo aspecto de solidão em sua vida, pois o que mais comentava era seu desempenho profissional. De súbito perguntou:

— Você não tem amigos?

— Tenho muitos colegas, mas poucos amigos. Por que perguntou isso?

— Porque você só trabalha e desde que nos conhecemos, nunca falou de algum amigo em particular, não gosta de conviver com eles?

— Gosto, porém, na minha profissão sobra muito pouco tempo para o lazer, lembra da observação que fiz quando estávamos no parque? Você disse que reconhecia não precisar de muito dinheiro para se divertir, eu concordei, dizendo que tinha muito dinheiro, mas que não conseguia parar para me divertir.

"A lição é para todos nós, de certa forma, precisamos observar algum aspecto que deixamos de dar a devida atenção e nos renovarmos. Estou atento a isso e pode ter certeza que farei as mudanças necessárias."

— Sua amiga está melhor? Aquela moça que o marido está internado.

— Quem? Maria de Fátima? Vou saber hoje, assim que a deixar em casa, vou até o hospital saber noticias de Mauro. Esquisito você lembrar dela agora.

— Acho que você é muito solitário e as únicas pessoas que você citou do seu círculo de amizades foi esse casal.

— Ela foi uma amiga na época de faculdade, perdemos o contato desde que nos formamos, me casei e ela também. Cada um ocupou-se com novas tarefas, o que é normal na vida.

Medeiros não quis comentar a decepção que tivera, ao saber do envolvimento do casal com o traficante que conviveu com Adalberto. Procurou desviar-lhe a atenção apontando:

— Olhe aquela lanchonete, fazem um lanche maravilhoso. Vamos parar ali?

— Boa ideia, estou com fome.

— Eu também e com sede.

Medeiros estacionou o carro, a tarde estava agradável, ele gostava da companhia dela, sentia-se livre e muito à vontade. Observava-a discretamente, percebendo suas belas feições. Querendo distraí-la comentou:

— Está passando um filme que eu gostaria de assistir, que tal me acompanhar? Poderíamos marcar para sábado à noite. Passaremos à tarde para visitar Adalberto e depois poderemos ir ao cinema, o que acha? Pensei que pudéssemos nos distrair um pouco, afinal merecemos algumas horas de lazer, já que estávamos falando nisso, concorda?

A moça sorriu discretamente ao responder-lhe:

— Aceito. Faz tempo que não sei o que é ir a um cinema.

— Ótimo, iremos nos divertir, com direito à pipoca e tudo mais.

Ela tornou a sorrir, demonstrando grande satisfação.

Medeiros começou a relembrar fatos engraçados do cotidiano, ela correspondia, mostrando-se interessada em tudo o que ele dizia, perguntava sobre assuntos que desconhecia e ele explicava com naturalidade. Em um certo momento ele sugeriu:

— Acho melhor vocês ficarem em minha casa por mais "algum longo tempo". Sua companhia me traz felicidade, adoro as meninas e poderemos compartilhar bons momentos juntos.

Ermínia corou, não esperava aquele tipo de colocação. Tossiu discretamente e respondeu:

— Se não formos incomodar, aceito. Sinto-me mais protegida

estando perto de você. Precisaria apenas dar uma passada em minha casa, avisar Hortência que estou bem e saber notícias de Teobaldo. Acha que seria arriscado irmos até lá juntos?

— Acho. Por enquanto não poderemos voltar ao local, ainda desconfio de que a casa de Teobaldo está sendo vigiada por algum capanga de Lopes. Alguns policiais estão na redondeza disfarçados, mas é bom evitarmos qualquer confronto com eles para nossa própria segurança. Darei um jeito de avisar a Hortência, sei que ela me trará todas as informações de que necessito. Ficará sabendo que vocês estão bem.

— E se ela perguntar do Adalberto, o que irá dizer?

— Contarei a verdade, apesar de que ela sabe de tudo o que acontece pela vizinhança, tenho certeza de que não dirá nada a ninguém a respeito. Hortência é muito sensata, guardará segredo.

— Gosto muito dela, é uma amiga e tanto! Diga que estou com saudade e assim que possível irei visitá-la, isto é, se ficar muito mais tempo em sua casa.

— Tive ideia melhor: vou mandar buscá-la para falarmos em minha casa, assim você aproveita para conversar um pouco com ela. Amanhã mesmo providenciarei tudo isso.

Ermínia soltou um grito de alegria, segurou nas mãos dele e as beijou. Inesperadamente ele a puxou para si, abraçando-a com ternura. Delicadamente começou a acariciá-la, sentiu arrepios percorrer-lhe o corpo, sua respiração ficou mais ofegante. Por sua vez, ela permitiu o carinho sem que pudesse rejeitá-lo, abraçou o promotor com mais força, ele retribuiu, permitindo que seus lábios buscassem contato com os dela. Beijaram-se fervorosamente.

Aos ouvidos dela, falou bem baixinho:

— Ermínia, fazia tempo que não me sentia tão atraído por alguma mulher, por favor, não me leve a mal... Não pude conter esta sensação prazerosa.

Ela sorriu, sem tentar soltar-se dos braços dele, voltaram a se beijar intensamente. Só depois disso, ela respondeu:

— Não sei o que aconteceu comigo, nunca pensei que isso pudesse acontecer entre nós.

— Nem eu pensava algo a respeito, mas quando a abracei

tive uma sensação tão diferente... Nesse tempo todo, não houve qualquer intenção de minha parte, porém, o contato deste abraço despertou em mim, sensações que havia esquecido e que pensei jamais tê-las novamente com outra mulher.

— Hortência, uma vez brincou comigo, dizendo que tive sorte de atrair um bonitão como você. Fiquei brava com ela, mesmo porque nunca poderia imaginar que pudéssemos sentir atração um pelo outro. Sou tão diferente de você...

— Psiu! — ele a interrompeu, beijando-a novamente. Depois sussurrou:

— Deixe os preconceitos de lado, você é uma mulher simples, mas muito bonita. Gosto de estar ao seu lado, isso é o que importa.

Ermínia sentiu o coração pulsar intensamente, entregou-se aos carinhos dele, sem esquivar-se. Depois de longo tempo, pôde sentir-se amada e desejada. Ficou feliz.

Para ele não foi diferente, desde que fora traído pela esposa, nunca mais ousou relacionar-se com alguém. Durante anos, apenas se permitiu ter algumas relações sexuais sem qualquer envolvimento mais sério. Dedicou-se unicamente ao trabalho, fugindo literalmente de qualquer dissabor afetivo.

Aquele momento para os dois simbolizava uma nova oportunidade de se desprenderem de suas próprias resistências e se entregarem aos desejos e emoções, permitindo que os sentimentos aflorassem e comandassem uma nova fase de vida muito mais prazerosa.

Nessa sintonia, saíram da lanchonete e foram para casa esbanjando felicidade. Ermínia comentou ter sido aquele o melhor dia de sua vida, pois além de rever o filho, foi também surpreendida por aquela sensação de prazer que havia se perdido no tempo.

Pela primeira vez, o promotor não quis continuar trabalhando naquela tarde. Quis ficar ao lado dela, sentia-se extasiado e feliz.

Deram algumas voltas pela cidade, entre as paradas nos faróis, procurava beijá-la rapidamente. Comentou que agia daquela forma, quando era mais jovem e não tinha tanta responsabilidade na vida. Ressaltou que as boas coisas não devem ser esquecidas e nem colocadas em segundo plano, caso contrário, tudo fica muito repetitivo e sem sabor. Considerou ainda que, em se tratando de afetividade mal resolvida, as pessoas perdem a espontaneidade, criando defesas que as tornam muito mais exigentes e temerosas. Desacreditam na possibilidade de amar e de serem amadas novamente, deixando o medo predominar e impedindo que um simples contato possa fazer grande diferença na vida pessoal amorosa.

Ermínia salientou que mesmo casada não sentia mais aquela sensação prazerosa, pois tanto ela quanto o marido acabaram dedicando-se apenas ao sustento da família. Ela, cuidando dos filhos e esquecendo-se de sua feminilidade, o marido trabalhando como um louco para trazer dinheiro para casa. Chegava tão cansado que mal podia brincar com os filhos. Disse ainda que as pessoas aprendem a conviver com a solidão, assim como com a limitação financeira, como ele mesmo havia explicado.

Medeiros surpreendeu-se novamente com a facilidade que ela tinha de aprender coisas novas, observando que apenas não tivera oportunidade de aprendizado, mas estava certo de que dali por diante as coisas iriam realmente se modificar em tudo na vida dela.

Ermínia sorriu e não perdeu a chance de ironizar, dizendo que o acidente que sofrera despertara nela a memória esquecida no tempo. Abraçaram-se descontraidamente.

26

Já anoitecia quando Maria de Fátima recebeu a notícia da morte do marido. Aos prantos, jogou-se no sofá da sala, encenando estar inconformada. No fundo, sentia-se aliviada e livre.

Imediatamente os filhos deslocaram-se para providenciar a liberação do corpo e do velório. Tristonhos e lamentando muito a morte do pai, os rapazes saíram acompanhados por dois seguranças da família.

Gumercinda, justamente naquele dia, quis ficar até mais tarde, pois intencionava trabalhar até se sentir esgotada, para chegar a sua casa e dormir rápido e tranquilamente. Desde o dia em que fora abordada energeticamente, por Dirce e o marido desencarnado, passava as noites em claro, em virtude das investidas sexuais que os dois planejavam para ela. Consumida pelo desejo desenfreado, passou a evitar dormir sozinha, chamando uma de suas filhas para fazer-lhe companhia junto ao leito. Tomando essa atitude, pensou que conseguiria relaxar, mas em virtude da raiva dos dois, sofria constantemente agitação noturna e muita insônia. Bastava colocar a cabeça no travesseiro e o sono sumia. Começava a sentir desejos sexuais intensos, ficava irritada, levantava para tomar água e nada de passar a sensação atormentadora que a acometia. Preocupada, marcou consulta com o médico, aguardava ser chamada. Enquanto isso, tentava esgotar-se o mais que podia, para chegar ao fim do dia muito cansada e assim poder deitar e dormir.

Chocada com a morte de Mauro, quis consolar a patroa que se agitava, procurando disfarçar o contentamento. Simulando descontrole, Maria de Fátima gritou:

— Quem avisará os familiares? Eu não quero fazer isso, não quero ser incomodada, recebendo milhões de pêsames de parentes e amigos, porque é muito repetitivo e cansativo. Ah! Que situação constrangedora! Até para velar um defunto não temos sossego! Quando eu morrer quero ser cremada! Só em pensar que ficarei exposta aos lamentos populares, me dá arrepios e repulsa.

— Gumercinda, chame a governanta e peça a ela para fazer o favor de pegar minha agenda e começar a ligar para as pessoas.

— Mas ainda não sabemos o horário do enterro, precisamos esperar os rapazes voltarem com essa informação. Coitado do senhor Mauro, tão jovem! Morrer assim, inesperadamente.

— Bondade sua classificá-lo como jovem!

— Ah! Dona Maria de Fátima, ele era muito jovem para morrer, isso que eu quis dizer.

— Vá Gumercinda, chame a governanta, pelo menos os mais próximos ela deverá começar a avisar, depois eles que se virem para saber o horário do enterro.

— Nossa patroa! Tenha calma, acho melhor esperarmos.

Maria de Fátima se irritou, gritando:

— Mande-a vir aqui, já! Eu decido o que fazer! Vá chamá-la, vá, vá — ordenou, gesticulando impacientemente.

Gumercinda suspirou, balançou a cabeça e saiu rapidamente obedecendo as ordens dela. Do topo da escada, avistou dois homens muito bem vestidos, postados na porta de entrada. Estranhou. Intrigada, perguntou para a governanta a respeito deles, antes de formular o recado da patroa.

— Não sabemos, disseram que precisam falar urgentemente com a patroa. Vou anunciá-los imediatamente — informou a governanta.

— Ela está totalmente alterada, quer que a senhora comece a avisar os parentes mais próximos, antes mesmo de saber o horário do enterro.

— Deixe isso comigo, vou avisá-la dos visitantes e aproveito para acalmá-la.

A governanta bateu na porta do quarto de Maria de Fátima e

entrou sem esperar autorização. Surpreendeu-se, ao deparar-se com uma pilha de vestidos retirados do closet, sobrepostos à cama dela. Discretamente perguntou:

— A senhora mandou me chamar?

— Oh sim, Tereza! Primeiramente, ajude-me a guardar estes vestidos mofados, nenhum deles presta! Com qual roupa irei ao enterro? Preciso de um vestido que cubra esses hematomas do meu braço. Mauro não pensou nas consequências de seu desequilíbrio, além de machucar-me, acabou por perder a vida por não saber controlar suas emoções. Viu no que deu? Agora sobrou pra mim, pois tenho que aparecer impecável diante dos nossos amigos, o que irão dizer caso percebam que estou machucada? Os boatos correm rapidamente e eu não quero dar o braço a torcer, hei de aparecer belíssima para marcar minha presença! Pelo menos isso, pois daqui por diante as pessoas se reportarão à minha pessoa, como sendo a viúva de Mauro. Esse fantasma vai acompanhar-me por algum tempo, mas não deixarei me abater, estarei cada vez mais bonita ao apresentar-me na sociedade.

— Aliás, por falar em enterro, comece a ligar para os parentes mais próximos e informe-os do ocorrido. Dispense condolências e diga que estou incomunicável.

— Sim senhora! — disse a mulher, tentando disfarçar indignação.

— Antes disso, me ajude a guardar estas quinquilharias horrendas! Semana que vem, vou fazer compras e renovarei meu guarda-roupa, já que o espaço de agora em diante será maior e somente meu! Providencie a retirada das roupas de Mauro, mande para algum asilo ou casa de caridade. Se quiser, pode dar alguns casacos aos seguranças, desde que não usem quando estiverem em serviço na minha casa. Roupas de morto fazem lembrar-me de cemitério.

— Senhora, chegaram dois homens querendo falar-lhe. Disseram que a senhora os aguarda, posso permitir a entrada?

— Eu? Não estou aguardando ninguém! Quem são?

— Apresentaram-se a mando do senhor Lopes.

— Lopes? Ai, meu Deus! Lopes já está sabendo da morte de Mauro. Peça para entrarem rapidamente e aguardarem em nosso, digo, em meu escritório.

— Perfeitamente senhora, em seguida posso subir para guardar os vestidos no closet?

— Por favor, faça essa gentileza para mim, enquanto irei ver do que se trata.

Maria de Fátima ajeitou os cabelos, passou um pouco de perfume e coloriu a boca com batom de cor leve, esticou a blusa, fez pose, esperou cinco minutos e desceu ao encontro dos visitantes.

Abriu a porta do escritório com expressão melancólica, arregalou os olhos e perguntou assustada:

— Quem são vocês? O que querem em minha casa?

— Calma senhora, viemos prestar-lhe nossos sinceros pêsames! Mauro empacotou, depois de nossa visita de hoje à tarde ao hospital. Podemos jurar-lhe que não provocamos nada, somente o alertamos a respeito da imprudência.

— O que estão querendo me dizer? Mataram o meu marido? Não os conheço, não fazem parte da organização de Lopes. De onde vieram? A mando de quem?

— Lopes não teve o prazer de nos conhecer, ainda... Como dissemos, não matamos seu marido, apenas o alertamos da irresponsabilidade de colocar as organizações associadas em perigo.

— Mas o promotor esperava uma resposta de minha parte e não de meu marido, a situação estava controlada. E o promotor jamais usaria algum meio para nos prejudicar, intenta apenas salvar o garoto e nada mais. Estão sendo precipitados e incoerentes. O que querem?

— Isso é o que você pensa, seu marido sabia muito bem dos riscos que nos causou. De agora em diante, você estará sob nossa vigilância e qualquer passo em falso lhe custará a vida, preste bem atenção, siga exatamente nossas ordens, caso não queira juntar os pés no cemitério ao lado de seu marido.

— Vocês mataram meu marido! Por quê? Meu Deus! Por quê?

— Está muito preocupada com a morte dele? Não se desespere! Siga nossas orientações e viverá por muitos anos. Seus filhos são lindos! Parabéns! Gostamos de conhecê-los!

— Deixe meus filhos em paz! Irei falar com Lopes, vocês não podem entrar em minha casa e ameaçar minha família, isso não irá ficar assim!

— Vai chamar a polícia?

Maria de Fátima cambaleou indignada e temerosa, resolveu abrandar as coisas concordando com eles, passou as mãos na cabeça e disse:

— Está bem, o que querem que eu faça?

— Queremos o promotor, deixe passar o enterro e simule um encontro num lugar propício para o extermínio. O resto terá o prazer de assistir ao vivo!

— Mas ele não fez nada! Já disse que só quer ajudar a mãe do garoto, podem ter certeza disso, ele jamais fará algo contra nós.

— Os garotos voltaram para casa, Lopes e os empregados foram abordados num sítio próximo à casa dele, ficou preso por alguns dias e conseguiu liberdade por meio de seu advogado, que por sinal, já está ao lado de São Pedro, no céu. Agora foi a vez de Mauro e quem será o próximo? Adivinhe!

— Meu Deus! O que estão fazendo com pessoas inocentes? Isso é crime!

— Não diga! Pensa que esse promotor já não mexeu os pauzinhos querendo acabar com nossa organização? Sabe quanto dinheiro está em jogo? Acha que ficaremos esperando sermos abordados pelos federais? Esse pessoal que está envolvido vai arriscar o pescoço achando que o promotor nada fará? A coisa ficou preta para todo mundo, a guerra começou!

— Meu Deus! Tudo por causa daqueles garotos imbecis! Lopes não deveria ter se metido nisso!

— Lopes não é tão ingênuo quanto demonstra ser, descobrimos parte de seus futuros intentos, ele pagará caro pelo que fez, pensou em desviar-nos, trazendo a questão dos garotos à tona.

— O quê? Não posso acreditar nisso! Lopes sempre honrou a chefia da organização, jamais seria um traidor! Acreditem.

— Pelo jeito você não sabe de nada mesmo, é bom ficar esperta e calar a boca. Ainda precisaremos de você, cumpra o seu dever para conosco e receberá de volta a vida de seus filhos, além de ser recompensada.

Maria de Fátima começou a chorar implorando que nada fizesse com seus filhos, depois jurou fidelidade ao cumprir as determinações colocadas. Os homens despediram-se ironicamente dando-lhe os pêsames mais uma vez. Em seguida, saíram discretamente deixando-a aos prantos, no ápice do desespero.

Tomada pelo sentimento de desproteção, pensou ligar imediatamente para Lopes, hesitou, o telefone poderia estar grampeado. Desfalecida, chorou verdadeiramente.

Passada uma hora, aproximadamente, tentou reagir ao ouvir a chegada dos filhos. Levantou-se e foi ao encontro deles chorando muito.

— Filhos! Vocês estão bem? — perguntou preocupada.

— Estamos mãe! — respondeu um deles. O outro informou:

— Já providenciamos tudo, o enterro será amanhã ao meio-dia. Viemos buscá-la para aguardar o corpo do papai no velório do cemitério — dizendo isso, abraçaram-se e choraram copiosamente.

A governanta e os demais empregados choravam a perda do patrão e lamentavam o desequilíbrio de Maria de Fátima, comentaram entre si, que as coisas não seriam mais as mesmas, já que não poderiam contar com o bom senso dela, principalmente agora que comandaria a casa sem a presença de Mauro. Gumercinda salientou:

— Apesar de mandar nele, exagerava mas não chegava a extrapolar , temia que ele a punisse caso se alterasse, como aconteceu na noite da briga. Por que esse homem tinha de morrer! Não sei se aguentaremos as maluquices dela. Vejam, ela me propôs largar todas as faxinas mensais e trabalhar somente aqui como cozinheira chefe. Aceitei, porém, pedi um tempo até que minhas patroas achassem outras diaristas. Com esta confusão, não tocou mais no assunto e confesso que não estou certa quanto à possibilidade da proposta vingar. Prefiro aguardar mais um pouco até certificar-me que será o melhor para mim.

—Quanto a isso, não se preocupe Gumercinda, ela é esquisita, mas paga direitinho. O jeito é aguentarmos calados e receber o salário fixo todo mês. Pense bem, pode ser uma boa para você, além do que, uma proposta dessa, não se encontra por aí, todos pedem muitos anos de experiência.

— Vou pensar. De qualquer forma, continuo fazendo as faxinas até decidir com mais segurança.

— Coitados dos meninos, estão tão abatidos! Pensa que eles não sabem que o pai enfartou em virtude da briga que tiveram naquela noite? Que coisa! Por causa de uma imprudência ele não aguentou tanta desilusão. Acho que se culpou por espancá-la, mas quem aguenta isso diariamente? Somente nós que nada podemos retrucar, ela tem um gênio insuportável, além de ser muito arrogante e prepotente — desabafou Teresa com certa revolta.

Maria de Fátima interrompeu a conversa, solicitando que a governanta a ajudasse na escolha da vestimenta, acompanharia os filhos no aguardo da chegada do corpo de Mauro ao cemitério.

Discretamente, pediu para que ela primeiro avisasse o promotor Medeiros, depois participasse os parentes mais próximos e amigos do casal.

27

Medeiros estava sentado na varanda da sala de estar, ao lado Ermínia, quando recebeu a notícia do falecimento de Mauro. Mais do que depressa, acionou dois de seus seguranças para acompanhá-lo ao velório. Lamentando a morte dele, fez breve comentário:

— Veja isso, Ermínia! Mauro não aguentou e morreu.

— Não deu tempo de você ir visitá-lo, lamento muito — disse ela.

— Realmente estávamos tão envolvidos que não quis quebrar a nossa alegria. Se bem que os médicos haviam me dito que o quadro dele era satisfatório, acreditavam que por mais alguns dias sairia da CTI. De certo, teve outra parada cardíaca e não aguentou. Irei prestar minhas condolências à família e voltarei em breve. Pretendo não ficar tão exposto, em razão da difícil e grave situação em que todos se encontram.

— Tome muito cuidado, ficarei aguardando até que retorne.

—Obrigada, querida. Não se preocupe, voltarei o mais rápido possível. Vou colocar um paletó e sair imediatamente.

Medeiros, instintivamente antes de sair, ligou para um de seus assistentes, a fim de informá-lo do ocorrido e também para pedir que reforçasse sua retaguarda. Surpreendeu-se quando o agente disse para que tomasse muito cuidado, caso fosse realmente necessária sua presença no local, pois acabara de saber que o advogado de Lopes havia sido baleado à queima roupa, nas primeiras horas da manhã.

Estupefato ao saber de todos os detalhes do homicídio, desligou o telefone com notória preocupação.

Ermínia, percebendo a agitação dele, perguntou aflita:

— O que houve? Você ficou pálido! Quer um copo com água?

— Não, obrigado. As coisas estão esquentando, como já era

previsto. Não vou ao velório, poderei ser alvo de alguma armadilha. Desconfio que Mauro foi eliminado.

— Meu Deus, estamos em perigo! Será que meu filho estará seguro naquele hospital? — perguntou aflita.

— Está sendo vigiado, ninguém poderá entrar ali sem permissão. Fique tranquila, não é o seu filho que eles querem.

— Quem eles querem? Você? Está correndo risco de vida? — desesperou-se.

— O que eu temia aconteceu, alguém delatou Mauro, por isso, acabaram com ele. Por conta disso, poderemos estar sendo perseguidos. Acho que agora se encaixa o recado de Amália, quando alertou sobre o perigo de estarmos sendo vigiados, lembra? Foi a partir daquela noite que tudo começou.

— O que ele fez? Minha nossa, que gente perigosa!

— Prestou-me ajuda significativa que pode ter-lhe custado a vida.

— Sua amiga também pode estar em perigo. O que faremos?

— Por enquanto nada, vou aguardar o seguimento das coisas e evitar locais onde possamos estar vulneráveis.

— Meu Deus, estávamos tão à vontade nesta tarde, ainda bem que não nos aconteceu nada de pior.

— Nunca ando sozinho, um carro com agentes de minha confiança nos acompanhava discretamente, porém, não descarto a hipótese de que estavam mais preocupados em eliminar o Mauro primeiramente.

— Ah, Medeiros! Em que confusão se meteu para salvar meu filho! Se esse menino não tivesse se envolvido com essa gente, nada disso teria acontecido.

— Ermínia, este é o meu trabalho, garanto que este caso requer muitos cuidados, mas já estive em situação bem mais ameaçadora. Para falar a verdade, logo após solucionar esta questão, pensarei seriamente em abandonar tudo e viver de forma menos comprometedora, além do que, pretendo dar mais atenção à minha vida afetiva daqui por diante. Não quero correr mais riscos porque estou cansado. Vou criar uma escola secreta e ensinar alguns colegas a assumirem esta função. Ficarei às escondidas, assim como os agentes que me passam toda informação. Acho que assim poderemos ter mais sossego e vivermos mais despreocupadamente.

— Faça isso! Não suportaria vê-lo em perigo constantemente. Já chega a preocupação com o destino de Adalberto. Esse menino ingênuo não sabe nada da vida e muito menos o que há detrás disso tudo. Pensa que tudo é festa e bom! Veja só onde foi que ele nos meteu! Irresponsável! Logo o meu filho foi provocar isso, não me conformo!

— Seu filho foi apenas um detalhe, essa organização já existe há mais de vinte anos. São muito bem estruturados e recebem cobertura de muita gente importante. Disfarçados de bons samaritanos, controlam todo movimento financeiro do tráfico. A coisa é séria, mas nada como um acordo para esfriar as coisas. Pode ser que eu precise me ausentar por alguns dias, caso necessite, ficará sob vigia dos agentes de segurança. Não poderá ver o seu filho, caso isso aconteça. Deverá ter paciência, é para seu próprio bem.

Ermínia começou a chorar, temia que algo de ruim acontecesse, abraçou o promotor dizendo:

— Não quero ficar nem mais um minuto sem sua presença! Não me deixe!

Medeiros sentiu o coração pulsar enquanto a beijava ardentemente, apesar da preocupação, iam se entregando aos carinhos desejados. Discretamente, puxou-a para seu quarto, e ali puderam esquecer momentaneamente a gravidade da situação em que estavam envolvidos. Deitados lado a lado, depois de se sentirem completamente refeitos, adormeceram ainda abraçados.

A madrugada avançava, quando Ermínia, subitamente, deslocou-se de seu corpo físico dentro de uma bola de luz prateada. Com movimentos circulares, alcançou maior altitude. Penetrou num feixe de luz esverdeada, aterrissando em um campo aberto, cuja ventania despertou-lhe a atenção.

Olhou ao redor, o lugar estava vazio e não havia vegetação, apenas algumas árvores sem muito colorido tentavam ornamentar a paisagem. Iniciou caminhada sem rumo definido, o céu começou a escurecer representando a chegada de uma possível tempestade. Aflita, quis procurar um abrigo, porém, nada encontrou, a não ser o sinal de uma luz vermelha a longos metros de distância.

Desconfiada, decidiu buscar algo que lhe pudesse revelar onde estava. A ventania aumentava e a terra do campo, com escassa vegetação rasteira, batia em seu rosto, impedindo-lhe a visão.

Quanto mais se aproximava do local onde a luz vermelha apontava habitação, mais o seu coração acelerava. Chegando próximo, avistou uma enorme gruta semiaberta, semelhando-se a uma cabana de pedras. Havia um grupo de pessoas trajadas com poucas vestimentas que gargalhavam desenfreadamente. Procurou esconder-se atrás de um pequeno morro de terra para descobrir de quem se tratava, ouviu a voz de um homem que se aproximava em companhia de duas mulheres. Ergueu a cabeça cuidadosamente para não ser vista, enquanto ele dizia:

— Não posso fazer o que me pedem, devemos esperar a guerra terminar! Não insistam! De nada valeria tanto esforço, estamos sendo vigiados por aquele bando de indígenas perdidos no tempo. Não quero confronto com eles, cada um na sua, assim manteremos o respeito e poderemos transitar livremente. Não é uma boa hora para baderna! Segurem o facho até que possam se abrir como borboletas no cio. Agora saiam daqui, preciso arquitetar uma saída para não sermos pegos pelo bando do Pena Branca. Já chega de complicações, não posso arriscar o meu povo por um capricho que poderá muito bem ser saciado daqui a algumas semanas. Isto é, se tudo der certo, caso contrário, precisarão aguardar sem reclamarem.

— Mas Jordão, Adalberto e Teobaldo estarão em apuros caso não consigamos interferir.

— Já disse que agora não é o momento, viu o que aconteceu quando tivemos que nos retirar do inferninho? Se eu não agisse rápido, estaríamos na mira deles pela eternidade! Isso, porque nada tivemos com a corrente negativa que se formou, do outro lado da rua, facilitando o extermínio do desavisado.

Ermínia arregalou os olhos quando ouviu as moças mencionarem o nome de seu filho e do amigo. Assustada, procurou conter-se a fim de descobrir o intento delas.

Repentinamente, Jordão percebeu algum movimento energético quando ela se mexeu, porém, hesitou em abordá-la de imediato. Quis certificar-se, primeiramente, se havia outros integrantes ao redor, tentando espioná-los.

Discretamente, fez gesto para as moças se afastarem, depois simulou estar se redimido, falando em voz alta:

— Na verdade estou cansado desta vida! O que ganhei nesse tempo todo? Pequenos momentos de prazer sexual, para depois ficar apodrecendo por vários dias, impregnado naqueles sêmens imaginários? Ficamos aparentemente mais fortes, depois voltamos a sentir fraqueza e impotência.

“Ah! Como eu quero mudar! Se alguém pudesse acreditar em mim! Fiz muitas bobagens quando vivia na Terra, e muito mais quando perdi o corpo físico, pois pensei que a morte me limitaria. Muito pelo contrário, fiquei igualzinho, com os mesmos pensamentos e sensações. Não sei por que vim parar neste lugar horrendo e fétido. Todos merecem uma nova oportunidade, será que chegou a minha vez? Estou realmente disposto a mudar e a deixar todas as tramóias que fiz enterradas neste poço de lamas onde me encontro.

Ao falar isso, foi caminhando lentamente ao local onde Ermínia estava escondida. Subitamente se deparou com ela que, estupefata, nem se movia de tanto pavor.

— Quem é você? O que faz aqui com este corpo?

Ermínia não conseguiu responder devido ao tremor que percorria por inteiro seu corpo astral.

— Você fala a minha língua? Humm, até que você é bonitinha! Não precisa ter medo, se quiser posso confortá-la saciando seus desejos — disse movimentando os lábios como quem estivesse faminto por alimento.

Ermínia baixou a cabeça pedindo socorro a Deus para escapar daquela figura escrota. De repente uma luz se formou ao redor dela, deixando-a totalmente isolada e protegida.

Jordão deu um pulo para trás, gritando:

— Uma cilada! Usaram esta infeliz para capturar-me!

Deu dois passos para trás, porém, antes de sair correndo, foi surpreendido pela figura de Amália que chegava ao local imantada por raios dourados de forte vibração.

Jordão fechou os olhos reagindo a tamanha claridade, subitamente ajoelhou-se aos pés da formosa mulher, implorando-lhe que não o prendesse.

— Levante-se, Jordão ! Precisamos conversar.

Ele pensou: "Como sabe o meu nome"?

— Jordão, não seja ingênuo, sabe muito bem que o conhecemos de longo tempo. Apenas nunca pôde me ver na forma como me apresento agora a você.

— O que eu fiz? Vai me prender?

— Somente você poderá se libertar de suas próprias ações. Não vim aqui por isso, preciso que você me auxilie. Se você aceitar e quiser aproveitar a oportunidade, após isso, poderá partir conosco. Temos muito trabalho para você, já passou da hora de dar-se uma nova chance para se renovar.

— Não sei do que está precisando, gosto daqui e tenho domínio sobre meu povo. Não nasci para ser empregado de ninguém! O que quer de mim?

— Vim convidá-lo para um trabalho muito especial, como disse, se gostar poderá seguir conosco.

— Que trabalho é esse? Do que se trata?

Antes de responder-lhe, Amália intensificou sua vibração, tornando os raios luminosos que a envolvia em tons de cor púrpura com dourado. Jordão colocou as mãos nos olhos para conter a luminosidade.

— Pois bem, preciso que você faça uma corrente, usando seu ponto negativo para destruir uma esfera magnética altamente perigosa, que se formou em cima da cidade, onde no momento estou prestando auxílio. São entidades tão grotescas e primitivas que precisam desse efeito para que possamos neutralizá-los, sem perdermos a chance de tentarmos encaminhá-los a outros locais, onde possam expurgar o ódio que conservam, assim que se renderem à purificação do espírito.

— Precisa de mim para isso? O que faz com esta luz intensa que emana por onde anda? Acha isso insuficiente e veio pedir ajuda? Não posso acreditar no que estou ouvindo... — virou-se de lado e soltou estrondosa gargalhada.

Amália aguardou até que ele pudesse refletir melhor e aceitar seu pedido, olhou para Ermínia e piscou dizendo:

— Olá Ermínia, diga para a Julieta que brevemente irei visitá-la.

— Amália?

— Sou eu mesma! Precisei de sua ajuda para chegar até ele, é muito esperto, mas nem sempre acerta — disse apontando para Jordão, que se jogou no chão de tanto rir.

— Bem Jordão, já conseguiu perceber o que realmente preciso?

— Ai, ai... Minha barriga está doendo de tanto rir... — continuou tendo acesso de riso até perder os sentidos. Estonteado, rodopiou dentro de um vácuo escuro, sobrevoando uma cidade perdida na memória do tempo.

Pôde perceber que em baixo havia uma disputa entre soldados que brigavam pela posse de terras daquela região. O exército era grande e, em poucos minutos, travou-se uma briga sangrenta e devastadora. Milhares de homens foram decapitados. Quando o batalhão vencedor voltou, Jordão surpreendeu-se ao identificar-se na figura de um capital comandante, que erguia sua espada, comemorando a vitória da posse das terras. Ainda pôde ouvir o brado:

— Ninguém pode comigo! Não tiro nada de ninguém e não existe uma alma humana que poderá me vencer! O que é meu é meu! Ganhamos!

Os soldados erguiam suas espadas congratulando-se pela vitória. Pisaram com seus cavalos sobre os restos dos corpos decapitados e recuaram para a terra natal.

Sem poder assumir o próprio comando, rodopiou novamente dentro do vácuo escuro e deparou-se com sua imagem em forma de um padre religioso, comandando a organização de uma grande fogueira na época da inquisição. Feito isso, o inquisidor saiu apressadamente em direção ao porão da grande catedral, onde algumas noviças estavam momentaneamente encarceradas. Trancou a porta, tirou a roupa e, violentamente, estuprou cada uma delas, sob ameaça de nada revelarem, tendo que obedecerem cegamente suas fantasias sexuais. Caso contrário, simularia tê-las surpreendido realizando duvidosas práticas religiosas, em companhia das mulheres condenadas.

As noviças não tinham como pedir defesa, pois, sendo ele um padre extremamente confiável dentro da Diocese, teriam poucas chances de serem absolvidas, caso fossem acusadas.

As mais rebeldes eram sutilmente envenenadas e as demais temiam revoltar-se, sabendo que poderiam ser as próximas indiciadas ao extermínio.

De repente a cena se fechou sob jatos de névoa branca, abrindo-se para a próxima jornada.

— Jordão, volte aqui! — gritava uma mulher em desespero.

— Não volto! Vou matar aquele desgraçado!

— Eu imploro! Não faça isso, está enganado, volte, por favor!

— Não, ele me deixou falido! Há de pagar pelo que fez!

Enfurecido, disparou à procura do suposto traidor. Após alguns minutos de percurso, chegou ao destino almejado. Sorrateiramente, parou a poucos metros de uma belíssima casa, cujo proprietário esbaldava-se em companhia de muitos convidados numa festa que havia programado.

Espumando de raiva, Jordão procurou entrar pelos fundos da residência sem ser notado. Conhecia muito bem aquele local, pois havia herdado a bela mansão de seus avós paternos.

— Esta casa é minha! Vou colocá-lo para fora, seu traidor descarado! — determinou antes do confronto com o recém-anfitrião.

Enlouquecido, entrou no salão apontando a arma diretamente para Lourenço que, rapidamente, pediu para que se acalmasse:

— Jordão! O que está intentado fazer? Poderá perder a liberdade apodrecendo na cadeia. Solte esta arma, procure se acalmar — disse apavorado.

— Seu ladrão descarado, pensa que vai usufruir de minha propriedade assim tão fácil? Saiam todos daqui! Caso contrário, vou esbanjar tiros para todos os lados! — ameaçou imprudentemente.

Lourenço fez sinal rapidamente para alguns homens que

prestavam segurança. Jordão percebeu a tentativa de afronta e começou a atirar desgovernadamente, gerando extermínio em massa, porém, foi também atingido por uma bala que atravessou o tórax, alojando-se em seu coração. De súbito, largou o corpo físico estonteado e se viu atirando em várias direções. Mesmo com os olhos embaçados e sentindo-se ligeiramente enfraquecido, pôde avistar Lourenço. Imediatamente puxou o gatilho esbravejando:

— Tome essa, seu vigarista! Vai arder de raiva no inferno! — disparou a bala.

Arregalou os olhos sem nada compreender, quando percebeu que não havia sido atingido.

Lourenço puxou um lenço do bolso e passou pela testa enquanto dizia:

— Tentou acabar com minha vida, mas não conseguiu! Matou muitos de meus amigos, porém, estamos livres de você! — disse chutando o corpo de um homem caído no chão, próximo ao local onde Jordão pensou ter atirado para matá-lo.

Ao ouvir isso, correu para agarrar Lourenço pelo pescoço, não conseguiu. Virou-se e deparou-se com o próprio corpo caído e ensanguentado no canto da sala. Soltou um grito ensurdecedor, tombando em seguida.

Passadas algumas horas, Jordão despertou e, aos berros, amaldiçoou o amigo traidor, jurando vingança:

— Você me paga! Irei persegui-lo até que me devolva as três coisas que eu perdi: meu dinheiro, minha mulher e minha vida! Canalha! Prostituto! Eu te odeio!

Amália aproximou-se, a fim de trazer-lhe a consciência de volta, com as mãos jorrando fluidos luminosos sobre a cabeça dele, conseguiu que retomasse a lucidez.

Jordão levantou-se rapidamente, questionando com notória indignação:

— Por que fez isso? Não lhe dou o direito de intervir em minhas questões. Como irá se explicar? Forçou-me a decidir a seu favor, isso não é justo!

— Está enganado! Você fez isso!

— Eu? Está querendo me ludibriar!

— Apenas alertei que já havia passado da hora de aceitar sua própria reformulação. Você não voltou no tempo, ficou parado nele. Sua memória ativou-se ao receber a mensagem de renovação, puxando para fora as principais experiências que geraram seu desequilíbrio. Ficou aprisionado e não conseguiu reverter seus defeitos em virtudes promissoras. Não quis aprender como manipular as próprias energias a seu favor, optou por conservar a demência exaltada. O que me diz? Quer continuar sendo um andarilho revoltado e transgressor?

— Está me ofendendo? Por acaso você é santa?

— Quer saber se errei?

— Errei e muito. No entanto, hoje classifico aqueles erros como grandes oportunidades de aprendizado. Fiz bom uso de minhas energias e vibração, sou livre e continuo predispondo-me a desvendar novas formas de elevação dentro de meu estágio evolutivo. Não sofro mais, aprendi a dar continuidade apenas a coisas que me elevam e posso transitar livremente neste imenso Universo, em busca de novas realizações. É um estado contínuo que me ajuda a participar de todo processo evolutivo da humanidade.

— E o que faz com isso? Vem até aqui e me pede ajuda? Que evolução retroativa é essa? Acho que você está mais louca do que eu e quer se redimir, pensando em me salvar.

— É o que você pode entender momentaneamente. Quem sabe, mais tarde, terá outra definição para o importante pedido que lhe direcionei. Aliás, não observou que de indivíduos iguais a você, está cheio por aí? Possuem semelhante vibração e identificam-se consigo em muitos aspectos ainda adormecidos, bem como, nas potencialidades passíveis de serem desenvolvidas. Não desconfia o porquê de querer sua participação em especial? Eu poderia muito bem solicitar a outros, sem o menor trabalho, até encontrar alguém que fosse compatível com a natureza da tarefa. Caso ainda não tenha aprendido, explicarei:

“Um processo de reformulação abrange por completo todo e qualquer aspecto em movimento, isto é, tudo e todos que estão interligados recebem a devida transformação, de acordo com o estágio evolutivo de cada um, ficando armazenado, no campo magnético, a intenção projetada, que se manifestará no devido tempo. Resultados progressistas são observados, em cada galáxia planetária, até que tenhamos a consciência despertada para perceber e atuar, de forma significativa, na transformação de valores e atitudes que nos tornam receptivos a novas sugestões da Criação Universal."

— Minha nossa! Agora você conseguiu me embaralhar... Não é mais fácil trocar em miúdos e dizer logo o que devo fazer? Já vi que não poderei escapar de sua loucura, será melhor atendê-la e depois voltarei ao meu mundo prático e objetivo, onde posso contar cada osso humano, sem muita filosofia. Olhe, não me leve a mal, mas acho que você se perdeu no espaço, pensa que desvendará os mistérios deste céu estrelado? Para que tanta curiosidade, se precisa de um demente revoltado e maníaco por sexo, para auxiliá-la? É uma louca mesmo! Vá, fale logo, eu penso e dou a resposta.

Amália balançou a cabeça e sorriu, depois complementou:

— Vou trocar em miúdos, você vivenciou o exemplo daquilo que lhe falei, projetei a intenção de renovação em seu campo magnético, você atendeu e reviveu o primeiro passo de sua transformação, contatando o que o feriu em seus sentimentos e pôde notar que certas posturas passadas geraram os desvios que o impediram de evoluir. Vive tão primitivamente que há pouco tentou simular arrependimento ao esquivar-se do perigo de ser preso, escancarando exatamente o que sente de verdade, pois reconhece muito bem que este lugar fétido e horrendo é compatível com sua vibração. Digo mais: somente com minha presença poderá receber o intento de tudo aquilo que já despertei em meu espírito, aguardando a permissão para autodesenvolver-se. Semelhante processo se dá, quando você manipula a retirada de uma pequena dose do ectoplasma para continuar absorvendo o êxtase da vida, classificado como prazer sexual. Que tal começar a desconfiar que essa substância ectoplasmática pode muito mais do que isso! Você poderá se transformar e no futuro ser um cocriador, especialista em manipular todo fluxo energético que compõe a atmosfera universal. Falo da junção e da grande transformação prevista da matéria rude e condensada para sutil materialização plasmática. Nessa condição, a dor e o sofrimento desaparecerão do planeta, haja vista, que poderemos criar dentro de nosso espaço sideral, tudo aquilo que desejamos ao despertarmos os valores primordiais do domínio da inteligência sob o comando do espírito. O prazer será intenso porque terá a manifestação da consciência na matéria fluídica.

— Tudo isso quer dizer que conservarei minha tara sexual? Ainda bem, caso contrário, escolheria ficar séculos onde estou.

— Tara é desvio, fluxo intenso é manifestação natural naqueles que já possuem este aspecto criador, ainda que desconhecido quanto à canalização de seus efeitos. Devo ressaltar que o aspecto criador comanda as forças da matéria em seus diversos níveis, mantendo a vitalidade e toda egrégora do sistema de regeneração vital. Isto é, nada existiria sem o fluxo condensado, tampouco nada poderíamos mudar sem ele.

Ermínia, do lado dentro da bolha luminosa que a protegia, ouvia tudo extasiada, pela primeira vez, sentiu-se dentro de uma sala de aula contendo alto nível de informação. Apesar de pouco conseguir decifrar a mensagem do ensinamento, pôde concluir que realmente sua concepção de vida era extremamente limitada, pois se restringia apenas a se preocupar em ganhar dinheiro para sobreviver.

Amália captou-lhe os pensamentos, respondendo em seguida:

— Tudo é necessário, pois em cada etapa de nossa vida, estamos aprendendo a dominar nossos impulsos e, com isso, assumimos novas formas de agir e pensar pelo despertar da inteligência. Por isso eu disse que o sofrimento e a dor serão banidos quando aprendermos a manipular essas forças de criação sob o comando da inteligência do espírito. A questão da sobrevivência nos ensina a conquistarmos o domínio de nós mesmos, porque estamos aprendendo a nos cuidar corretamente, entendendo que o valor externo que movimenta o fluxo do dinheiro, nada mais é do que o impulso dos primeiros passos do comando do poder mental em uso, ajustado pelo comando da ação. Isto é, o pensar, o desejar e o buscar desenvolvem a determinação que o espírito precisa para assumir os comandos da matéria. Toda depressão é o estado retroativo das sensações reprimidas, em virtude da insuficiência do poder desta determinação, que somente podemos conseguir, a partir de exercícios contínuos da imposição mental sobre a vontade bem direcionada. É o primeiro passo dentro do primeiro ano da escola evolutiva de transformação de valores.

Jordão estava tão indignado quanto Ermínia que, apesar de não compreender completamente, sentiu despertar percepção sobre a imensidão de oportunidades que a vida nos traz quando estamos prontos para recebê-las. Por fim ele concluiu:

— Não sei o que pretende, apesar de considerá-la uma louca filosofando sem parar, devo confessar que você conseguiu desviar-me da aflição pela falta de prazer — sensação que busquei durante todos esses anos, sugando energia para poder sentir o que estou sentindo agora.

— O que está sentido agora? — provocou Amália.

— Estou me sentindo preenchido e com isso sinto paz. Observei quando você falava, seus olhos se transformaram em dois pontos luminosos que me prenderam a atenção. Reconheço que estive parado no tempo, como um bicho na toca da ignorância... Não sei se posso te acompanhar, tenho um bando que depende de mim para tudo e temo deixá-los à mercê de outros sugadores da região. Fale o que deseja que eu faça, depois disso voltarei para junto deles, só assim não ficarão em perigo.

— Já disse, preciso que use seu ponto negativo para neutralizar a fúria daqueles que se apossaram do lugar que não lhes pertence. Acho que você não poderá fazer isso sem antes solicitar a presença em massa de seu bando. Todos poderão me acompanhar, serão treinados e, logo após, executarão a tarefa determinada. O que acha?

— Ivana jamais cederá! Tanto ela, quanto as meninas e eu estamos obcecados e dependemos dos nutrientes que buscamos para sobreviver. Há pouco me senti preenchido, mas até quando isso vai durar? Por outro lado, somos os sugadores mais bem pagos do planeta, porque sabemos armazenar as energias e vendê-las a troco de outras compensações. O que conseguimos facilmente tirar de nossas vítimas desavisadas, usamos para fazer armadilhas para muita gente que nos pede auxílio, querendo destruir casamentos, amarrar os desejos de uma leviana, quando quer a qualquer custo esposar algum homem fraco, mesmo que ele não a ame. Imantamos doenças e agimos rapidamente promovendo desequilíbrio de qualquer gênero. Somos especialistas em promover brigas e discussões, mas também já vi muita gente se beneficiar com essas desgraças e virar o jogo, aí não podemos mais induzir. Como não gostamos de perder, costumamos deixar os "pedintes" de nossos favores enlouquecidos, a ponto de viverem a maior parte do dia, fixados na conquista premeditada. Na verdade, assumimos a mente deles para que cometam vários desvarios, assim param de nos solicitar a presença. Ficam o tempo todo maquinando como farão para impedir a felicidade dos outros, já que perceberam que nunca serão felizes. Jogamos muitas esperanças e ilusões na mente deles, mas quem manda? Gostam de migalhas para sentirem-se amados, outros até disfarçam ser muito bons e prestativos, mas não passam de simples serviçais, mentirosos e manipuladores. Quando deixarem o corpo físico, virão pra cá, do meu lado, aí se agruparão com Ivana e passarão a ser eternos escravos em busca de prazer. Como há muita gente prestes a juntar os pés, não podemos dispensar, pois já estão sob o nosso comando. Não poderemos acompanhá-la em razão disso. A coisa não é tão simples assim, tem certeza de que sou o escolhido para paralisar aqueles condenados?

— Terão oportunidade de saberem se conseguirão sobreviver de outra forma, caso não consigam, estarão livres para voltarem para cá, até que se convençam de que a ilusão só os arrastará para sofrimentos e desilusões. Quanto à ligação com os "pedintes", serão atraídos para o lugar que lhes compete, caso não haja rápida reformulação. Como você mesmo disse, existem muitos bandos por aí. No entanto, ninguém escapará de confrontar-se com sua própria verdade, cada um terá que procurar os meios para reformular toda as coisas que praticaram por ignorância. Ninguém será punido, mas enquanto não aprenderem a dominar o egoísmo e a vaidade, sofrerão pelas amarguras que promoveram durante suas existências. Não poderão fugir do vazio atormentador que os convidará a refletirem sobre o quanto de tempo desperdiçaram, pensando que impediam a felicidade de outros. Notarão que se aprisionaram dentro do próprio desequilíbrio, quando a dor da solidão se apresentar, deixando-os totalmente impotentes e sem alegria de viver. Por fim, aprenderão que o tempo gasto obsessivamente, nas investidas para satisfação do orgulho, impediram de conquistarem a própria felicidade.

"Aqueles que foram induzidos, aprenderão a ser mais firmes e determinados, porque pelo sofrimento todos se rendem à grande proposta de mergulhar dentro de si, para encontrar as razões de tanta dor e separação.

Posso assegurar-lhe que, tanto você quanto o seu bando, não aguentam mais, tanto sofrimento. Acredito que aceitarão a minha proposta, mesmo que a princípio, rejeitem por ficarem indecisos ou até mesmo irredutíveis, porém, evidencie para eles que encontrarão o prazer verdadeiro de outra forma. Com isso, fortaleça a ideia de que a busca insaciável chegou ao fim. Todos confiam em você e aceitarão o que solicitar.

Posso providenciar a retirada de todos vocês do local? Somente conseguirão passar despercebidos com a minha ajuda. Posso iniciar o comando provisoriamente?"

— Preciso falar com elas, quer voltar daqui a algum tempo? Possivelmente terei uma resposta satisfatória. Mas preciso de tempo para convencê-las e, por mim mesmo, ainda quero esperar o Lourenço voltar.

— Use seu comando para que obedeçam suas determinações, não posso esperar, terá que ser agora! — impôs Amália com determinação.

Jordão pensou e chegou à conclusão de que não poderia escapar dela assim tão fácil, melhor seria executar o trabalho solicitado e ganhar uma amiga do bando da luz. Em qualquer emergência futura, poderia contar com a ajuda dela. Intentava fazer um acordo de troca, com isso, ficaria mais seguro ao tentar convencer Ivana e as demais.

Ermínia, por impulso, gritou pedindo explicações sobre a conversa das moças a respeito do filho e do amigo. Jordão arregalou os olhos em direção a Amália, começou a compreender que a isca escolhida para fisgá-lo tinha um propósito mais concreto do que podia imaginar. Rapidamente questionou:

— Está me escondendo alguma coisa? Você a trouxe aqui porque sabia que estamos envolvidos com todos eles, não é? Quer que facilite sua jornada, afastando a gangue que atua com drogas junto deles? Eu puxo a energia sexual e eles a das drogas, como posso detê-los? Além do que, tenho contas para acertar.

— Vamos conversar mais detalhadamente quando estiverem em treinamento, entendeu por que preciso de você?

— Entendi, esta mulher é a mãe de um deles não é? Não me lembro dela, talvez mais tarde possa reconhecê-la. Sugiro um acordo, eu farei de tudo para levar o meu bando ao confronto, porém, não gostaria que interferissem no acerto de contas que tenho com o Lourenço. Não vou perdoar, mesmo sabendo que fui um crápula em outras situações, é uma questão de honra! Sou perseguido, mas persigo também. Esta batalha é minha e, desta vez, não vou perder! Ele há de pagar pelo que fez! Eu também sofri por meus atos inconsequentes, darei o troco que merece! Depois pensarei em perdão, dependendo do quanto ele ficar acabado.

— Não precisaremos interferir, você decidirá o que fazer depois do treinamento que receber, não poderemos forçá-lo a compreender, porém, alerto quanto à necessidade de rever seu próprio desapontamento.

— Não sei o que você chama de desapontamento, o que quero é ficar cara a cara com aquele traidor que pensa que se dará bem na fuga. Vou preparar-lhe uma boa cilada, assim me vingarei dele da mesma forma que fez comigo quando me traiu.

— Será que precisará fazer isso? Essa guerra não terminará nunca! Quando ele ficar cara a cara com você, saberá como agir sem se comprometer. Jordão, preste atenção, você armou tantas ciladas perigosas, no entanto, não conseguiu fugir da dor e do sofrimento que convivem com você, tirando-lhe o prazer de ser livre. Por todas essas coisas, pôde me compreender e deixou-se tocar pelas ondas vibratórias do amor que tenho em meu coração. Não será difícil mudar a maneira de enxergar o que lhe aconteceu, veja o bando que iremos magnetizar, são espíritos tão duros envoltos pelo ódio e ignorância, que não poderiam estar aqui ouvindo tais explicações, porque estão completamente cegos e revoltados. São perfeitos delinquentes agindo inconsequentemente — comportamento que lhes é peculiar. Precisamos promover, em todos eles, um choque energético para que possam dissolver essas irradiações perigosas. Você entenderá por que preciso de sua ajuda, bem como, descobrirá se minha vibração luminosa não será suficiente. Digo isso, porque também estarei lá, junto com vocês, então poderá surpreender-se com o resultado de nossa atuação.

Jordão silenciou por alguns minutos, pensou rapidamente em tudo o que havia feito por todos aqueles anos, desde seu último desencarne. Reconheceu que dali para frente nada mais mudaria o rumo de suas investidas, porque nem ele mesmo aguentava tanto desequilíbrio a troco de tão pouco prazer. Sua vida era monótona, restringia-se a ensinar os recém-chegados a manipular certas forças para conseguirem seus intentos. O aumento de desprazer aumentava em seu bando, e todos procuravam incessantemente uma saída que os tirasse do vazio que sentiam, após espargirem o que fora sugado. Na verdade, considerava-se um líder delinquente e isso estava no fim, pois pouco a pouco todos fugiriam de lá à procura de algo que os completasse, assim como fizera Dirce, conseguindo escapar das garras de Ivana. Ele mesmo temia perder o grupo, mesmo sabendo que muitos outros poderiam chegar, mas para ele nada mudaria, estaria sempre ali, exercendo um comando imaginário. Sentiu-se extremamente estagnado e impotente, porém, a única coisa que o mantinha era o desejo de vingar-se de Lourenço. Suspirou profundamente e respondeu:

— Está bem, aceito. Irei comunicar ao meu bando e logo mais estaremos prontos para acompanhá-la. Dará tempo suficiente para você levar esta mulher de volta e retornar para nos ajudar a sair, sem sermos perseguidos — disse apontando para Ermínia.

Amália assentiu, com leve sorriso, agradecendo-lhe a decisão, em seguida olhou para Ermínia e disse:

— Vamos voltar?

Ermínia quis perguntar-lhe algo sobre Adalberto, porém, foi envolvida rapidamente por um clarão luminoso, apenas pôde sentir o forte abraço da amiga espiritual que a conduzia ao retorno de seu corpo físico. Subitamente despertou e deu um pulo na cama, acordando Medeiros que dormia tranquilamente, ao lado dela.

— O que aconteceu Ermínia? — perguntou assustado.

— Amália! Eu a vi! Julieta estava certa! Amália... — respondeu ainda sintonizada com o espírito da mentora.

— Você sonhou com Amália? O que ela disse? Alertou-nos sobre algo a fazer nesta situação?

Ermínia, aturdida, respirou fundo e começou a relatar algumas coisas que se lembrou do sonho. Porém, antes de aguardar o parecer do parceiro, analisou as experiências vividas, concluindo:

— Passo a crer que certos sonhos não são fruto de nossa imaginação, foi tão real a presença dela, que não posso negar que a vi — luminosa e com notável sabedoria. Não é possível que eu, você e Julieta, estejamos ficando loucos! Amália existe em algum lugar deste universo e não sei como voltar até lá e encontrá-los novamente. Lembrei-me de Pedro, apesar de que não tenho sonhado com ele, o que será que acontece comigo? — titubeou.

Medeiros a abraçou recomendando que não se alterasse, e sim, que procurasse se lembrar do que Amália havia dito, ansiava por uma orientação para conseguir acabar com a organização.

Ermínia agitou-se, quis lembrar-se de tudo, mas não conseguiu, retinha a visão da luminosidade de Amália quando a cumprimentou, se apresentando para ela.

Medeiros, percebendo a agitação dela, tentou acalmá-la dizendo:

— Não se esforce, talvez ela quisesse apenas que você soubesse que ela realmente existe. Quer tomar um chá? Vou buscar o seu calmante.

Ermínia começou a tremer, quando se lembrou do rosto de Jordão. Rapidamente segurou nas mãos do promotor, revelando que Amália havia pedido para que ele a ajudasse impedir alguma coisa de ruim que estava para acontecer. Depois, insistiu em recobrar mais algum detalhe. Não conseguiu. Inquieta e visivelmente alterada, pediu para buscar seu remédio.

O promotor aproveitou e telefonou para um de seus agentes, queria saber se durante a madrugada tudo havia transcorrido normalmente no velório de Mauro. Pediria para prepararem uma equipe que deveria comparecer disfarçada na hora do enterro, bem como, avisarem discretamente Maria de Fátima que tivera um imprevisto e não compareceria para formalizar as condolências.

Foi informado de que até aquela hora, somente algumas pessoas mais íntimas da família, além de alguns parentes mais próximos, marcaram presença no velório, durante a madrugada.

Medeiros suspirou aliviado, porém, ressaltou a importância de continuarem oferecendo proteção a ela e aos filhos, devendo acompanhar o féretro, até que Mauro fosse enterrado.

O agente assentiu ao pedido, dizendo que tudo estava sob controle, apenas uma suspeita pairava no ar: haviam recebido a informação de que Lopes desaparecera, acompanhado pela maioria de seus empregados que foram soltos da prisão, com a condição de não poderem se afastar da cidade, até que as determinações do inquérito fossem cumpridas. No entanto, nenhum deles havia sido localizado, tampouco Lopes, que já tinha sido indiciado para prestar depoimento, em razão do assassinato de seu advogado. Até o presente momento, a polícia não tivera qualquer informação a respeito, o que gerou grande suspense para todos daquela promotoria.

No dia seguinte, logo nas primeiras horas da manhã, Medeiros tomou algumas providências para descobrir o paradeiro de Lopes. Em seguida telefonou para o doutor Cristiano, solicitando-lhe a presença em sua residência. O médico atendeu prontamente, marcando horário para o final da tarde daquele mesmo dia.

O promotor também mobilizou seus agentes para reforçarem guarda no hospital onde Adalberto recebia tratamento. Apreensivo, aguardava alguma informação vinda do velório de Mauro, temia que após o enterro, esposa e filhos dele fossem abordados por algum integrante da organização de traficantes. Apesar de ter mandado reforçar a segurança na residência de Maria de Fátima, tudo indicava que, ainda assim, corria risco de vida. Não confiava nela, sabia que poderia vacilar se fosse ameaçada, no entanto, preservar-lhe a vida seria digno de sua parte, mas estava consciente de que ela não se afastaria deles porque estava demais envolvida, além do que, nunca trocaria a mordomia recebida por pura dignidade. Reconhecia que somente Lopes poderia dar-lhe mais segurança, porém, se realmente havia fugido por conta própria, estaria decretando o extermínio de todos os envolvidos.

Preocupado com o desenrolar dos fatos, não percebeu a aproximação de Ermínia, que havia acordado angustiada, por desejar saber notícias do filho.

— Medeiros! — chamou ela com voz embargada.

— Oh! Bom dia! Conseguiu dormir bem? — questionou preocupado.

— Dormi. Assim que ingeri os calmantes não demorei a adormecer, nem percebi se você ficou ao meu lado. Voltou a dormir ou não conseguiu?

— Na verdade, não consegui. Somente pude cochilar por alguns minutos na sala de estar. Logo que amanheceu, não perdi tempo, tomei algumas providências, contatando meus agentes. Parece estar angustiada, estou certo?

— Estou mesmo! Preciso saber se Adalberto está bem, sinto um aperto em meu peito.

— Ele deve estar bem, mandei reforçar a segurança dele no hospital. Logo mais, algum de meus agentes telefonará para dar as devidas informações. Creio que não devemos nos preocupar, ele está seguro e muito bem cuidado. Não haverá de ter outra crise, está sob efeito de medicamentos e dorme a maior parte do dia. Procure não se exaltar, não quero que perca o equilíbrio e volte a ter dificuldade de se expressar. Pensando nisso, providenciei a vinda do doutor Cristiano aqui em casa, no final da tarde. Vai dar tudo certo, confie!

— Ah, que bom! Vou falar tudo para ele, desde a última vez que estive no hospital para o tratamento melhorei muito, só não pude retornar em virtude desta situação.

— Ele sabe, por isso, trocou os remédios quando fui participá-lo de seu estado atual. Não se preocupe, hoje você terá muito tempo para expor todas as suas dúvidas com relação aos sonhos. Caso não se incomode, gostaria de participar desta conversa, assim poderemos chegar a uma conclusão única.

— Claro, sua presença será muito importante, aliás, nada tenho para esconder. Você sabe mais de minha vida do que eu mesma. Só gostaria de saber do meu filho, será que poderíamos telefonar para lá e pedir alguma informação aos enfermeiros?

— Se for para ficar mais aliviada, é pra já! Vou telefonar agora mesmo. Que horas são?

— Nove horas.

— Já! Nossa, como as horas correm... Não prefere tomar seu café para depois ligarmos?

— Não. Gostaria de saber se ele está bem, depois irei me alimentar.

— Está bem, vamos, me acompanhe até o escritório.

Medeiros telefonou para o hospital e recebeu a informação de que tudo transcorria com normalidade, mas que o diagnóstico só receberiam a partir das 10 horas da manhã, após a visita cotidiana dos médicos. Com isso, puderam fazer o desjejum mais calmos e tranquilos.

28

Adalberto despertou sonolento com a entrada do médico plantonista e após medicado, fez o desjejum, enquanto aguardava a chegada de uma das enfermeiras para acompanhá-lo nos exercícios matinais, na área de lazer, restrita aos pacientes do hospital.

Em poucos minutos, a moça entrou no quarto apresentando-se ao rapaz:

— Bom dia Adalberto! Sente-se melhor? Vou acompanhá-lo nos exercícios físicos recomendados pelos médicos.

— Ufa! Até que enfim irei sair deste quarto, já estou me sentindo mofando aqui dentro. Estou pronto, podemos ir imediatamente, antes que alguém sugira me trancar aqui por mais algumas horas.

— Você está reagindo bem aos medicamentos, acredito que os passeios serão mais frequentes daqui por diante.

— Reagindo bem? Dormi o tempo todo, nem tive tempo de sentir falta de alguma coisa — respondeu reclamando.

— É assim mesmo! Entretanto, se o doutor autorizou, sinal de que está bem melhor do que pensava estar.

— Vamos logo, quero sair logo deste quarto, caso contrário, prefiro ficar sedado e dormir.

— Não exagere, ficará bem. Isso é o que importa! Não quer melhorar?

— Não estou doente, sou usuário de droga, mas não estou viciado como eles pensam. A qualquer momento posso me livrar disso, fui pego de surpresa porque passei por um momento de muita tensão. Com isso, diagnosticaram que eu estava numa crise de abstinência porque fiquei dois dias sem me drogar e perdi o controle, me exaltando demais.

— Entendo, porém, os médicos sabem o que fazem, irão ajudá-lo a se desvencilhar totalmente deste vício, bem como, desintoxicar seu organismo.

— Parece que você não me entendeu, eu disse que não sou viciado! Uso pequenas quantidades de uma droga nova que chegou por aqui, o erro foi misturar o comprimido com bebidas. Fiquei tão alucinado que perdi a noção do tempo, e nem mesmo pude reagir no dia seguinte em razão do torpor.

— Tem certeza que foi só isso que ingeriu?

— Quero dizer, naquele dia da festa, ingerimos muitos comprimidos e muita bebida.

— Bem, acho melhor trocarmos de assunto, pois falar sobre isso poderá despertar uma ligeira vontade e aí poderá ter uma recaída.

— Duvido, com aqueles medicamentos que estou tomando, se tiver uma recaída será o mesmo que assinar um atestado declarando que ficarei dormindo por dias.

— Está indo bem, vamos conversar sobre outros assuntos. Diga-me, o que faz na vida? Estuda? Trabalha?

Adalberto pigarreou enquanto pensava o que iria responder, depois cruzou os braços atrás do corpo e disse:

Estava trabalhando, porém fui dispensado. Parei os estudos por não ter condição financeira para pagar um bom colégio.

— Desculpe-me a intromissão, mas como você fazia para comprar as anfetaminas?

— Anfetaminas?

— É, você não disse que ingeriu uma droga nova com álcool?

— Esse é o nome daquilo?

Adalberto, tentando esquivar-se da resposta, tomou frente na conversa:

— Você não disse que não íamos mais conversar sobre este assunto? Prefiro falar sobre outra coisa.

— Com certeza, desculpe-me. Vamos lá, o que gosta de fazer? Tem namorada?

— Não penso em namorar, mulheres dão trabalho se assumirmos algo mais sério com elas.

A enfermeira sorriu, porém revidou:

— Os homens querem liberdade, mas ao mesmo tempo, gostam de se sentir paparicados e ficam lisonjeados quando percebem que nós os colocamos no centro de tudo. Entretanto, quando percebem que a mulher também começa a procurar sua independência, ficam desnorteados a ponto de fazerem loucuras para a amada. Mas você é muito jovem para pensar assim.

— Nem tanto — respondeu o rapaz, tentando mostrar maturidade e domínio sobre a questão.

A enfermeira não deixou por menos:

— Homens são todos iguais!

Adalberto sorriu descontraído, depois perguntou quais os exercícios que ele faria naquela manhã, a enfermeira respondeu que um fisioterapeuta o aguardava no sala de ginástica.

Os dois caminhavam ao local, quando foram abordados por uma enfermeira que vinha na direção deles com a seguinte informação:

— Bom dia! Enfermeira Cristina?

— Sim! Sou eu.

— A enfermeira chefe pede sua presença na sala de enfermagem, ficarei no seu lugar até que possa retornar.

— Que estranho! Aconteceu alguma coisa?

— Não sei, mas acho que um paciente entrou em crise e quer que você faça a medicação dele. Disse ainda que a sua habilidade é notória quanto a deixar pacientes calmos! Foi a informação que recebi.

— Realmente, tenho muita habilidade para isso, porém, todas nós estamos aptas para agir em qualquer situação. Irei ver do que se trata.

— Faça isso! Ficarei com este paciente até que retorne.

Cristina saiu apressadamente para atender ao chamado, enquanto que a substituta apresentou-se a Adalberto, dizendo:

— Sou a enfermeira Mileide, muito prazer em conhecê-lo pessoalmente!

— Como assim? Já estou famoso aqui dentro?

— Aqui eu não sei, mas lá fora...

— O que quer dizer? — questionou o rapaz intrigado.

— Adalberto, ouça bem o que irei lhe dizer, estou aqui a mando de Lopes, ele lhe mandou um recado.

Adalberto arregalou os olhos quase perdendo a respiração.

— Procure não se exaltar, vou ser breve. Consegui esta brecha porque comprei a enfermeira chefe, apesar dela me dever alguns favores.

— Trabalho naquele hospital onde vocês foram atendidos, sou amiga de Eulália, a dona da "Mansão dos Prazeres", preste bem atenção, hoje a noite você sairá daqui, Lopes promoverá sua fuga, ficarei por aqui até conseguir escapar. O plano está traçado, porém, o hospital está sendo vigiado e você deverá sair dentro de uma ambulância, que receberá um chamado de urgência. Todos os carros que entram ou saem daqui, estão sendo revistados. Eles darão um jeito de você se esconder e passar livremente pelos guardas. Entendeu? Estarei de plantão e sairei junto com vocês quando receber o sinal.

— O andar inteiro está sendo vigiado, eles irão nos pegar! Como fará para que eu passe por eles sem ser visto?

— Deixe isso comigo, você conseguirá fugir. Não se preocupe, hoje mesmo você estará ao lado de Lopes.

Adalberto sorriu satisfeito, embora titubeasse em seguida:

— Meus Deus do céu! Se eu não conseguir fugir, nem sei o que poderá acontecer comigo.

— Você vai fugir! Duvida? Sabe quem é Mileide e do que sou capaz? — disse balançando a cabeça, fazendo movimento com os cabelos.

— Não me lembro de você. Estava na festa?

— Não, meu querido, eu não estava. Já passei por essa fase, agora os meus préstimos são mais caros e sofisticados. Apesar de que, tenho que engolir a seco aqueles homens poderosos e ricos, que cheiram azedo e nem se dão conta de que estão caindo aos pedaços.

Adalberto coçou o queixo erguendo as sobrancelhas antes de responder:

— Faz atendimento particular?

— Não, sou amante de alguns velhacos do hospital onde trabalho, o que me interessa é a grana que recebo, também pra aguentar aquilo... Tenho que receber muito bem!

— Humm... — respondeu entendendo muito bem do que ela estava falando.

— Bem, isso não é importante agora, vamos entrar na sala de fisioterapia, aja normalmente e, durante o dia, o colocarei a par de tudo, até o momento da fuga.

O rapaz obedeceu imediatamente a solicitação dela, entrou na sala e logo foi atendido pelo profissional que o aguardava para a tarefa indicada.

Mileide observava o rapaz a distância, vez ou outra, lançava uma piscada de olhos na direção dele, o moço disfarçava esboçando discreto sorriso. Embora estivesse se sentindo revigorado por saber da possibilidade de escapar e fugir com Lopes, pôde também experimentar uma sensação de tristeza, porque com essa escolha nunca mais poderia rever seus familiares. Mesmo assim, estava certo do que realmente queria e pagaria o preço da separação — opção feita antes mesmo de ter sido raptado por Medeiros.

Procurou desviar atenção da imagem materna, porém, lembrou-se de que ela havia dito que traria a avó e as irmãs para vê-lo. Agitou-se. Temia colocá-las em risco. Imediatamente dispersou a imagem de perigo, pois sua fuga seria somente à noite. Caso viessem, não correriam risco algum. No fundo, gostaria de vê-las pela última vez, já que tudo indicava que logo mais a mãe e as irmãs estariam lá para visitá-lo.

Os pensamentos do rapaz voltaram-se para Lopes, estava ansioso por revê-lo, admirava a capacidade que tinha de conseguir rapidamente o que desejava. Aprenderia tudo isso e muito mais com seu "pai", além do que, estaria livre para aproveitar a vida da maneira que achasse melhor. Por certo, muitas diversões estariam por vir, bem como, daria continuidade aos ensinamentos de como se tornar um exímio traficante. Desejava ardentemente ser o melhor de todos, seria temido e honrado! Ficaria rico e poderoso! Um homem que seguiu os passos do "pai" e venceu! — assim pensava, enquanto seu corpo reconhecia os benefícios estimulantes dos exercícios musculares.

Mileide conseguiu ficar com ele até o término da sessão, depois o acompanhou de volta ao quarto, para dar sequência à suposta assistência com relação aos medicamentos. Aconselhou-o a não tomar absolutamente mais nada, já que em breve não daria continuidade ao uso deles.

Logo após o almoço, o rapaz preparou-se para receber a visita da mãe, surpreendeu-se quando foi informado de que não mais poderia vê-lo, devido à alteração súbita de seu estado emocional. Inesperadamente jogou-se na cama, sentindo certo desapontamento, pois seria o último dia em que estaria junto de sua família. Pensou em Julieta, sentiu um nó apertando a garganta, quis chorar, porém, controlou-se tentando manter o equilíbrio. Esfregou as mãos, percebeu que estavam úmidas, os batimentos cardíacos acelerados a ponto de sentir forte vertigem acompanhada de náusea. Instintivamente apertou a campainha para ser socorrido pela enfermeira Mileide, enquanto contorcia o corpo por inteiro.

Cristina, que passava pelo corredor naquele momento, entrou no quarto rapidamente para atendê-lo.

— Adalberto! O que aconteceu?

O rapaz gemia, demonstrando fortes dores abdominais, sem perder tempo, acionou o médico para que viesse ao local.

— Procure se acalmar, o médico já foi chamado — disse ela.

Adalberto começou a se debater no leito, rangendo os dentes de tanta dor.

Em poucos minutos, o médico plantonista conseguiu reverter o quadro, aplicando-lhe uma medicação de emergência.

— Ah! Estou melhor! O que houve doutor? Senti tantas dores na barriga... — perguntou aliviado.

— Já está medicado, vou providenciar alguns exames para confirmar o diagnóstico. É possível que você tenha tido uma crise repentina de colite. Procure descansar, logo mais estará bem melhor.

— Obrigado doutor, pensei que fosse morrer.

O médico esboçou leve sorriso e, antes de sair, fez nova programação da medicação a ser ministrada.

Mileide entrou no quarto sorrateiramente, logo após ter se certificado de que o médico havia saído. Preocupada, olhou para o rapaz e perguntou:

— O que aconteceu?

— Não sei, senti muitas dores abdominais, o médico disse que tive uma crise repentina de colite.

— Você não poderá adoecer, entendeu? Vai fugir de qualquer jeito! Mesmo que eu tenha que colocá-lo numa maca dentro da ambulância, não poderemos arriscar, está tudo esquematizado e perder a chance complicaria minha vinda para cá novamente. Tem que ser hoje!

— Já estou me sentindo melhor, até o anoitecer estarei em forma — respondeu com fisionomia debilitada.

— Provavelmente o médico voltará com os exames no final da tarde e aí será medicado novamente, depois eu descubro qual medicação que foi dada e você continua tomando fora daqui. Vai dar tudo certo, não se preocupe.

— Está bem, agora vou descansar, estou sentindo muito sono... — disse ele, virando o corpo para o lado.

Mileide reforçou as recomendações e saiu do quarto, deixando-o livre para relaxar. Pensou em usar algum medicamento para reanimá-lo, caso fosse necessário. Determinada a cumprir as ordens de Lopes, faria o impossível para tirá-lo dali na hora prevista.

Já passava das cinco horas, quando ele acordou suando frio e zonzo. Tentou levantar-se, apoiando as mãos na cama. Pegou um copo, em cima da mesa ao lado, abriu a garrafa de água e tomou vários goles seguidamente. Sentiu arrepios de frio pelo corpo, colocou a palma da mão na testa para verificar se estava febril, começou a tremer repentinamente. Não perdeu tempo em acionar novamente a campainha, pedindo urgência de atendimento.

Mileide, que estava atenta a qualquer sinal, correu para atendê-lo, antes que outra enfermeira o fizesse. Abriu a porta do quarto e perguntou:

— O que foi? Está se sentindo mal novamente?

— Estou sentindo muito frio, acho que estou com febre.

— Esta não! — disse ela, enquanto media a temperatura dele.

— O médico já trouxe o diagnóstico dos exames?

— Já, realmente é colite. Prescreveu a medicação indicada, estava somente aguardando você despertar naturalmente para ver se daria ou não isso para você tomar.

— Como assim? Preciso deste medicamento, caso contrário vou piorar e não conseguirei ter forças para fugir. O que está querendo fazer comigo? Será que você é realmente uma enviada de Lopes? Ou será que faz parte de outra organização que está querendo acabar conosco? — perguntou, esquivando-se corporalmente dela.

— Deixe de ser bobo! Já disse que vim a mando de Lopes, por que duvida? Está com medo de tomar algum veneno? Não vim para matá-lo, e sim, para libertá-lo.

— Mas tenho que tomar o remédio para passar estas cólicas, já impediu que eu tomasse a medicação de hoje, posso ter uma recaída e ficar alucinado. Não quero passar mal!

— Não vai passar mal, sei o que estou fazendo, estes remédios podem deixá-los grogue e aí vai dificultar as coisas para nós. Já lhe disse que levarei a medicação para tomar fora daqui, não confia em mim?

— Pra dizer a verdade, estou confuso. Não trouxe nada dele para que eu me certificasse de que o que está dizendo é verdade. Sou um ingênuo mesmo! Tenho muito que aprender para ficar mais esperto! Você pode ser uma inimiga e não uma amiga! Tem como provar que veio a mando dele? — questionou cismado.

— A única coisa que posso dizer é que estou falando a verdade, vai ter que confiar em mim, caso contrário irá apodrecer aqui ou ao lado de sua mãezinha pobretona.

— Não fale assim de minha mãe! Ela merece todo respeito porque não é bandida como você e todos nós!

— Mas é pobre! Sei que você não suportava mais a vida que levava, por isso se envolveu com o gostosão do Lopes.

— Não admito que a continue humilhando na minha frente! Não confio mais em você! — falou empurrando o braço dela.

— Calma, não vamos estragar tudo por causa de sua mamãezinha, quando você estiver montado na grana, quero ver se lembrará dela ou até mesmo de socorrê-la caso precise.

— Ela não precisará, está sendo ajudada pelo promotor Medeiros e quer saber mais, se eu não estivesse tão envolvido com Lopes, não sei se aceitaria continuar nisso.

— Está demais envolvido? Em quê? Ora, deixe de ser matreiro! O que você quer é se dar muito bem na vida, sabe que Lopes gosta muito de você e isso faz com que se interesse ainda mais pela fortuna dele, estou errada? Tem ideia de quanto estou ganhando para fazer esta gentileza para ele? Uma bolada e um carro novo para eu passear por aí e gastar quanto eu quiser! Acha que irei perder isso por causa de sua desconfiança? Quer saber mais? Vou buscar a medicação e vai tomar e se ficar esquisito, azar seu!

— Peça para outra enfermeira vir aqui, não estou certo de que você é quem demonstra ser!

— De jeito nenhum, o que vou falar? Despertarei suspeitas e depois quando você fugir, vão cair em cima de mim, além disso, tenho que cumprir tudo muito certinho para não ficar encrencada.

— Fale que você vai ao banheiro e peça para outra vir em seu lugar.

— Ah, é? Acha que somos em quantas aqui? Todas para você? Só para sua informação, este andar não é somente seu, temos muitos pacientes nos chamando a toda hora e aqueles seguranças estão de olho em tudo. Terá que confiar em mim, não irá se arrepender! Depois quando tudo isso acabar e você tiver certeza de minha identidade, não adiantará se desculpar! Não gostei de sua atitude, embora reconheça que eu, em seu lugar, já teria me rebelado bem antes. Você é burrinho ainda! Mas irá aprender com o tempo.

Adalberto fez careta e silenciou, estava nas mãos dela, se falasse algo para os médicos, correria o risco de por tudo a perder, caso fosse verdade o que havia dito. Não havia outra saída a não ser obedecê-la e pagar o preço por arriscar-se daquela forma... — concluiu pensativo.

— Está certo, seja o que Deus quiser, pode ir buscar o remédio, estou precisando disso, sinto-me enfraquecido e com algumas pontadas na barriga.

— Febre você não tem, acho que está com crise de ansiedade e esta colite só entrou pra complicar tudo. Vou pegar os medicamentos.

Poucos minutos depois, a enfermeira chefe entrou no quarto

acompanhada por Mileide, que sorriu ao ver a cara de espanto do rapaz.

— Olá Adalberto, está passando bem? Pode tomar com tranquilidade estes medicamentos. Se quiser, Mileide poderá tomar um na sua frente para provar que não será envenenado.

— Eu? Não estou com colite! — rejeitou Mileide de imediato.

— Se ele fizer questão, você terá que tomar. Então o que me diz Adalberto?

— Ela vai tomar o mesmo remédio que eu? Deixe-me ver se são iguais.

— O bicho está ficando esperto! — disse Mileide, continuando em seguida:

— Vamos, tome logo isso, porque daqui a pouco as cólicas voltarão.

Adalberto hesitou, depois tomou coragem e aceitou a medicação, sem exigir que Mileide lhe fizesse companhia.

— Ufa! Ainda bem que não precisei engolir isso... — ressaltou Mileide.

— Bem, qualquer coisa, pode me chamar, estarei a sua disposição — despediu-se a enfermeira chefe, olhando com firmeza para ele.

— Vou sentir sonolência?

— Não, vai sentir alívio — respondeu ela.

— Obrigado!

— De nada! Fique tranquilo e não esqueça de que estamos sendo vigiados 24 horas. Se algo lhe acontecer aqui dentro, iremos todos para a cadeia.

Adalberto suspirou aliviado, lembrou que Medeiros havia solicitado seguranças para protegê-lo, confiava nele assim como em Lopes, porém, não se sentia tão confortável com a presença de Mileide, considerava-a muito interesseira e capaz de tudo. Repentinamente ousou perguntar:

— Alguém telefonou para cá perguntando sobre mim? Gostaria de saber se minha mãe está melhor, não veio me visitar em virtude de uma crise emocional. Coitada... Está sofrendo muito por minha causa!

— Um assistente do promotor ligou na hora do almoço deixando esse recado, pode ser que mais tarde ele mesmo venha a telefonar.

Mileide não gostou do que ouviu, percebeu que o rapaz estava inseguro, isso poderia estragar os planos. Interveio subitamente:

— Acho bom se concentrar em sua recuperação, já que está internado.

Adalberto não deu ouvidos, pediu para que a enfermeira chefe o avisasse, se por acaso houvesse um recado de sua mãe para ele. Ela concordou e saiu discretamente, disposta a passar-lhe qualquer informação a respeito.

A sós, com Mileide, o rapaz desabafou:

— Não quero que minha mãe sofra mais do que está sofrendo.

— Agora é tarde para esse tipo de observação. Deve concentra-se na fuga planejada, deixe sua família para trás, ou você está incerto quanto a isso? Não acha que ela irá correr maior risco com sua presença ao lado dela? Acho melhor esquecer que ela existe.

— Você é muito interesseira e egoísta, se vende por pouco!

— Pouco não! Muito! Temos algo em comum, não acha?

— Começo achar que sou tão marginal quanto você.

— Isso é bom, com esta conclusão poderemos começar a nos entender novamente, não é mesmo? Está mais aliviado? Viu, não foi envenenado, pelo menos ainda... — satirizou, querendo provocá-lo.

Adalberto fez careta, perguntando em seguida:

— Está tudo sob controle? A que horas vou escapar daqui?

— Humm, gostei! Assim é que se fala! Estou esperando o sinal depois das nove da noite. Fique atento porque, a partir disso, teremos que ficar alerta.

— Estarei pronto a partir das nove.

— Quer aproveitar para dar uma volta pelos corredores antes do jantar? Está com fome? Se preferir, peço para a servente trazer-lhe a janta e depois poderemos caminhar um pouco. O que acha?

— Não estou com fome, dispense a janta, tomarei somente um chá com bolachas.

— Credo! Você parece mesmo um doente! Chazinho com bolachas...

— Não encha! Não estou com fome, aliás estou tenso e não entra comida deste jeito.

— Acho melhor comer, porque vocês irão viajar quando saírem daqui. Fiquei sabendo que Lopes está fugindo para bem longe, por isso, quer que você o acompanhe.

— Fugindo? Tem certeza? Ele não conseguiu escapar da prisão? Por que fugiria? Conte-me tudo, não me esconda nada!

— Não sei o porquê de querer se mandar, parece que o advogado dele foi assassinado e a coisa ficou preta pro lado dele, foi a “madrinha” quem me disse.

— Madrinha? Nossa, você o conhece mesmo! Ouvi esse apelido por parte de uma das moças que trabalha para Eulália, chamam-na de “madrinha”. Agora posso confiar mais em você.

— Nossa digo eu! Aguentar um chato temendo ser envenenado, é dose! Se eu soubesse disso, já teria lhe dito.

— O cara foi assassinado? A coisa “tá” feia mesmo!

Adalberto apertou as mãos impacientemente, pela primeira vez, titubeou em relação à proteção que receberia de Lopes. Caso estivesse em perigo, quem fugisse com ele também passaria a ser perseguido. Desconfiado, preferiu dissipar qualquer pensamento a respeito, porque não sabia o que realmente havia acontecido. Somente Lopes poderia explicar-lhe corretamente a gravidade da situação. Seguidamente, a figura de Medeiros veio-lhe à mente, reforçando a dúvida. Naquele momento, estaria mais seguro ao lado de sua mãe e do promotor, só que dependendo do que escolhesse, haveria de sofrer as consequências de sua decisão.

— Ficou com medo? — perguntou Mileide, percebendo que o rapaz havia silenciado.

— Não é medo, fiquei preocupado. O que será que está acontecendo com Lopes?

— Não sei, mas se está fugindo, coisa boa não deve ser.

— Pare de me colocar medo, Mileide! — gritou ele.

— Ué! Você não acabou de dizer que não estava com medo? Por acaso acha que sua vida será sempre tranquila com a profissão que escolheu? Vez ou outra, terão que zarpar até as coisas esfriarem. Não é isso que você quer? Tudo tem um preço! Se ficar o bicho pega, se for o bicho come... Ainda bem que sou mais privilegiada quanto às escolhas que fiz, sou enfermeira e faço minhas coisinhas por debaixo do pano.

— Não entendo por que fiquei tão inseguro, talvez por ter encontrado minha mãe, fiquei com dó dela, acho que foi isso. Vai passar, bem que o Lopes havia recomendado que deveríamos esquecer nossas famílias para não enfraquecermos... Ele estava certo! — depois titubeou complementando — Estou balançado, ainda mais que o promotor pode me proteger e me tirar disso, ainda por cima teria dinheiro, porque ele é rico! "Tô" em dúvida mesmo!

— Quer saber como sanar esta dúvida? Quem tem mais dinheiro? Aquele que tiver mais deverá ser o seu escolhido.

— Não sei, acho que os dois.

— Vejamos outra possibilidade: qual dos dois escorrega mais grana para você?

— Por enquanto só tenho promessas, o promotor disse-me que irá custear todas as minhas despesas, se eu estudar e me transformar num homem honrado e digno. Lopes me prometeu sua herança e irá preparar-me para ser igual a ele, um exímio traficante, poderoso e temido. Com ele, acho que terei mais regalia, porque me recompensa dando tudo o que preciso para me divertir. Por isso, posso abusar da mordomia que me oferece, sou tratado como um príncipe, como ele mesmo diz, me considera como o seu próprio filho e fará de tudo por mim.

— Nossa, o que você tem que todos o querem? É docinho, é? — satirizou.

— Acho que um me quer como filho, o outro quer agradar minha mãe e eu levarei vantagem em tudo. A única coisa é que eu odeio estudar! Não suporto ficar sentado numa sala de aula, como um idiota, ouvindo babaquices. Lopes é muito mais divertido e fanfarrão. Se não fosse pelos perigos que correrei, não teria dúvida alguma, porque sou mais do tipo dele, gosto de liberdade e de muito dinheiro.

— É malandro por natureza, nunca se dará bem sendo um engravatado bem-sucedido. Só se continuar usando drogas para suportar a "prisão".

— Por falar nisso, ainda não senti vontade de me drogar, acho que estou curado porque não me deu aquela coisa esquisita que faz com que eu corra e pegue um baseado.

— Ainda está sob efeito do remédio, quero ver daqui a dois dias...

— Mas hoje não tomei os medicamentos e estou bem!

— Quando passar o efeito deles no seu corpo, vai voltar tudo de novo.

— Então serei dependente do remédio para sempre, caso deixe de usar as drogas?

— Por um bom tempo deverá tomar os medicamentos se quiser se livrar do vício, caso contrário, voltará a se drogar mais intensamente. Pedi para você não ingerir os remédios, para que não dormisse tanto e atrapalhasse a fuga, se bem que eu tenho certeza de que a primeira coisa que você fará quando encontrar o Lopes, é puxar um fumo, tomar uns comprimidos e cheirar.

— Por enquanto não estou sentindo vontade, mas sei que é por pouco tempo.

— Não quer se livrar das drogas?

— Lopes se droga, mas dificilmente perde a noção das coisas. Exceto naquele dia da festa, quando todos nós ficamos vendo luzinhas no céu o tempo todo.

— Eu não perguntei do Lopes, perguntei se você não quer se livrar disso.

— Aqui sim, lá não.

— Então não vai abandonar o vício até morrer.

— Quando eu morrer, acabará tudo: os vícios, os desejos, o dinheiro — tudo vai pro ralo. O melhor é aproveitar enquanto estiver vivo!

— Cada um escolhe como quer viver, eu já escolhi: nada de amar pra casar direitinho, quero ser sempre esquerdinha, com isso posso me aproveitar de vários colegas beira-túmulo, porque eles fazem tudo o que quero, só para se sentirem jovens e viris. Aproveito mesmo!

— E quando ficar velha?

— Estarei rica e feliz! Melhor do que pobre, cozinhando para os filhos e netos que só viriam me visitar de vez em quando, e ainda por cima teriam vergonha de mim. Então, prefiro ficar sozinha, desde que me torne rica e poderosa e nada mais! Isso me bastará.

— Você fala isso agora, quando chegar lá, irá sentir solidão e não saberá com quem gastar seu dinheiro, talvez seja usada por um rapaz aproveitador como você, irá fingir lhe dar prazer para rapar toda sua grana.

Mileide gargalhou, depois respondeu:

— Rapar minha grana, não! Dar de comer sim. E você? Em que se transformará? Num traficante poderoso, drogando-se o dia inteiro e passando por apuros para fugir da polícia? Terá muitas mulheres, porém todas interesseiras no seu dinheiro e nada mais, tenha certeza disso! Conheço muito bem como enganar um trouxa!

— Até me tornar um velho decrépito, me divertirei e muito! Você não disse que Lopes é gostosão? Então, eu também serei!

— Ele é mesmo! Se não fosse pela "madrinha", já o teria fisgado.

— Deixe de ser convencida, ele não iria te querer, a única mulher que ele ama é a Eulália e nenhuma de vocês conseguirá roubar-lhe os sentimentos, é dela que ele gosta! Pode se insinuar até cansar, o que irá conseguir será apenas que ele a use e nada mais.

— Quem disse que eu quero outra coisa? Nunca faria isso, porque jamais poderia magoar minha "madrinha", isso eu não faço mesmo! Mesmo porque ele não me interessa tanto assim, só o acho bonitão, tenho meus negócios e não preciso dele para nada, então por que a magoaria?

— Nossa, você só pensa em dinheiro!

— E você? Pensa em quê? Só porque falo a verdade e você disfarça, sou mais interesseira? Quer saber, ainda você implorará meus carinhos.

— Pode até ser, é o seu trabalho não é? Tenho certeza que poderei pagá-la, porque dinheiro não há de me faltar.

— Só não espere ficar muito velho, porque de asilo eu já estou cheia.

— Tudo tem um preço! Você terá que aguentar o que vier,

porque foi isso que escolheu. Não reclame, continue mantendo a aparência de boa enfermeira e mande a conta para eles.

— Eles gostam de pagar! Sentem-se poderosos e ainda me bajulam.

— Acredito, também agi assim na casa do Lopes. Vocês são demais!

— Não foi bem assim que procederam, machucaram as meninas com suas fantasias abusivas. A madrinha ficou por conta e nunca mais permitirá a saída delas da Mansão.

— Eu não me lembro do que aconteceu naquela noite, jamais faríamos uma coisa dessas se não estivéssemos drogados e bêbados.

— Qualquer estimulante só realça o que a pessoa tem dentro dela, vocês não tiveram limites porque não conseguiam saciar o prazer sexual, se eu estivesse lá, sabe o que teria feito?

— Não.

— Sem dúvida alguma, vocês pagariam muito caro, porque eu daria um jeito de paralisá-los por completo, depois disso, faria a mesma coisa com vocês, acordariam arrombados. Não se esqueça que conheço diversos tipos de medicamentos.

— Bem, não gostaria de falar sobre isso, porque ainda não pude saber o que realmente aconteceu, por outro lado, acho bom tê-la como amiga e jamais como inimiga.

A conversa terminou ao som das risadas dos dois. Mileide, antes de sair, tornou a perguntar se ele gostaria de caminhar, o rapaz preferiu ficar no quarto à espera do sinal para fugir. Entretanto, sozinho, não pôde desviar os pensamentos sobre sua mãe e família. Quando pensava nela, sentia vontade chorar e correr para ser acariciado. Deitou na cama, começou a recordar os momentos da infância ao lado dos pais.

29

Eram cinco horas da tarde quando o doutor Cristiano entrou na residência do promotor. Ermínia estava ansiosa e apressou-se para recebê-lo:

— Doutor! Que satisfação! — disse ela ao recepcioná-lo.

— Seja bem-vindo à minha casa, por favor, me acompanhe — apontou Medeiros, levando-o à sala de estar.

Logo após terem se servido de café com torradas, Ermínia foi examinada pelo médico, relatando posteriormente toda experiência que tivera, desde que se viu flutuar, após ter sido acidentada.

O doutor a ouvia, observando atentamente tudo o que dizia. Vez ou outra, solicitava-lhe uma pausa, para que pudesse desacelerar, pois não queria que nenhum detalhe fosse esquecido.

Por fim, concluiu o relato questionando:

— Não sei o que acontece comigo, gostaria de saber se estou com alguma sequela ou se isso tudo não passa de uma grande alucinação, devido ao choque que levei com o desaparecimento de meu filho.

Cristiano segurou nas mãos dela e respondeu:

— Ermínia, você não é a primeira pessoa que revela ter passado por semelhante experiência, principalmente aquelas que foram vítimas de acidente brusco. No entanto, para a medicina esses fenômenos estão em fase de estudos, visto que, o cérebro humano ainda é um grande enigma a ser desvendado. Por outro lado, existem estudos alternativos que nos indicam outras probabilidades de compreensão. Eu, em particular, venho me dedicando a isso há mais de quinze anos e, pelo que pude avaliar, parece que existe algum tipo de desligamento da mente consciente, que permite a expansão para outros níveis de consciência. Isso ocorre e é percebido por grupos distintos de pessoas, isto é, alguns conseguem manter a lembrança da experiência com melhor nitidez, enquanto outros lembram apenas de alguns fragmentos conservados na memória. A grande maioria não distingue a experiência extrafísica quando estão em repouso durante o sono. É um assunto complexo que requer considerável aprendizado.

"Esse vasto assunto a que me refiro, pude analisar em estudos que apontam a existência de uma nova concepção sobre a possibilidade do mundo material ser regido por leis do mundo espiritual. Começo a crer que não possuímos apenas este corpo físico e que a nossa consciência não desaparece após a morte física.

Fui, espontaneamente, procurar entender isso, pelo fato de algumas manifestações terem ocorrido comigo desde a época de minha infância. Isso foi um dos motivos que me fizeram escolher a profissão que exerço. No fundo, queria uma explicação dentro da lógica humana, para que pudesse compreender certos fenômenos que acontecia comigo. Felizmente não fui considerado louco, porque não expus detalhes do que ocorria comigo. Paralelamente fui aprofundando-me nas pesquisas e cheguei à conclusão de que sou uma pessoa que possui grande sensibilidade extrassensorial — o que explica minha capacidade de ver e ouvir seres de outras dimensões.

Para mim, a vida continua após a morte física, mas isso é um assunto delicado para se afirmar diante de conceitos da medicina. Haja vista, que apenas o que se pode provar dentro da lógica da matéria é considerado científico. No entanto, alguns cientistas vasculham a origem de certos fenômenos inexplicáveis, que, sem dúvida alguma, divergem de tudo o que até hoje foi descoberto.

No seu caso, existem duas situações que podemos classificar como sendo primeira experiência. Uma é o desdobramento parcial e consciente de seu espírito no momento em que seu corpo físico recebeu o forte impacto do acidente. Digamos que você se deslocou da matéria e pôde registrar parte do que aconteceu aqui, depois seguiu para outra dimensão, onde seres espirituais a aguardavam para algum contato que consideravam salutar. Você pôde perceber um cordão luminoso que saía de seu umbigo, ligando-se ao seu próprio corpo estendido no leito, não foi? Pois bem, esse cordão é o ponto de ligação entre o espírito e a matéria, quando se rompe definitivamente, ocorre a morte do corpo físico. O que não ocorreu no seu caso, apenas deslocou-se parcialmente dele. Chamam de corpo astral, a vestimenta fluídica que permite sua locomoção a outras dimensões. Segundo os estudos de Allan Kardec, o grande codificador do Espiritismo, o corpo físico é apenas um envoltório material do espírito. A matéria possui uma formação atômica e o princípio inteligente dentro de nós nunca poderá desaparecer, haja vista, que a energia magnética nunca se perde. O espírito é o princípio inteligente atuando dentro e fora da matéria, somos seres eternos dentro da imensidão deste universo.

O outro tipo de desdobramento ocorre quando estamos dormindo, o corpo astral se desloca permitindo que alcemos considerável distância, mas também permanecemos ligados ao nosso cordão fluídico, porém, esse estado é semelhante ao sono profundo e representa apenas um "sonho" comum.

Pelo desdobramento, podemos ter premonições e encontros com pessoas desta e de outras dimensões. A experiência é tão real, que parece que estamos acordados. Muitos lembram nitidamente de tudo, outros, quando voltam ao corpo físico, perdem grande parte das lembranças vividas. No sonho comum, as pessoas apenas revivem o descarregar de suas emoções, em forma de imagens e situações desconexas, processo esse que alivia a mente consciente, enquanto dormimos. Após esse estágio do sono, podemos nos deslocar do corpo físico, por meio do corpo astral, e seguirmos acompanhados por esse cordão magnético que nos liga à matéria.

Para você ter uma ideia, aprendi durante esses anos de pesquisa e estudo, a conviver com espíritos dentro de meu trabalho, pois é costumeiro se apresentarem durante as diversas cirurgias que executo. Posso vê-los ao meu lado, e, muitas vezes, recebo informações sobre o estado dos pacientes assistidos. Com isso, pude observar que cada um de nós concede a si mesmo o tempo de restauração desejada. Houve ocasiões em que, clinicamente, o paciente estava desenganado, após receber a visita dos médicos espirituais, o quadro reverteu-se instantaneamente, desafiando as leis da matéria. Graças às infinitas possibilidades que o espírito possui para reversão do quadro.

Devo salientar que uma coisa complementa a outra, não descarto a importância de todos os meios que a medicina terrena nos oferece para atuarmos no campo da cura. Porém, conforme informação de amigos de outras dimensões, toda descoberta científica nada mais é do que uma pequena réplica do que já existe no mundo espiritual. Disseram ainda, que, conforme o ser humano cria novos mecanismos de transformação interior, a partir da maneira como reage aos próprios pensamentos e crenças, tudo se torna muito acessível no que diz respeito à cura do corpo físico, considerando-se o princípio de que isso se processa primeiramente na mudança de atitude. E isso promove a transformação eletromagnética desejada."

Tanto Ermínia quanto Medeiros ficaram estupefatos diante da explicação que ouviram. O médico, percebendo a reação dos dois, fez uma pequena pausa observando:

— Imagino que estão surpresos diante de tudo o que estão ouvindo, estou certo?

Medeiros prontamente respondeu:

— Realmente. O que ouvi faz-me perceber a veracidade de alguns fatos que ocorreram aqui.

— Apenas ofereci uma amostra do grande aprendizado que nos proporciona chegarmos bem perto de uma compreensão satisfatória. No entanto há muito para aprendermos! — ressaltou o doutor.

Ermínia, atônita diante do que ouviu, ousou perguntar:

— Doutor, o senhor quis dizer que sou uma dessas pessoas que pode ver o que vai acontecer através dos sonhos?

— Acredito que você já teve a resposta, quando constatou que seu filho está realmente envolvido com coisas ilícitas. No momento da batida, você se deslocou do corpo físico e pôde registrar a experiência, sem que pudesse reagir. Pôde perceber tudo o que estava ocorrendo na sala de terapia intensiva e depois teve outro tipo de desdobramento quando dormia.

— Meu Deus, então foi tudo verdade! Não estou louca! Tem certeza, doutor? Isso não é alucinação? No entanto, ainda tenho dúvida porque essas coisas não aconteciam comigo antes do acidente. Como explica isso?

— Como exemplifiquei, algumas pessoas que receberam choque brusco no momento de um acidente apresentaram semelhante relato. Porém, necessariamente, esse tipo de desdobramento não ocorre somente nessa situação. Possivelmente houve alguma interferência desses seres que vivem em outras dimensões, facilitando que permanecesse alerta, com certo nível de consciência. Não podemos esquecer de que foi guiada a um túnel luminoso, após receber o chamado de uma voz feminina, que dizia para acompanhá-la. Acredito que, a partir disso, você tenha despertado para a consciência espiritual, bem como, desencadeado todo o processo latente, condizente à manifestação de sensibilidade que seu espírito já possuía de poder registrar fatos com total clareza. Esse tipo de desdobramento geralmente conta com o acompanhamento de alguns espíritos que sabem como conduzir a viagem do corpo astral do indivíduo. Como disse, é um assunto que merece pesquisa e estudo.

— Não sei o que dizer, não sou espírita e nunca mexi com essas coisas.

— Espiritismo é o estudo da ciência espiritual e, a partir de algumas comunicações desses espíritos, houve a possibilidade de obtermos vários tipos de esclarecimento. Sua religião não é espírita, porém, sua faculdade mediúnica é espiritual.

Medeiros interveio solicitando:

— Gostaria imensamente que o senhor indicasse algum curso que nos iniciasse na aprendizagem do assunto. De minha parte, posso afirmar-lhe que também ouvi a orientação de uma voz feminina, sugerindo que tomasse uma atitude. A impressão foi tão forte que não pensei duas vezes, atendi prontamente sem que pudesse contestar. No dia seguinte, entendi a razão de tudo, quando pude ser localizado de imediato.

— Posso indicar-lhes algum material de leitura para começarem a entender do que se trata. Dentre as obras mais importantes, posso recomendar: “O Livro dos Espíritos” e “O

Livro dos Médiuns", escritos por Allan Kardec. Acredito ser o primeiro passo para tantas outras coisas que irão aprender. Existem muitas obras literárias que abordam o tema "viagem astral", nelas poderão compreender com mais afinco o que estou tentando explicar.

"Nesses estudos não se exclui o tratamento médico. Importante ressaltar que ajudam a compreender o que a medicina, em algumas áreas, não consegue explicar. Se bem que, no âmbito das pesquisas, muitas coisas acontecerão daqui a algum tempo. Por exemplo, pode-se constatar que as doenças psicossomáticas partem do desajuste emocional do indivíduo, sendo assim, é imprescindível e primordial manter o equilíbrio emocional para conservação da boa saúde física e mental. Com a complementação de alguns estudos alternativos sobre energia, podemos também considerar que o equilíbrio energético forma a trilogia: corpo, mente e espírito e estão totalmente integrados. Isto é, um corpo físico sem energia, não pode existir. O espírito é a fonte inesgotável dessa energia que nos mantém vivos na matéria e fora dela."

Ermínia, enquanto ouvia as explicações, pensou em seus filhos, ergueu o braço e perguntou:

— Doutor e quanto à Julieta, o que podemos fazer? Adalberto também me preocupa.

— Deve ser tratada como uma criança normal, apesar de possuir um grau de sensibilidade elevada. Em tempo oportuno, poderá ser bem direcionada por meio de destes estudos. Ajam naturalmente, sem provocar-lhe excitação diante do assunto, deixe a espontaneidade infantil prevalecer.

"Adalberto está sob tratamento médico e psicológico, assim que apresentar considerável melhora, poderemos agregar algumas alternativas energéticas para que se refaça rapidamente. Também num tratamento espiritual, seu caso poderá receber ajuda compatível. Tudo isso o ajudará manter a força e determinação para largar o vício, porém, ainda assim, só dependerá dele, porque ninguém interfere no livre-arbítrio de ninguém."

— Eu gostaria que o senhor acompanhasse o tratamento dele, é possível? — solicitou Ermínia.

— Posso acompanhá-lo e, conforme a receptividade dele, eu mesmo o encaminharei para o tratamento complementar.

— Muito obrigada! Não sei como poderia compensá-lo por tanta ajuda que o senhor está me dando.

— Esta é a minha função, a maior recompensa que um profissional pode ter é conseguir reverter o quadro de seu paciente, isto é, quando isso é possível aqui na Terra.

— Doutor, o senhor se diferencia de outros profissionais, creio que infelizmente não pode ser tão direto com alguns pacientes como está sendo conosco. Por curiosidade, como isso funciona no seu dia a dia — perguntou Medeiros.

— Como disse, não descarto a medicina, apenas a complemento, e, na medida do possível, vou interagindo, fazendo com que meus pacientes tomem consciência de que um corpo sadio provém de uma mente equilibrada, integrada à força do espírito. Não induzo ninguém à religião, apenas conscientizo que a cura física depende muito da transformação de crenças e atitudes, procuro reforçar que na vida o mais importante é fazermos de tudo para nos sentirmos realmente felizes, sem que esbarremos nos impedimentos que ofuscam nossa visão, diante da vida material e espiritual. Com vocês, senti que poderia aprofundar a conversa, em razão da necessidade de esclarecimentos. Para dizer a verdade, percebo quando os meus amigos espirituais querem que eu assim proceda. No entanto, para cumprir a ética na profissão, muitas vezes atuo discretamente, incentivando o paciente, quando possível, a tomar consciência de seus atos, pois, na minha opinião, é de suma importância orientá-lo para que reaja e venha a curar-se verdadeiramente. Quando tomamos posse de nós mesmos, encontramos o nosso lado espiritual.

“Apresentei a opção de estudos sobre o Espiritismo, porque foi a única fonte mais precisa que encontrei para sanar minhas dúvidas. Porém religião pode aprisionar, se distorcida e distante de seu verdadeiro sentido. Abolir a responsabilidade de que somos nós que criamos conflitos e êxitos significa permanecer na ignorância. Atribuir aos espíritos a responsabilidade de nossa felicidade é o mesmo que nos manter na infância espiritual.

Sendo assim, considero-os como amigos e professores que me ajudam a compreender um pouco mais do ser humano e da vida espiritual, porque tudo se transforma e nós estaremos apenas conosco por toda a eternidade. Com isso, passamos a ter responsabilidade conosco e a compreender que somente nós poderemos mudar o que precisa ser reformulado."

— Maravilha de explicação! Fiquei sensibilizado! — ressaltou Medeiros, visivelmente emocionado.

— Doutor, não compreendo tão facilmente como Medeiros, mas será que seus amigos espirituais poderiam ajudar meu filho?

O médico sorriu ao responder-lhe:

— Ermínia, seu filho já está sendo ajudado. Dependerá muito dele a escolha que fizer. Confie e largue a preocupação, porque você nada poderá fazer, sem a permissão dele. Aprenda a enxergar seu filho como um espírito em evolução, todo caminho, por mais tortuoso que seja, nos leva ao encontro de nós mesmos. Aguarde e procure observar que, para você, a lição também está apontando compreensão, o que precisa aprender com isso? Faça a sua parte e deixe-o escolher como fará a dele. Cada um é responsável por sua própria colheita e plantio. Pode ter certeza que quando a dor despontar, procuraremos ajuda para nos libertamos do sofrimento. Infelizmente a maioria dos aprendizados só se concretizam dessa forma. Quando despertarmos a inteligência, saberemos fazer melhores opções a nosso favor. O ignorante machuca e fere, porque não sabe prever e examinar as consequências, mas com a maturidade emocional e espiritual, nos empoderamos dessa consciência e evitamos muitos dissabores na vida. Um simples ato impulsivo e inconsequente pode arrasar uma vida por inteiro. Assim vamos aprendendo a dosar melhor nossas atitudes, a valorizar nossas vidas, procurando evitar contratempos.

— É difícil para mim largar meu filho nas drogas, não posso aceitar isso!

— Está fazendo sua parte, largar não é omitir-se de oferecer ajuda, porém, se ele não quiser, deverá enfrentar sua decepção e superá-la, colocando atenção em si mesma, porque sua vida continua e a dele também, apesar das divergências de opinião e escolha.

— Não quero sofrer, prefiro morrer ao vê-lo perdido nas drogas.

— Não diga isso, morrer não será o fim e sim um novo começo, levará daqui todas as experiências e sentimentos. Apenas perderá o corpo físico, mas os sentimentos sobreviverão, onde quer que você esteja.

Medeiros aproximou-se dela, abraçando-a com ternura e dizendo:

— Não tenha medo, estarei ao seu lado. Tenha fé, conseguiremos ajudá-lo.

Ermínia emocionou-se e, com lágrimas nos olhos, respondeu:

— Com esta situação, nem sei se poderei estar perto dele como gostaria, aqueles traficantes perigosos me assustam, estamos correndo risco de vida.

O médico interveio com firmeza:

— Medeiros sabe o que está fazendo, procure se acalmar até que a situação seja amenizada. Ele está recebendo ajuda médica, logo mais pela manhã, entrarei em contato com o hospital e irei visitá-lo. Não se preocupe, ainda é muito cedo para desanimar.

De repente o médico silenciou, baixou a cabeça e ficou por alguns minutos em estado de introspecção. Depois levantou-se e, delicadamente, a abraçou dizendo:

— Tenha fé, por mais que a vida lhe mostre que nem sempre as coisas são como gostaria, ainda assim existe uma razão para isso, mas que nem sempre poderemos encontrá-la aqui. Na eternidade, tudo se esclarece e se renova. Seja o que for que tiver que acontecer, será o melhor para o momento.

Ermínia sentiu calafrios após ouvi-lo. Inesperadamente quis, a todo custo, telefonar para o hospital e saber se o filho estava bem. Visando a que ela não se alterasse demais, o médico prontificou-se a atendê-la de imediato:

— Eu posso falar com o médico de plantão, por favor Medeiros, faça a ligação e passe para mim — disse ele com voz imperativa.

Medeiros fez sinal para que o médico o acompanhasse até o

escritório, em poucos minutos o doutor veio saber que Adalberto passava bem, embora tivesse tido forte crise de colite logo após o almoço. Passada a informação, ele se reportou diretamente à Ermínia, expondo-lhe a situação. Ela se alterou demasiadamente, implorando que eles a levassem até o hospital, pois insistia que o filho precisava de sua ajuda, desesperada falou:

— Por favor, quero vê-lo, não sei o que está acontecendo, sinto um aperto em meu peito, vamos até lá. Por favor, leve-me até ele, preciso vê-lo agora mesmo. Ele estava esperando minha visita, prometi levar minha mãe e minhas filhas para vê-lo, não disse nada às meninas, porque sabia que não poderíamos sair de casa, por causa do perigo de sermos abordadas pelos traficantes. Não posso esperar mais um dia, eu tenho que ir agora, por favor, acreditem em mim — disse ela aos prantos.

— Não será necessário, ele está bem, repouse tranquilamente, seria imprudente sairmos neste horário para visitá-lo. Espere até amanhã, ele mesmo estará bem melhor para recebê-la — tentou contemporizar o médico.

— Não posso! Preciso ir agora mesmo, antes que seja tarde demais! — gritou ela.

—Ermínia, procure se acalmar, ele está bem. Vou medicá-la novamente, acalme-se — disse o doutor.

— Doutor, por favor, me escute, eu preciso vê-lo agora mesmo. Por favor Medeiros, leve-me até o hospital.

— Ermínia, não podemos arriscar, é muito perigoso sairmos agora, procure se acalmar — ressaltou o promotor, trocando olhares com o médico.

Após alguns minutos o telefone toca e Medeiros atende, recebe a informação de um de seus agentes que havia um movimento estranho no andar onde Adalberto estava internado. O promotor, imediatamente, aciona outros agentes para reforçar a segurança no local. Não pode omitir-lhe o ocorrido, ao lado dele, começa a contorcer as mãos de tanto nervoso.

— Não poderemos sair de jeito nenhum, os agentes suspeitaram algum movimento estranho no andar onde estão fazendo a segurança. Vamos aguardar até que a situação seja controlada.

— Eu senti algo estranho dentro de mim, uma aflição incontrolável, meu filho está em perigo, vamos até lá, quero ficar ao lado dele, poderemos chegar com um carro policial, por favor, atenda ao meu pedido!

Ao perceber que não havia como detê-la, Medeiros providencia a chamada de um carro policial para levá-los ao hospital. O médico quis acompanhá-los e isso a fez acalmar-se. Quinze minutos após, saíram em direção ao hospital, onde Adalberto estava internado e preparando-se para fugir.

30

Adalberto simulou estar dormindo. Deitado na cama, com a cabeça sob o lençol, aguardava o sinal de Mileide.

A enfermeira, atenta aos mínimos detalhes do plano de fuga, providenciava para que nada pudesse dar errado. Esgueirou-se para constatar se os dois seguranças estavam em seus postos. Olhou no relógio, faltavam poucos minutos para as 8h30. Saiu do posto de enfermagem, com uma bandeja contendo medicamentos, e dirigiu-se ao quarto de Adalberto.

Mileide deu dois toques na porta e entrou, o rapaz imediatamente descobriu-se, demonstrando muita inquietação:

— Já está quase na hora, pensei que tivesse acontecido alguma coisa, você sumiu... O que devo fazer?

— Não pude vir antes, os dois seguranças do promotor estavam rondando o andar inteiro, abordaram a enfermeira chefe, querendo saber quem eu era e de onde vinha, pois não haviam me visto nos dias anteriores. Ela tentou ludibriá-los dizendo que eu estava de férias e havia retornado ao trabalho. Não convencidos, pediram para que amanhã providencie uma cópia de meu contrato trabalhista.

— O que irá fazer?

— Falsificar um de admissão temporária com data anterior.

— Como faremos para escapar? Provavelmente estarão de olho em você, e como farei para sair deste quarto sem ser visto?

— Um deles sairá para jantar daqui a pouco, quando for exatamente 8h45, vou simular um tombo lá no fundo do corredor, deixarei a bandeja cair e ficarei imóvel no chão até ser socorrida. Nesse horário, a maioria dos enfermeiros estarão ocupados, medicando os pacientes, tenho certeza que o segurança irá socorrer-me. A porta do seu quarto ficará semiaberta, desça as escadas até o primeiro andar, um enfermeiro o estará aguardado. O nome dele é Nivaldo, assim que trocar as roupas, o levará para o subsolo, onde a ambulância estará preparada para a saída de emergência, o motorista foi contratado e já sabe o que deve fazer, seja rápido, dará tudo certo!

— Mas e se o segurança não for socorrê-la? E se aparecer um substituto no lugar daquele que sairá para jantar?

— Caso isso aconteça, uma das enfermeiras estará preparada para o segundo e rápido golpe, mas irá dar certo. Se por ventura, te pegarem, diga que está se sentindo mal, e que quando viu o tumulto no corredor, pensou em pedir ajuda no posto de enfermagem no andar de baixo. Volte em seguida para o quarto e aguarde até segunda ordem.

— Qual é o segundo golpe?

— Ela dará um jeito de fazê-lo dormir instantaneamente — respondeu piscando os olhos para ele.

— Que diabólicas! Por outro lado, esse plano é muito amador!

— É nisso que eles sempre caem, pois enquanto esperam coisas miraculosas, o trivial acontece.

— Não sei não, isso não está cheirando coisa boa, vou acabar encrencado!

— Confie na Mileide, sou capaz de tudo! Mas que você irá escapar hoje, ah, se vai!

— Que horas são? — perguntou aflito.

— Já está quase na hora, estou saindo, prepare-se!

Mileide desejou-lhe boa sorte na fuga, quis acalmá-lo antes de sair:

— Tem muita gente por aqui nos ajudando, fique tranquilo!

O rapaz suspirou, fazendo gesto afirmativo com o polegar.

Quando ela saiu do quarto, surpreendeu-se por não encontrar os seguranças ali. Desconfiada, se debruçou no balcão do lado de fora do posto de enfermagem, fingindo estar anotando algo num prontuário qualquer.

A porta do sanitário masculino abriu e o segurança saiu,

voltando ao posto, a enfermeira torceu os lábios aliviada. Virou-se naturalmente e olhou para ele, esboçando leve sorriso. Certificou-se de que o outro já havia saído para jantar. Pegou a bandeja e dirigiu-se ao último quarto do andar no final do corredor. Simulou tropeçar e caiu soltando um grito ensurdecedor.

Imediatamente o moço levantou-se para socorrê-la, uma das enfermeiras que sabia do plano, saiu de um quarto e também correu para atendê-la, os dois tentavam acudi-la, enquanto fingia estar gemendo de dor.

Adalberto saiu despercebido, desceu as escadas rapidamente, indo ao encontro do enfermeiro Nivaldo. Balançou a cabeça pensando:

— Diabólica! Essa não vale nada mesmo! — sorriu.

Imediatamente trocou de roupas e seguiu para esconder-se dentro da ambulância. Trêmulo, por pensar que iriam detê-los ao passarem pela revista na portaria, o garoto começou a suar frio e a sentir o coração palpitar.

O motorista deu partida no veículo, ligou a sirene e saiu vagarosamente até passar livremente pela portaria central.

Lá fora, no portão, duas viaturas policiais vigiavam a entrada e saída de veículos, um policial fez sinal para que o motorista da ambulância encostasse. No mesmo instante, a viatura que trazia Medeiros parou a poucos metros de distância, o promotor desceu com um policial a fim de checar informações.

De repente a ambulância acelera e sai em disparada, quase atropelando os dois. Imediatamente os policiais entram no carro e começam a perseguição para capturá-los.

Ermínia, gélida e sentada no banco traseiro do veículo, vê quando a ambulância sai em disparada e grita desesperada:

— Ah, Meu Deus! Raptaram Adalberto! Doutor, o que eu faço? — grita aos prantos.

Medeiros, atordoado pelo fato de quase ter sido atropelado, entra rapidamente no hospital acompanhado por outros policiais, seguindo em direção ao quarto de Adalberto.

Mileide, que simulara ter torcido o pé, foi encaminhada ao pronto-socorro, de lá, saiu disfarçadamente, no exato momento em que o promotor abriu a porta do quarto do rapaz.

— Desgraçados! — disse ele após constatar a fuga. Em seguida, tirou satisfação com o agente que, estupefato, não soube dizer como o rapaz escapulira. Relatou todos os acontecimentos do dia e da noite, inclusive o acidente com a enfermeira.

— Caiu num golpe de amador! Imprestável! — esbravejou o promotor.

— Vamos! Saia daqui, me acompanhe! Iremos capturá-los!

Na saída do hospital, Medeiros deu ordem para levar Ermínia e o médico de volta à sua residência, apressadamente entrou em outra viatura policial e partiram em busca do fugitivo.

Ermínia, depois de certificar-se de que era realmente o filho dela que estava na ambulância, segurou-se nos braços do doutor Cristiano e implorou ajuda. O médico tentou de todas as formas fazer com que se acalmasse, porém, não obteve sucesso. Inconformada, disse:

— Eu tinha certeza de que algo estava errado! Meu coração de mãe não se engana! Pressenti que meu filho estava em perigo! Por que não pude evitar? Se tenho esses pressentimentos, por que não sei usá-los em benefício de algo ou de alguém? Só pressinto coisas ruins e nada posso fazer para alterá-las.

— Você não é responsável pelas escolhas de seu filho, só podemos mudar o que nos compete, o que diz respeito a nós mesmos. Nos casos em que alguma intuição sirva para alguém se beneficiar, o auxílio dependerá muito da receptividade e do merecimento de cada um. Não se culpe, não sofra! Compreenda que seu filho não entende certas coisas.

— O que irá acontecer, meu Deus? A polícia os seguiu, há possibilidade de um tiroteio e poderão matar meu filho.

— Vamos aguardar, tenho certeza de que os benfeitores espirituais estão por perto, confiemos nisso e na Providência Divina, não estamos sós!

— Ah doutor, como gostaria de acreditar nisso, já nem sei mais em quem coloco a minha fé, tudo o que faço para tentar salvar meu filho dá errado... Sempre acontece uma catástrofe! Primeiro fui atropelada, agora essa perseguição perigosa. Confesso que perdi as forças. Não aguento mais! Gostaria de morrer, para não ver meu filho morto.

— Ermínia, não exagere! Você passou por momentos difíceis, mas recebeu toda ajuda possível para se restabelecer, não seja inflexível, muitas pessoas que sofreram o mesmo tipo de acidente, estão até hoje acamadas, outras paraplégicas e a sua recuperação está sendo admirável. Pense nisso.

— Eu sei disso, mas não consigo ficar bem interiormente sabendo que esse menino está perdido nas drogas e envolvido com tráfego, olha que perigo está correndo a troco de nada!

O médico silenciou, apenas permitiu-se continuar segurando nas mãos dela e ouvir o desabafo. Chorando muito, recostou a cabeça nos ombros dele e assim permaneceu até chegarem à residência de Medeiros.

Aflita, Dona Judite abriu a porta de entrada, quando avistou a chegada da viatura policial. Abraçou a filha, que, aos prantos, jogou-se aos braços dela dizendo:

— Ah, Mãe! Adalberto fugiu do hospital, está sendo perseguido pela polícia, o que faremos?

— Meu Deus! Como pôde acontecer isso? Medeiros havia garantido que os agentes estavam vigiando o hospital. Pensei que hoje fosse rever meu neto, não deu tempo... Que pena! — respondeu-lhe inconformada.

— Vamos manter a calma e conservar a fé, a polícia irá capturá-lo sem que haja tiroteio — tentou consolar o médico.

— As meninas estão dormindo?

— Estão, fiquei com elas no quarto enquanto vocês conversavam na sala de estar, estão ansiosas para rever o irmão, Julieta até chorou.

— Não acredito que voltará, fugirá e nunca mais o encontraremos... — disse desolada.

— Caso consiga escapar, daremos o caso por encerrado, ele não quis a nossa ajuda, preferiu continuar com o tráfico, infelizmente não poderemos fazer mais nada — redarguiu Judite.

— Apesar do meu coração estar dilacerado, não vejo outra saída a não ser entregá-lo à própria sorte, concordo com a senhora minha mãe, nada mais farei para encontrá-lo — dizendo isso, abraçou-a e ambas choraram copiosamente, lamentando o triste destino do rapaz.

Passados alguns minutos, se acalmaram e o médico gentilmente prontificou-se a fazer-lhes companhia até que Medeiros retornasse com alguma notícia. Procurou desviar-lhe a atenção, perguntando sobre suas filhas, enquanto isso, dona Judite providenciou pequena refeição para servi-lo. Aquela noite era extremamente decisiva para elas, dali partiria o destino de Adalberto e da família. Ciente disso, o doutor procurava confortar-lhes para que tivessem firmeza e equilíbrio para o que estava por vir. Com a intenção de distraí-las, começou a citar alguns exemplos de casos semelhantes que havia atendido, ressaltando como a vida trabalha a nosso favor, quando nos colocamos positivamente diante da aceitação daquilo que, provisoriamente, não podemos mudar.

Ermínia ouvia atentamente as orientações dele, intimamente questionava por que estava passando por aquilo, procurava encontrar alguma falha na educação que dera ao filho. No fundo, culpava-se por algo que não sabia, insistindo nisso, perguntou:

— Por tudo que estou ouvindo do senhor, fico pensando qual será meu aprendizado nesta situação. Será que estou pagando por algo que fiz em outras vidas? Deus está me castigando por isso?

— Não vejo dessa forma, apesar de que todas nossas ações determinam uma reação futura. Deparamo-nos com as consequências de nossos atos mal refletidos e quando amadurecemos emocionalmente, percebemos o quanto estávamos agindo cegamente em virtude de nossa ignorância. Muitos não precisam morrer para perceber isso, pois, ao longo da vida, inúmeras vezes lembram de algo que fizeram e que causou grande dissabor. Arrependem-se, no primeiro momento, dizendo que se fosse nos dias atuais, agiriam diferente e não perderiam tanto tempo com bobagens. Exatamente assim poderá acontecer, quando partirem dessa vida e acordarem na pátria espiritual. Imagino o quanto desejarão resgatar de paz interior, assim que a visão espiritual se expandir, revelando claramente que são os únicos responsáveis por tudo o que lhes acontece. Quantas coisas precisarão aprender a renovar para que seja possível formarem uma nova concepção de valores!

"Mediante os estudos que faço, pude concluir que nossa consciência não se perde quando morremos, e que essa mudança interior pode se processar aqui e agora, transformando nosso destino, que nada mais é do que o conjunto de crenças e atitudes que constituem a lei da atração. Isto é, quanto mais cedo assumirmos isso, mais rapidamente se dará a transformação positiva da situação que estamos vivendo. Todavia, cada um de nós assume o que o espírito necessita para que tal transformação ocorra. Muitas vezes o processo pode ser doloroso, mas a inteligência espiritual comanda esse aprendizado, quando estamos receptivos e conectados com as leis espirituais. Quero dizer que a dor é apenas uma mensagem alertando que estamos fazendo algo errado, também uma reação semelhante à do nosso corpo, quando apresenta alguma disfunção. Para todo desconforto existe uma causa a ser averiguada no sistema orgânico ou emocional.

A mesma atenção dispensada para manutenção da saúde física e emocional também deve ser empregada para aprendermos a perceber o sistema energético do qual fazemos parte. Relatos de pessoas apontam que estão fazendo tudo certinho, mas o resultado em algumas áreas da vida é catastrófico, como explicar isso?

Avaliei um grupo experimental e constatei que aqueles que apresentavam mais segurança, diante da realidade, conseguiam reverter a situação indesejada. Outros, com atitudes mais dramáticas, estendiam o problema causando mais complicações. Conclui que é indispensável criarmos uma postura firme e determinada para que o fluxo energético negativo se altere. Com isso, a situação muda consideravelmente. Digamos que nos casos avaliados, pudesse classificar a maneira da pessoa focalizar a questão, como algo totalmente distorcido, capaz de gerar doenças psicossomáticas devido ao colapso emocional. No entanto, algumas pessoas apresentavam semelhantes características, sem que isso produzisse distúrbios físicos, ainda assim, tudo de negativo acontecia com elas. Profissionalmente tiveram grandes perdas de dinheiro. Outras, por várias semanas, relatavam estar com azar: batiam carros, os aparelhos elétricos da casa queimavam um atrás do outro, eram roubadas, ou seja, tudo o que fosse acontecer de negativo, acontecia com elas.

Avaliei cada situação apresentada no terceiro grupo e conclui que estavam retendo algum pensamento que gerava: sentimento de raiva, desvalorização, crítica exacerbada contra si mesmos e contra os outros, impaciência e desatenção. Ao expurgarem isso, as situações negativas pararam de acontecer, pois energeticamente a vibração interior se pacificou.

O mais intrigante foi um rapaz que apresentou sintomas de fraqueza e apatia. Por mais exames clínicos que fizéssemos, não encontrávamos a causa para podermos tratá-lo. Considerando as limitações da medicina em alguns casos, procuramos apenas amenizar os sintomas. Alguns meses se passaram e o rapaz não apresentou melhora. Certo dia, ele mesmo nos participou da experiência a que havia se submetido, revelou que, a partir disso, ficara totalmente curado. Perguntamos o que havia sucedido, ele nos explicou que havia feito um tratamento energético por algumas semanas consecutivas, resultando a solução do problema.

A fim de pesquisar o fenômeno em particular, solicitei-lhe explicação detalhada. O rapaz, timidamente, começou a relatar que, num primeiro momento, fora submetido a uma limpeza espiritual e depois recebera energização para reativação dos centros magnéticos vitais (conceituados como "chakras" pela medicina oriental alternativa). Para ilustração, são vórtices de energia que sustentam o ser humano, aumentando e revigorando a força vital. Estão localizados no corpo astral, como expliquei anteriormente, quando me relatou a experiência de flutuar após o acidente, lembra?"

Ermínia balançou a cabeça com gesto afirmativo, o médico continuou:

— Procurei aprofundar-me nos estudos. Concluí que a energia segue o pensamento. Por exemplo, quando estamos com muito medo, nossas emoções ficam abaladas e geralmente ocorre algum distúrbio físico. Pois bem, antes disso, o sistema energético já se abalou, em virtude de pensamentos negativos bloquearem os chackras. Isso impede que a energia mantenedora de vitalidade circule livremente para tonificar a força vital, emocional e espiritual. Debilitados, tornamo-nos receptivos às circunstâncias externas de todo e qualquer gênero negativo. Importante esclarecer que a energia se canaliza para o mesmo tipo de vibração atuante, ou seja, por meio do pensamento rápido e direto. Por outro lado, algumas pessoas possuem certa sensibilidade, a ponto de perceberem energeticamente, a vibração negativa ou positiva concentrada em algum objeto ou ambiente externo. Também sentem vibrações a distância. É fascinante essa abordagem. E se nos aprofundarmos nos estudos, poderemos aprender como lidar com pessoas que apresentam maior grau de percepção energética e também com nossa própria condição vibratória.

O médico fez uma pausa, tomou um pouco de água e depois considerou:

— Esse assunto realmente é complexo, porque passamos a ter mais responsabilidade com aquilo que pensamos para que possamos atrair boas condições vibratórias.

— Ah, doutor! Para mim é muito difícil compreender, pois além de desconhecer esses assuntos, não encontro algo concreto que me diga o porquê de estar passando por tudo isso. Penso que não nasci para ser feliz e preciso aceitar isso, em vez de me revoltar com o destino — respondeu Ermínia com feição entristecida.

— A felicidade é um estado que poderemos conquistar, quando aprendermos que tudo depende da maneira como enxergamos uma determinada situação, se soubermos encarar os fatos sem ilusão, será mais fácil conservarmos a paz interior.

— Como posso ter paz, sabendo que meu filho é um drogado e traficante? Qual mãe aceitaria isso? Como posso ter paz?

— Por mais triste que seja a escolha dele, poderá conservar a paz, considerando que respondemos somente por nossos atos. Ninguém pode controlar nada e nem mesmo você, ele já pode responder por si próprio. A paz desejada significa tomar consciência disso e seguir em frente, buscando o seu melhor. Lamentar a situação é natural, mas você nada pode mudar. Ele recebeu todas as orientações para que pudesse se transformar, infelizmente não aceitou o convite de renovação. Deixe que ele encontre por si mesmo as respostas para as atitudes dele. Com o tempo, todos nós faremos essa transformação, porque quando a dor bate em nossa porta é sinal que algo está errado e que precisamos mudar.

— Se ele morrer?

— A vida continuará, o espírito é eterno, haverá uma nova oportunidade para isso. Nosso ciclo de aprendizado se renova a cada instante, observe quantas coisas você aprendeu desde que sofreu o acidente. Foi como um despertar para que sua consciência se renovasse, concorda?

— Concordo, mas ainda me sinto fragilizada e temo sucumbir.

— Terá que ser forte e manter a determinação, afinal, tudo dependerá de suas opções e de como agirá daqui para frente. Se sucumbir, perderá a chance de criar novos mecanismos para seu autodesenvolvimento. A vida é uma escolha que depende de nossa direção interior. Faça opções que resultem bem-estar e felicidade, assim perceberá que com a atitude certa obterá resultados positivos. Isso é válido para qualquer pessoa que opte por agir assim. Quando escolhemos permanecer em situações que estão nos machucando, optamos pela infelicidade e somos responsáveis por isso. Não adianta reclamar, ou querer que o outro mude para sermos felizes, somente nós poderemos determinar o que é bom para nós mesmos. Quando nos soltamos de tais amarras emocionais, sentimos paz e tranquilidade. É comum nascer de imediato, a vontade de nos abrirmos para a vida e sairmos à procura do novo, dessa forma, vamos selecionando o que serve ou não para nós.

— O senhor tem razão, meu mundo é muito limitado, idealizei um casamento feliz e filhos bem-sucedidos. Nada disso aconteceu. Pelo menos não com o Adalberto, quem sabe as meninas farão melhor escolha.

— Se não optarem por aquilo que julga ser bom para elas, nada poderá fazer. Por isso, faça o que pode agora, enquanto dependem de sua orientação. Depois as solte para a vida e continue prestando atenção em si mesma, porque seu crescimento não pode parar, nem ficar estagnada apenas na função de mãe, seguindo seus próprios conceitos. Você é uma mulher que possui muitas necessidades a serem atendidas, entenda seus limites e assuma-se por completo em primeiro lugar. Troque com as pessoas, mas não assuma as responsabilidades delas. Nem deixe que alguém faça isso com você, faça prevalecer a sua individualidade.

— Tenho muito para aprender, posso contar com a sua ajuda? Nem sei por onde começar...

— Claro, assim que você superar este desafio, indicarei alguns cursos para que possa aprender sobre essas questões.

— Medeiros já havia sugerido isso, como ele é diferente! Um homem maravilhoso! Tive sorte de encontrá-lo — pelo menos nisso.

— De certo, já está atraindo o melhor para si mesma. São os resultados...

— Agora eu não entendi, como pude atraí-lo se eu não sei nada sobre isso?

— As ligações espirituais permanecem vida após vida, e essa inteligência espiritual que nos comanda sabe muito bem como fazer as coisas acontecerem. Isso também faz parte da lei espiritual da atração. Somos atraídos pela lei da afinidade mental, emocional e espiritual. Nosso mundo interior é, sem dúvida alguma, um grande enigma a ser explorado.

Dona Judite repentinamente levantou e fez breve comentário:

— Que maravilha de explicação! Diante de tudo o que ouvi, considero ser este um momento de grande aprendizado para todos nós, apesar do dissabor que meu neto nos causou.

O médico sorriu concordando:

— Falou pouco, mas disse tudo, todos nós estamos aprendendo a todo momento!

— Por alguns minutos, desliguei-me do tormento que me acometeu, coisa estranha! Como posso sentir tranquilidade se estou preocupada com tudo isso? — perguntou Ermínia.

— Você reconheceu bem, pode desligar-se da tragédia que imagina acontecer, quando deslocou o foco da atenção. Viu como tudo se consegue?

— Provisoriamente, porque já é tarde e nenhum sinal deles.

— Ficarei aqui até Medeiros retornar, fique tranquila.

— Doutor, esses espíritos não podem ajudar? Será que eles mandariam alguma mensagem por seu intermédio?

— Não tenho o poder de contatá-los a qualquer hora, geralmente posso vê-los, sem invocar presença, sou apenas receptivo. Mas poderemos fazer uma breve conexão, enviando nosso pensamento a eles. Isso nos confortará, porque acredito que bem sabem de toda situação, até mesmo o que irá acontecer.

— Aceito, como poderemos fazer isso?

— Vamos invocar a Providência Divina para atuar nesta situação e para que saia tudo de acordo com o merecimento de cada um.

O médico começou a fazer breve mentalização, invocando o Poder Maior que rege tudo e todos e pedindo que atuasse sobre todos os envolvidos.

Notável sensação de paz os acometeu. Ermínia, de imediato, se sentiu relaxar por completo. Deitou-se espontaneamente no sofá e fechou os olhos, rogando ajuda ao filho.

Cristiano silenciou e também relaxou o corpo, sentado no sofá ao lado. Apenas dona Judite mantinha-se alerta. Levantou-se, apagou as luzes centrais e acendeu o abajur. Retirou-se em seguida, deixando-os a sós, para descansarem das tensões absorvidas.

Um clarão intenso se formou ao redor deles, a equipe médica espiritual, que acompanhava o doutor Cristiano, imantou fluidos de cor esverdeada nos centros de força frontal e cardíaco dos dois.

Pedro e o cão de nome Pintadinho entraram naquele instante no local. Imediatamente, cada um, a seu modo, compartilhou da vibração. Ele se postou ao lado deles, emitindo pensamentos de paz e tranquilidade. O cãozinho pulou no sofá, erguendo as orelhas quando a viu deitada, depois saltou para perto de Cristiano abanando o rabinho.

Os médicos espirituais, quando terminaram a doação, fizeram alguns gracejos para o cão que, espontaneamente, latiu retribuindo-lhes a atenção.

31

O dia estava amanhecendo, quando Medeiros chegou à sua residência. Desapontado, tirou o paletó e dirigiu-se à copa. Sentou-se à mesa e pediu café para uma das empregadas, tomou um gole para tentar afastar a exaustão. Prontamente foi informado de que o doutor Cristiano havia pernoitado na casa à espera dele e ainda estava em repouso no quarto de hóspedes.

O promotor suspirou aliviado, levantou-se e foi aos seus aposentos, precisava relaxar por alguns minutos, banhou-se e deitou na cama, conseguiu apenas breve cochilo. Preocupado, levantou--se, preferindo aguardar o despertar do médico na sala de estar.

Em estado de reflexão, analisou se realmente havia agido certo ao permitir que Adalberto escapasse, apesar de ter feito de tudo para que seguisse suas recomendações, não julgou prudente deixar que a polícia agisse. Temeu ocorrer um tiroteio e que o rapaz acabasse ferido. Pensou em Ermínia, melhor seria para enfrentar o dissabor pela fuga do filho do que vê-lo morto.

Lopes provavelmente agira com cautela, jamais permitiria que o rapaz corresse algum risco de vida, em virtude disso, o plano de fuga certamente seria infalível. Reconheceu que o traficante faria de tudo para protegê-lo, infelizmente o rapaz assim quis e nada mais poderiam fazer a não ser aguardar o desenrolar das coisas ao longo do tempo.

Naquela mesma noite, a polícia recebeu queixa do desaparecimento de Teobaldo, os pais estavam desesperados com o ocorrido, pois o rapaz conseguira escapar no final daquela tarde. Por um descuido da mãe e do vigia que, sentado no sofá, se entregara a um breve cochilo, o rapaz sorrateiramente se levantou e foi até o banheiro. Percebendo que a mãe entretinha-se preparando o jantar e que o vigia mantinha-se adormecido, saiu pela janela do quarto dos pais, subiu as escadas da lavanderia e, pela laje, saltou nos telhados escapando para o outro lado do quarteirão. Um senhor de avançada idade, sentado na varanda de sua casa, pôde notar quando ele pulou do telhado para a rua detrás, sumindo em seguida.

Como se isso não bastasse, um de seus agentes também trouxe duas informações, apontando a possível interferência de Lopes; Maria de Fátima havia desaparecido juntamente com os filhos, após dirigir-se ao hospital onde seu marido havia morrido. Pretextou querer mais informações sobre o ocorrido com o falecido. Ligeiramente escapou pelos fundos do estabelecimento, entrando num carro que saiu em disparada sem deixar vestígios.

A "Mansão dos Prazeres", pela primeira vez, havia ficado sob o comando de algumas moças que não souberam explicar o paradeiro de Eulália. O quarto da matriarca estava completamente vazio, por mais que a polícia tentasse interrogar as moças, ninguém ousava falar o que realmente havia acontecido. Disseram apenas que a "madrinha" havia saído às compras acompanhada por várias moças, e que insistiram para que as levasse ao passeio. Mesmo contrariada, Eulália acabou cedendo ao pedido e até aquele momento ninguém havia retornado. Surpresas, ao saberem que o quarto dela estava vazio, desesperaram-se pedindo aos policiais presentes que as ajudassem encontrá-las.

Medeiros intimamente sabia que estava lidando com gente da pesada, Lopes provavelmente quisera esquivar-se de algum perigo por ter presenciado o homicídio de seu advogado. Precavido, providenciou para que todos os envolvidos sumissem da cidade ou possivelmente do país. Daquele momento em diante, apenas poderiam contar com o reinício das investigações, pois parte da quadrilha havia desaparecido, aguardaria sinal do paradeiro de algum deles. No entanto, isso poderia levar algum tempo até que as coisas esfriassem — concluiu aturdido em seus pensamentos.

Cristiano entrou na sala, despertando-lhe a atenção, ao perguntar:

— Medeiros! Conseguiram capturar o rapaz?

O promotor sinalizou negativamente, porém antes de iniciar diálogo, deparou-se com a chegada de Ermínia, que, aflita, fez-lhe a mesma pergunta.

Gentilmente ele os convidou para sentarem e começou a relatar, passo a passo, todos os acontecimentos da madrugada. Por fim, esclareceu a questão concluindo:

— Na verdade, conseguimos fazê-los parar, porém, Adalberto foi retido como refém e ameaçado de morte, caso não os deixassem escapar. Por conta disso, tentamos negociação para libertá-lo, comprometendo-nos a permitir-lhes a fuga. Não aceitaram, inesperadamente dois carros em alta velocidade pararam a poucos metros, defronte à ambulância. Rapidamente os policiais tentaram armar um tiroteio para nossa própria defesa. Gritei para cessarem fogo, temendo uma possível explosão da ambulância. Os policiais recuaram, seguidamente Adalberto saiu do carro com uma arma apontada na cabeça e correu em direção a um dos veículos parados em frente. O motorista da ambulância entrou no outro veículo e antes de partirem, ameaçaram matá-lo, caso insistíssemos com a perseguição. Naquele momento, chegou o reforço que havíamos chamado, porém, a polícia recuou quando eu, novamente, gritei para cessarem fogo porque um rapaz havia sido raptado e ameaçado de morte.

Cristiano ouvia atento, depois fez breve comentário:

— O procedimento foi correto. Não havia nada mais a fazer, Adalberto realmente poderia perder a vida.

O promotor gesticulou negativamente ao responder:

— Não, ele não seria morto, porque Lopes estava dentro do veículo e jamais faria isso com o garoto. Não quis arriscar um confronto com os agentes federais, pois poderíamos perder o controle da situação e isso representaria riscos para Adalberto.

— Meu Deus! Meu filho escapou da morte, mas optou por conviver com o perigo em vez de voltar para casa — disse a mãe inconformada.

— Infelizmente não houve outra saída — lamentou Medeiros.

— Concordo com o promotor, Ermínia. Seu filho teve sorte de ter sido considerado refém, caso contrário, teria acontecido coisa pior a todos eles. Inclusive os policiais e o próprio Medeiros ficariam sob mais riscos.

— Não quero nem pensar nisso! Graças a Deus o pior não aconteceu, porém, não aguento mais esta aflição. E pensar que aquele moleque correrá riscos piores daqui para frente... A qualquer dia poderá ser morto e eu nem saberei disso. Infelizmente eu o perdi para a marginalidade! Pensei que pudesse ajudá-lo a se recuperar, mas me enganei, ele não quis a minha ajuda e nem o meu amor. Fugiu junto àquele marginal, deixando a família para trás. Nunca mais eu o encontrarei, sinto por isso... Meu filho, de certa forma, morreu para mim — lágrimas escorriam-lhe pela face marcada pela dor da separação. Para ela, nunca mais haveria uma nova chance de reencontro.

Tanto Medeiros quanto o médico prestaram-lhe apoio psicológico para enfrentar a nova etapa de vida, assim não ficaria inerte em razão do triste destino do filho.

Ermínia os ouvia atentamente e, pela primeira vez, pôde sentir que havia fechado um ciclo com o próprio filho, desabafava dizendo que havia se conscientizado dos vários sentidos da palavra morte. Para ela, morte se resumia em deixar ir embora aqueles que são tão queridos, subtraídos pelo desejo do destino.

O médico salientou que o mais importante era conservar o sentimento de amor incondicional, haja vista, que somos seres eternos à procura de evolução. Ressaltou que a energia do amor tudo pode transformar, estejamos juntos ou separados, porque o que permanece no espírito é a fonte inesgotável desse sentimento, que nos une no momento certo, quando temos algo para trocar.

Ermínia enxugou as lágrimas e repentinamente tomou uma postura mais firme, dizendo:

— Aceito a lição, procurarei fazer sempre o melhor e por mim mesma em primeiro lugar. Apesar de me sentir estraçalhada com tudo isso, não vou cair, tenho minhas filhas para cuidar e quero aprender muitas coisas, cansei de sofrer.

Medeiros abraçou-a com ternura, dizendo que poderia contar com sua ajuda e principalmente com o amor que tinha para lhe dar.

Cristiano surpreendeu-se com a decisão dela, procurou incentivá-la a buscar, dentro de si mesma, a força que a mantinha para enfrentar qualquer obstáculo na vida. Conversou por mais alguns minutos e depois se despediu do casal indo diretamente ao hospital onde trabalhava.

32

Algumas semanas se passaram, instalado ao norte do país, Lopes entretinha-se com um plano de fuga para o exterior, em companhia dos empregados, de Eulália e Adalberto. Arquitetava um estratagema infalível, em que pudessem continuar com o tráfico de drogas e de armas de fogo (mercadoria que seria introduzida nos "negócios" em breve). Inauguraria uma nova organização particular, aliando-se a traficantes estrangeiros, pois há algum tempo já estavam em negociação. Motivo esse que gerou desconfiança e perseguição, por parte dos superiores da organização a que pertencia desde adolescente.

Lopes intencionava obter prestígio e comando, antes de propor parceria aos atuais adversários e antigos patrões. Entusiasmado com a proporção que o negócio tomaria, comemorou antecipadamente a triplicação da promissora fortuna. Ao lado da amada e de seu "filho" predileto, debochou da ineficiência policial e da impotência do promotor, quando nada puderam fazer para detê-los.

Adalberto apertava as mãos dele, parabenizando-o pelo sucesso do plano de fuga. Riam, ao lembrar detalhes da estratégia utilizada até o momento de seu desfecho. Depois brindaram, em louvor a Eulália, por ter-lhes encaminhado Mileide para ajudá-los.

Lopes não deixou escapar nenhum detalhe. Envaidecido, falou com veemência:

— Maria de Fátima nem teve tempo para pronunciar-se ou chantagear-me. Felizmente não conseguiu extorquir mais dinheiro, por afirmar que aquele filho bastardo é meu. Pois nem mesmo ela sabe quem é o pai! Por consideração aos meninos que não têm culpa alguma de terem nascido de uma mãe desmiolada, facilitei-lhes a fuga para o exterior. Imagine que a viúva mal enterrou o corpo do marido e já foi abordada pelos mandantes da organização. Quase pagou com a vida, o ato inconsequente do marido de facilitar ao promotor a fuga de Adalberto. Acabei descobrindo tudo isso, por intermédio deles mesmos, que fuçaram até desatar o nó dessa questão. Depois que percebi que haviam planejado o meu próprio extermínio, porque descobriram meu envolvimento com os estrangeiros, agi rapidamente, tirando todo mundo de cena para não sermos aniquilados, como aconteceu com o pobre de meu advogado.

"Fui mais esperto e eles perderam com isso. Consegui redobrar minha segurança, e agora mais ainda, porque sei que aqueles estrangeiros são muito piores do que se possa imaginar!

Venceremos mais esta parada, daqui a dois anos estaremos milionários e mais poderosos que os magnatas engravatados e disfarçados da organização. Eles estarão sob meu comando e cederão porque são "tarados" por dinheiro. Quando avaliarem o lucro da proposta que farei, seus olhos brilharão, pois perceberão que a grana vai rolar e entrar fácil nos bolsos deles. Estaremos a salvo depois disso, poderemos até voltar para cá e curtir nossa terra natal."

Adalberto ouvia tudo maravilhado, entretanto, quis saber como Mauro havia facilitado ao promotor o rapto dele.

Lopes prontamente respondeu:

— Medeiros havia ido jantar na casa deles, Maria de Fátima revelou todo o envolvimento conosco, o promotor exigiu que ela solicitasse um encontro com você, ela tentou evitar, mas não conseguiu. Ele foi embora e ela teve uma briga com Mauro, depois de espancada, ele, para vingar-se dela, telefonou para Medeiros e, juntos, arquitetaram um plano rápido para raptá-lo. Isso aconteceu porque um de meus empregados facilitou o intento. Você tomou um treco que o fez dormir e não percebeu quando ele entrou no quarto, o pegou envolto num cobertor e saiu pelos fundos. Justamente na área em que o tal fazia a vigia. Alguns agentes do promotor aguardavam-no, depois saíram carregando-o, andaram até cruzar o morro e, então, entraram no carro e fugiram. Quando fui preso, o chefão da organização mandou investigar e deu fim no traidor. Em seguida, recebi recado, ou melhor, uma ameaça de que estava na mira deles. O meu advogado foi morto, porque "bicou" para o Mauro o lugar onde estávamos. Quando vi que a coisa ficou preta após a morte dos dois, imediatamente fugi antes que pudesse ser degolado. No meu caso, estavam de olho em mim e, com certeza, conseguiram alguma pista de que eu estava sendo solicitado pelos estrangeiros, acho até que sabiam que eu já havia aceitado o serviço. Antes de me darem um sumiço, consegui fugir, porque comigo ninguém pode!

— Bravo! — gritou Adalberto entusiasmado. Depois fechou o semblante e tornou a perguntar:

— Teobaldo dormia ao meu lado, será que deram o treco pra ele cheirar?

— Não acredito, acho que ele entrou na deles, deve ter visto tudo e calou-se. Pensou que com sua saída ocuparia o seu lugar, seria o preferido. Você era a pedra no sapato dele. Menino invejoso! Depois quando viu que a coisa ficou preta, me dedou para a polícia. Vai saber se ele não foi instruído para isso? Agora que caiu a ficha! Os pais dele estavam na delegacia, esperando-o chegar, danado! Deixe ele, vai se ver comigo! Algum dia ainda irei encontrá-lo! Nem pensei em capturá-lo para seguir comigo, não gosto dele, é falso e traidor!

— Eu não sou! Gosto do senhor, o tenho como "pai"! — disse abraçando-o com ternura.

Lopes emocionou-se e, sorrindo, respondeu:

— Você e esta mulher, dentre todas as coisas, são os mais importantes para mim. Por vocês faria de tudo, até mesmo perderia a minha vida se preciso fosse.

Eulália também sorriu, estava feliz por estar do lado do homem que sempre amou, porém, suspirou ao pensar que dali para frente nada mais poderia contestar com relação às drogas e ao tráfico. No entanto, consolava-se porque estaria junto dele até que a morte os separasse. Havia deixado tudo para trás, mas estava feliz, isso era o que importava naquele momento.

As moças que a acompanharam na fuga migraram com dinheiro para outro estado, visando abrir outro estabelecimento. Eram as mais confiáveis e determinadas. Se o negócio desse certo, futuramente dividiram os lucros. As outras tocariam normalmente a "Mansão dos Prazeres", sem que tivessem que dividir os lucros, desde que calassem a boca para a polícia e para qualquer pessoa que fizesse batida a mando da organização. Estavam instruídas a nunca se deixarem envolver com homens que as manipulassem, querendo obter informações sobre o ocorrido. Mesmo que o tempo passasse, alguns deles poderiam se disfarçar de clientes para conseguirem descobrir detalhes. Caso vazasse alguma coisa, além de perderem o emprego, poderiam perder também a vida, porque Lopes haveria de vingar-se. Mileide embarcou para os Estados Unidos. Sabendo do risco que correria após a fuga de Adalberto, providenciou antecipadamente, licença para ausentar-se do trabalho, alegando doença em família. Para ela, tudo foi muito fácil porque contava com ajuda de seu atual amante, o diretor do hospital.

Na madrugada do dia seguinte, Lopes e os seus seguiriam para o norte da Bolívia, ansioso por iniciar seu novo empreendimento, contava os minutos para poder partir, rumo à nova etapa de vida. Abriu a janela e, com os braços abertos, exclamou:

— Adeus minha terra natal! Aguarde até que eu volte montado na grana!Em seguida, puxou Adalberto pelo braço e tornou a abraçá-lo com ternura. Sentou-se posteriormente no sofá e lamentou por alguns de seus empregados que não poderiam, naquele momento, acompanhá-los. Vadico, em especial, recebeu grande quantia para afastar-se da cidade junto com à família, com promessa de voltar a trabalhar para ele, quando fosse solicitado.

De certa forma, terminava ali, um ciclo de relações que se formara logo no início de sua carreira. Repentinamente os planos foram mudados, porém conseguiu conduzir os fatos sem que alguém fosse prejudicado. Ágil e esperto, mudara o rumo das coisas na hora certa — assim concluiu, após o último brinde daquela noite, antes de dormir.

Adalberto ficou sozinho na sala. Sentado no sofá, abriu um

pequeno pacote que continha droga de diversos tipos, não pensou duas vezes para fazer uso de alguma delas. Ao mesmo tempo, lembrou da mãe e das irmãs, não havia tido tempo para vê-las pela última vez. Amargurado, reforçou a dose, ingerindo rapidamente o restante que havia sobrado. Minutos depois, ria e chorava ao mesmo tempo, balbuciando palavras desconexas, abriu uma garrafa de uísque e tomou vários goles seguidamente. Sentiu-se lisonjeado por ser o preferido de seu "pai". No futuro, almejava adquirir semelhantes características, como sua agilidade e esperteza. Comparou-o ao seu pai biológico, homem honesto e trabalhador, porém, nunca conseguira sair do lugar e alçar novos conhecimentos para crescer profissionalmente. Balançou a cabeça fazendo gesto negativo e disse em voz alta:

— Não! Isso nunca! Pobreza ficou pra trás! Não quero isso para mim, ainda bem que conheci o Lopes, tive sorte e não posso deixar escapar essa oportunidade. Manteve esse sentimento até adormecer.

Miguel, acompanhado de alguns amigos espirituais, chegou próximo ao rapaz, lamentando profundamente o estado energético deplorável em que se encontrava. Várias larvas astrais circulavam ao redor de sua cabeça, instalando-se em cada chakra, impedindo a circulação do fluxo restaurador. Com aparência de moribundo, o rapaz salivava oferecendo, sem que percebesse, alimento para que algumas delas absorvessem os nutrientes que precisavam para proliferarem no muco baboso.

Condoído, o pai desencarnado rogou ajuda aos benfeitores espirituais, que, ao lado deles, lamentavam a cena deprimente. Miguel aturdido perguntou:

— O que se pode fazer neste caso?

Um dos mentores respondeu:

— Apenas vibrarmos para que tome consciência de seus atos e possa permitir receber ajuda. Observe como as formas-pensamento negativas tomaram o corpo dele por completo, esse rapaz poderá manifestar sérias complicações se permanecer nesta sintonia. Não poderemos interferir, sem que antes manifeste, dentro de si, vontade de mudar.

— Mas existem algumas pessoas em piores condições que receberam ajuda e se libertaram do vício e das tendências negativas. Não poderemos ajudá-lo?

— Adalberto é teimoso e está cego quanto à renovação de valores, obsessivamente pensa em enriquecer para ser feliz. Desconhece o verdadeiro sentido de posse de bens materiais, iludido quanto à necessidade de sentir-se vitorioso, plasmou na aura, condicionamentos difíceis de serem alterados. Somente com o tempo as futuras experiências o farão enxergar que caminhou induzido pelo orgulho e vaidade, perderá o único vínculo de sentimento puro, quando se deparar com a autodestruição a que se submeteu desvairadamente. Infelizmente a única coisa que poderemos fazer é emitirmos ondas de lucidez diretamente no chakra frontal e aguardamos que o movimento regenerador ocorra naturalmente, despertando a consciência sobre os resultados de seus próprios atos.

Com o sentimento de lástima pelo triste destino do filho, o pai, desgostoso, aproximou-se lentamente dele, a fim de acariciar-lhe a fronte congestionada. Repentinamente recebeu uma descarga elétrica que o fez pular para trás. Simultaneamente, um forte odor exalou de seu corpo, espalhando minúsculas partículas escurecidas que, aos poucos, tomavam forma de abundantes bolas que liberavam líquido gosmento. Miguel sentiu repulsa e recuou alguns metros, colocou as mãos no nariz, tentando parar de absorver o mau cheiro.

Maximiliano, um dos mentores presentes, observou:

— Procure se desligar dele emocionalmente, seja impessoal! Mediante pensamentos e emoções, permitimos diversos níveis de conexão vibratória, principalmente neste caso. Você emitiu ondas de desapontamento e mágoa e recebeu, na íntegra, todo teor vibratório do campo magnético de seu filho. Primeiramente, tome consciência de que ele não é vítima e nem você, caso contrário, a colagem permanecerá e receberá exatamente o que ele estiver pensando ou sentindo.

"Quando queremos ajudar alguma pessoa, esse procedimento é indispensável, bem como, atentarmos que ao pensarmos em alguém, alguma coisa ou lugar, a ponte energética, por meio de ondas magnéticas, estabelece intercâmbio, e se estivermos debilitados ou vibrando negativamente, receberemos semelhante vibração, caso a conexão esteja nos mesmos níveis dela. Se uma pessoa está alegre, relembrando coisas boas de alguém, essa vibração chega até o outro, por intermédio de sensações positivas, o contrário também ocorre, quando nos permitimos pensamentos críticos, mágoas, ressentimentos, raiva etc. Também há o intercâmbio sugador, a pessoa pensa demais, querendo que o outro satisfaça seus desejos. O receptor poderá estar invigilante e sentir notável desconforto ou perda de energia, além de sentir repulsa indefinida. Se estiver conectado com você mesmo, expulsará tal sensação neutralizando-a.

Você poderá conquistar bons resultados se respeitar a si mesmo e aos outros. Quando tiver algum sentimento negativo, rejeite. E, quando quiser fazer conexão por pensamento, controle seus impulsos e emoções, emitindo ondas de sentimento desprendido de qualquer dependência afetiva. Denominamos isso "respeito energético"—uma educação emocional que poucos conhecem. O mais comum é trocarmos emoções desvairadas e pensamentos abusivos, desconhecendo que pensar é ligar-se pelas sensações. E recebê-las, desequilibradamente, denota o quanto somos vulneráveis às vibrações externas. Se nos mantivermos autovigilantes e determinarmos posse constante sobre nós mesmos, reconheceremos de pronto o pensamento invasor e a manipulação energética negativa, geralmente disfarçada de ondas prazerosas. Essas ondas possuem alto nível de sucção e são capazes de esvaziar rapidamente todo o fluxo de entusiasmo que possuímos. Configuram-se em sensações de esgotamento, tristeza inesperada, angústia e perda de vontade. As pessoas mais sensíveis e ignorantes no assunto, podem até mesmo sentir vários sintomas físicos que não apresentam causa específica. Se você permanecesse por mais alguns minutos ao lado de seu filho, com pensamentos deprimentes, começaria a sentir-se totalmente envolvido por essas larvas astrais, que minariam todo o seu sistema regenerador."

— Mas não é comum entristecer-me com cena tão desoladora? — perguntou Miguel, querendo aprender como manter-se firme para ajudar o filho.

— Lamentar pode, mas sem envolver-se emocionalmente, sem dramatizar, fixando ideia de que a situação é irremediável. Tudo poderá mudar se a pessoa permitir, veja você como transformou-se ao perceber seus excessos, pôde restaurar o corpo astral rapidamente. Caso contrário, estaria sentindo os sintomas até hoje, além de estar totalmente mais debilitado.

— Vamos tentar uma nova alternativa para ajudá-lo?

Miguel assentiu e Maximiliano começou a ensiná-lo:

— Primeiramente, feche os olhos e diga para si mesmo: Eu tomo posse de mim mesmo agora, libero a necessidade excessiva de salvar meu filho, ele é dele e eu sou meu! Cada um de nós responde por atos e escolhas e eu respeito a minha individualidade e a dele, sabendo que tudo é uma questão de aprendizado diante da vida. O que posso fazer, farei sem me envolver, pois agora sei que somente a própria pessoa pode permitir a cura e a transformação do negativo. Visualize que você está envolto numa intensa luz branca que se expande rapidamente por esta sala, neutralizando as correntes de vibração contrária ao bem maior de todos os envolvidos.

Miguel surpreendeu-se, quando notou que de seu peito saiam fagulhas luminosas, dirigindo-se ao corpo do filho. Imediatamente as larvas ao redor se dissolveram, exalando cheiro de queimado pela sala. A fronte de Adalberto ficou mais clara e intensa sensação prazerosa dominou o local.

Maximiliano complementou o trabalho, colocando-se perto do rapaz, falando em voz alta:

— Você é capaz de escolher o melhor para si mesmo, desperte para as verdades de seu espírito e seja realmente feliz!

O rapaz remexeu-se, porém não despertou. Ergueu as mãos como se estivesse afastando alguns mosquitos, balbuciou algumas palavras desconexas e silenciou.

— Ele ainda conserva a sensação de invasão, embora tenham se esvanecido do local, no momento em que as expurgou, quando sentiu-se amargurado. As demais formas-pensamento ainda participam do conjunto de ideias e conceitos que ele condicionou. Somente mediante esclarecimento poderá obter a paz. Fizemos o possível, deixemo-lo seguir com seus propósitos, quando ele permitir estaremos de volta... — esclareceu o mentor.

Antes de partirem, o pai despediu-se do rapaz, emitindo pelo pensamento, votos para que não desperdiçasse a chance de renovar-se, no entanto, ressaltou que respeitaria o momento dessa decisão, pois seria única e exclusivamente dele. Após isso, seguiu com Maximiliano e os outros assistente espirituais.

Na porta da casa, alguns vultos dissiparam-se velozmente, quando perceberam o movimento da equipe espiritual que se distanciava, deixando grande rastro luminoso no local.

33

Jordão e sua equipe apresentaram muitas dificuldades de adaptação aos novos tratamentos que recebiam, disponíveis no sistema de regeneração energética que Amália havia proposto. Todos eles, a seu modo, entraram em estado de delírio por várias semanas consecutivas. Uivavam à procura de alimento sexual para manterem-se firmes e renovados, entretanto, isolados nas câmaras propícias das salas especiais, contorciam-se volitando, debatendo-se por todos os lados, sem poderem escapar do confronto intimista com vocês mesmos. Assemelhavam-se a morcegos presos em gaiola.

Depois de cinco semanas de tormento interior, e sem forças para relutarem quanto à percepção de seus atos e consequências, caíram no chão da sala e ali ficaram por vários dias, recebendo apenas jatos luminosos dos aparelhos instalados no local. Eles tinham, por finalidade, restaurar a lucidez, para depois renovar o corpo astral, a partir de novas atitudes e sentimentos.

Meses se passaram, Jordão e sua equipe começaram a dar os primeiros passos para uma nova etapa de vida espiritual. Apesar de se sentirem mais refeitos, ainda conservavam considerável debilitação emocional. Caminhavam lado a lado, pelo belíssimo parque, ao redor da ala de regeneração psicoemocional. O grupo parou de frente a um lago imenso e, mais do que depressa, entraram na água, agindo como crianças em busca de diversão.

Horas depois, decidiram sentar ao lado, para apreciar o pôr do sol que apontava no céu, cintilado por cores de tons alaranjados. Cenário indiscutivelmente maravilhoso de ser visto.

Jordão abraçou Ivana que, comovida, chorava de emoção. As

outras moças, juntamente com os rapazes, fizeram um círculo ao redor deles na intenção de trocarem afeto em comum.

Ivana levantou-se e abraçou um a uma, redimindo-se de tudo o que os havia feito passar, quando atendiam desenfreadamente aos desejos dela e de seu amado. Uma delas, manifestou o seguinte pensamento:

— Vocês nada têm para se desculparem, compactuávamos com tudo, porque estávamos na mesma sintonia — perdidos, à procura de um prazer que jamais alcançamos fora de nós mesmos. Estávamos alucinados e doentes, no entanto, já passou... Sinto-me revigorada e agora isso é o mais importante para que possamos, verdadeiramente, nos nutrir de nossa própria vibração.

— Nem me fale, se pudesse apagar de minha memória todos os anos em que estivemos à mercê da loucura que nos acometia, faria isso agora mesmo! — respondeu Ivana.

— Teremos oportunidade de reparar tais erros, usando devidamente nossas energias. Não faltará oportunidade para isso, haja vista, que Amália aguarda nosso refazimento para iniciarmos as tarefas propostas. Tenho absoluta convicção de que seremos os melhores colaboradores que ela já viu por aqui — disse Jordão, demonstrando determinação.

— Faremos o melhor, disso não tenho dúvidas. E tem mais: saberemos como neutralizar esse tipo de desequilíbrio naqueles que estiverem nas mesmas condições que outrora estivemos. Acredito que seremos mais solicitados do que imaginamos. Porque esse povo ainda conserva muita ignorância quanto ao tema canalização de energia — complementou Ivana.

— Concordo, você será chamada para realizar imantações de magia negra, mas fará justamente o contrário. Além de tudo, poderão ajudar no esclarecimento desses ignorantes, iludidos por conseguirem coisas à força, por meio de indução e fascinação. Acho que será esse o tipo de tarefa que Amália nos dará num primeiro momento.

Inesperadamente Ivana soltou um grito, ao avistar, a poucos metros de distância, um casal que se aproximava em semelhante vibração.

— Dirce! O que faz aqui?

A moça arregalou os olhou e ameaçou fugir, porém, Jordão esclareceu:

— Não fuja! Estamos nas mesmas condições de refazimento, não tenha medo, nada mais poderemos fazer para aprisioná-la.

Dirce, cabisbaixa, aproximou-se em companhia de Ernesto que, desconfiado, perguntou:

— Este é o bando do qual fazia parte?

Dirce assentiu, agarrando-se no braço dele.

— Já disse, não tenha medo! Aproxime-se — reforçou Jordão

— Você conseguiu fugir de mim, mas foi porque não tive mais intenção de procurá-la, porém, agora não se preocupe mais com isso, não tenho e nem quero mais aquele tipo de vida que levávamos. Estamos nos recuperando dos delírios e daqui para frente seremos todos livres — apontou Ivana, olhando diretamente nos olhos dela.

— Ivana, eu não aguentava mais aquela escravidão, consegui abrigo na casa de Ernesto, ou melhor, na casa da viúva dele. Fizemos coisas terríveis para a pobre mulher que faltou pouco para não chegar à loucura por conta de desejos sexuais exacerbados. Mesmo contrapondo-se à receptividade de nossa atuação, ficou extremamente debilitada porque não conseguia pregar os olhos para descansar e refazer-se diariamente. Foi procurar um médico, mas o que resolveu mesmo, foi quando aceitou o convite para participar de algumas sessões numa casa espírita. Ela fazia um tratamento de nome "desobsessão" e nós é que recebíamos as chibatadas, sentíamos com se estivéssemos incendiando. Depois de caídos, fomos socorridos por uma equipe indígena a mando do chefe Brogotá e Pena Branca. Um bom tempo se passou, então fomos encaminhados para esse local. Bem, o resto vocês podem imaginar.

Ernesto salientou:

— Graças a Deus, Gumercinda escapou! Eu estava tranquilo quando essa desmiolada apareceu, propondo-me absurdos. Quando percebi, não tinha mais forças para me libertar e compactuei com ela o grande transtorno desmedido de minha mulher.

— Pelo menos você conseguiu se desvencilhar daquele local.

Apesar de tudo, está livre para seguir a diante. Não está? — respondeu-lhe Dirce, tentando redimir-se do infortúnio causado pela indução sexual.

— Estou sim, mas desejo imensamente reparar o meu erro antes dela voltar para cá, já pensou quando souber que fui eu, em companhia desta louca, que provocou aquele desequilíbrio? Nem sei o que farei diante disso, prefiro nem pensar mais no assunto. Quero me propor a reverter tudo aquilo, desejando muita paz e liberdade para minha Gumercinda.

— Deixemos o passado para trás, estamos debilitados emocionalmente. Iremos nos curar, e depois disso, usaremos todas as energias desviadas para trazer benefícios a todos, principalmente àqueles que caíram em nossas garras — observou Jordão.

— Isso se eles puderem receber — redarguiu Dirce com tom irônico.

— Não importa, não julguemos as condições de réu ou vítima, assim como induzimos ao negativo, aguçando seus pontos fracos, poderemos usar da mesma técnica para despertar os fortes e positivos — sugeriu Jordão.

Ivana ouvia tudo calada, refletia no quanto havia prejudicado pessoas, apenas pelo mero prazer de sentir-se mais poderosa. Dirce era, na verdade, muito parecida com ela, possuíam o mesmo temperamento. No fundo admirara a coragem da moça ao escapulir de suas garras. Por certo, continuariam sendo companheiras no novo trabalho de regeneração. Levantou-se e ficou frente a frente com ela, podendo dizer-lhe:

— Dirce, quero que receba os meus sinceros votos de libertação interior. Só não pedirei desculpas, porque não sou hipócrita. Estávamos nas mesmas condições, por isso, ninguém é tão culpado assim... Reconheço que temos necessidade de aprendermos outras coisas nesta nova fase em que nos encontramos, predispostas à transformação. Quero que saiba que você poderá sempre contar comigo! O que eu puder fazer para que se restabeleça rapidamente, farei de todo o meu coração.

— Obrigada Ivana! — respondeu ressabiada.

Ernesto ainda se sentia muito fragilizado e culpava-se constantemente. Impulsivamente falou:

— Será mesmo que vocês terão paz na consciência depois de tudo que aprontaram? Eu me culpo por muito menos, imagine se eu tivesse feito o que vocês fizeram, estaria me mortificando até conseguir ressarcir as vítimas de erros por mim cometidos.

— Voltar ao passado não dá, o jeito é melhorarmos daqui pra frente — respondeu Jordão.

— A culpa desaparecerá? — indagou novamente.

— Se aceitarmos que éramos delinquentes, sim. Caso contrário, ela permanecerá. Se tivéssemos lucidez, não faríamos tantas bobagens, mas considerando que somos doentes, acredito podermos receber a cura.

— Jordão, o que me diz das pessoas prejudicadas? — questionou Ernesto, inconformado.

— Não sei muito bem qual foi a lição delas, mas desconfio que puderam, pelo sofrimento, fortalecer os pontos fracos, para não ficarem mais vulneráveis ao pensamento e energia de outros.

— Somente isso os fizeram receptivos à maldade que receberam?

— Talvez acreditassem mais no mal do que em si mesmas e deixaram-se conduzir pelo negativo.

— Não podemos aprender pela inteligência? Por que não houve intervenção?

— Quem disse que não? Veja pelo exemplo de Gumercinda, ela conseguiu desvencilhar-se dos vampiros sexuais. Na verdade, pude observar várias pessoas que nos serviram durante algum tempo, elas mesmas conseguiram libertação, quando mudaram a maneira de se posicionarem na vida. Muitas delas conseguiram entender a necessidade de manter a firmeza e deixar o orgulho para trás. Quer saber? Estávamos todos no mesmo barco, só que cada um remando a seu modo.

— Será que conseguirei perdão de minha Gumercinda?

— Pare de se culpar, em vez disso, por que não emite bons pensamentos a ela? Já estará consertando parte do estrago que fez!

— Ah, Jordão! Para você é tudo tão simples...

— Ernesto, pare de complicar! O que está feito passou, pense daqui para frente e pare de se culpar, acabará perdendo o equilíbrio e as forças, precisando voltar às câmaras de assistência para delinquentes.

— Não sou delinquente! — irritou-se ao responder.

— É sim! Mas poderá mudar!

Ernesto baixou a cabeça e começou a chorar, Dirce sugeriu para que retornassem à ala de tratamento, ele aceitou, despediram-se do grupo e rumaram rapidamente à procura de alívio.

Ivana chamou a atenção de Jordão:

— Você exagerou, esta não é a sua função, deixe que ele mesmo reconheça isso quando estiver amadurecido emocionalmente.

— Azar o dele, perguntou e respondi. E quer saber mais? Comigo é assim mesmo, gosto de praticidade. Ernesto me pareceu muito melindroso pro meu gosto... Êta cara complicado! Não foi à toa que ficou estagnado vigiando a ex-mulher!

— Não temos o direto de julgá-lo.

— Não estou criticando, estou apontando a verdade. Quem não for melindroso, poderá ouvir qualquer observação sem se chatear.

Ivana balançou a cabeça, assentindo quanto à observação dele:

— Ainda esbarramos no melindre, ou somos demais agressivos, ou perdemos as forças. Cada dia mais, percebo o quanto precisamos aprender a ter autocontrole, tudo parte desse ponto, não há obsessão que aguente um cara firme e decidido.

— É mesmo, a firmeza nos defenderá sempre. Se ele desse de ombros, não entendendo como crítica negativa o que ouvira, não teria ficado angustiado e atormentado. Esse aí vai dar trabalho, não vai? Será que passou por aquele tratamento que fizemos? Ter olhado nossos pontos fracos não foi fácil, estrebuchamos, mas estamos inteiros.

— O efeito em cada um é determinado pelo temperamento, nós esbravejamos porque somos agressivos, enquanto ele chorará muito.

— Que chore longe de mim! Prefiro ouvir berros do que lamentos.

— Temperamento — não esqueça disso! Lembra quando investíamos nos pontos fracos para tornar nossas vítimas vulneráveis? Intensificávamos as emoções porque percebíamos o temperamento de cada uma. Esqueceu disso?

— Não me esqueci, mas agora não quero justificar o melindre dele, caso contrário, jogaria mais culpa nele e sairia daqui esquartejado por si mesmo. Por que quis defendê-lo?

— Não sei, compreendo o que me diz, mas sinto que estou mais frágil e ainda não domino muito meu novo estado emocional — respondeu Ivana.

— Está virando pamonha? Não perca o que já conquistou, apenas se modifique para melhor, lembre-se que o desajuste é um belíssimo potencial a ser explorado.

— Você tem razão, ainda devo estar sob efeito dos choques que levamos naquele tratamento.

— Por falar nisso, já está quase na hora de voltarmos à ala, disseram que novas coisas nos aguardam, quero ver do que se tratam.

Jordão levantou-se e deu sinal para o grupo acompanhá-lo de volta à ala de regeneração. Apesar de todos estarem livres, ainda obedeciam as ordens do ex-capitão, que não se intimidava em continuar determinando o que todos deveriam fazer.

Durante meses, se submeteram à reformulação predestinada. Amália ficou muito satisfeita com os resultados apresentados.

Numa manhã, ela os convidou para iniciarem a primeira tarefa fora da ala de regeneração. Todos demonstravam estar em perfeita condição para atenderem à solicitação, entretanto, não podiam omitir certa ansiedade quanto aos efeitos que adviriam de suas novas atitudes em face de novos desafios.

O salão principal estava lotado pelos recém-formados. Dirce estava sentada à direita do grupo de Jordão, silenciosamente trocaram cumprimentos apenas com olhares. Ivana ergueu a cabeça tentando localizar Ernesto, olhou por todos os lados, não o encontrou. Aguardou que Dirce cruzasse olhar com ela para questionar-lhe a ausência do amigo.

De repente alguns orientadores entraram na sala, acompanhados por uma equipe que trazia uma bandeja nas mãos, com frascos de vidro que continha líquido colorido. Ernesto era um deles.

Os orientadores começaram a indicar as instruções, depois explicaram a função daqueles componentes reservados na bandeja.

Antes de saírem para a tarefa estipulada, cada um deveria

pegar um frasco e levar junto de si para a nova jornada. Era um tipo de fortificante energético, caso precisassem de auxílio se percebessem perda de energia ao passarem por zonas de intensa condensação negativa.

Haveriam de testar, naquela dia, se estavam aptos a enfrentar tais situações. Por isso, o acessório facilitador os ajudaria caso fosse necessário.

Ao término da palestra, o orientador permitiu espaço para esclarecimento de dúvidas. Jordão ergueu o braço e formulou a questão:

— Não entendi a função do líquido com efeito restaurador imediato, vivemos muitos anos nas zonas trevosas e nunca houve qualquer desalinho que pudesse neutralizar nossas ações. Qual a real função deste medicamento?

— O tipo de zona trevosa que habitavam era compatível com a forma-pensamento que emitiam, entretanto, viviam dentro daquela redoma negativa e se fortaleciam quando sugavam as energias alheias. Acreditavam poder alcançar prazer e êxtase contínuos — principal objetivo de todos vocês —, porém, exercitavam rudemente a fixação mental e, por isso, precisarão aprender outro mecanismo, caso contrário, não conseguirão sair vitoriosos da tarefa estipulada. Este é um componente energético que tem por finalidade mantê-los isolados de certas contaminações, haja vista, que ainda precisam aprimorar o desenvolvimento mental para manutenção os fluidos positivos. Assim não poderão ser atacados por potentes e destruidoras larvas astrais. Se estão indo ao campo de batalha, precisam se munir de armamento, ou então, serão exterminados, não é mesmo?

— De que origem são essas intrusas?

— São elaboradas em laboratórios especializados das trevas, que estudam constantemente uma maneira de passarem despercebidas para atingirem a destruição. Essas larvas, ou melhor, esses bacilos psíquicos, atendem às mais sutis vibrações negativas, geradas pela sede febril de prazeres inferiores, os quais se originam de emoções desenfreadas. Essas larvas têm a função de se instalar nas esferas planetárias, proliferando-se rapidamente e alojando-se dentro das correntes eletromagnéticas de corpúsculos mentais. Fortalecidas, atuam como filtro sugador dos elementos de purificação astral. Iremos destruí-las, e nada mais prudente do que fazermos uso deste preventivo.

— Você quer dizer que entraremos nas esferas de imersão bacteriana?

— Mais ou menos isso, haja vista, que estamos preparando uma nova condição planetária, dentro do éter cósmico que nos habita, temporariamente. Saindo daqui, passarão pelas salas de isolantes energéticos. Tais componentes farão a proteção necessária, por meio de substâncias ectoplasmáticas, reservadas para diversas atividades nas colônias astrais.

— Barbaridade! Esse trabalho é para ninguém botar defeito! — expressou-se Jordão com notável espontaneidade.

— Sairemos vitoriosos se seguirmos as orientações de nossos engenheiros siderais. É uma tarefa de alta importância para que consigamos exímia qualificação.

Ivana admirou-se, quando ouviu que a substância de proteção era a condensação do ectoplasma. Atraída por querer conhecer e aprender mais e mais sobre as infinitas possibilidades existentes no universo, também quis participar e levantou a questão:

— Gostaria de saber sobre os efeitos do ectoplasma como capa de proteção energética.

— O ectoplasma está situado entre a matéria densa e a astral, sendo um elemento de grande potência e vitalidade, por conter substâncias do princípio criativo, que servem como condutores de eletricidade e magnetismo. Atendem prontamente ao pensamento e à vontade expressa, materializando-se rapidamente em razão de sua natureza plástica. Esse fluído condensado ativará as emoções prazerosas, intensificando a alegria e os pensamentos positivos. Como consequência disso, potencializará a matéria plástica, que, por conseguinte, absorverá o núcleo das formas-pensamento altamente negativas. Explodirão sem que espalhem resíduos de fácil contaminação. A capa de proteção é um ativador apropriado que fortalecerá as ondas magnéticas do pensamento, gerando correntes mentais de grande potencialidade. Isto é, induzirão mentalmente, por meio de sensações prazerosas, ao intento de combatê-las.

Ivana, boquiaberta, quis fazer menção às condições que utilizou para absorver energia de prazer condensada, induzida por estado de insaciabilidade sexual. O instrutor, captando-lhe a intenção, prontamente respondeu:

— A retirada da substância ectoplasmática não se dá pela concentração dos desejos insaciáveis, porque em tais aberrações a produção se interrompe e o fluido regenerador se esgota, em virtude da contaminação mental negativa. A produção homogênea e salutar precisa estar em movimento, sob as ondas do prazer original, onde os estímulos eletromagnéticos se fundem, triplicando a sensação calorosa, para que a irradiação aumente e possa ocorrer a concentração plasmática. O bem-estar e todas as sensações que nos enleva fortalecem o intercâmbio reprodutor. Notem que quando essa energia está em perfeita harmonia é capaz de regenerar, fortalecer e, principalmente, manter a sintonia prazerosa, promovendo o verdadeiro êxtase da alma. Isso não se perde.

A transfusão dessa energia não atende aos deliquentes desesperados. Esses servem-se apenas da materialização das larvas contaminadas, que se manifestam em formas condensadas, com aspecto purulento e escurecido. Aqueles que delas se saciam, pensando estarem nutridos de intenso prazer, na verdade, expurgam os bacilos que os impedem de transitar livremente até que a contaminação cesse. Essas larvas consomem toda a vitalidade do ser, esteja sob roupagem física ou espiritual, promovendo seguidamente, insaciável desejo de nutrição. Logo, os agentes vampiristas servem-se de substâncias contagiosas e pouco nutritivas.

Ivana arregalou os olhos novamente, sentindo forte repulsa por si mesma. Pensando que fosse desfalecer, solicitou ajuda para recompor-se.

Amália, imediatamente, recomendou:

— Ivana, sua mente é fonte de criação, retire rapidamente esta impressão, liberando a imaginação negativa. Escute, veja e observe tudo que está fora de si mesma.

— Não estou apta a acompanhá-los. Desculpe-me, não posso ir agora — disse ela, apresentando total fragilidade.

— Pode transformar esta sensação imediatamente, não quer tentar? — incentivou Amália.

— Acredito que sim, no entanto, não saberia dizer se ao me deparar com essa concentração de bacilos, conseguiria reagir para executar a tarefa proposta, mesmo servindo-me deste líquido ectoplasmático.

— Pois bem. Ernesto, forneça um frasco para Ivana tomar agora, veremos o que acontecerá.

Ernesto, com as mãos trêmulas, atendeu prontamente a solicitação de Amália. Dirigiu-se ao local, onde Ivana estava sentada, e ofereceu-lhe o medicamento.

Ivana tomou o fluido de uma única vez. Após alguns segundos, intensa sensação prazerosa a acometeu, pela primeira vez sentiu o que realmente era ser feliz. Seguidamente sensibilizou-se, ao sentir ondas de vibração de amor intensa por tudo e por todos.

Amália prosseguiu:

— Muito bem, agora emita força ao pensamento positivo. Com olhos abertos, crie a imagem de bolas coloridas circulando neste ambiente, para cada uma, elabore uma intenção mental positiva.

Ivana atendeu e imantou cinco mensagens em cinco bolas, nas cores amarelo e azul, com tons prateados e cintilantes, ao redor.

Os participantes recebiam as mensagens, por intermédio das sensações de amor, paz, renovação, lucidez, equilíbrio e intensa vibração de êxtase. Instantaneamente as bolas se triplicaram e caíram nos braços de cada participante. Na sala, havia 120 candidatos à renovação, o total de bolas somadas foi 360 — número suficiente para que compreendesse estar mais do que apta para a tarefa estipulada.

Ivana sorriu, sentindo-se renovada e fortalecida, percebeu que a escolha do pensamento concretiza o cenário desejado e os fluídos compatíveis. Aprendeu que a impressão negativa é apenas uma expressão das sensações que concentramos e que podem rapidamente ser substituídas por formas-pensamento mais desejáveis e proveitosas. Que controlar a mente deve ser um exercício contínuo, para que consigamos dominar emoções e criar sensações em prol de grandes realizações.

Estupefatos, os iniciantes aplaudiram o resultado do exercício proposto, todos conservaram, em si, o estímulo de usar o poder de criação com mais segurança, para minimizar as tendências negativas de outrora. Entusiasmados, aguardavam receber os exercícios, para testarem individualmente, suas novas habilidades.

Pequeno intervalo foi concedido pelos orientadores, todos deveriam retornar após 15 minutos. Ernesto fez sinal para Dirce, a moça esperou para saírem juntos da sala.

Lá fora, Ivana recebia os cumprimentos pela bela execução e Dirce fazia breve comentário:

— Ernesto, veja, Ivana possuiu um magnetismo que é dela mesma, adora ser cortejada e atrai aplausos, seja por qualquer atividade que execute.

— Ela é convicta de suas aptidões... — ironizou o moço.

— Será que todos receberão este apreço?

— Não ouviu que é só plasmar mentalmente e receberá? Está enciumada? Fortaleça os seus propósitos e parabenize-se em primeiro lugar.

— Ela é danada mesmo! Não é à toa que foi nomeada de “Rainha do Inferno”!

— De certo ela acreditou no poder que usava, infelizmente era negativo, mas agora, creio que será uma das melhores! — provocou ele para ver a reação dela.

— Todos nós poderemos ser os melhores, não acha?

— Se acreditarmos, seremos.

— Qual tarefa foi estipulada para você?

— Para mim foi sugerido dividir a poderosa substância em diversos fracos, com isso, aprenderei mediante os fluidos de condensação positiva, a dosar minhas emoções, deixando de ser tão dramático.

Dirce soltou estrondosa gargalhada. Depois quis contemporizar, observando que aquele era, sem dúvida, um grande aprendizado de controle de emoções desenfreadas. Repartindo-se a substância, o fluxo energético seria dosado e, pela continuidade da tarefa, passaria a registrar os impulsos com menor intensidade até controlar a mente.

— Parece ficção, mas não é! — salientou ele, querendo justificar a colocação.

— Eu percebi. Você notou que o êxtase que recebemos foi milhões de vezes maior e melhor do que a sensação de ficarmos drogados? — ressaltou Dirce.

— Percebi, mas no meu caso nunca fui usuário de drogas.

— Será esse o motivo de muitos serem atraídos para o consumo desenfreado?

— Pode ser, você deve saber melhor do que eu, drogava-se como louca, acompanhando aquele bando de sugadores.

— Possivelmente procurávamos um meio para sairmos do estado de mente

atordoada.

— Essa foi a escolha de vocês, a minha foi vigiar minha ex-mulher.

— Agora aprenderemos, de outra maneira, como manter nossa condição vibratória mental e emocional. Estou estupefata.

— Todos nós estamos, não é à toa que viemos para cá — concluiu Ernesto.

Dirce dirigiu atenção ao local onde Ivana recebia cortejos, quis vencer o ciúme e foi ter com ela:

— Parabéns, Ivana! Você conseguiu prender a atenção de todos.

— Concentrei atenção em mim mesma. Quem permaneceu receptivo a prestar atenção em si mesmo, também conseguiu receber a imantação das energias que projetei. Como foi para você? — perguntou Ivana, desviando-se da projeção pessoal.

— Percebi forte êxtase acometer-me.

— Não conseguiu manter-se no estado de plenitude?

— Até certo ponto. Depois do intervalo, todos serão chamados para treinamento, espero ser tão bem-sucedida quanto você.

— Claro, dentro de seu propósito poderá conseguir passar pelo teste, no entanto, deverá acreditar mais em si mesma — alertou Ivana com segurança.

— Acredito em mim mesma! — respondeu sisuda.

— Então não se compare a mim e nem a ninguém, faça o seu melhor dentro do seu limite e confie.

— Achou ser impossível vencer se Amália não a ajudasse. Não teria reagido porque percebeu que se alimentara de suas próprias larvas durante todo esse tempo. Por isso uivava, querendo fazer sexo com Jordão a toda hora, depois de sugarem energias alheias. Ele não a atendia porque estava enlameado dentro da sujeira que conservava dentro de si, então você exigia que eu a saciasse.

Ivana olhou firmemente para ela e respondeu:

— Dirce! Vamos resolver de uma vez por todas nossas diferenças. Se eu exigia algo de você, para que me atendesse, é porque sempre se colocou por último e nunca acreditou em si mesma. O que conseguiu foi tornar-se invejosa e insatisfeita. Por outro lado, se eu cismava com você, é porque de alguma forma percebia sua verdadeira energia — coisa que ainda não prestou atenção. O problema é só seu, então, em vez de me culpar, reveja os seus valores e dê mais força a si própria. Não se esqueça de que estávamos todos desequilibrados e perdidos, no âmbito de nossas próprias frustrações. Todavia, antes que continue me acusando, dizendo que eu a ameaçava jogar no bando do qual covardemente fugiu, adianto que você mesma se colocou na posição de serviçal. Eu sempre fui e serei dona de meu nariz, não considero ninguém melhor ou pior, sou o que sou e pronto!

Aprenda a se valorizar, do contrário, será refeição contínua para as larvas. Se quiser uma dica, darei: comece exercitando isso na sua apresentação, após o intervalo. Torcerei para que vença o desafio — concluiu Ivana, num longo suspiro.

Dirce torceu o nariz, porém, não respondeu de imediato. Cruzou os braços e baixou a cabeça, a fim de controlar os impulsos, só depois de alguns minutos pôde ressaltar:

— Você está certa! Sempre certa! Às vezes acho que o mal vence, olhe para você, parece que nunca arrasou com a vida alheia, está aqui recebendo cumprimentos por ter conseguido vencer a tarefa!

— E você, com medo de não conseguir vencer. Orgulho! Eu fui mais humilde quando pedi para me retirar da tarefa, porque acreditei não conseguir superar a impressão negativa. Você enxerga qualidades exageradas em mim, porque não sabe validar as suas. E ainda por cima quer receber cortejos? Até parece que com esta cabeça de ovo podre, vai subir no palanque. Vai é cair, isso sim! E eu vou estar lá, poderosa como sempre! — instigou Ivana, para notar-lhe reação.

Dirce enrubesceu, teve vontade de esbofeteá-la, porém, controlou-se. Não quis dar o braço a torcer para a ex-chefe. Respirou profundamente tentando manter o equilíbrio.

Ivana manteve-se firme. Com expressão debochada, arriscou mais um comentário:

— De uma coisa estou certa: está aprendendo a dominar-se e isso é muito salutar para treinar sua firmeza. Principalmente quando estiver focinho a focinho com aquelas formas demoníacas que termos de destruir. Se pensar no ódio que sente por mim, será engolida por elas, mas se enfrentá-las, enxergando exatamente como são, poderá destruí-las.

Dirce sentiu vontade de explodir em choro compulsivo, reconheceu que a "rainha" merecia o trono que lhe pertencia. Tentou controlar-se, porém, não pôde conter a emoção e caiu em prantos, minutos antes de retornarem à sala de treinamento.

Com os olhos inchados de tanto chorar, foi a primeira a ser convidada para dar continuidade ao treinamento. Expôs dois aspectos importantíssimos: autoestima e determinação.

Por fim, pôde concluir que a aceitação de si mesma seria o primeiro passo para que pudesse aprender a validar suas qualidades. Com isso, receberia a energia de entusiasmo que preencheria a sensação de vazio que a acompanhara por muitos anos. Sentir-se-ia fortalecida verdadeiramente, dispensando a apatia que proporcionara a perda da alegria, causando-lhe insatisfação demasiada.

Dirce lembrou-se de quando sentira estranha sensação afetiva por Vadico e de quando Ernesto a advertira, dizendo que ela não sabia demonstrar afeto. Que liberava toda emoção reprimida na sexualidade, por isso nada e ninguém conseguia saciá-la nos desejos mais íntimos. Em virtude disso, desenvolveu a tendência ao masoquismo — condição atual que a faria receber tratamento de reformulação.

O treinamento foi prorrogado por mais algumas semanas. Isso gerou intensa agitação emocional, depois, puderam iniciar as tarefas de transmutação energética. Estavam dispostos a enfrentar os desafios para concentrarem a nova condição de valores reformulados que haviam exercitado. Amália pôde constatar que tudo havia dado certo, exatamente como planejara. Na nova fase evolutiva, formou-se entre eles um elo de respeito, tendo sido possível compensarem o tempo perdido.

Jordão mostrava-se satisfeito com os resultados e pouco se sintonizava com a necessidade de vingar-se do suposto inimigo do passado. O tempo agora era extremamente precioso, determinado a despender energia para utilização positiva, candidatou-se a ajudar Amália nos treinamentos dos recém-chegados.

Amália sorridente respondeu:

— A vaga é sua!

Jordão, emocionado, estendeu-lhe as mãos, num gesto feliz de poder compartilhar laços de sólida amizade. A mentora correspondeu, abraçando-o com ternura.

O ex-capitão das trevas tornou-se um aliado da luz, porém, nunca deixou de considerar que a suposta escuridão é necessária para que se possa descobrir virtudes. Essas poderão ser conduzidas quando, sob a luz da consciência, o espírito conseguir dominar a obscuridade dentro de cada um, tornando-se lúcido no domínio das polaridades proeminentes.

34

Dez anos se passaram, Ermínia casou-se com o promotor, um ano após a fuga do filho. Dedicou-se, desde então, ao próprio crescimento. Alfabetizou-se, primeiramente, depois deu continuidade aos estudos, até completar o Ensino Médio.

Paralelamente a isso, auxiliava o marido na gerência da matriz de um dos restaurantes que haviam montado, a rede contava com algumas filiais espalhadas pelos bairros da cidade. Os dois também seguiram as orientações do doutor Cristiano e dedicaram-se a pesquisar e estudar “mediunidade e projeção astral”. O médico sempre que possível procurava participar de encontros semanais com eles, para trocarem informações a respeito.

Familiarizada com os conceitos do Espiritismo, adquiriu compreensão mais inteligível e facilitada de alguns fenômenos de ordem mediúnica. Desde então, tanto ela quanto sua filha Julieta puderam se auto-observar, amparadas pelos estudos da doutrina.

As filhas gêmeas, recém-formadas em Administração de Empresa, dedicavam-se à organização da rede de franquia do restaurante da mãe e do padrasto. Julieta ingressou na Faculdade de Direito e continuou a manter contato com Amália, que sempre que possível a orientava diante da nova jornada escolhida.

Pedro, o amigo espiritual de Ermínia, acompanhava o desenvolvimento dela. Tornou-se comum o encontro com ele e com o cão Pintadinho, quando desprendia-se do corpo físico, em relaxamento profundo. Vez ou outra, perguntava sobre o paradeiro do filho, mas a única resposta que obtinha era que seguisse o próprio caminho e aguardasse os esclarecimentos oportunos que o próprio tempo daria. Mesmo decepcionada, conseguia reerguer-se e continuar dedicando-se ao próprio aprimoramento.

Espelhava-se na atitude dos pais de Teobaldo. A família, revoltada com a decisão de fuga do rapaz, mudara-se para Bahia, tentando um novo recomeço, apesar do desespero da mãe. Zuleica só pôde encontrar a paz, após ingressar nos trabalhos espirituais que sua prima comandava. Dedicou-se a orientar um grupo de jovens que precisava de incentivo para libertar-se das drogas. Tudo o que fazia transmitia em pensamento para o filho, com intenção de que recebesse, mesmo a distância, toda energia para sua transformação. "Haveria de encontrá-lo" — assim pensava para poder continuar conduzindo a própria vida.

Os pais de Juca também providenciaram significativa ajuda ao filho. Temendo algum embuste, por parte dos traficantes, mudaram para o interior de São Paulo, o rapaz ingressou na faculdade e nunca apresentou tendência às drogas.

Daquela época, manteve contato apenas com sua amiga Hortência. Ela e Tião também se casaram e, a convite de Ermínia, passaram a gerenciar uma de suas franquias em bairro próximo. A vida, para ambos, era recompensadora e gratificante. Souberam aproveitar todas as oportunidades de crescimento oferecidas pelo promotor, que, indiscutivelmente, acertava em tudo a que se propunha a fazer.

Certo dia, Ermínia voltou para casa mais cedo, sentia-se indisposta e preferiu repousar para refazer-se. Em desprendimento do corpo físico, deslocou-se para uma cena muito intrigante, deparando-se com o som de tiros ensurdecedores de armas de fogo. Tapou os ouvidos para tentar evitar o barulho estridente. De repente, viu o rosto de seu filho diante dela, o belo rapaz estava um tanto quanto envelhecido, porém, ainda conservava feição assustada, como quando era ainda criança. Com olhos esbugalhados e apontando uma arma na direção dela, o moço gritava:

— Mãe! Mãe! Meu Deus, minha mãe! Não pode ser!

Sem que pudesse reagir, ela estendeu as mãos para ele e chorou. Subitamente voltou ao leito, com o coração acelerado e suando frio. Procurou acalmar-se fazendo preces, pediu ajuda ao amigo espiritual, que prontamente foi se aproximando, sem expressar qualquer reação.

Ermínia, ao ter observado sua postura atípica, perguntou aflita:

— Pedro, o que representa isso, um aviso? O que acontecerá? Adalberto sofrerá um acidente fatal ou já desencarnou?

O amigo espiritual fez gesto para ela aquietar-se, colocou as mãos na cabeça dela e sugeriu que fizessem breve oração.

Ermínia, apreensiva, atendeu rapidamente a orientação recebida e fez uma prece fervorosa, pedindo ajuda para que seu filho fosse amparado pelos benfeitores espirituais.

Imediatamente pôde perceber uma vibração de paz que dissipava, pouco a pouco, o desespero e a aflição. Naquele fim de tarde, ela se manteve introspectiva, as lembranças do passado trouxeram acentuada melancolia. Dona Judite tentou distraí-la, solicitando companhia para prepararem um bom jantar com magnífica sobremesa. Ela negou preferindo aguardar a chegada do marido na sala de estar.

Por volta das vinte horas, o promotor entrou na bela residência, acompanhado pelos filhos e por Julieta, que se apressou a ir ao encontro da mãe, segurando nas mãos um bonito arranjo de flores.

— Olhe que coisa mais linda eu comprei para você! — disse ela com entusiasmo.

Ermínia levantou-se rapidamente e a abraçou com carinho, agradecendo-lhe a gentileza:

— Obrigada, filha! São lindas!

Medeiros, percebendo-lhe a indisposição, questionou:

— Você está bem? Parece abatida, passou por algum dissabor?

— Senti-me um pouco indisposta nesta tarde e preferi voltar mais cedo para descansar.

— Está melhor?

— Estou, porém, algo estranho aconteceu, não sei o que possa significar uma visão que tive em desdobramento nesta tarde.

— Conte-nos o que aconteceu — disse ele, fazendo sinal para que os filhos se sentassem ao lado deles.

Ermínia relatou a experiência com visível preocupação, disse não ter tido boa impressão daquilo que vira e que, por conta disso, não conseguira desprender-se da angústia, por pensar que o filho poderia ter morrido.

— Algo por certo aconteceu com ele, pois quando você relatou a cena, percebi intensa sensação de desespero — concluiu Medeiros.

— Eu não acho que ele desencarnou, tive o pressentimento de que algo ainda acontecerá e poderá abalar todos — opinou Julieta com seriedade.

— Ah! Nem me diga uma coisa dessa, minha filha! Este martírio nos acompanhará sempre! Não duvido nada se soubermos, mediante algum noticiário, que houve um confronto da polícia com traficantes e Adalberto estava envolvido.

— Aguardemos atentamente. Tomaremos cuidado para não nos distrairmos em locais suspeitos — salientou o promotor.

— Acha que Adalberto virá nos procurar? — perguntou Ermínia.

— Ele deve saber que estamos juntos e, se estiver em apuro financeiro, não duvido nada que tente se aproximar para receber dinheiro.

— Será que o meu filho teria coragem de raptar um de nós para extorquir dinheiro?

— É bem possível que tenha se tornado um aliado do Lopes, são traficantes e ladrões. Fugiram do país, porém, podem estar de volta e integrados em outra organização, porque a antiga dissolveu-se e muitos deles se agregaram a outros comandantes. Mas uma coisa lhe digo: se ele ousar algo contra a minha família, estará perdido dessa vez! Pode ter certeza disso! Responderá como um homem e não mais como um adolescente delinquente. Ele que não se meta comigo! Porque apesar de ter me aposentado, ainda mantenho meus contatos e, sutilmente, ajudo em casos mais complicados. Você sabe disso, antes dele agir, estarei pronto para impedi-lo. Imediatamente acionarei os agentes para que verifiquem se encontram alguma pista que comprove a permanência deles aqui.

Ermínia preocupou-se, no entanto, não teve ímpeto de solicitar flexibilidade do marido, caso o filho os ameaçasse. Não era justo se amedrontarem, por causa de um rapaz irresponsável capaz de cometer absurdos, sem pensar nas consequências.

Na tentativa de desfazer o clima de tensão, Ermínia, mais que determinada, levantou-se e sugeriu para que todos fossem jantar e esquecessem o assunto, mesmo que provisoriamente.

Adalberto havia retornado ao país por volta de um mês atrás e pretendia realizar novos negócios a mando de Lopes. Sentado na varada da bela casa de veraneio alugada pelo "pai", admirava a beleza do mar do litoral norte paulista. Contava com a ajuda de alguns amigos da organização, que fizera após a fuga para a Bolívia. Olhou no relógio para checar as horas. Estava ansioso para contratar novos participantes, que seriam responsáveis pela ampla distribuição de drogas encomendadas. Se fechasse negócio, conseguiria surpreendente lucro. Em sua compreensão, fora indicado para cuidar de outro tipo de renda muito compensadora, porém, antes de aceitar tentadora proposta, certificar-se-ia de estar em boas mãos, para execução do projeto.

Após as 15 horas, um carro estacionou em frente à residência, quatro homens saíram do veículo e anunciaram a chegada, identificando-se pelo interfone local. Adalberto foi recebê-los de imediato, abriu a porta da frente e acionou o controle remoto do portão, permitindo-lhes a entrada. Estupefato ao reconhecer um moço que lhe exibiu riso debochado, perguntou:

— Teobaldo, o que faz aqui?!

— Este mundo é pequeno demais, Adalberto — respondeu Teobaldo, pigarreando em seguida.

— Receba os meus sinceros cumprimentos, estou feliz por revê-lo. Entrem, por favor.

Adalberto abraçou o amigo, esse correspondeu sem opor-se ao gesto. Sentados na sala e servindo-se de boa bebida, começaram a colocar o papo em dia, trocando informações da época em que foram separados, por intervenção do promotor, até os dias atuais.

Teobaldo relatou que, após ter fugido de casa, perambulou por meses na rua, até encontrar um dos integrantes do grupo do qual atualmente participava. Relembraram fatos da infância e juntos brindaram o reencontro inesperado. Todavia, consideraram conveniente que Lopes não soubesse que haviam se reencontrado. Adalberto comprometeu-se a prepará-lo antes de dar a notícia. Nunca houvera mentido para ele, mas em razão de antigos acontecimentos, preferiu concordar com o amigo e omitir a questão.

Trocaram as mercadorias e repartiram o dinheiro. Em seguida, Teobaldo expôs detalhadamente o novo golpe em que a quadrilha atuava. Por fim, quis saber se estaria pronto para assumir as novas tarefas: sequestro relâmpago e sequestro refém — ambas lucrativas. Tirou do bolso um papel que continha o detalhamento de todo o plano e os nomes dos futuros reféns. Todos os indicados possuíam condição financeira suficiente para saldarem o resgate. Acima de tudo, o risco de serem presos seria pequeno. A função deles seria preparar o sequestro, e a negociação ficaria por conta dos mandantes da quadrilha, logo sairiam ilesos levando alta comissão no bolso.

Adalberto propôs aumento do valor, porque avaliou ser de extrema importância uma elaboração minuciosa do sequestro, assim não deixariam vestígios e não estariam sujeitos a falhas. Teobaldo aceitou sem contestar, desde que mantivesse sigilo absoluto, Lopes não poderia saber de seu retorno. Se as coisas dessem certo, ele mesmo convidaria o ex-patrão para formarem uma nova e poderosa equipe.

Finalizaram os acertos e iniciaram a elaboração do próximo sequestro, seria de um poderoso empresário que já estava na mira da quadrilha há meses.

Após algumas semanas, a quadrilha viajou logo pela manhã para São Paulo, prontos para executarem o sequestro planejado. No final da tarde, esperariam a vítima se deslocar do local de trabalho e o seguiriam, abordando-o inesperadamente.

O céu começou a escurecer anunciando forte tempestade. Se por um lado isso era facilitador, por outro, dificultava a locomoção dos veículos, provocando congestionamento — o que tornaria a fuga mais problemática. Rapidamente elaboraram outra estratégia para o trajeto, resolvendo arriscarem. O esquema estava montado, aproveitariam o máximo de todos os ajudantes para que o serviço desse certo. Não haveria chuva que pudesse atrapalhar os planos.

Adalberto e Teobaldo receberam aviso pelo telefone celular, para se prepararem para a ação. A vítima estava a caminho do cruzamento, onde aguardavam armados e com máscaras no rosto, prontos para abordarem o veículo.

Enquanto isso, Medeiros fazia breve comentário sobre o mau tempo com o motorista que dirigia seu veículo. Julieta e Ermínia conversavam descontraídas sentadas no banco traseiro. A moça tinha por costume, jantar com os pais no restaurante, para depois voltarem juntos para casa. Naquele dia, em excepcional, havia marcado compromisso na casa de uma amiga e solicitou carona deles até o local. Por esse motivo, o motorista de seu pai mudou o percurso, duas quadras antes de passar pelo costumeiro caminho de volta.

Teobaldo soltou um palavrão, após ter sido informado pelo carro que seguia o refém, da mudança inesperada do trajeto. Imediatamente, deu partida no veículo, tentando alcançá-los em tempo hábil.

O motorista do promotor parou o veículo em frente a um condomínio, Julieta despediu-se dos pais e saiu rapidamente do carro, procurando abrigo na portaria do prédio para proteger-se da chuva. Antes de entrar, a moça sobressaltou-se, ao ouvir forte brecada de um carro que parou inesperadamente, de forma a impedir que o carro do pai pudesse sair.

Mascarados, Adalberto e Teodaldo abordaram o veículo apontando revólver na direção do motorista, gritando para descer do carro.

Ermínia, imediatamente, tentou subir o vidro traseiro, pois mesmo chovendo, quis acenar para a filha antes de partir, não deu tempo. Teobaldo conseguiu abrir a porta traseira, puxando--a para fora do carro e encostando a arma na cabeça dela. Simultaneamente gritou para que o homem também saísse do veículo.

Medeiros abriu a porta e desceu, tentou breve negociação para libertá-la, porém, o bandido achou conveniente mudar os planos. Em vez de capturá-lo, preferiu mantê-la como refém e extorquir maior quantia pelo resgate.

— Vamos, entre no carro! — disse arrastando-a na direção do carro deles.

— Por favor, me solte! Tenho problemas de saúde e não posso ficar sem tomar meus remédios — implorou ela, aflita.

Nesse exato momento, Adalberto arregalou os olhos quando reconheceu o som da voz de sua mãe. Estupefato, afastou-se do motorista, porém, continuou apontando a arma para ele até chegar perto dela, tirou a máscara e disse:

— Mãe! Mãe! Meu Deus, minha mãe! Não pode ser... — ao mesmo tempo em que falou, apontou a arma desgovernadamente para todos.

— Adalberto! Meu filho! — gritou desesperada.

Teobaldo sobressaltou-se, porém, reagiu rapidamente com frieza, temendo serem capturados pelo promotor. Aos berros, deu o comando:

— Vamos sair daqui rapidamente, ela irá conosco!

— Não! Solte-a! Vamos levar o promotor! — berrou Adalberto descontrolado.

— Hei! Vocês dois! Virem-se com as mãos para cima do carro ou atiro nela! — ameaçou Teobaldo,dirigindo-se ao promotor e ao motorista.

— Solte-a, Teobaldo! Deixe minha mãe em paz! — berrou novamente Adalberto.

Julieta assistia tudo de dentro da guarita do prédio, chorava compulsivamente, após telefonar rapidamente para a polícia e acionar os agentes do promotor. Depois de alguns minutos, as sirenes das viaturas sinalizavam a chegada deles ao local. O outro carro com os bandidos que seguiram o promotor, estava parado a alguns metros de distância, dando cobertura. Ao perceberem o som da sirene, deram partida no veículo e saíram em disparada.

Em poucos minutos, o quarteirão estava completamente cercado por policiais, Adalberto encostou a arma na cabeça do promotor, fazendo-o refém para escapulir da polícia.

Teobaldo gritou:

— Deixe-nos passar, caso contrário eles morrerão!

Os policias tentaram convencê-los a se entregarem, com isso, ganhariam tempo para que a polícia pudesse agir de acordo com a necessidade. Alguns agentes despercebidos subiram num prédio ao lado e miraram pontaria para acertá-los, assim conseguiriam libertar os reféns.

Os rapazes berravam exigindo passagem livre, quando foram atingidos por tiros disparados na direção deles. Adalberto caiu no chão, após ter sido atingido por balas na cabeça, a mãe gritou desesperada. Teobaldo também caiu baleado. Ela correu para perto do filho, atirando-se sobre o corpo que permanecia estendido no asfalto.

Numa fração de segundos, Medeiros virou-se e gritou para que ela saísse dali, por perceber o movimento de Teobaldo, que, após cair ao chão, ergueu a arma e conseguiu apertar o gatilho, atirando na direção dela. Outros tiros foram disparados até o rapaz desfalecer por completo.

O promotor, desnorteado, procurou socorrê-la imediatamente, entretanto, não havia mais nada a ser feito — sua mulher, o filho e Teobaldo estavam mortos.

Julieta, inconformada, pôde ver quando o corpo astral de sua mãe se deslocou do local, envolvido numa luz prateada que a conduziu para dentro de um vácuo luminoso, até desaparecer por completo. Chorando muito ao despedir-se dela, a moça ainda pôde constatar que seu irmão e o amigo, quando se desprenderam do corpo físico, continuaram atirando para todos os lados. Depois começaram a se debater no chão como dementes em estado crítico. Mergulharam numa fenda que se abriu no solo, sugando-os para dentro e fechando-se em seguida.

Medeiros e Julieta choraram copiosamente ao darem a notícia aos familiares. Mesmo abalado, o promotor tentou consolar a sogra, os filhos e as filhas. Todos ficaram extremamente inconformados e sequer conseguiram refrear a dor pela tragédia.

Somente após a chegada do doutor Cristiano, conseguiram amenizar o desespero e puderam prestar a última homenagem à Ermínia. Julieta relatou a visão extrassensorial que tivera, ao vê-la desprender-se do corpo físico, bem como, dos dois rapazes.

Juntos fizeram uma prece desejando que ela fosse recebida de braços abertos pelos amigos espirituais, mesmo que não pudesse compreender de imediato a razão de seu desencarne. Emitiram vibrações para Adalberto e Teobaldo, pedindo que eles também recebessem auxílio e amparo.

Julieta percebeu quando Amália chegou dizendo as seguintes palavras:

— Ermínia conseguiu vencer quando aceitou a proposta de desenvolvimento próprio. De agora em diante, terá um novo e precioso recomeço. Libertada das amarras que a impediam de prosseguir, dará continuidade à tarefa que se incumbiu. Mas agora, sem impedimentos que possam paralisá-la emocionalmente, em razão de compromissos interrompidos em sua penúltima vivência na terra. Vocês prosseguirão e, quando retornarem à Casa Espiritual, poderão constatar que ela realmente venceu por si mesma!

Adalberto e Teobaldo passarão por muitas dificuldades até que possam encontrar o caminho para a verdadeira realização pessoal. O que tanto procuravam fora, encontrarão dentro deles. Será uma questão de tempo, ficarão em estado de demência até que acordem para as verdades do espírito.

Vocês continuarão a desenvolver aptidões para aproveitarem a experiência desta encarnação. Façam o melhor que puderem para si mesmos e saibam que este é o caminho que os levará ao crescimento desejado. Uma nova etapa se apresentará daqui para frente, estudem e treinem como dominar impulsos desgovernados. Aprendam a enxergar a vida de forma mais ampla, desviando-se de ilusões. Analisem, periodicamente, se o que estão fazendo tem sentido para vocês, não se deixem contaminar pelo orgulho e vaidade. Ninguém será mais importante na vida do que vocês mesmos. Nos momentos de introspecção, poderão avaliar o quanto de atenção estão dando àquilo que realmente traz satisfação. Não desanimem quando perceberem que não se pode enganar a si mesmo, nem diante de possíveis obstáculos, pois eles nada mais são do que um convite ao fortalecimento de propósitos. Não se revoltem, porque cada um responderá por suas ações, seja aqui ou na vida espiritual em continuidade. O que plantarmos, será o resultado de nossa colheita! Contem comigo!

Amália, antes de partir, emitiu fluidos de paz e equilíbrio para todos e, delicadamente, acenou para Julieta que, emocionada, agradeceu pela orientação e sorriu para ela — exatamente como fazia desde pequena.

A moça relatou a mensagem aos seus e todos puderam receber, mediante aquelas palavras, bálsamos que aliviaram tensões e angústias, dissipando as imagens da tragédia que assistiram.

Medeiros foi o último a se recolher naquela noite, esperou informação dos agentes sobre a liberação do corpo de Ermínia e do filho para o velório. Providenciou o encaminhamento do corpo de Teobaldo à Bahia, onde moravam seus pais.

Sozinho, em seus aposentos, chorou sentindo a falta de sua amada, mas não se deixou abater, porque sabia que ela continuaria recebendo seu amor. Aguardaria o tempo passar até que chegasse o momento do reencontro. Adormeceu.

Epílogo

Os raios dourados do sol coloriam o céu da Colônia Espiritual, aquecendo a atmosfera das primeiras horas da manhã. Pedro e Pintadinho estavam sentados no jardim do parque, próximos à cachoeira, quando se depararam com Ermínia, que vinha chegando. O cão pulou nas pernas dela, soltando forte latido, como quem quisesse recepcioná-la. Sentindo-se refeita, comentou:

— Estou pronta! Podemos começar?

Pedro sorriu estendendo as mãos para ela, respondendo em seguida:

— Fico feliz ao vê-la disposta, sentimos sua falta durante os meses em que se submeteu aos tratamentos. Sente-se um pouco ao meu lado, vamos absorver a energia desta queda d'água para que possamos, primeiramente, nos sintonizarmos com a beleza da natureza.

Ermínia pegou Pintadinho no colo e sentou-se ao lado dele, fechou os olhos e começou a visualizar todos os seus entes queridos, ali ao lado deles, recebendo toda força de libertação, clareza e bem-estar.

Pedro quis contribuir dizendo:

— Adalberto rendeu-se por não suportar tanto sofrimento e aceitou o convite para receber tratamento. Faz alguns dias que está sob efeito restaurador, em breve, poderá optar por regressar a alguma fase de aprendizado. Se aceitar, daqui a alguns anos será muito bem-vindo.

— Julieta?

— Acertou.

— Entendo. Ele adorava a irmã, será bem mais fácil a adaptação, vamos torcer para que dessa vez consiga superar o complexo de inferioridade.

— Você também conseguiu! — ressaltou o mentor.

— Durante estes longos meses, fiz o possível para me libertar do ódio e da repulsa que sentia por ele, quando revivia os momentos em que tudo começou...

— As experiências passadas só servem para avaliarmos nosso desempenho em face dos desafios do aprendizado. Entretanto, devido à imaturidade emocional, criamos laços, mediante sentimentos que nos prendem a situações mal resolvidas. Na verdade, são apenas uma amostra de nossa inabilidade de compreender que vivemos sob o comando do que acreditamos ser.

As reminiscências da encarnação anterior afloraram nitidamente e Ermínia disse:

— Agora compreendo por que sentia uma necessidade desenfreada de ajudar Adalberto. Ao mesmo tempo, cobrava inconscientemente dele a mesma coisa. Eu estava presa às imagens do abandono e do sentimento de culpa, em virtude de ter me deixado quando soube que assassinei o pai dele, para poder ficarmos juntos. Ele nunca me perdoou, porque sabia que o pai me amava e havia me desposado quando a mãe dele morreu. Fugiu e, por conta disso, senti ter perdido tudo porque, para mim, de nada mais valia a fortuna que havia herdado. Jurei a mim mesma nunca mais merecer amor e boas condições de vida. Por isso, tudo aconteceu conforme determinei, agora posso enxergar os fatos claramente. Confesso que fiquei surpresa quando identifiquei que havia usado minha força de programação contra mim mesma. Eu não sabia que isso seria tão forte, a ponto de viver repetidamente situações sempre com as mesmas dificuldades. É incrível como somos ignorantes ao pensarmos que existe algo contra nós, sendo que somos os responsáveis por nossas atitudes e acontecimentos. Quero aprender a direcionar esta força para o positivo, porque só assim mudarei a manifestação disso daqui para frente.

— É uma nova e salutar maneira de enxergar a vida, digamos que você está aprendendo a tomar posse de si mesma e assumir o comando de sua força e determinação — salientou Pedro.

— Realmente estou sentindo esta força dentro de mim, quero aprender mais sobre isso, você me ajuda?

— Claro, é o seu momento, caso contrário, não teria identificado, não é mesmo?

— Concordo plenamente, pois diante de tudo o que passei, não tenho mais condição de negar esta nova realidade que, sem dúvida alguma, trouxe-me respostas e tirou-me a venda dos olhos. Medeiros superou rapidamente o golpe de traição que cometi contra ele naquela vida, quando era o pai de Adalberto. Eu o admiro muito, pois conseguiu, por amor, ajudar-me no resgate de mim mesma em primeiro lugar.

— Ele cristalizou a ideia de ter sido traído, mas, nessa última existência, após se consumar novamente a situação de fuga da esposa, que o deixou sozinho com dois filhos pequenos para serem criados, conseguiu superar a mágoa, desapegando-se dos ressentimentos vividos. Finalmente, sem que pudesse imaginar, libertou-se do sentimento de perda provocado por aquela situação inicial.

— Uma coisa está ligada a outra. É incrível! — contemporizou Ermínia.

— Tudo depende de como reagimos diante dos fatos. Ele, por si mesmo, conseguiu vencer o orgulho ferido. Adalberto ainda é imaturo emocionalmente, mas aprenderá, porque também cansou de sofrer. Cada um encontrará as suas próprias respostas, veja o caso de Teobaldo, ele não quer ajuda, continua se envolvendo com bandos da pesada, vivendo iludida e desenfreadamente. O encontro entre eles foi apenas por afinidade energética, isto é, os dois compartilhavam dos mesmos valores e sentimentos. Não houve, entre eles, ligações passadas, e sim, laços que se criaram pela mesma sintonia vibratória. A mesma coisa ocorreu com Lopes, queria um filho e adotou Adalberto que também buscava um pai igual a ele — também efeito da lei de afinidade.

— O que aconteceu com o Lopes?

— Depois que soube da morte dos rapazes, ficou meses deprimido, sentindo muita falta de Adalberto. Continua exercendo a atividade que escolheu, entretanto, quando retornar para cá, será recebido por um ex-rival, que saberá muito bem como ajudá-lo a recuperar-se de todo o desequilíbrio.

— Miguel onde está? Gostaria de revê-lo, será possível?

— No momento não, está se preparando para voltar, será um dos filhos gêmeos que sua filha Jacira terá, daqui a dois anos.

Ermínia emocionou-se, deixando transparecer os sentimentos com naturalidade:

— Minhas filhas! Que saudade! Miguel adorava as meninas, voltará ao lado delas, ele merece, foi um bom marido e excelente pai. Não poderei vê-lo antes de partir?

Poderá manter contato com ele daqui a algum tempo.

Pedro, percebendo o desapontamento dela, sugeriu de imediato:

— Bem, vamos recomeçar? Você terá muita coisa para aprender!

— O que devo fazer? Estou disposta a iniciar de imediato — respondeu com entusiasmo.

— Quer participar de um grupo de escritores na Colônia das Artes e Comunicação? Para ingressar nessa ala, primeiramente terá que estudar mais o domínio interior e aprender usar a força a seu favor. Depois apresentará a sua vivência e, se desenvolver condições compatíveis com as exigências necessárias para esse tipo de trabalho, poderá ajudá-los em alguma tarefa. Verificamos suas aptidões de outras vidas e constatamos que apresentou forte habilidade para a área de comunicação. Quer tentar? Você também poderá participar do transporte energético, emitindo fluidos desse conhecimento para cada um que compartilhar de sua experiência. O que me diz?

— Eu não tenho ideia de como posso fazer isso, porém, senti grande alegria por saber que farei algo diferente para o bem geral das pessoas. Quero aprender, aceito!

— Então irei encaminhá-la à equipe responsável por esse trabalho, lembre-se de que o mais importante é vivenciar, dentro de si, as transformações. Somente assim conseguirá atingir, pelo magnetismo, toda intenção da reformulação.

Ao exporem suas experiências, muitas pessoas aprenderão a valorizar a si mesmas em primeiro lugar e, principalmente, acreditar que sempre haverá uma nova chance para recomeçarem.

Passarão a confiar que nada fica estagnado por muito tempo, porque a vida aguarda a decisão do espírito, quando pede licença para continuar.

Ermínia, ouvindo-o atentamente, exaltou-se:

— Gostaria de transmitir a alegria que estou sentindo agora, por saber que posso ajudar de alguma forma, alguém que precise de estímulos para se renovar, passando a compreender que nada está perdido, e que estou bem por reconhecer isso em mim mesma. Sofri muito por ver meu filho drogado, tive muitas dificuldades financeiras, medos, angústias, tristezas e falta de ânimo. Mas percebi que isso acontece porque fugimos de nós mesmos, como crianças assustadas, em virtude da ignorância de não sabermos conduzir nossos sentimentos. Com isso, desvalidamos o contato com nossa essência — aquela voz interior que nos anima e nos estimula a expressarmos habilidades potenciais a serem canalizadas na vida. Procuramos fora o que sobra dentro de nós, quero que todos saibam que isso é apenas uma fase do grande aprendizado que temos pela frente, e que todos nós conseguiremos vencer os próprios impasses, se deixarmos o orgulho de lado. Para isso, aprendi que somente o amor por si mesmo é capaz de tudo transformar, pois não encontrei outra saída que fizesse com que meu sofrimento fosse embora. Apenas quando dei um basta para tudo que incomodava foi que minha vida mudou.

Se algum dia, pessoas compartilharem de minha história de vida, estarei irradiando essa força de determinação e autovalorização. Tenho certeza de que minhas vibrações serão as sementes que contribuirão para tal transformação.

Pedro aplaudiu a explanação e o cão Pintadinho participou, latindo e abanando o rabinho, demonstrando compartilhar da mesma alegria.

Ermínia, então, iniciou os estudos. Depois finalizou os estágios, sendo muito bem-sucedida na tese que apresentou:

— Antes de mais nada, precisamos mudar nossas crenças e atitudes, depois aprenderemos como canalizar nossa força de ação para a verdadeira realização. Para isso, criei uma receita muito fácil para começarmos a desenvolver nosso aprendizado:

a) Confiança em si! Você é muito valioso para si mesmo. Não esqueça disso!

b) Nunca desvalide seus sentimentos, procure expressar o que sente da melhor forma possível.

c) Esteja aberto para compreender o mecanismo da vida, insistindo em valorizar-se constantemente.

d) Não tenha medo de errar, repita a experiência até acertar, sempre que necessário. Seja persistente!

e) Quando for surpreendido pelo desânimo e falta de vontade, saiba que está com dificuldade de abandonar o que não lhe serve mais na vida. Renove tudo o que puder e faça coisas diferentes. Se não souber como começar, mentalize uma luz em sua testa e crie uma imagem de si mesmo, conquistando novas coisas. É só aguardar!

f) Mantenha o respeito por si e pelos outros, porque você não vive sozinho. O que não queremos para nós não façamos para outros. Com isso, mudaremos nosso campo de atração para o positivo.

g) Determine coisas positivas e exclua o negativismo, porque sua força inconsciente poderá acatar o comando e agir contra você. Desvalide o mal, as forças negativas só atuam quando encontram, em nós, fragilidade e falta de determinação. Assuma o poder que há em você, tome posse de si para tudo mudar.

h) Não precisa lutar, seja flexível e obedeça ao seu ritmo. Lembre-se de que chegará onde quer, apoiando-se em primeiro lugar.

i) Para vencer o orgulho, não esqueça de que ainda se encontra na condição de aprendiz, assim como outros. Vença os preconceitos e críticas alheias, pois cada um faz o que pode, conforme sabe.

j) Aceite-se completamente e mantenha a pureza no coração, porque as marcas negativas da vida podem transformá-lo numa pessoa amarga e sem compaixão. Tudo ilusão...

k) Convença-se de que seu espírito é eterno e que você recomeçará sempre que necessário, pois na eternidade não existem limitações. Portanto, de nada adiantará brigar com a vida, faça as pazes com você e deixe sua luz brilhar, mantendo a alegria de viver para sempre!

l) Para conseguir realização e sucesso, harmonize-se e treine a ousadia de expor seus dons e potenciais, validando o que realmente importa para você. Tenha coragem de ser diferente, procure prestar atenção se o que faz condiz com seus valores e sentimentos. Deixe a infantilidade de lado, não é necessário ofuscar os outros para aparecer. Lembre que um céu estrelado é muito mais bonito de se ver, do que quando nele cintila apenas o brilho de uma única estrela na escuridão.

m) Acredite que faz parte de uma força universal condutora. Acenda sua luz interior para enxergar as infinitas possibilidades de aprendizado. Persista em amar-se em primeiro lugar, porque só assim compreenderá o que é ser feliz!

Em seu novo estágio evolutivo, Ermínia conquistou a oportunidade de trabalhar com a equipe de escritores. Um deles se aproximou e convidou-a diretamente:

— Gostei muito de sua história, gostaria de participar comigo, expondo seu aprendizado, mediante uma médium que psicografará toda sua experiência para os nossos amigos da Terra?

— Adoraria! Como faço isso?

— Primeiramente, terá a oportunidade de participar de uma pesquisa para estudar todos os aspectos comportamentais dos envolvidos. Tudo isso é um processo que requer muita avaliação no que diz respeito às transformações ocorridas. Recebemos indicação, por parte de Amália, e consideramos ser de grande valia relatar os fatos, sob a ótica espiritual, tendo por princípio despertar nova forma de entendimento dos mecanismos da vida, no percurso evolutivo e individual de cada pessoa, bem como, apontar o caminho mais fácil para que isso ocorra.

A leitura, sem dúvida alguma, incentiva a mudança dos padrões antigos e promove o contato com os sentimentos. Nessa sintonia, o leitor receberá todo fluido contido em cada palavra escrita, resultando a expansão da sensibilidade que despertará a consciência para a compreensão de todo aprendizado proposto.

— Nossa, que maravilha! Tenho muito que aprender — disse sensibilizada.

— Gostaria de presenciar como funciona um intercâmbio mediúnico para esse fim?

— Claro. Como?

— Vou levá-la para que se apresente à médium e forme os fluidos necessários para que o intercâmbio seja satisfatório.

— O que direi?

— O que sentir.

— Ela poderá me ver?

— Possui sensibilidade apurada para isso, e também ativarei o fluido necessário para expansão do chakra frontal, assim poderá receber seu contato.

Ermínia pensou, depois concluiu:

— Já sei, vou pedir licença perguntando: "Olá, você pode contar a minha história?" — está bem assim?

— Acredito que sim, porém, tenho certeza de que ela responderá: "Eu apenas sigo as orientações de meus amigos espirituais, pergunte para eles, de minha parte, se tudo estiver de acordo, pode contar comigo".

Ermínia sorriu, saindo acompanhada pela equipe que iniciaria o próximo trabalho, conforme a programação prevista.

FIM

Sucessos de ZIBIA GASPARETTO

Romances mediúnicos, crônicas e livros. Mais de 10 milhões de exemplares vendidos. Há mais de 16 anos, Zibia Gasparetto vem se mantendo na lista dos mais vendidos, sendo reconhecida como uma das autoras nacionais que mais vendem livros.

Romances ditados pelo espírito Lucius:

- O Amor Venceu
- O Amor Venceu (em edição ilustrada)
- O Morro das Ilusões
- Entre o Amor e a Guerra
- Laços Eternos
- O Matuto
- Esmeralda
- O Fio do Destino
- Espinhos do Tempo
- Quando a Vida Escolhe
- Somos Todos Inocentes
- Pelas Portas do Coração
- A Verdade de Cada Um
- Sem Medo de Viver
- O Advogado de Deus
- Quando Chega a Hora
- Ninguém é de Ninguém
- Quando é Preciso Voltar
- Tudo Tem seu Preço
- Tudo Valeu a Pena
- Um Amor de Verdade
- Nada é por Acaso
- O Amanhã a Deus Pertence
- Onde Está Teresa?
- Vencendo o Passado
- Se Abrindo pra Vida

Crônicas Mediúnicas — Espíritos Diversos:

- Voltas que a Vida Dá
- Pedaços do Cotidiano

Crônicas ditadas pelo espírito Silveira Sampaio:

- Pare de Sofrer
- O Mundo em que Eu Vivo
- Bate-papo com o Além
- O Repórter do Outro Mundo

Outros Livros de Zibia Gasparetto:

- Conversando Contigo!
- Eles Continuam Entre Nós
- Reflexões Diárias

Sucessos de SILVANA GASPARETTO

Obra de autoconhecimento voltada para o universo infantil. Textos que ajudam as crianças a aprenderem a identificar seus sentimentos mais profundos tais como: tristeza, raiva, frustração, limitação, decepção, euforia etc., e naturalmente auxiliam no seu processo de autoestima positiva.

- Fada Consciência

Sucessos de LUIZ GASPARETTO

Estes livros vão mudar sua vida! Dentro de uma visão espiritualista moderna, vão ensiná-lo a produzir um padrão de vida superior ao que você tem, atraindo prosperidade, paz interior e aprendendo, acima de tudo, como é fácil ser feliz.

- Atitude
- Faça Dar Certo
- Prosperidade Profissional
- Conserto Para uma Alma Só (poesias metafísicas)
- Para Viver sem Sofrer
- Se Ligue em Você (adulto)

Série AMPLITUDE:

- Você está Onde se Põe
- Você é seu Carro
- A Vida lhe Trata como Você se Trata
- A Coragem de se Ver

Livros ditados pelo espírito Calunga:

- Um Dedinho de Prosa
- Tudo pelo Melhor
- Fique com a Luz
- Verdades do Espírito

Livros Infantis:

- Se Ligue em Você – nº 1 (infantil)
- Se Ligue em Você – nº 2 (infantil)
- Se Ligue em Você – nº 3 (infantil)
- A Vaidade da Lolita (infantil)

LUIZ ANTONIO GASPARETTO EM CD

Conheça nossos lançamentos que oferecem a você as chaves para abrir as portas do sucesso, em todas as fases da sua vida.

Série PRONTO SOCORRO :

1 – Confrontando o Desespero
2 – Confrontando as Grandes Perdas
3 – Confrontando a Depressão
4 – Confrontando o Fracasso
5 – Confrontando o Medo
6 – Confrontando a Solidão
7 – Confrontando as Críticas
8 – Confrontando a Ansiedade
9 – Confrontando a Vergonha
10 – Confrontando a Desilusão

Série VIAGEM INTERIOR (vols. 1. 2 e 3):

Exercícios de Meditação

Por meio de exercícios de meditação, mergulhe dentro de você e descubra a força de sua essência espiritual e da sabedoria. Experimente e verá como você pode desfrutar de saúde, paz e felicidade desde já.

Série CALUNGA:

- Prece da Solução
- Chegou a sua Vez!
- Presença
- Tá Tudo Bão!
- Teu amigo

Série PALESTRAS:

- Meu Amigo, o Dinheiro
- Seja Sempre o Vencedor
- Abrindo Caminhos
- Força Espiritual
- A Eternidade de Fato
- Prosperidade
- Conexão Espiritual
- S.O.S. Dinheiro
- Mediunidade
- O Sentido da Vida
- Os Homens (somente para mulheres)
- Paz Mental
- Romance Nota 10
- Segurança
- Sem Medo de Ter Poder
- Simples e Chique
- Sem Medo de Ser Feliz
- Sem Medo da Vida
- Sem Medo de Amar
- Sem Medo dos Outros

Série REALIZAÇÃO:

Com uma abordagem voltada aos espiritualistas independentes, eis aqui um projeto de 16 CDs para você sintonizar-se com o Poder Espiritual para práticas espirituais de prosperidade.

Série VIDA AFETIVA:

1 – Sexo e Espiritualidade
2 – Jogos Neuróticos a Dois
3 – O que Falta pra Dar Certo
4 – Paz a Dois

Série LUZES:

Coletânea com oito CDs em dois volumes

Este é um projeto idealizado pelos espíritos desencarnados que formam no mundo astral o Grupo dos Mensageiros da Luz. Nesta coletânea, trazemos essas aulas, captadas ao vivo, para que você também possa se juntar às fileiras dos que sabem que o mundo precisa de mais luz.

Série ESPÍRITO:

1 – Espírito do Trabalho
2 – Espírito do Dinheiro
3 – Espírito do Amor
4 – Espírito da Arte
5 – Espírito da Vida
6 – Espírito da Paz
7 – Espírito da Natureza
8 – Espírito da Juventude
9 – Espírito da Família
10 – Espírito do Sexo
11 – Espírito da Saúde
12 – Espírito da Beleza

LUIZ ANTONIO GASPARETTO EM MP3:

• O Poder Espiritual Inteligente
• Conexão Espiritual
• Tudo Tem Seu Preço/Terminar é Recomeçar/A Lei do Fluxo
• Eu e o Universo/Resgatando o meu Eu/Estou Onde me Pus

LUIZ ANTONIO GASPARETTO EM DVD:

• O Mundo em que Eu Vivo

Este DVD traz momentos inesquecíveis da palestra do Calunga, proferida em 26 de novembro de 2006, no Espaço Vida & Consciência.

OUTROS AUTORES (Nacionais):

Conheça nossos lançamentos que oferecem a você as chaves para abrir as portas do sucesso, em todas as fases da sua vida.

Ana Cristina Vargas:

(ditado por José Antônio)

- A Morte é Uma Farsa

(ditado por José Antônio e Layla)

- Em Busca de Uma Nova Vida

Ernani Fornari:

- Fogo Sagrado - Alinhamento Energético

Evaldo Ribeiro:

- Eu Creio em Mim

Liliane Moura:

- Viajando nas Estrelas

Lousanne de Lucca:

- Alfabetização Afetiva

Lucimara Gallicia:

(ditado por Moacyr)

- Sem Medo do Amanhã
- O Que Faço de Mim?

Lucio Morigi e Luiz Gasparetto:

- Revelação da Luz e da Sombra

Marcelo Cezar:

(ditado por Marco Aurélio)

- A Vida Sempre Vence
- Só Deus Sabe
- Nada é como Parece
- Nunca Estamos Sós
- Medo de Amar
- Você Faz o Amanhã
- O Preço da Paz
- Para Sempre Comigo
- A Última Chance
- Um Sopro de Ternura
- O Amor é para os Fortes

Maria Aparecida Martins:

- A Nova Metafísica
- Conexão – "Uma nova visão de mediunidade"
- Mediunidade e Auto-Estima

Mônica de Castro

(ditado por Leonel)

- Uma História de Ontem
- Sentindo na Própria Pele
- Com o Amor não se Brinca
- Até que a Vida os Separe
- O Preço de ser Diferente
- Greta
- Segredo da Alma
- Giselle – A Amante do Inquisidor
- Lembranças que o Vento Traz
- Só por Amor
- Gêmeas
- A Atriz
- De Todo o Meu Ser

Síria Maria Mohamed:

- Kiwi – O Pintinho Diferente

Valcapelli:

- Amor Sem Crise

Valcapelli e Gasparetto:

Metafísica da Saúde

- Sistemas respiratório e digestivo (vol. 1)
- Sistemas circulatório, urinário e reprodutor (vol. 2)
- Sistemas endócrino (incluindo obesidade) e muscular (vol. 3)
- Sistema nervoso (incluindo coluna vertebral) (vol. 4)

OUTROS AUTORES (Internacionais):

Arrisque-se para o novo e prepare-se para um surpreendente caminho de autodescoberta.

Bärbel e Manfred Mohr:
- Sabedoria do Coração

Bärbel Mohr:
- Guia do Verdadeiro Milionário

Carls F. Haanel:
- Psicologia Nova

Christina Donnell:
- Sonhos e Transcendência

Cris Griscom:
- A Evolução de Deus

Eli Davidson:
- De Derrotada a Poderosa

Joan Sotkin:
- Desenvolva seus Músculos Financeiros

John Randolph Price:
- O Livro da Abundância

Etan Boritzer:
- Coleção A Descoberta

Composta por dez livros, apresenta temas como amor, morte, paz, amizade, entre outros, que favorecem pais e/ou educadores com a oportunidade de intensificar o diálogo com a criança, falando de temas tão importantes para a formação da sua personalidade. O processo de descoberta de todos esses sentimentos desperta a beleza de nossa essência que se desenvolve por toda a eternidade.

Joachim Masannek:
- Feras do Futebol Clube

Coleção composta por treze livros, cada um narrado por um personagem diferente. Os membros do Feras vivem de forma intensa o futebol e fazem questão de demonstrá-lo em cada volume.

Marc Allen:
- O Livro da Realização – o Maior Segredo de Todos
- Sucesso para um Preguiçoso

Mathew McKay e Patrick Fanning:
- Autoestima

Michel A. Singer:
- Alma Livre

Nikki de Carteret:
- O Poder da Alma

Sandra Ingerman:
- Resgate da Alma
- Cure Pensamentos Tóxicos
- Jornada Xamânica

Sanhara Saranam:
- Deus sem Religião

Serge Kahili:
- Xamã Urbano

ESPAÇO VIDA & CONSCIÊNCIA

É um centro de cultura e desenvolvimento da espiritualidade independente. Acreditamos que temos muito a estudar para compreender de forma mais clara os mistérios da eternidade.

A Vida parece infinitamente sábia em nos dotar de inteligência para viver com felicidade, e essa me parece a única saída para o sofrimento humano.

Nosso espaço se dedica inteiramente ao conhecimento filosófico e experimental das Leis da Vida, principalmente aquelas que conduzem o nosso destino.

Acreditamos que somos realmente esta imensa força vital e eterna que anima a tudo, e não queremos ficar parados nos velhos padrões religiosos que pouco ou nada acrescentaram ao progresso da humanidade.

Assim, mudamos nossa atitude para uma posição mais cientificamente metodológica e resolvemos reinvestigar os velhos temas com uma nova cabeça.

O resultado é de fato surpreendente, ousado, instigador e prático.

É necessário querer estar à frente do seu tempo para possuí-lo.

Luiz Antonio Gasparetto

Mais informações:
Espaço Vida e Consciência – SP
Rua Salvador Simões, 444 – Ipiranga – São Paulo – SP
CEP 04276-000 – Tel./Fax: (11) 5063-2150
Espaço Vida e Consciência – RJ
Rua Santo Amaro, 119 – Glória – Rio de Janeiro – RJ
CEP 22211-230 – Tel./Fax: (21) 3509-0200
E-mail: espaço@vidaeconsciencia.com.br
Site: www.vidaeconsciencia.com.br

INFORMAÇÕES E VENDAS:

Rua Agostinho Gomes, 2312
Ipiranga • CEP 04206-001
São Paulo • SP • Brasil
Fone / Fax: (11) 3577-3200 / 3577-3201
E-mail: editora@vidaeconsciencia.com.br
Site: www.vidaeconsciencia.com.br